조직의 근본적인 변화 '딥 체인지'Deep Change를 실행하는 데 매우 효과적인 지침을 제공한다. 경제적 가치를 넘어서 사회적 가치를 창출해나가는 데 필요한 통찰력을 기를 수 있게 도와주는 책이다.

_최태원(SK그룹 회장)

우리는 이제 예측 불가능한 미래와 마주하고 있다. 그래서 더더욱 과거와는 다른 새로운 각도로 세상을 볼 수 있어야 한다. 《블루오션 시프트》는 이러한 미래에 알맞은 새로운 프레임을 제시하는 책이다.

_정용진(신세계 부회장)

전략은 사람이 하는 일이다. 아무리 좋은 전략도 실행하려는 사람이 없다면 무용지물이다. 이 책은 경쟁 없는 시장을 창출하는 블루오션 전략을 설명함과 동시에 그것을 제대로 실행할 수 있는 방법을 설명한다. 생각의 틀을 깨고 한 단계 도약하고자 하는 이들에게 꼭 필요한 새로운 관점을 선물한다.

_조용병(신한금융지주 회장)

이제껏 한 번도 가보지 않은 길을 가려는 사람은 기존의 프레임을 벗어나 새로운 프레임으로 세상을 바라봐야 한다. 이 책은 그러한 프레임을 가질 수 있게 하는 책이다. 새로운 시장을 발견하고 싶은 사람들에게 필독을 권한다.

_이수만(SM엔터테인먼트 회장)

요즘 경영환경은 생존을 위협하는 대변혁기에 있다. 기업경영을 책임지고 있는 CEO들이 전략가가 되어야하는 이유다. 이 책은 새로운 시장 기회를 발굴하는 블루오션 전략뿐 아니라 그것을 실제화할 수 있는 '인간다움'humanness과 '상생'에 대해 깊이 있게 다룬다. 직장 내 모든 이들과 함께 새로운 사업 기회를 창출하고자 하는 기업의 리더들에게 필독을 권한다.

_김종훈(한미글로벌 회장)

저자가 이야기하는 미래지향적인 기업의 전략적 방향성이 사회적 가치 창출, 비파괴적 혁신, 인간다움에 있다는 것에 공감한다. 지속 가능하고 혁신적인 비즈니스모델을 찾고자 하는 많은 기업가들에게 《블루오션 시프트》를 권한다.

_조용범(페이스북코리아 대표)

한국의 많은 젊은이들이 극심한 경쟁의 좁은 세상에서 벗어나 자신의 능력을 마음껏 펼칠 수 있는 넓은 세상으로 나아가길 희망한다. 이 책은 젊은이들에게 날개를 달아줄 내용을 담고 있다. 레드오션에서 블루오션으로 이동하고자 하는 청춘들에게 꼭 필요한 책이다.

_김용학(연세대학교 총장, 사회학과 교수)

저성장 시대에 혁신은 모든 기업의 필수 과제가 됐다. 이 책은 기존 고객을 얻기 위해 경쟁이 치열한 '레드오션'에서 눈을 돌려, 새로운 수요를 창출하는 '블루오션'으로 이동하는 방법론을 제시하고 있다. 4차 산업혁명의 기회와 불확실한 경제 환경 속에서 미래의 먹거리를 고민하는 기업들에게 신선한 통찰력을 제공한다.

_최원식(맥킨지 한국사무소 대표)

김위찬과 르네 마보안은 초대형 베스트셀러에 이어 또 하나의 역작을 내놓았다. 《블루오션 시프트》는 기존 시장에서 경쟁하는 것에서 벗어나 완전히 새로운 시장을 창출하게끔 도와주는 현명하고도 체계적인 단계를 제시한다. 이러한 통찰을 이용하기 위하여 반드시 창업가나 기술에 정통한 전문가일 필요는 없다. 다만 기존 산업이 갖는 가정에 과감하게 문제를 제기하고 새로운 질문을 하고 당신 조직의 인간적 측면을 이해하고 수용하기만 하면 된다.

_다니엘 핑크DANIEL H. PINK《드라이브》Drive, 《파는 것이 인간이다》To Sell is Human 저자)

어떠한 기업에게도 경쟁으로 가득 찬 시장에서 성장을 달성하고, 더구나 이를 영리하면서도 효과적이고 또 인간적인 방식으로 해내는 것은 어려운 과제다. 이 책은 당신의 기업이 신생 기업이든 소기업이든 포춘 500대 기업이든 '블루오션 시프트'라는 여정에서 미개발의 성장 기회, 또는 그 이상을 발견하게 도와준다.

_램 차란RAM CHARAN《실행》Execution 저자)

블루오션 시프트

경쟁 없는 새로운 시장으로 이동하는 법

BLUE OCEAN
SHIFT

블루오션 시프트

김위찬·르네 마보안 지음

안세민 옮김 | 김동재 감수

비즈니스북스

옮긴이 **안세민**

고려대학교 경제학과를 졸업하고 동 대학원에서 석사 학위를 받았으며, 미국 캔자스 주립대학에서 경제학 박사 과정을 수학했다. 대외경제정책연구원, 에너지관리공단, 현대자동차 등을 거쳐 현재는 전문번역가로 활동하고 있다. 옮긴 책으로는 《패권경쟁》, 《카툰 길라잡이 경제학》, 《자본주의 사용설명서》, 《잭 웰치 성공의 진실을 말하다》, 《왜 내 월급은 항상 평균보다 적은 걸까?》, 《혼돈을 넘어 위대한 기업으로》, 《회색 쇼크》, 《중국이 세계를 지배하면》, 《그들이 말하지 않는 23가지》, 《경쟁의 종말》, 《인스턴트 경제학》, 《새로운 경제 사회의 경영》, 《슈독》 등 다수가 있다.

감수자 **김동재**

연세대학교 국제학대학원 교수이자 한국블루오션연구회장으로 활동하고 있다. 서울대학교 경영학과를 졸업하고, 미국 펜실베이니아대학 와튼스쿨에서 전략경영으로 경영학 박사 학위를 취득했다. 맥킨지 서울사무소의 창립멤버이자 일리노이대학 경영학과 조교수로 활동했으며 (주) 코리아인터넷홀딩스 대표이사/사장, 한국자산관리공사 비상임이사, 한국전략경영학회 회장을 역임했다.

블루오션 시프트

1판 1쇄 발행 2017년 12월 30일
1판 10쇄 발행 2018년 1월 17일

지은이 | 김위찬, 르네 마보안
옮긴이 | 안세민
발행인 | 홍영태
발행처 | (주)비즈니스북스
등 록 | 제2000-000225호(2000년 2월 28일)
주 소 | 03991 서울시 마포구 월드컵북로6길 3 이노베이스빌딩 7층
전 화 | (02)338-9449
팩 스 | (02)338-6543
e-Mail | bb@businessbooks.co.kr
홈페이지 | http://www.businessbooks.co.kr
블로그 | http://blog.naver.com/biz_books
페이스북 | thebizbooks
ISBN | 979-11-86805-99-2 03320

* 잘못된 책은 구입하신 서점에서 바꾸어 드립니다.
* 책값은 뒤표지에 있습니다.
* 비즈니스북스는 독자 여러분의 소중한 아이디어와 원고 투고를 기다리고 있습니다.
  원고가 있으신 분은 bb@businessbooks.co.kr로 간단한 개요와 취지, 연락처 등을 보내 주세요.
* 비즈니스북스에 대한 더 많은 정보가 필요하신 분은 홈페이지를 방문해 주시기 바랍니다.

분투하고, 추구하고, 발견하고, 결코 굴하지 않으리니.

To strive, to seek, to find, and not yield.

_ 알프레드 로드 테니슨 Alfred Lord Tennyson

한국의 블루오션 시프트를 위하여

오늘날 세계 각지에서 왕성하게 활약하고 있는 한국 기업들이 어떻게 눈부신 성장을 이루어왔을까. 많은 학자와 연구자가 이를 두고 '패스트 팔로어'fast follower 전략의 결과라고 말하곤 합니다. 즉 미국, 유럽, 일본 등 선진국 기업들을 벤치마킹하고 그들보다 빨리 그리고 그들보다 싼 가격에 제품 · 서비스를 제공함으로써 시장점유율을 높여 왔다는 것입니다.

　동시에 소위 '너트 크래커'nut cracker 라는 표현으로 한국 기업들의 문제점 또한 지적합니다. 한국 기업은 전형적으로 위로는 선진국 기업의 차별적인 품질과 브랜드에 가로막히고, 밑에서 좇아오는 신흥국 기업과의 가격 경쟁에 시달리는 모습이라고 말입니다. 이러한 현상은 기업에만 국한된 것이 아니라 개인, 나아가 국가 전체의 상황도 마찬가지입니다.

한국과 한국 기업이야말로 블루오션 시프트_{Blue Ocean Shift}가 절실한 상황입니다. 그런데 사실 '패스트 팔로어' 혹은 '너트 크래커' 같은 이미지는 스스로를 매우 제한된 사고방식에 가두고, 결과적으로 혁신적인 전략적 발상을 불가능하게 만들 수 있습니다. 왜냐하면 이러한 용어들은 경쟁의 틀로 세상을 바라보게 하기 때문입니다. 지나치게 경쟁자를 의식해 그들보다 빠르고 싸게 하려고만 하면, 즉 위와 아래에 보이는 경쟁자들을 이기는 데만 안간힘을 쓰려고만 노력하면 자칫 전략의 본질을 망각하게 됩니다. 전략의 본질은 가치_{value}를 만들어내는 것입니다. 고객과 사회에 도움이 되는 가치를 만드는 것에서 출발함으로써 결과적으로 경쟁에서 이길 수 있습니다. 경쟁에서 이기려면 경쟁을 불식해야 합니다. 기존의 사고방식과 틀에 얽매이지 않고 생각의 지평을 획기적으로 확장해야만 지금의 레드오션을 돌파할 수 있습니다.

세상이 격변하고 있습니다. 특히 한국과 한국 기업은 이제까지의 성공 방식을 뛰어넘는 과감한 전략적 상상력을 발휘해야 할 시점입니다. 밖에서 보는 한국과 한국 기업에는 무한한 잠재력이 있습니다. 모쪼록 한국과 한국 기업이 블루오션적 사고방식으로 단순히 경쟁자보다 잘하는 것이 아니라 경쟁을 뛰어넘어 본질적인 가치를 창출하기를, 새로운 시장을 여는 진정한 혁신자로서 블루오션 시프트를 이루기를 기원합니다.

끝으로 한국어판 독자들의 이해를 돕기 위해 연세대 김동재 교수를 비롯한 한국블루오션연구회 연구자들이 작성한 한국 사례가 특별부록으로 별첨되었습니다. 김동재 교수는 지난 20여 년 동안 블루오션 전략을 연구해왔고 이 책의 번역 감수를 맡아주었습니다. 이 자리를 빌려 감사드립니다.

블루오션 시프트는 어느 특정 기업이나 조직의 전유물이 아닙니다. 이미 한국의 기업들도 이러한 사고방식을 통해 상당한 성과를 이루었습니다. 앞으로 더 많은 개인과 조직이 블루오션 시프트를 만들어내길 바라며 독자 여러분을 블루오션 시프트의 여정에 초대합니다. 같이 길을 떠나시지요, 경쟁이 아닌 창출을 위해서!

김위찬, 르네 마보안

Chan Kim & Renée Mauborgne

왜 블루오션 시프트인가

연세대학교 김동재 교수

(한국블루오션연구회장)

격변과 혼돈의 시대다. 세상 살기가 날로 힘들어지고 있다고 도처에서
아우성이다. 경쟁은 더욱 심해지고 있고 새롭게 등장하는 디지털 기술
은 마치 기존의 사업 영역을 모조리 파괴해 버릴 기세다. 기업뿐 아니
라 개인의 삶도 마찬가지다. 졸업을 앞둔 학생들은 사회에 나오기도
전에 취업 전선에서 주눅이 들고 있고 젊은이들은 아예 결혼과 출산
을 포기하고 있다. 직장인들은 머지않아 내 직업이 기술에 의해 대체
되어버릴지 모른다는 불안감에 지배당하고 있다. 특히 우리 대한민국
의 앞날이 매우 불투명해지고 있다. 우리의 전통적인 주력 산업인 제
조업 영역이 디지털 혁명의 소용돌이를 제대로 헤쳐나갈 것인가? 도
대체 이렇게 험난한 세상에서 어떻게 살아가야 하는가?

이 책은 전략적 사고의 진수_essence_를 담고 있다. 전략은 본질적으로 어떻게 생각할 것인가 how to think 를 다루는 것인데 김위찬, 르네 마보안 교수가 제창한 블루오션 전략은 어떻게 진정한 전략적 발상을 할 수 있는가에 대한 내용을 이론적으로 정리한 것이다. 2005년에 발간된 《블루오션 전략》Blue Ocean Strategy은 경쟁에 바탕을 둔 기존의 전략 패러다임에 근본적인 의문을 제기하면서 전 세계적으로 블루오션 열풍을 일으킨 바 있다. 그 후 12년의 세월을 거치는 동안 두 교수의 이론과 분석 틀은 세계 각국의 다양한 기업체와 조직, 나아가 국가 차원의 전략을 수립하는 데 매우 구체적인 효과를 거두어왔다. 이 책《블루오션 시프트》는 바로 이러한 생생한 경험을 체계적으로 정리한 블루오션 실천 매뉴얼이다.

경쟁 아닌 시장 창출로

인류의 오래된 주제인 전략이 경영학의 독립된 학문 분야로 정립되기 시작한 것은 1960년대 들어서다. 맥킨지를 비롯한 선도적인 경영컨설팅 회사들이 전략을 자문의 주된 내용으로 삼기 시작한 것도 1970년을 전후해서다. 하버드 경영대학원의 마이클 포터Michael Porter교수가 1980년에《경쟁전략》Competitive Strategy을 출간하면서 비로소 경영학에서 전략 분야가 본격적으로 체계화되기 시작했다. 그런데 문제는 전략을 '경쟁'competition의 관점에서 바라보았다는 것이다. 가뜩이나 전쟁에서 어떻게 적을 제압하고 승리를 쟁취하는가를 다루는 군사 전략이 전략의 본원적인 모습인데, 포터 교수의 경쟁 전략은 사업에서 전략은 '경쟁에서 이기는 것'이라고 경영자들의 머리에 각인시켜버린 셈이 되었다. 사실상, 전략경영 교과서와 전략컨설팅 프로젝트의 주된 내용이 어떻게 경쟁에서 이길 것인가how to compete로 채워져 있다. 당연히 전략경영의 핵심적인 분석 틀 역시 경쟁 전략의 관점에서 만들어진 것이다.

김위찬, 르네 마보안 교수는 완전히 새로운 관점에서 전략을 바라봐야 한다고 주창해 학계뿐 아니라 경영자들과 리더들의 이목을 끌었다. 블루오션 전략은 한마디로 전략경영의 패러다임 변화를 선도한다는 면에서 의미가 있고, 중요하다. 경쟁의 패러다임에 갇혀 있던 전략에 대한 사고방식을 시장 창출이라는 패러다임으로 리셋reset 함으로써 새로운 성장의 기회를 포착하라는 명쾌한 울림을 전달한다.

패러다임을 바꾸는 것은 말이 쉽지 정말 어려운 일이다. 심리학에서 말하는 소위 프레임frame 을 변화시킨다는 것인데, 한번 형성되어 굳어진 사고방식을 바꾼다는 것이 쉬운 일이겠는가. 더구나 경쟁은 우리에게 매우 자연스러운 프레임이다. 우리는 늘 다른 사람과 비교하면서 자신의 위치를 점검하고 평가한다. 마찬가지로 기업도 늘 경쟁사를 의식하고 어떻게 하면 그들을 누르고 시장점유율을 높일지 고민한다. 그러나 김위찬, 르네 마보안 교수는 진정한 전략은 경쟁을 불식하는 것이라고 일갈한다. 본질적으로 기업의 존재 이유는 세상에 도움이 되는 가치를 창출하는 것이라는 진리를 새삼 강조하면서, 경쟁에 현혹되면 가치라는 본질을 잊어버릴 수 있다는 점을 역설한다. 무릇 고객 가치, 나아가 사회적 가치를 창출하는 것이 기업의 본질적 역할이고, 재무적 성과는 그러한 역할을 제대로 수행했을 때 돌아오는 자연스런 결과다. 그러므로 저자들이 강조하는 바는 수단과 목적을 혼동하지 말라는 메시지다.

파괴 아닌 상생으로

하버드 경영대학원의 또 다른 간판스타 클레이튼 크리스텐슨Clayton Christensen 교수의 '파괴적 혁신'disruptive innovation에 대해서도 마찬가지다. 김위찬, 르네 마보안 교수는 이 책에서 새로운 시각의 논리적인 설명과 실증 사례로 혁신에 관하여 명쾌하게 정리했다. 조지프 슘페터Joseph Schumpeter의 '창조적 파괴'creative destruction에서 연유한 파괴라는 개념은 혁신이란 기존의 것을 뒤엎는 것이라는 일종의 강박관념을 우리 머리에 심었다. 요즈음 화두가 되고 있는 디지털 혁명 혹은 제4차 산업혁명에서 크리스텐슨 교수의 파괴적 혁신이 기본 교과서가 될 정도다.

블루오션 시프트는 '비파괴적 창출'nondisruptive creation을 제시한다. 혁신이 반드시 파괴적일 필요가 없을 뿐 아니라, 사실은 꼭 기존의 것을 파괴하지 않고 새로운 시장을 창출함으로써 오히려 기존의 것과 상생하면서도 시장을 키워나갈 수 있는 사고방식을 명쾌하게 설명한다.

인간다움과 자신감

이 책을 관류하는 또 하나의 중요한 포인트는 인간에 대한 깊이 있는 성찰, 즉 '인간다움'humanness이다. 전략이라는 개념은 많은 경우에 비범한 리더가 남들과는 완전히 다른 방식으로 생각해서 내놓는 엄청난 아이디어로 간주되는 경향이 있다. 뛰어난 전략가가 전략을 만들면 이 전략에 따라서 수많은 사람이 뒤를 좇아 수동적으로 실행에 옮기는 식이다. 이 책에서 저자들이 제시하는 바는 이와는 매우 다르다. 저자들은 전략을 출발 단계에서부터 실행해나갈 사람들이 리더와 함께 고민하면서 프로세스에 참여하는 것으로 정의한다. 리더뿐만 아니라 개별 구성원 각자가 나아갈 방향을 공유하고, 수동적이고 소극적인 실행이 아니라 능동적이고 적극적인 역할을 해나가는 과정이 전략경영 프로세스라고 설명한다. '사람이 전부다'라는 말이 있듯, 블루오션 시프트를 해나가려면 조직 구성원들이 개인 차원은 물론이고 조직 전체 차원에서 집단적인 '자신감'confidence을 가져야 한다고 저자들은 강조한다.

현실적이고 치밀한 전략 매뉴얼

이 책의 내용이 철저히 현장 중심으로 이루어져 있다는 점도 커다란 강점이다. 저자들은 30여 년간 다양한 맥락의 현장을 경험하면서 왜 전략적 과정이 좋은 의도와는 다르게 조직 차원에서 난관에 봉착하고 실패하는지를 고민해왔다. 이 책에서 제시하고 있는 다섯 단계의 블루오션 시프트 방법론은 그 자체가 완벽한 경영컨설팅 매뉴얼이다. 독자들이 각 단계의 상세한 내용을 들여다보면 저자들이 세세한 부분에까지 구체적인 가이드라인을 제시하고 있음을 알게 될 것이다.

감수자의 경험에 따르면, 현장에 기반을 두고 깊숙하고 철저하게 고민하지 않고서는 도저히 이런 정도의 디테일이 나올 수 없다. 조직을 이끌어가는 최고경영자는 물론이고 중간경영자, 나아가 조직의 개개인 구성원들의 격한 공감을 기대하는 대목들이다.

불확실성, 즉 경험해보지 못한 미래가 다가오고 있다. 기존의 경쟁전략, 파괴적 혁신 등의 프레임만으로는 도저히 미래를 헤쳐나갈 수 없다. 기존의 사고방식은 오히려 우리의 생각을 좁은 울타리 안에 가둘 가능성이 높다. 생각을 바꾼다는 것은 여간 어려운 일이 아니다. 그러나 따지고 보면 생각을 바꾸는 것만큼 쉬운 것도 없다. 인간의 생존 본능이 자극된다면 순식간에 생각이 바뀔 수도 있다. 세상을 바라보는 프레임을 경쟁과 파괴에서 가치 혁신과 시장 창출로 바꿔야 한다. 막연하게 접근하지 말고 매우 구체적인 분석적 방법론을 가지고 단계별로 접근한다면 누구나 그렇게 할 수 있다.

전략은 천재의 전유물이 아니다. 진지한 문제의식과 고민을 기반으로 한 체계적인 방법으로 누구나 전략가로 거듭날 수 있다.《블루오션 시프트》에 바로 그러한 내용이 담겨 있다.

경쟁을 뛰어넘어 새로운 성장으로

미국의 시인이자 수필가 월트 휘트먼Walt Whitman은 자신의 시 '오, 나여!
오, 삶이여!'O Me! O Life!에서 인간의 삶을 정의하는 고난과 시련에 대해
깊이 성찰했다. 그는 "이것들 속에서 어떤 의미를 찾을 수 있는가? 오,
나여! 오, 삶이여!"라고 물었다. 그리고 개인적으로건 집단적으로건
우리 모두가 인생이라는 역정의 드라마에 한 줄을 보태려고 한다는 그
의 대답은 결코 우리 머릿속에서 떠난 적이 없었다.

인생은 사실 고난과 시련으로 가득 차 있다. 그러나 우리 인생이 우
리가 만들어갈 수 있는 능력 밖에 있는 것은 아니다. 우리 모두는 존재
그 자체로 한 편의 시가 될 수 있다. 시가 됨으로써 인생의 여정 그리고
인생의 아름다움에 약간이라도 영향을 미칠 수 있다.

당신의 시는 어떤 모습일 것인가? 우리의 시는 또한 어떤 모습일 것인가? 우리는 학자로서 연구에 정진하는 과정 속에서 결코 이 질문을 멈춘 적이 없었다. 우리는 무엇을 위해 살기 원하는가? 이 세상이 좀 더 나아지는 데 도움을 줄 수 있는, 인생이라는 역동적인 드라마에 작은 시 한 편을 얹어놓기를 바라는 마음으로 어떤 이야기에 노력을 집중해야 할 것인가?

경영학을 가르치는 우리 저자들은 한 사람이 이득을 보려면 다른 사람들이 희생해야 한다는 경쟁과 분할로 점철된 세상을 원하지 않는다. 경쟁은 존재하고 승자와 패자의 시나리오가 세상에 만연해 있지만, 우리의 상상력이 여기에 갇혀서는 안 된다. 세상은 그러한 경쟁의 논리를 더 많이 추구할 것이라고 믿어서도 안 된다. 우리가 찾고자 하는 것은 기회, 성장, 고용의 새로운 경계를 창출하기 위해 경쟁을 뛰어넘는 조직과 개인이다. 성공이란 때로 줄어들기조차 하는 기존의 파이를 나누어 갖는 것을 가리키지 않는다. 성공은 모든 사람들을 위해 더욱 큰 경제적 파이(우리는 이를 블루오션이라고 부른다)를 창출하는 것이다.

블루오션은 파괴가 아니라 비파괴적 창출에 관한 것이다. 비파괴적 창출은 누군가가 이익을 보려면 다른 누군가가 희생해야 하는 것을 의미하지 않는다. 그런데 어떻게 해야 이런 생각과 열정을 실행으로 옮기고 의지를 현실화할 수 있을까?

현재의 제약 속에 갇혀 있는 고정관념을 버리고 미래의 가능성을 인식하며 우리의 시각을 바꾸고 자유로운 상상력을 갖추도록 하기 위해서는 로드맵이 필요하다. 그리고 이를 위해서 우리 자신과 주변 사람에 대한 자신감을 고취할 필요가 있다. 우리 모두의 마음속에는 창조적인 에너지와 열정이 있다. 그러나 한편으로는 믿을 수 없을 만큼 약한 구석도 존재한다. 로드맵이 아무리 분명하더라도 자신감이 없다면 새로운 길로 가려는 용기가 생기지 않는다. 많은 사람이 변화를 갈망하면서 동시에 변화에 실패할까봐 두려워한다. 자신감은 우리 마음속에 조용히 자리 잡고서 그런 회의감을 떨치고 일어날 수 있도록 하는 마법과 같은 힘을 지니고 있다. 자신감이 있어야 스스로를 믿고 또 블루오션을 믿으며 정말로 더 넓은 바다를 향해 나아갈 수 있다.

지금 당신이 손에 쥐고 있는 이 책에는 이러한 문제의식에 대한 우리 두 연구자의 답이 담겨 있다. 지난 30년 동안 블루오션을 향해 연구를 진행하면서 우리는 경쟁으로 가득 찬 기존의 시장(우리는 이를 레드오션이라고 부른다)을 뛰어넘어 자신감, 시장 창출, 성장이라는 새로운 단계로 도약하려는 크고 작은 조직, 영리기관과 비영리기관, 정부를 연구해왔다. 레드오션에서 블루오션으로 이동하는 데에 성공한 조직뿐만 아니라 실패한 조직도 연구하면서 블루오션으로 제대로 나아가기 위해서는 검증된 단계들을 통해 사람들의 창의성을 이끌어 내는 것만큼이나 사람들 마음속에 내재된 자신감을 이끌어 내는 것이 중요하다는 사실을 깨닫게 되었다.

우리는 이 책《블루오션 시프트》에서 당신과 당신의 팀 그리고 당신의 조직이 레드오션을 벗어나 블루오션으로 나아가게끔 하는 체계적이고 검증된 과정, 시장 창출을 위한 일련의 방법론 뿐만 아니라 사람들이 자발적으로 참여하여 성공을 만들어가는 과정상의 인간의 마음과 정신에 관련된 내용을 담았다. 또 무엇이 제대로 작동하고 작동하지 않는지, 어떻게 하면 블루오션을 향한 여정 곳곳에 도사린 잠재적인 함정을 피할 수 있는지 등에 대해 현장 경험을 통해 검증된 단계적인 가이드를 제공했다.

　우리 두 연구자는 우리가 세상에 전하고자 하는 '시'를 선택했다. 우리는 모두가 새로운 경계와 각자 자신만의 시를 만들어낼 수 있다고 확신한다. 언젠가 넬슨 만델라는 말했다. "이루기 전까지는 항상 불가능해 보인다." 당신의 삶을 이전과는 다른 모습으로 만들어가는 데 이 책이 큰 도움이 되길 바란다.

차례

제1부
블루오션 시프트

제1부

블루오션 시프트

BLUE OCEAN SHIFT

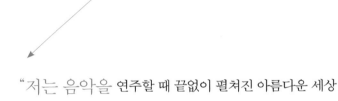

제1장

최고가 되는 것을
뛰어넘어라

"저는 음악을 연주할 때 끝없이 펼쳐진 아름다운 세상
속에 있는 것 같다는 생각이 듭니다."

주할 술탄Zuhal Sultan은 그의 조국 이라크가 종교적, 민족적으로 분열
되고 고난과 전쟁으로 황폐해졌음에도 꿈을 잃지 않았다. 이 17세의
피아니스트는 2008년 이라크 최초의 전국 청소년 오케스트라를 결성
하고 전 세계를 무대로 공연을 하고 싶어 했다. 그러나 이라크에는 정
규 교육을 받은 음악가나 음악교사, 내세울 만한 좋은 악기도 없었다.
더군다나 지난 수세기 동안 이어진 문화적 단절이 이라크 청소년들을
갈라놓고 있었다.

도대체 어디서부터 시작해야 할까? 술탄은 인터넷으로 한 지휘자와 연락이 닿았다. 클래식을 전공한 스코틀랜드의 지휘자 폴 맥앨린든Paul MacAlindin이었다. 그는 이라크 청소년 오케스트라National Youth Orchestra of Iraq(이하 'NYOI')를 이끌 의향이 있음을 알려 왔다.

맥앨린든 스스로가 음악가 뿐 아니라 전략가가 되어야 한다는 사실을 알아차리기까지 그리 오랜 시간이 걸리지 않았다. 그가 이끌어야 할 오케스트라는 다른 나라의 청소년 오케스트라와 같은 조건에서 경쟁한다면 승산이 없었다. 이 산업은 경쟁이 치열하고 프랑스, 이탈리아, 스페인, 영국 같은 유럽 국가의 유서 깊은 청소년 오케스트라들이 지배하고 있었다. 그들은 기술적 숙련도가 뛰어나고 잘 훈련된 젊은 음악가들로 구성되어 있었으며 세계적인 독주자와 지휘자를 유치할 수 있었다. 또 브람스, 베토벤, 쇼팽 같은 작곡가의 대표작을 세련되게 연주했다. 맥앨린든은 NYOI가 비용을 줄이면서도 자기만의 특징을 드러내려면 이 업계의 일반적인 전통에 얽매이지 않고 국가를 대표하는 청소년 오케스트라의 의미가 무엇인지 재정립해야 한다고 생각했다.

NYOI는 탁월한 기술이나 세련된 음악보다는 음악이 가진 힘, 즉 사람들의 마음을 치유하고 뿌리 깊은 분열을 종식시키며 이라크의 귀중한 유산에 숨어 있는 찬란한 영광을 소개하는 데 힘을 쏟았다. 맥앨린든은 이러한 목표를 위해 음악적 우수성이나 세련된 유럽의 레퍼토리에 대한 의존도를 줄였다. 유명한 게스트 독주자나 지휘자를 섭외하지 않음으로써 비용도 크게 절감했다.

대신 맥앨린든과 술탄은 이라크 쿠르드족, 아랍족의 민속음악을 연주할 청소년 음악가들을 모집하고 이러한 음악을 그들이 연주하게 될 하이든, 베토벤, 슈베르트 같은 작곡가의 음악과 동등한 위치에 두기로 했다. NYOI는 놀랍게도 수니파와 시아파, 아랍족과 쿠르드족으로 구성된 남녀 청소년 음악가들을 한데 모았다. 이렇게 함으로써 맥앨린든과 술탄은 전쟁의 상흔을 딛고 밝은 미래를 함께 만들어가고자 하는 이라크 청소년들의 희망과 헌신을 오케스트라로 널리 알리고자 했다. NYOI 단원인 모하메드 아드난 압달라Mohammed Adnan Abdallah가 말했듯이 말이다. "음악은 평화의 언어다. 그리고 사람들은 음악을 통해 서로 사랑하게 된다. 음악가들이 함께 연주하는 것은 평화의 언어로 소통하는 일이다."[1]

그 결과 NYOI는 영국 방송사 〈스카이뉴스〉에서 '세계에서 가장 멋진 오케스트라'라고 소개할 정도로 세상에 널리 알려지게 되었다. NYOI는 최고의 기량을 갖춘 청소년 음악가들로 구성된 오케스트라는 아니었지만 가장 감동을 주는 오케스트라였다. NYOI는 다른 나라 청소년 오케스트라와는 다른 성격의 찬사와 기립박수를 받았고 세계의 이목을 집중시켰다. NYOI는 전에는 클래식 공연장에 전혀 가지 않았던 새로운 청중을 불러 모았으며 청소년 오케스트라 중에서는 가장 많은 소셜미디어 팬을 두었다. 무엇보다도 NYOI는 이라크 청소년들이 그들의 조국에 파괴, 증오, 전쟁이 아닌 평화, 희망, 연대의 메시지를 전할 수 있음을 보여주었다.[2]

맥앨린든은 똑똑하고 훌륭한 지휘자이다. 그는 최선을 다해 열심히 일하는 사람이고 차별화를 이뤄내기 위한 열정도 지녔다. 그러나 그는 자신이 천재도 아니고 창업가도 아니라고 생각한다. 그는 우리처럼 평범한 사람이다. 그가 이끄는 오케스트라는 자원이 부족하고 뛰어난 인재도 별로 없다는 조직상의 한계도 분명했다. 그럼에도 맥앨린든과 그가 이끄는 청소년 오케스트라 단원들은 창의적이면서도 비용이 적게 드는 전략을 개발해 기존의 통상적인 경쟁에서 벗어날 수 있었다.

맥앨린든과 NYOI의 청소년 음악가들과 같은 사례는 이 밖에도 많이 있다.

오케스트라에서
감자튀김 조리기에 이르기까지

1857년에 설립된 프랑스의 다국적기업 그룹 세브_{Groupe SEB}는 규모가 크고 탄탄한 여느 다국적기업과 마찬가지로 전문경영인이 회사를 이끌어간다. 회사 직원들은 대부분 장기근속자로 굳어져버린 조직문화와 그로 인해 어느 정도 나타나는 관료주의, 사내 정치에 물든 상태였다. 그룹 세브는 당시의 많은 소규모 가전제품 회사와 마찬가지로 점점 치열해지는 경쟁과 마진 압박에 직면한 상태였다. 특히 전기 감자튀김 조리기가 적절한 사례다. 그룹 세브는 해마다 규모가 10퍼센트씩 감소하는 이 시장에서 차별성을 부각하고자 분투하는 중이었다.

당시 전기 조리기구 팀장, 크리스티안 그롭_{Christian Grob}과 팀원들은 치열한 경쟁에서 벗어나야 할 필요성을 인식하고 상황을 변화시키고자 했으나, 경영진은 다소 회의적인 반응을 보였다. 감자튀김 조리기의 매출을 늘릴 수 있는 유일한 요소는 가격뿐인데, 그 이상 더 무엇을 할 수 있겠느냐는 것이었다.

그러나 그룹과 그의 팀원들 생각은 달랐다. 이 산업에 진입한 모든 참여자가 똑같은 가정하에 영업을 한다. 그런데 이러한 가정 때문에 제품이 주는 매력과 이에 대한 수요가 제한되는 것은 아닐까? 즉 가정에 대한 생각을 아예 다시 한다면 어떤 일이 일어날까? 그룹과 팀원들은 이 산업의 바탕에 깔린 기본 가정들을 확인하고 여기에 문제를 제기하는 데서부터 출발했다. 그리고 이러한 과정에서 새로운 사실을 알게 되었다.

그룹 팀은 모든 사람이 두 가지 사실을 아무런 의심 없이 받아들인다는 것을 확인했다. 이 두 사실은 이 산업을 정의하는 기본적인 것이었다. 사실 하나, 신선한 감자튀김을 만들려면 튀겨야 한다. 사실 둘, 튀기려면 많은 기름이 필요하다.

정말 그럴까? 그렇다. 그런데 이 두 가지의 당연시되던 가정들이 이 산업의 많은 문제를 간과하게 만들었다. 감자를 튀기는 데는 식용유 2.5리터가 필요하고 이는 결코 적은 비용이 아니다. 기름이 끓기 시작하면 주변이 위험해진다. 다 쓴 식용유는 처리하기도 어렵고 설거지 역시 힘들다. 게다가 이렇게 만든 감자튀김은 건강에 좋지 않고 살도 엄청나게 찌게 한다.

그룹의 팀은 업계에서 널리 수용되고 있는 이런 생각에 이의를 제기하고 이러한 관행적인 생각에서 벗어나 문제를 다시 정의했다. 즉 최고의 감자튀김 조리기를 만드는 방법에서 튀기지 않고도 군침이 돌고 건강에 좋으며 신선한 감자튀김을 만드는 방법을 모색한 것이다. 이렇게 해서 나온 것이 바로 '액티프라이'ActiFry라는 제품이다. 완전히 새로운 형태의 이 감자튀김 조리기는 2006년에 프랑스에서 처음 출시된 후 전 세계적으로 널리 퍼졌다. 액티프라이는 튀기는 대신 식용유 한 스푼으로 감자튀김 2파운드(900그램)를 만들어낸다. 이렇게 만든 감자튀김은 기존 감자튀김에 비해 칼로리는 40퍼센트, 지방은 80퍼센트 적다. 게다가 설거지하기도 쉽고 안전하며 식용유를 처리해야 하는 문제도 없다. 액티프라이로 만든 감자튀김은 식감도 훌륭해서, 겉은 바삭하고 속은 부드러웠다.

오프라 윈프리는 액티프라이로 만든 감자튀김이 건강에도 좋고 칼로리가 적은데도 아주 맛있어서 너무나도 반해버린 나머지, 트위터로 자신이 액티프라이의 팬이 되었다고 말했다. "액티프라이는 내 인생을 바꿔놓았어요. 제가 이런 말을 한다고 해서 저한테 따로 생기는 게 있는 건 아닙니다."[3] 유럽 전역에서 주문이 쏟아지고, 윈프리의 멘트까지 더해져 액티프라이 하나만으로 그룹 세브의 주가는 5퍼센트 상승했다. 경쟁 기업은 5년 뒤에나 이 시장에 뛰어들 수 있었다. 더욱이 그룹 세브에 특허권이 있어 다른 기업이 만든 제품은 액티프라이의 성능을 따라갈 수 없었고, 시장에서 의미 있는 점유율을 기록하지도 못했다. 지난 10년 동안 액티프라이를 모방한 필립스의 에어프라이어와 같은 많은 유사품들이 출시되었지만 액티프라이어는 현재까지도 세계 시장을 선도하고 있다. 액티프라이의 등장으로 이전까지는 전기 감자튀김 조리기를 구매할 의사가 전혀 없었던 신규 고객이 시장에 들어와 이 산업은 40퍼센트 가까이 가치가 올라갔다.

국가를 대표하는 청소년 오케스트라, 감자튀김 조리기 산업은 분명히 서로 다른 세계다. 고객에게 제공하는 것도 다르고, 경쟁하는 방식도 다르며, 참여자들도 완전히 다르다. 조직 또한 다르다. NYOI는 신설된 비영리기관이기에 스타트업이라 할 수 있고, 그룹 세브는 150년이 넘는 역사를 자랑하는 영리 목적의 다국적기업이다.

이 두 조직과 이들이 처한 업계의 현실이 다르긴 하지만, 이들은 같은 방식으로 성공을 거두었다. 기존의 경쟁자가 득실대는 시장에서 경쟁하지 않고 새로운 시장을 창출했다. (다른 모든 조직이 그렇듯이) 난관에 직면하고는 구성원들의 자신감을 고취하고 협력을 얻는 방식으로 이를 극복했다. 이것이 바로 우리가 **블루오션 시프트**Blue ocean shift라 부르는 것이다. 블루오션 시프트는 조직의 구성원들과 함께 조직이 경쟁이 치열한 시장(상어 떼가 가득한 레드오션을 생각해보라)에서 벗어나 거대한 블루오션, 다시 말해 경쟁이 없는 새로운 시장으로 옮겨가기 위한 체계적인 과정을 의미한다.

블루오션 시프트를 깊이 이해하기 위해 다른 사례를 한 번 살펴보자. 가장 관료적이고 변화를 거부하는 실체 중 하나로서 창의적이거나 혁신적이라고는 절대 여겨지지 않는 정부와 관련된 사례다.

'또 한 번의 기회'
라는 선물

오늘날 많은 국가가 늘어가는 범죄율, 교도소의 넘치는 재소자들, 높은 재범률 등의 상황에 직면해 있다. 이는 많은 문제를 낳는데, 우선 납

세자들에게 큰 부담을 주고 시민의 안전을 위협한다. 범죄를 저지른 사람들을 무기력하게 만들며 이들이 악순환에서 빠져나오는 것을 어렵게 만든다. 이는 범죄자의 가족들에게도 고통스러운 일이다.

대부분의 정부가 교도소에 재소자가 넘치는 문제를 관습적으로 처리한다. 교도소를 더 많이 짓고 경범죄자와 중범죄자를 같이 수용하는 식으로 시설 활용을 극대화한다. 그러나 이러한 방식은 아무런 효과가 없다. 교도소를 더 짓는 것은 비용이 들고 시간이 걸린다. 그리고 경범죄자와 중범죄자를 함께 수용하면 교도소는 범죄를 가르치는 곳이 된다.

어쨌든 정부의 주된 관심은 재소자를 감금하고 엄격한 보안 환경을 제공하는 것이었지, 재소자들의 갱생에 있지 않았다. 예를 들어 캘리포니아 주는 1980년 이후 교도소 22개소를 신축했다. 현재 캘리포니아 주의 연간 교도행정 예산은 90억 달러에 달한다. 그런데도 캘리포니아 주의 교도소는 여전히 재소자들로 넘치고, 이들의 재범률은 65퍼센트라는 엄청나게 높은 수치에서 벗어나지 못하고 있다. 한마디로 교도행정을 위한 기존 전략은 처벌이라는 측면에서는 성공했는지 몰라도 사회가 가장 요구하는 측면, 즉 재소자들을 공동체의 건전한 구성원으로 만들어 사회로 복귀시키는 측면에서는 실패했다.

말레이시아 정부도 2010년, 같은 문제에 직면했다. 그리고 조직과 전략 차원에서의 변화만이 수감에 따르는 악순환에서 벗어나 재범률을 줄일 수 있다고 보았다. 정부는 이 문제를 국가블루오션전략회의 National Blue Ocean Strategy Summit(이하 'NBOS 회의')에 의뢰했다. 말레이시아 정부는 적은 비용으로도 사회에 커다란 영향을 미칠 수 있는 혁신전략과 새로운 실행 과제를 도출하기 위해 2009년부터 NBOS 회의를 개최했다. 매달 열리는 NBOS 회의에는 수상, 부수상, 장관 같은 국가 지도자들과 경찰청장 및 삼군총사령관을 포함한 고위 공직자들이 참석한다. 회의 참석자들은 안건마다 달라지며 관련된 민간 부문의 지도자들이 포함되기도 한다.

NBOS 회의에서는 교도행정 문제에서 창의적인 해결 방안을 찾고자 했지만 다른 나라의 모범 사례best practice는 벤치마킹하지 않기로 했다. 대신에 이라크 청소년 오케스트라의 폴 맥앨린든과 그룹 세브의 크리스티안 그룹이 그랬듯 업계의 기본 가정을 확인하고 이에 대한 문제를 제기했다. 이러한 가정들 중에서 가장 두드러진 것은 오랫동안 지속된 가정, 즉 죄를 진 사람은 교도소에 수감되어야 한다는 것이었다. 비용이 많이 들고, 높은 수준의 보안 시설을 갖추어야 하는 교도소를 대체할 방안은 없을까? 이 대안은 비용은 훨씬 적게 들면서도 효과는 확실히 커야 한다.

NBOS 회의에서는 이 질문에 대한 답을 찾다가 전혀 생각지도 않았던 기회를 보게 되었다. 말레이시아 전역의 군사기지에는 유휴지가 있었다. 여기에는 훌륭한 보안 환경이 갖춰져 있어서 누구도 감히 침입할 수 없었고, 그래서 재소자들을 수용하기에 적합했다. 이 유휴지들을 효과적인 보안시설로 개조하는 데는 큰 비용이 들지 않았고, 재소자 중 많은 비중을 차지하는 경범죄자를 수용하기에도 좋은 방법이었다.

NBOS 회의 참석자들은 정부가 오랫동안 재소자들에게 갱생의 기회를 분명하게 제공하지 못했음을 확인했다. 즉 교도행정을 담당하는 부서는 재소자 갱생에 필요한 전문 지식이 부족했다. 전통적으로 교도관들은 갱생 업무에 투입되지만 이들이 가진 전문 지식이란 높은 수준의 보안에만 한정되었을 뿐 교육, 훈련, 고용, 가족과의 유대와는 무관한 것이었다. 후자는 갱생에 반드시 필요한 것들이다. 그리고 이는 다른 부서에서 훨씬 더 잘 제공할 수 있는 것들이었다.

NBOS 회의는 이런 가정들에 문제를 제기하고 이를 뒤집으면서 블루오션 시프트를 추진했다. 그리고 여기서 공동체 갱생 프로그램Community Rehabilitation Program(이하 'CRP')이 탄생했다. NBOS 회의는 더 많은 비용이 드는 교도소를 건설하는 대신, 세계 최초로 군사기지의 유휴지에 경범죄자들을 수용하는 CRP 센터를 설립했다. CRP는 교도소에 재소자들이 넘쳐나는 문제에 신속하고도 비용이 적게 드는 해결 방안을 제시했고, 경범죄자들을 중범죄자들과 격리해 그들에게서 영향을 받지 않도록 했다.

한편 CRP 센터에서는 농업부와 고등교육부 관리들을 초빙해 물고기 양식과 고수확 농작물 재배에 관한 직업 교육을 실시했다. 이렇게 생산한 농수산물은 시장에서 판매되었다. 재소자들은 자신이 생산한 것을 판매해 돈을 벌고 저축할 수 있었다. 이러한 교육은 의미 있는 기술을 제공할 뿐만 아니라 경범죄자들이 또다시 범죄를 저지르지 않고 소득 활동을 할 수 있도록 유도했다. 그리고 CRP 센터는 인권위원을 통해 재소자 가족에게 연락을 취해 재소자들이 가족과 정기적으로 만날 수 있도록 권장하고, 면회 온 가족들이 오랫동안 머물 수 있도록 센터 근처에 숙박 시설을 제공했다.

일반 교도소에서 가족 면회는 유리 창문을 사이에 두고 30분 동안 진행된다. 그러나 CRP 센터에서는 재소자와 배우자, 자녀들이 서로 손을 잡고 껴안을 수 있으며 함께 즐거운 시간을 보낼 수도 있다. 이러한 만남은 상처를 치유하고 재소자에게 가족이 얼마나 소중한지, 건전한 사회 구성원으로 복귀하는 것이 얼마나 중요한지 일깨워준다. 이들이 출소하면 인적자원부가 나서서 구직 서비스를 제공한다. 자기 사업을 원하는 이들에게는 여성·가족·공동체 개발부Ministry of Women, Family and Community Development가 대출도 알선해준다.

그 결과, CRP 센터는 정부 예산을 절감하면서 재소자, 그들의 가족, 사회에 훨씬 더 많은 가치를 제공했다. CRP 센터가 출범한 2011년 이후, 경범죄자의 재범률은 약 90퍼센트 감소했다. 이는 캘리포니아 교도소에서 복역한 경범죄자의 재범률의 0.6퍼센트에 불과한 수치다. 말레이시아 CRP 센터에 있는 경범죄자의 가족들은 기뻐했고, 사회는 안전해졌다. 비용 측면에서 CRP 센터는 이전의 교도소와 비교해 건설비가 85퍼센트 저렴했고, 운영비는 58퍼센트 저렴했다. 감소한 재범률 등을 볼 때 CRP 센터가 설립된 후 첫 10년 동안 절감된 비용과 사회적 편익을 더한 금액은 10억 달러가 넘을 것으로 추산된다.

CRP 센터가 준 가장 커다란 선물은 재소자들에게 희망, 자존감 그리고 새로운 삶을 시작해 사회의 건전한 구성원이 되기 위한 방법을 제공해 그들의 삶에 변화를 일으킨 것이라 할 수 있다. CRP 센터 재소자였던 사람은 이렇게 말했다. "정말 저에게 다시 한 번 기회가 주어졌다고 생각했습니다. 저는 CRP 센터에서 새로운 기술을 배우고 저축한 돈으로 오토바이 수리업체를 창업했습니다. 이제 저는 새로운 미래를 보고 있습니다."

시장 경쟁에서
시장 창출로

조직의 리더들은 종종 두 가지 기본 가정을 당연하게 받아들이고 이에 따라 행동한다. 하나는 시장의 경계와 산업의 조건이 주어진 것이라는 가정이다. 이를 바꿀 수는 없고 주어진 조건을 바탕으로 전략을 수립해야 한다고 생각한다.[4] 다른 하나는 환경적 제약 속에서 성공하려면 차별화와 저비용 중 하나를 전략으로 선택해야 한다는 가정이다. 조직은 고객에게 더 높은 비용으로, 즉 더 비싼 가격으로 더 많은 가치를 전달하거나 더 낮은 비용으로 이에 합당한 가치를 전달해야 한다고 생각한다. 조직은 차별화와 저비용 모두를 동시에 전달할 수는 없다고 여긴다. 따라서 이러한 전략의 본질은 가치와 비용의 상충관계trade-off로 인식된다.[5]

하지만 정말 그럴까? 조직이 직면한 시장의 경계와 산업의 조건을 직접 설정할 수는 없을까? 차별화와 저비용을 동시에 추구함으로써 가치와 비용의 상충관계를 깨뜨리는 전략을 만들 수도 있지 않을까?[6]

CRP센터를 생각해보자. NBOS 회의는 날로 증가하는 교도행정 예산, 높은 재범률과 범죄율 같은 산업 혹은 환경의 여건을 주어진 그대로 받아들였을까? 그러지 않았다. NBOS 회의는 재소자의 감금과 갱생이 무엇을 의미하는지 경계를 재정의했다. NBOS 회의는 교도소, 경찰, 군대를 포함한 여러 부서를 두루 살피면서 이러한 환경 조건을 바꾸고 새롭게 만들기 위한 전략적, 조직적 변화를 꾀했다.

CRP센터는 차별화와 저비용의 측면에서 가치와 비용의 상충관계

또한 받아들이지 않고 오히려 이를 깨뜨렸다. 정부는 CRP 센터를 통해 저비용으로 경범죄자, 그들의 가족, 사회를 위해 훨씬 더 많은 가치를 창출했다. CRP 센터는 다른 나라에서 시행되는 기존의 모범 사례를 벤치마킹하는 대신, 정부의 관련 기관 구성원들의 자신감과 상호협업을 통해 교도소 산업에서 이미 알려진 것을 뛰어넘는 블루오션 시프트를 추진했다.

〈그림 1-1〉은 이러한 역학 관계를 시각적으로 보여준다. 실선은 마이클 포터가 제시한 생산성 경계productivity frontier를 나타낸다. 이 선은 어떤 산업에서 기존의 경계, 즉 모든 모범 사례의 총합을 의미한다.[7] 이 곡선은 현재 이용 가능한 기술과 경영의 모범 사례를 통해서 조직이 달성할 수 있는 최상위 수준의 가치와 그에 상응하는 비용을 나타낸다. 이 생산성 경계는 기존의 시장 즉, 레드오션 전략을 통한 최선의 결과를 보여준다. 이 곡선 위에서 해당 산업의 모든 참여자는 동일한 생산성(비용 대비 가치)을 갖는다. 따라서 구매자 가치와 비용은 정(+)의 관계로 변화한다. 즉 둘 중 하나가 증가하면 다른 하나도 반드시 증가한다. 이는 시장 경쟁 전략 혹은 레드오션 전략이 성공하려면 가치와 비용의 상충관계에 따라 행동해야 한다는 의미다. 조직은 차별화라고 불리는 가치에서 돋보이거나(위치 1) 저비용에서 돋보이도록(위치 2) 해야 한다. 그러나 이 두 가지를 모두 잘할 수는 없다.[8] 조직이 산업의 생산성 경계보다 못한 것을 제공한다면, 이 조직은 생산성 경계에 있는 경쟁자에 의해 밀려나게 된다. 따라서 전략은 기존의 시장에서 어떻게 경쟁하여 승리할 수 있는가에 초점이 맞춰지게 된다.

그러나 CRP 센터를 생각하면 이러한 전략적 논리는 성립되지 않는

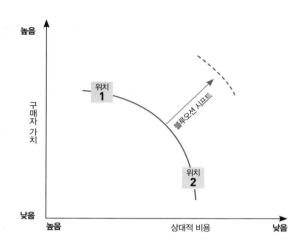

〈그림 1-1〉 시장 경쟁에서 시장 창출로

마이클 포터가 보여 주듯이, 해당 산업의 기존의 생산성 경계에서 경쟁하기 위하여 차별화 혹은 저비용을 추구한다.

새로운 가치-비용의 경계를 열기 위하여 차별화와 저비용을 동시에 추구한다.

다. 경영학적으로 말하자면, CRP 센터는 기존의 산업 경계를 주어진 것으로 받아들이지 않았고 기존 교도소의 모범 사례라 할 생산성 경계에 있으려 하지도 않았다. 대신에 가치와 비용의 상충관계를 깨뜨리는 블루오션 시프트를 추진했다. CRP 센터는 제공하는 가치의 **종류**와 **정도**에서 커다란 변화를 일으키면서 '새로운 가치-비용의 경계'ₙₑ𝓌 value-cost frontier를 여는 새로운 전략을 만들어냈다. 이렇게 해서 새로운 시장이 창출되었는데, 〈그림 1-1〉의 점선은 이러한 대안적인 역학을 보여준다. 여기서 전략은 차별화와 저비용을 동시에 추구하는 것이다. 기존 산업의 생산성 경계를 뛰어넘어 새로운 가치-비용의 경계를 열면서 블루오션이 창출되고, 기존 생산성 경계에서의 경쟁은 무의미해진다.[9]

블루오션 시프트를 성취하는 것이 마법처럼 생각될 수도 있다. 그러나 그렇지 않다. 당신이 스스로를 특별히 창의적인 사람이라고 생각하든 그렇지 않든, 블루오션 시프트에는 누구나 실행할 수 있는 체계적인 접근 방법이 있다. 이 접근 방법은 레드오션에서 블루오션으로 가는 경로를 제시할 뿐만 아니라 사람들에게 자신감을 불어넣어 블루오션 시프트를 이해하고 실천하는 방법을 제시한다. 그룹 세브의 액티프라이, 이라크 청소년 오케스트라, 말레이시아 정부의 CRP 센터는 전 세계에서 이러한 과정을 적용해 추진한 조직의 사례 중 극히 일부일 뿐이다.

블루오션으로 가는
우리의 여정

우리가 블루오션 시프트와 이를 성공시키기 위한 과정을 하루아침에 깨닫게 된 것은 아니다. 때로는 온갖 역경을 무릅쓰고 함께 뛰어들기도 했던 30년 가까운 연구 활동의 결과물이다. 지금으로부터 30년 전, 우리는 당혹스러운 현상을 목격했다. 1980년대 중반, 이전까지 경험하지 못한 글로벌한 경쟁이 뜨겁게 심화되고 있었다. 역사상 처음으로 모든 산업에서 미국 기업들이 빠르게 쇠퇴하고 있었다. 오토바이에서 자동차에 이르기까지, 토목공사 장비에서 가정용 전자제품에 이르기까지 미국 기업들은 새롭게 등장한 경쟁자인 일본 기업에 추월당하고 있었다.

당시 미시건 주 앤아버에서 연구 활동을 하던 우리는 이러한 사실을 여러 자료로 접했을 뿐 아니라 직접 목격하기도 했다. 바로 옆에 있는 미국의 자동차 도시 디트로이트가 큰 타격을 받았던 것이다. 빅3로 일컬어지던 제너럴모터스, 포드, 크라이슬러는 대량 감원에 나섰다. 공장들은 조업을 중단하기 시작했다. 사람들은 두려움에 떨었다. 심지어 미시간 주의 일부 주민들은 새롭게 등장한 강력한 경쟁자의 맹공에 두려움과 걱정을 느낀 나머지 거리에 있는 일본 자동차를 부수기에 이르렀다. 차를 몰고 디트로이트로 갔을 때 이런 현상을 가장 뚜렷하게 확인할 수 있었다. 거리는 유령의 도시처럼 느껴졌고 서서히 파멸의 길로 가고 있었다. 당시 돈이 궁해 낡아빠진 자동차를 몰았던 우리처럼 도시도 정신적으로나 경제적으로 낡아빠진 것만 같았다.

선진국 경제는 기본적으로 새로운 도전을 요구받는 새로운 국면으로 서서히 진입하고 있었다. 제2차 세계대전 이후 수요가 공급을 초과하던 상황에서 공급이 수요를 초과하는 어려운 상황으로 옮겨가고 있었기 때문이다. 이는 사상 유례가 없을 정도로 경쟁이 치열해지고 있다는 의미였다. 이러한 새로운 도전의 조짐을 처음 느낀 것은 미국 기업들이었을 것이다. 그러나 우리는 일본을 포함하여 전 세계의 선진국 기업들이 이와 같은 도전에 직면하는 것은 시간문제라고 확신했다. 그들 또한 대비하지 않는다면, 한때 강력했던 디트로이트처럼 되고 말

것이었다.

우리는 바로 이러한 관점을 가지고 새롭게 떠오르는 현실에 수동적으로 대응하거나 이를 지연시키는 방법을 연구하기보다는, 세계적으로 경쟁이 치열해지는 가운데 기업이 단순한 생존이 아니라 번영을 이루기 위해서 무엇을 해야 하는지 연구하기 시작했다. 우리가 연구해야 할 과제는 점점 뚜렷하게 다가왔다. 구체적으로 말하자면 이렇다. 기업은 어떻게 하면 경쟁이 치열한 레드오션에서 빠져나와 견실하고도 수익성이 좋은 성장을 이룩할 수 있는가? 최고가 되는 것을 뛰어넘어 새로운 시장을 창출하기 위해 그리고 경쟁을 무의미한 것으로 만들기 위해 무엇을 해야 하는가?

우리 연구의 초기 결과물은 전략경영에 관한 논문들이었고, 이는 《하버드 비즈니스 리뷰》를 비롯해 여러 매체에 소개되었다.[10] 그리고 이러한 논문들을 모아 첫 번째 책《블루오션 전략》을 발간했다. 이 책은 2005년에 처음 출간되었고, 2015년에 새로운 내용을 담은 확장판이 출간되었다. 44개 언어로 번역되어 5개 대륙에 걸쳐서 세계적인 베스트셀러 반열에 올랐다. 이처럼 하루아침에 세계적인 베스트셀러가 된 이면에는 오랜 세월에 걸친 집요한 관심, 노력, 인내가 깔려 있다.

《블루오션 전략》에서는 시장을 블루오션과 레드오션이라는 두 가지 오션으로 구성된 것으로 본다. 레드오션은 오늘날 대부분의 조직이 싸우고 있는 모든 산업을 말한다. 블루오션은 아직 창출되지는 않았지만 수익과 성장이 점차 발생하게 될 모든 산업을 말한다. 이 책에는 100년 넘는 세월 동안 30개 산업에서 실행된 150개 전략을 연구한 결과를 바탕으로 **레드오션 전략**으로 부르는 **시장 경쟁적 움직임** marketcompeting moves 과 **블루오션 전략**으로 부르는 **시장 창출적 움직임**market-creating moves을 구분하는 개념 차이와 그에 내재된 패턴이 제시되어 있다.《블루오션 전략》은 블루오션을 창출하기 위한 분석 도구를 제공했다. 그리고 왜 레드오션 전략이 시장 경쟁의 이론이고 블루오션 전략이 경쟁을 무의미하게 만드는 시장 창출의 이론인지 부각시켰다. 레드오션, 블루오션, 블루오션 전략이라는 용어는 곧 기업이 일상적으로 사용하는 표현이 되었다.

전 세계의 개인, 정부, 기업, 비영리기관이 블루오션과 레드오션이라는 렌즈로 세상을 바라보기 시작하면서 블루오션과 레드오션에 대한 관심은 우리가 예상하지 못한 속도로 커졌다. 기존 조직들은 자신이 레드오션에 있다고 판단하고 여기서 빠져나와 블루오션을 창출하기 위해 구성원들에게 행동을 촉구했다. 기업가들은 블루오션 기회를 추구하고 레드오션을 피해야 한다는 필요성에 전적으로 공감했다. 그 결과 관심과 토론의 중심은 완전히 새로운 수준을 향했다. '블루오션 전략이란 무엇인가?'에서 '레드오션에서 블루오션으로 이동하기 위해 블루오션 이론과 도구를 실제로 어떻게 적용할 것인가?'로 말이다.

기업가와 창업가는 블루오션을 창출하고 이를 거머쥐기 위해 위험을 최소화하면서 실행할 수 있는 구체적인 단계와 체계적인 과정을 찾고 있었다. 레드오션에 빠져든 기존의 기업들은 '더 넓은 바다'로 옮겨가기 위한 방법을 알고자 했다. 이들의 추론은 다음과 같았다. 우리 기업 문화는 관료적이고 변화를 거부한다. 그렇다면 이 변화의 과정을 어디서부터 시작해야 하는가? 그리고 우리 직원들이 알고 있고 불편하지 않게 생각하는 것이라고는 기존 산업의 규정에 따라 경쟁하는 방법이 전부인 상태에서, 어떻게 하면 이러한 아이디어를 받아들이도록 해 함께 갈 수 있을까? 기업가들은 아이디어와 변화를 향한 노력이 아무리 창의적이라도 인간적인 요소가 강조되지 않으면 변화는 일어나지 않는다는 사실을 과거의 경험에서 배운 바 있었다. 그리고 성공적으로 변화하기 위해서 조직 내부의 장애물을 만나더라도 구성원들의 자신감과 협력을 얻는 방법을 알고 싶어 했다.

이 새로운 연구 과제를 수행하기 위해 우리는 우리의 이론과 방법론을 적용해 블루오션을 창출한 개인과 조직을 조사하기 시작했다. 폴맥앨린든과 NYOI, 그룹 세브의 크리스티안 그룹과 그의 팀, 2009년 출범한 이후로 100개 넘는 블루오션 국가 프로젝트를 창안하고 수행한 말레이시아 정부의 NBOS 회의도 여기 포함된다.[11] 우리는 그들의 성공과 실패에 나타난 패턴을 분석했고, 제대로 작동하는 것과 그렇지 않은 것은 무엇인지, 잠재된 함정을 피하는 방법은 무엇인지에 대해 그들의 경험으로부터 시사점을 얻었다.

이들 개인과 조직 중에서 상당수가 지식을 얻기 위해 우리 두 연구자나 블루오션 글로벌 네트워크 구성원들을 찾아왔다. 그들은 이러한 여정을 어디서부터 어떻게 시작해야 하는지, 이 도구를 새로운 기회에 어떻게 적용해야 하는지, 블루오션 추진 과제의 범위를 어떻게 의미 있게 정해야 하는지, 이 과제를 실현하기에 적절한 팀을 어떻게 구성해야 하는지 등을 알고 싶어 했다. 또 이 과정에서 구성원들이 자신감을 고취하는 방법도 알고 싶어 했다. 자신감이 있어야만 원하는 변화를 만들어낼 의지와 헌신을 이끌어낼 수 있기 때문이다. 나중에 살펴보겠지만, 소비재 제품을 생산하는 킴벌리-클라크 브라질Kimberly-Clark-

Brazil도 그중 하나이다. 이 회사는 15억 달러 남짓한 시장을 두고 과당 경쟁이 벌어지는 브라질 휴지 산업이라는 피로 얼룩진 레드오션에서 빠져나와 '압축'Compacto 휴지 형태라는 블루오션의 새로운 산업 표준을 설정했다.

우리의 블루오션 이론과 방법론을 자기 나름의 방식으로 적용한 곳도 많았다. 입소문, 교신 혹은 언론을 통해 그들의 경험을 알게 되었고 그들과 연락을 취하기도 했다. 저렴한 가격대의 고급 호텔 체인인 시티즌M 호텔CitizenM Hotels도 그들 중 하나였다. 암스테르담에 본사를 둔 시티즌M 호텔은 지금 전 세계에서 확장을 거듭하고 있으며, 가장 적은 비용을 들이고도 고객 접대 부문에서 가장 높은 고객만족 등급을 얻고 있다. 또 다른 사례로 헬스미디어HealthMedia가 있다. 이 회사는 2006년 매출액이 600만 달러에 불과해 어려움을 겪고 있었다. 그러나 테드 다코Ted Dacko는 리더십을 발휘하여 디지털 헬스코칭이라는 새로운 시장을 창출하고, 2년 만에 헬스미디어를 존슨앤드존슨Johnson & Johnson에 1억 8,500만 달러에 매각했다. 편의점·식품점·주유소 체인을 가지고 있는, 미국 비상장기업 중 36번째로 큰 와와Wawa도 있다. 와와는 전 CEO이자 현 부회장인 하워드 스토켈Howard Stoeckel 주도로 블루오션 접근법의 도구와 아이디어를 사용해 폭발적인 성장을 이룩했다. 와와는 블루오션 전략에 힘입어 현재 CEO인 크리스 게이센즈Chris Gheysens 주도 하에서도 계속 성장하는 중이다.

우리의 분석은 공공 부문과 비영리 부문뿐만 아니라 기업-개인 간 거래B2C, 기업 간 거래B2B 사례까지 포괄한다. 이러한 분야에서 응용된 사례와 후속 연구를 통해 성공적인 블루오션 시프트에 이르는 공통

요소뿐 아니라 방해가 되는 함정이나 장애물 또한 알 수 있었다.

또한 우리의 연구 결과를 좀 더 객관적으로 검증하여 타당성과 일반화 가능성을 높이기 위해서 우리는 그들 나름대로의 과정을 통해 블루오션을 창출한 많은 조직들의 전략적 움직임도 분석, 비교했다. 우리의 아이디어와 방법론을 실제로 따른 조직들과 그렇지 않은 조직들의 사례를 동시에 들여다봄으로써 시장 창출을 이루어내는 패턴과 과정을 더욱 자세하게 이해할 수 있었다.

우리는 10년 넘는 기간 동안 새로운 연구와 분석을 한 뒤에 비로소 무엇이 블루오션 시프트 과정을 성공으로 이끄는지 더욱 깊이 이해할 수 있었다. 이를 다음과 같은 세 가지 핵심 요소로 요약할 수 있다.

블루오션 시프트의
세 가지 핵심 요소

첫 번째 요소는 블루오션 관점을 채택해 시야를 넓히고, 기회가 어디에 있는지에 대한 이해를 바꾸는 것이다.

새로운 가치-비용의 경계를 연 조직은 생각하는 방식이 다르다. 다시 말해 이들은 현재 시장에서의 경쟁에만 집중하는 조직과 달리, 다른 대상을 생각한다. 이들은 기본적으로 다른 종류의 문제를 제기해 신선하고도 혁신적인 방법으로 기회와 위험을 보고 이해한다. 이렇게 함으로써 그들은 고객에게 다른 **종류**와 다른 **정도**의 가치를 제공하는 방식을 모색한다. 이러한 가치는 다른 조직에서는 전혀 생각지도 못한 것, 생각했다 하더라도 불가능하거나 적절하지 않다고 여겨 무시하는 것들이다. 예를 들어 이러한 비전을 가지고 세계적인 찬사를 받는 청소년 오케스트라를 창설할 수 있었다. 그들에게는 잘 단련된 음악가도, 훌륭한 악기도 없었지만, 시야를 넓힘으로써 음악 공연을 문화적 단절을 극복하고 평화를 염원하는 공연으로 재인식했기에 가능한 일이었다. 군대, 경찰, 교도행정 간의 관습적인 구분을 거부했기에 군사기지에 경범죄자를 위한 갱생센터 설립을 생각할 수 있었다. 또한 맛도 있고 건강에도 좋은 튀기지 않는 새로운 가정용 감자튀김 조리기 제작을 생각할 수 있었다.

너무나도 많은 조직이 업계의 모범 사례에 집착한다. 블루오션 전략가의 관점을 받아들이면 현재 상태가 아니라 그 안에 담긴 가능성을 열린 마음으로 바라보게 된다. 이러한 관점은 시야를 넓혀주고 올바른 방향에서 사물을 바라보게 해준다. 관점을 확장하거나 새로운 방향을 보려고 애쓰지 않는다면 새로운 가치-비용의 경계를 열기 위한 노력은 떠오르는 해를 바라보겠다며 서쪽으로 달려가는 것과 같다. 아무리 빨리 달리더라도 떠오르는 해를 볼 수 없다는 의미다.

올바른 관점을 갖는 것은 중요하다. 그러나 이것만으로는 새로운 가치-비용의 경계를 실제 창출할 수는 없다. 조직은 레드오션에서 벗어나기를 원한다. 조직은 블루오션 시프트를 실행하기를 원한다. 조직은 블루오션 관점을 가질 수는 있다. 그러나 조직은 자신의 블루오션 관점을 현실로 만들 시장 창출 도구와 가이드가 부족하다.

따라서 두 번째 요소는 시장을 창출하는 블루오션 관점을 적용할 실

질적인 도구와 적절한 가이드를 확보하는 것이다. 이로써 확실한 고객 가치를 제공하는 새로운 상품을 가지고 신규 시장을 창출할 수 있다.

블루오션 관점이 다른 종류의 문제를 제기해 조직의 전략적 사고를 변경하는 것이라면, 시장 창출 도구와 가이드는 단계별로 과정을 밟아 가면서 우리가 적절한 순간에 적절한 질문을 던지도록, 그리고 그에 대한 답을 찾아가는 데 도움을 준다. 이러한 과정을 거치면서 사람들은 창의적 역량을 배양하게 되고 사고방식을 체계화하게 된다. 이렇게 함으로써 다른 사람이 보지 못한 것을 인식하고 발견할 수 있고, 대부분의 조직이 빠져들 수 있는 잠재적인 함정을 피할 수 있다. 그리고 이는 단계적으로 기존 가치-비용의 경계를 돌파하기 위한 다음과 같은 핵심 질문들로 당신을 안내한다.

당신은 당신의 사업 혹은 당신의 기업이 몸담고 있는 시장의 명시적·암묵적 가정들에 어떤 식으로 이의를 제기하는가? 당신은 새로운 수요를 창출하기 위해 비고객의 오션을 어떤 식으로 인식하는가? 당신은 경쟁을 무의미하게 만드는 새로운 가치-비용의 경계를 열기 위해 시장의 경계를 어떤 식으로 체계적으로 재정의할 수 있는가? 당신은 저비용으로도 차별성을 지닌 상품을 어떻게 만들어서 제공하는가? 당신 조직의 전략적 비전을 시장에 접목했을 때 수익을 창출할 사업 모델을 어떻게 만들 것인가?

이러한 도구와 프레임워크를 매우 강력하게 만들려면 이를 시각적으로 나타내야 한다. 그래야 개인의 교육 수준, 창의성 수준과 관계없이 쉽게 이해하고 적용할 수 있다. 한 쪽짜리 그림이나 다이어그램으로 중요한 요소들이 서로 어떻게 관련되어 있는지를 보여주면 모든 사람이 문제에 대한 답이 도출되는 것을 볼 수 있고, 그들 모두 동일한 내용을 이해할 수 있다.

《블루오션 전략》에서 이러한 도구들을 소개한 바 있다. 하지만 실행을 해보면 매우 구체적인 내용을 이해해야 한다는 점을 알게 된다. 우리는 이 책에서 상세한 내용에 대하여 더 깊이 파고들 것이다. 우리는 적절한 팀을 구성하는 방법, 과정을 정립하는 방법, 각각의 도구를 체계적으로 적용하는 방법, 성과를 내고 그 과정에 잠재된 난관을 피하고 극복하는 방법을 일정한 순서에 따라 제시할 것이다. 우리는 저 높은 곳에서 가르침을 주는 식으로 이야기하지 않을 것이다. 대신에 레드오션에서 블루오션으로 가는 여정의 모든 단계마다 실용적이면서도 직접 체험할 수 있는 안내서를 제공하여 관리자들의 역량을 키워줄 것이다.

블루오션 시프트를 추진하는 것은 변화를 향한 여정이다. 여기에는 새로운 가치-비용의 경계를 열기 위한 분명한 아이디어와 전략 그 이상의 것이 필요하다. 새로운 경계로 나아가려면 사람들을 불러 모아야 한다. 어느 정도 나이가 든 관리자라면 모두가 알다시피, 사람들의 자발적인 협력이 없다면 모든 일은 중간에서 멈춰서고 만다. 대부분의 전략들은 조직의 인간적 측면을 자세히 파고들지 않지만, 당신의 전략은 이와 달라야 한다.

따라서 세 번째 요소는 우리가 '인간다움'humanness **이라 부르는 인본주의적 과정을 갖는 것이다. 효과적인 실행을 위해 사람들의 자신감을 고취시켜서 스스로 실행과정을 이끌어가도록 하는 것을 말한다.**

대부분의 조직에는 바꿔야 할 내부 장애물이 있다. 사람들이 현재의 상황에서 벗어나는 것을 싫어하기 때문에 생기는 인식상의 장애물도 있고, 내부 갈등이나 싸움을 일으키는 뿌리 깊은 분열, 부서 이기주의에서 비롯된 정치적 장애물도 있다. 혹은 동기상의 장애물도 있다. 이는 사람들이 실질적인 차이를 만드는 에너지나 열정 없이 그냥저냥 일하는 경우를 가리킨다. 예를 들어 폴 맥앨린든과 NYOI에게는 동족상잔의 전쟁으로 오랫동안 분열된 사람들을 한 팀으로 묶는 일이 엄청난 장애물이었다. 그룹 세브에게는 구태의연한 작업 방식과 만연한 회의주의가 극복해야 할 조직상의 힘든 장애물이었다. 말레이시아 정부는 오늘날 대부분의 정부를 질식시키고 있는 전형적인 장애물에 직면했다. 공직자의 관료주의적 사고방식에서 비롯되는 동기상의 장애물은 두말할 것도 없고, 정부 내의 부서 이기주의와 긴장 관계도 문제였다.

우리가 연구한 바에 따르면 실행을 위해 조직이 의존하는 가장 흔한 두 가지 관행이 아이러니하게도 변화를 위한 노력을 좌절시키는 이유가 된다. 첫째, 대부분의 조직은 전략의 창출과 실행을 개별적이고도 순차적인 활동으로 취급한다. 어느 한 집단의 사람들이 전략을 짜고, 그다음에는 이를 실행하는 다른 집단 사람들에게 넘겨준다. 전략과 혁신에 대한 많은 학술적 연구 또한 이러한 이분법적이고 순차적인 개념을 굳어지게 했다. 둘째, 실행과 관련해서 주된 관심은 조직개편이나 '당근과 채찍'의 사용에 집중된다. 업무영역 조정spans of control, 인센티브 조정, KPI(핵심성과지표) 설정 등이 여기 해당한다.

당근과 채찍, 조직개편은 나름의 역할을 하지만 변화를 일으키는 과정에 매우 중요하게 작용하는 자신감을 고취하고 형성하는 데는 별 보탬이 되지 않는다. 자신감을 고취하고 형성하려면 조직은 그동안 흔히 해온 것과는 반대로 행동해야 한다.

실행을 전략 수립 이후의 단계로 취급하기보다는 처음부터 전략의 한 부분으로 취급해야 한다. 그렇지 않으면 사람들은 전략을 받아들이려 하지 않을 것이다. 그리고 당신은 당신의 에너지를 구조, 처벌, 보상이라는 기계적인 수단을 조작하는 데 쏟아붓기보다는 사람들의 감정과 심리에 집중해야 한다. 사람들의 자신감을 고취해 새로운 전략을 받아들이고 추진하도록 마음을 움직일 수 있다면, 그들은 변화를 제대로 인식하고 직면한 조직상의 장애물을 극복하는 일에 노력을 다할 것이다.

사람들의 마음을 사로잡아 새 전략에 헌신하도록 하는 방법은 무엇일까? 결국 변화란 두려움을 준다. 블루오션 시프트를 사람들에게 요구하는 것도 그들이 이미 알고 있는 것에서 벗어나 새로운 경계를 향해 나아가라고 요구하는 식으로 두려움을 주는 일이다. 그러나 블루오션 시프트를 성공적으로 완수한 조직을 연구한 결과, 놀랍게도 이러한 조직일수록 사람들이 더욱 창의적이고 열성적으로 변모했으며, 실행은 문제가 되지 않았다는 사실을 알 수 있었다. 바로 이것이야말로 당신이 성취하고자 하는 것이다. 그러나 달성하기 매우 어려운 것이기도 하다. 왜 그럴까? 생각을 거듭할수록 우리는 그들의 두려움과 불안, 존엄성을 지켜 대우해달라는 요구, 중요한 존재가 되고 싶은 욕구를 확인하면서 사람들을 인정하는 과정에 무엇인가가 있음을 더욱 분명하게 알 수 있었다. 우리는 이를 포착하는 가장 적확한 단어가 무엇일지

고심했다. 우리가 생각해낸 가장 가까운 단어는 바로 '인간다움'이었다.

우리는 인간다움을 다음과 같이 이해한다. 성공적인 블루오션 시프트의 핵심에는 기본적으로 인본주의적 과정이 있다. 블루오션 시프트는 우리가 생각하는 것보다 우리를 더욱 유능하고 신뢰할 만한 사람이 되게 만드는 방법으로, 우리의 인간다움을 거부하지 않고 수용한다. 우리가 서서히 움직이도록 격려한다. 블루오션 시프트는 회의주의와 취약성, 할 수 없다는 두려움, 블루오션의 존재에 대한 의심, 가치 있는 존재로 느껴지게 하는 지적·정서적 인정 욕구를 모두 인정한다. 이러한 과정에서 인간다움을 통해 조직 구성원이 다섯 명이든 혹은 만 명이든 간에 팀 전체의 분위기를 바꿀 수 있고 변화를 위한 정서적 토대를 만들 수 있다.

블루오션 시프트 추진 과정은 모든 단계에서 사람들에게 변화를 요구하는 방식 대신, 사람들의 두려움을 덜어주고 자신감을 형성하는 방식으로 목표를 성취한다. 그 방식이란 '세분화'atomization, 체험에 의한 '직접적인 발견'firsthand discovery, 전 과정에서의 '공정한 절차'fair process이다. 우리가 찾아낸 이 요소들은 사람의 가장 근본적인 곳을 자극하는 인간다움의 핵심 열쇠다. 뒤에서 살펴보게 되겠지만 어떠한 조직에서든 이를 똑같이 따라할 수 있다는 사실을 알게 될 것이다.

〈그림 1-2〉는 성공적인 블루오션 시프트를 달성하기 위한 핵심을 보여주는 그림이다. 그림에 나오는 세 요소는 블루오션 시프트를 위해 서로 보완적으로 작용한다. 그러나 명심할 것이 있다. 우리가 성공적인 블루오션 시프트의 주요 요소들(블루오션 관점, 활용 방법에 대한 적절한 가이드와 시장을 창출하는 실용적인 도구, 이 과정에서의 인간다움)을

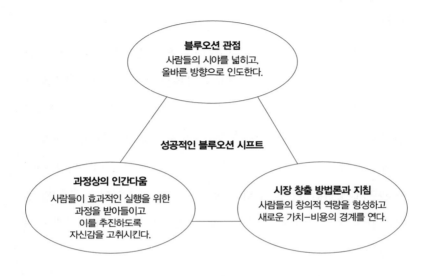

블루오션 관점
사람들의 시야를 넓히고,
올바른 방향으로 인도한다.

성공적인 블루오션 시프트

과정상의 인간다움
사람들이 효과적인 실행을 위한
과정을 받아들이고
이를 추진하도록
자신감을 고취시킨다.

시장 창출 방법론과 지침
사람들의 창의적 역량을 형성하고
새로운 가치-비용의 경계를 연다.

확인할 수 있었던 것은 우리가 이 요소들을 항상 올바르게 이해시켰기 때문은 아니라는 점이다. 우리가 잘못 이해시킨 탓에 좌절과 고난을 겪은 조직도 있다. 우리는 실수를 통해서 많은 것을 배웠고, 이 실수 덕에 우리는 과정 전반에 걸쳐 이 세 가지 요소들을 강화해야 할 필요성을 더욱 강조하게 되었다.

레드오션에서 블루오션으로 조직이 이동하는 것은 하루아침에 혹은 현장 밖에서 단 한 차례의 작업을 마치고서 되는 것이 아니다. 그렇다고 수년이 걸리는 것도 아니다. 그룹 세브의 액티프라이는 복잡한 특허를 얻는 데 걸린 시간 때문에 최종 출시까지 2년 넘게 걸리긴 했지만 NYOI, 심지어 말레이시아 정부의 CRP라는 대규모 블루오션 시프트는 모두 1년 안에 이루어졌다. 가치-비용 경계를 돌파하는 데 필요한 기회를 확실하게 포착하고 나면 조직은 에너지가 넘치고 레드오션에서 블루오션으로 가려는 강력한 추진력을 얻는다.

왜 당신에게
블루오션 시프트가 중요한가

분명 아주 많은 산업에서 새로운 가치-비용의 경계를 필요로 한다. 보건 산업이나 에너지 산업도 마찬가지다. 또 미국에서 공교육은 전통적으로 그 자체가 산업으로 여겨지지는 않지만 이제는 재고해야 할 필요가 있다. 공교육에 드는 비용은 급증했지만 그 성과는 납득하기 힘들만큼 낮기 때문이다. 자동차 산업은 아직 급전직하 상태까지는 아니지만 막대한 비용을 투입하지 않고도 환경 문제를 해결할 새로운 방법이 분명 필요하다. 은행과 그 밖의 금융기관들은 높은 성과를 지속적으로 달성할 새로운 전략을 간절히 원하고 있다.

유엔 시나리오에 따르면 현재의 인구와 소비 추세가 지속될 경우, 우리 모두가 충분한 자원과 신선한 공기를 얻으려면 2030년까지 두 개의 지구가 필요하다고 한다.[12] 우리는 도시용수의 생산과 공급, 전기 접속과 이용 그리고 도시를 설계하고 경영하는 방법 등 기본적이고도 다양한 영역에서 대다수가 불가피한 위기라고 여기는 것들을 방지할 새로운 가치-비용의 경계를 열어야 한다.

기존 산업 중 한 가지를 골라 블루오션 시프트가 필요하지 않은지

따져보라. 이 산업에서의 공급과 수요는 어떠한가? 이윤이 줄고, 비용이 오르고, 매출이 정체되거나 감소하고, 시장점유율을 두고 전쟁을 벌이는 현상은 오늘날 건설에서부터 미용, 광고, 법률, 제지, 출판에 이르기까지 모든 산업을 강타하고 있다. 심지어 우체국, 박물관, 도서관, 자선단체, 클래식 오케스트라 같은 공공 부문과 비영리 부문에서도 수요가 감소하고 비용이 증가하며 경쟁이 심화되고 있다. 그리고 조직들은 점점 재정적인 어려움을 겪고 있다.

즉, 우리 모두가 우리를 둘러싼 레드오션에 비용을 지출하고 있다. 이제 우리가 이 국면을 전환하려면 새로운 가치-비용의 경계를 열기 위한 보다 창의적인 전략을 만들어야 한다. 이러한 전략과 함께 수익성이 좋은 새로운 성장profitable new growth의 지평을 열어야 한다. 우리에게는 블루오션 시프트가 필요하다.

당신은 어떤가? 당신은 폴 맥앨린든과 이라크의 청소년 오케스트라와 같은 상황일 수도 있다. 아니면 스타트업이라 할 신생 조직이나 번화가에 있는 작은 자영업체의 경영자 혹은 그 일원일 수도 있다. 당신은 수익을 내면서 성장하려면 경쟁이 치열한 레드오션에서 벗어나야 한다는 사실을 알고 있지만, 그 방법을 모른다. 혹은 당신은 크리스티안 그룹과 그의 팀원이 그룹 세브에서 직면했듯이 이미 자리 잡은 대규모 조직의 구성원일 수도 있다. 이런 곳에서는 판에 박힌 업무, 문화, 전형적인 관료주의가 깊이 뿌리를 내리고 있다. 당신의 조직은 경쟁이 치열한 레드오션에 갇혀 있지만 당신을 끊임없이 괴롭히는 범용화와 가격 경쟁에서 어떻게 벗어날지 혹은 벗어날 수 있을지조차 의문시할 수 있다. 사람들은 구태의연한 사고방식에 갇혀 있지만 당신은 미래를 거머쥐려면 전략에 변화가 필요하다는 것을 안다. 혹은 당신은 정책과 실행 어느 쪽에서도 두드러지지 않는 정부 기관이나 공공기관의 일원일 수도 있다. 당신은 적은 비용으로 훨씬 더 많은 가치를 전하려면 근본적인 변화가 필요하다는 것을 알지만 어떻게 해야 할지 상상하지 못하고 있을 수도 있다.

당신이 이러한 상황 중 어느 하나에라도 처해 있다면, 블루오션 시프트는 바로 당신을 위한 것이다.

앞으로
하게 될 이야기들

제2장에서는 블루오션 시프트를 일으키는 방법을 살펴보기 전에, 알아둬야 할 시장 창출의 핵심 개념과 메커니즘을 설명할 것이다. 여기서 시장 창출 전략이 **과연** 무엇이고 어떻게 작동하는지에 대한 혼란을 명쾌하게 해소할 것이다. 여기서 다룰 쟁점들은 다음과 같은 것들이다. 왜 창조적 파괴와 파괴적 혁신에 집중하는 것에는 한계가 있는가? 그리고 이는 왜 신규 시장이 창출되는 방식에 대해 불완전한 설명에 그치고 있는가? 우리가 간과해서는 안 될 **비파괴적** 창출에 기반을 두고 시장을 창출하는 기회의 영역은 어떻게 존재하는가? 왜 경제학자들이 열렬히 주장하는 혁신이 새로운 가치-비용의 경계를 열어 상업적으로 매력적인 신규 시장을 창출하는 것과 반드시 일치하지는 않을까? 왜 이 둘의 차이를 이해해야 하는가?

제3장과 제4장에서는 블루오션 시프트의 기본적인 내용을 설명한다. 제3장에서는 블루오션 전략가들의 독특한 사고방식을 설명함으로써 블루오션 시프트를 추진하는 데 필요한 사고의 틀을 이해할 수 있을 것이다. 제4장에서는 블루오션 시프트 과정이 어떻게 작동하는가를 개관한다. 인간다움이라는 중요한 개념이 어떻게 사람들의 자신감을 고취시키고 이것을 통해 사람들이 어떻게 자발적으로 변화의 과정을 추진하고 그 결과를 수용하는지를 살펴본다. 또 이러한 과정이 블루오션의 여정 중에 어떻게 인간의 창의적 역량crearive competence을 만들어내는지도 보게 될 것이다.

이후의 장에서는 블루오션 시프트를 추진하는 것과 관련된 다섯 단계를 논의한다. 각 단계에서는 블루오션으로 차근차근 이동하는 당신의 조직에 필요한 구조와 분석적인 지침을 제공할 새로운 도구를 소개한다. 이러한 도구를 당신의 상황에 적용하는 방법, 결과를 해석하는 방법, 이러한 도구로 일하는 과정에서 발생하는 잠재적인 함정을 극복해 성공을 보장하는 방법을 논의할 것이다. 이와 동시에 각 단계에 인간다움을 자연스럽게 구축하는 방법을 배울 것이고, 그리하여 당신의 팀은 새로운 가능성을 탐색하고 이 과정이 전개되면서 나오는 과정과 결과를 자발적으로 실행하고 받아들일 자신감을 가지게 될 것이다. 이러한 방식으로 실행은 과정에 녹아들어가고, 사람들은 블루오션 시프트를 기꺼이 추진하려 할 것이다.

구체적으로 첫 번째 단계에서는 추진 과제의 범위를 설정하고 적절한 팀을 구성해 블루오션 과제에 착수하는 방법을 보여줄 것이다. 두 번째 단계에서는 산업의 현 상황에 대한 명확한 그림을 얻는 방법과 구성원 모두가 블루오션 시프트를 추진해야 할 필요성을 인지하고 협력하는 방법을 다룰 것이다. 여기에서는 사람들이 기능상, 서열상의 부서 이기주의에서 탈피해 큰 그림Big picture을 보는 방법을 배울 것이다. 세 번째 단계에서는 현재에서 가능한 미래로 생각을 전환하여 담대한 미래를 그려보게끔 한다. 여기서 당신은 구매자가 겪는 숨겨진 문제점pain point, 산업의 규모를 제약하는 요소를 발견하는 방법을 배우게 된다. 이 두 가지는 모두 당신이 변화시킬 수 있는 것들이다. 또 기존에 인지하지 못했던 비고객의 특징을 확인하는 방법을 배운다. 이 단계에서 블루오션은 더 이상 비유적인 표현 혹은 추상적인 개념이 아니다. 보고 느낄 수 있고, 그 잠재력을 당신이 정의할 수 있는 그 무언가가 된다.

이제 네 번째 단계로 진입한다. 여기서는 새로운 시장을 창출하기 위해 현장으로 들어가 여섯 가지 체계적인 경로를 적용하는 방법을 배운다. 이번 단계는 시장의 경계를 재구성하고 새로운 수요를 창출하는 방법, 그리고 현장에서 얻은 통찰을 통해 차별화와 저비용을 동시에 달성하는 구체적인 블루오션 기회로 전환하는 방법을 살펴본다. 끝으로 다섯 번째 단계에서는 블루오션으로 나아가기 위한 움직임을 선택하고 신속하게 시장성 테스트를 진행하는 방법, 준비의 마무리와 본격적인 실행의 방법, 블루오션 움직임을 끝맺는 법 등 당신의 가치 제안과 사업 모델이 차별화와 저비용을 동시에 제공하는 방법을 제시할 것이다. 구매자와 당신 모두에게 승리를 안기는 방법을 배울 것이다.

에필로그에서는 관료주의적이고 관습적이며 변화에 저항하는 조직인 정부의 블루오션 시프트의 여정을 자세히 살펴볼 것이다. 우리는 이토록 부서 간 장벽이 높은 조직에서도 일하는 방식을 변화시키고 결과적으로 수십 억 달러의 예산을 절감하여 블루오션 시프트가 가능하다는 것을 보여줄 것이다. 실제로 요즘에는 새롭게 등장하는 어려운 과제에 적용되는 동사로서, 그것을 '블루오션한다'blue-ocean는 표현도 널리 쓰인다. 이 책에 사례로 등장하는 정부는 블루오션 시프트 과정을 통해 저비용으로 높은 효과를 얻고, 실무자들이 창의성을 발휘하고 에너지를 발산하도록 하는 능력을 확충해왔다. 그들은 블루오션 시프트로 새로운 가치-비용의 경계를 열면서 경제적·사회적 기회의 블루오션을 포착하고 창출하는 기쁨을 만끽하고 있다. 단언컨대 그들이 해냈다면, 당신도 할 수 있다.

이제 우리와 함께 따분한 레드오션에서 벗어나 새로운 성장 기회가 기다리는 블루오션으로 이동하는 방법을 차근차근 배워보자.

제2장

시장 창출 전략의
기본 원칙

블루오션 시프트를 추진하는 방법, 즉 당신의 조직을 시장 경쟁에서 시장 창출로 이동시키는 방법을 보기 전에 먼저 시장 창출 전략이 과연 무엇인지, 어떻게 작동하는지를 분명히 할 필요가 있다.

그동안 우리는 사람들이 시장 창출에 관한 다양한 관점들 때문에 혼란을 겪는 것을 지켜봐왔다. 어떤 사람들은 시장 창출을 창조적 파괴 creative destruction 혹은 파괴disruption와 같은 것으로 생각한다. 이들은 새로운 시장을 창출하려면 기존 시장을 파괴해야만 한다고 생각한다. 어떤 이들은 시장 창출을 혁신의 문제를 간주하고 새로운 시장을 만들기 위해 기술이 필요하다고 하기도 한다. 또 다른 이들은 시장 창출을 기업가정신과 동의어로 간주하고, 시장 창출이 기업가의 영역에 있다고 여긴다.

이 모든 생각은 일부는 맞고 일부는 틀렸다. 이러한 관점들은 시장이 어떻게 창출되는가에 대한 불완전한 그림을 제공하는 탓에 부분적으로는 옳지 않다는 말이다. 완전한 그림 없이 블루오션 시프트를 추진하려고 노력하다가는 많은 기회를 놓치게 되고, 심지어는 잘못된 길을 가게 된다. 따라서 여기서 우리는 시장 창출 전략에 대한 전체적인 모델을 구축하고 그중 이용 가능한 전략을 선택할 것이다. 뿐만 아니라 그에 상응하는 성장을 가능하게 하는 블루오션 시프트를 만드는 방법 또한 제시할 것이다.

창조적 파괴와 파괴적 혁신은
전체 그림의 일부일 뿐이다

경영자, 창업가, 정부 관료들과 대화하면 한 가지 일관된 패턴을 관찰할 수 있다. 그들이 상당히 자주 시장 창출을 창조적 파괴 혹은 파괴라는 개념과 연관시켜서 생각한다는 것이다. 창조적 파괴는 오스트리아 출신 경제학자 조지프 슘페터가 만들어 널리 알려진 용어다. 슘페터는 기존 시장에서의 경쟁이 좋은 것이기는 하지만 구매자의 요구가 충족되고 경쟁으로 이윤이 감소되면 결국 수확 체감이 시작된다는 사실을 관찰하고[1] 경제 성장을 위한 진정한 동력은 새로운 시장을 창출하는 데 있다고 보았다. 그의 견해를 따르면 창출은 파괴에 의존한다.[2]

혁신이 이전까지의 기술 혹은 이미 존재하는 제품·서비스를 대체할 때 파괴가 일어난다. 여기서 대체displacement라는 단어가 중요하다. 대체 없이는 창조적 파괴가 일어나지 않기 때문이다. 예를 들어 디지털 사진 기술의 혁신은 필름 산업을 효과적으로 대체함으로써 이 산업을 창조적으로 파괴했다. 현재는 디지털 사진이 표준이 되었고, 필름은 거의 사용되지 않는다. 파괴의 개념은 슘페터의 직관을 반영한다.[3]

시장 창출과 밀접하게 연관된 파괴에 관한 연구 중 가장 유명한 것은 바로 파괴적 혁신disruptive innovation이라는 아이디어였다.[4] 창조적 파괴는 우월한 기술, 제품, 서비스가 등장하여 새것이 옛것을 파괴할 때 일어난다. 이와 달리 파괴적 혁신은 **열등한** 기술이 등장해 우열의 경계를 뛰어넘어 시장 선도자를 대체할 때 시작된다. 간단한 기술과 열등한 성능으로 시장에 진입한 파괴자가 아래에서부터 치고 올라오자, 허를 찔린 디스크 드라이브 선도 기업이 파괴되고 궁극적으로 대체된 것이 파괴적 혁신의 대표적인 사례다.[5] 여기서 주목할 만한 통찰은 어떤 산업에 대담하게 진입하는 기술이 슘페터의 의견처럼 우월할 필요가 없다는 점이다. 처음에는 열등하여 주류 시장을 위협하지 않을 것으로 여겨지면서 트로이의 목마처럼 진입하는 것이다. 그 결과 기존 기업들은 이를 너무 늦게 깨닫고 주류 시장까지 내어주게 된다. 그러나 어쨌건 기존 기업과 시장이 대체되는 것에 집중한다는 면에서 창조적 파괴와 파괴적 혁신이라는 두 아이디어에는 공통분모가 있다.

비즈니스의 역사에는 이 두 가지 형태의 대체를 보여주는 다양한 사례가 있다. 그러므로 시장 창출에 관한 논의에서 창조적 파괴 혹은 파괴적 혁신 중 어느 하나에만 집중하는 것은 불완전하고도 오해를 일으킬 여지가 있다. 따라서 우리는 이 두 가지 형태의 대체를 모두 포함하는 시장 창출 행위를 **파괴적 창출**disruptive creation로 설명한다.[6] 이는 대체에 의해 시장 창출이 가능한 기회의 공간을 모두 포함한다.

창조적 파괴 혹은 파괴적 혁신에 의해 추진되는 파괴적 창출은 중요하다. 그러나 이 역시 시장 창출을 위한 또 다른 기회 공간을 놓치고 있다. 우리의 연구가 보여주듯이 많은 새로운 시장은 기존 시장을 파괴하지 않고도 창출되기 때문이다.[7]

비파괴적 창출도
새로운 시장과 성장을 이끈다

당신이 자녀가 있고, 미국, 아프가니스탄, 독일, 일본, 예멘에 이르기까지 전 세계 147개 국가 중 어느 한 곳에 살고 있다면 〈세서미 스트리트〉Sesame Street에 관해 들어봤을 것이다. 여기 나오는 사랑스러운 머펫Muppet(팔과 손가락으로 놀리는 인형—옮긴이)인 빅버드, 엘모, 어니, 버트는 취학 전 아이들에게 수를 세는 법, 색상, 모양, 알파벳을 가르친다. 무엇보다 좋은 점은 아이들이 자기가 얼마나 많은 것을 배우는지 모르는 채로 이 프로그램을 보며 아주 즐거워한다는 것이다. 이 때문에 부모들도 〈세서미 스트리트〉를 좋아한다. 이는 많은 사람이 교육에서 연상하는 것과는 대조를 이룬다. 〈세서미 스트리트〉는 유아들을 즐겁게 교육시킨다.

〈세서미 스트리트〉는 기존의 유아교육 시장을 파괴하지 않는다. 유치원, 도서관, 잠잘 때 부모가 읽어주는 동화 등의 산업을 파괴하지도, 대체하지도 않는다. 오히려 〈세서미 스트리트〉는 이전까지는 미미했던 미취학 아동을 위한 에듀테인먼트edutainment(TV 방송·책·소프트웨어 등을 비롯한 교육적 오락물—옮긴이)라는 새로운 시장을 창출하면서 새로운 가치-비용의 경계를 열었다. 기존 시장을 파괴하지 않고도 새로운 시장을 창출한 〈세서미 스트리트〉는 '파괴적 창출'이 아니라, 우리가 말하는 '**비파괴적 창출**'의 결과물이다.

이제 어린이가 아니라 어른에게 눈을 돌려보자. 화이자Pfizer 제약의 비아그라 덕분에 성인들의 삶이 크게 달라졌다. 비아그라가 다른 시장을 파괴했는가? 그렇지 않다. 비아그라는 비파괴적 창출이었다. 발기부전을 완화함으로써 이전까지 널리 퍼져 있으면서도 말하기 곤란했던 문제를 해결하고 세상을 휩쓸었다. 비아그라는 성생활에 만족감을 주는 약이라는 새로운 시장을 창출했고, 이에 대한 수요가 급증해 시장 규모가 수십 억 달러에 달한다.

전 세계적으로 30억 명 이상이 하루에 고작 몇 달러로 살아간다. 이들을 위한 비파괴적 창출이 일어났다. 이전까지 가난한 사람들은 사업 자금을 구할 수가 없어 빈곤의 악순환에서 벗어나지 못했다. 1983년에 그라민 은행Grameen Bank은 무담보 소액 대출을 제공하여 빈민들이 사업을 하거나 농사를 지어 빚을 조금씩 갚아 소득 사다리를 올라갈 수 있도록 했다. 이러한 전략적 움직임은 기존 대출시장을 대체하지 않으면서도 소액 금융이라는 새로운 시장을 창출했다. 당시만 해도 기존 은행들은 가난한 사람들이 차용자로서는 부적합하다고 판단하고 이들을 무시했다. 그러나 이제 소액 금융은 수십 억 달러 규모에 달하는 산업이 되었고 앞으로도 괄목할 만한 성장이 기대된다. 소액 금융 시장 규모가 커지고 있지만 아직은 이 신규 시장의 잠재 규모에 비해 20퍼센트에도 미치지 못한다고 한다. 지금은 전 세계의 비영리기관뿐만 아니라 영리기관도 이 시장에 참여하고 있다.

온라인데이트, 헬스클럽, 크라우드펀딩, 벨소리, 라우터, 스위치, 네트워크 장치 등도 최근 수십 년 동안 비파괴적 창출을 통하여 등장해 수십 억 달러 규모에 이른 수많은 산업의 사례에 해당한다. 현재 미국에서 IT 산업을 제외하고 가장 빠르게 성장하는 산업은 비파괴적 창출에 기반을 둔 라이프코칭이다. 불과 25년 전만 하더라도 이 산업은 존재하지도 않았다. 현재 이 산업의 연간 매출은 20억 달러가 훌쩍 넘는다. 라이프코칭 산업의 출현과 성장은 기존 산업의 희생을 바탕으로 한 것이 아니었다. 라이프코칭 산업에서 새로운 일자리 수만 개가 창출되었지만 그렇다고 기존 일자리를 파괴하지도 않았다. 오히려 사람들이 개인적으로나 직업적으로 더 나은 삶을 영위하고자 라이프코치를 찾게 되면서 이 산업이 새로운 수요를 창출했다.

이러한 사례들에서 알 수 있듯 우리의 연구는 성장이 항상 파괴적 창출과 비파괴적 창출 모두에 기반을 둔 시장 창출적 움직임에 의해 발생한다는 것을 보여주고 있다.[8] 예를 들어 미국 산업 분류 기준에 나타난 변화를 살펴보자. 1997년, 반세기 넘도록 유지되던 미국 통계국의 표준산업분류Standard Industrial Classification, SIC 체계가 북미표준산업분류North American Industry Classification Standard, NAICS로 대체되었다. 새로운 체계에서는 산업이 통합되고 대체되었을 뿐만 아니라 창출되기도 해 산업 부문이 열 개에서 스무 개로 두 배가 되었다. 예를 들어 구 체계의 서비스 부문은 정보, 보건, 사회복지에 이르는 일곱 개 산업 부문으로 확대되었다.

1997년 이후로 NAICS 체계는 산업 창출, 재창출, 성장의 추세를 반영해 몇 차례 개정되었다. 예를 들어 2002년판에서는 정보 부문이 크게 확대되었고, 2017년판에서는 새로 창출된 시장을 반영해 스무 개 NAICS 부문 중에서 여섯 개 부문을 수정했다. 기존 산업 분류의 일부를 대체하고, 신규 산업의 등장을 인정하기 위해 완전히 새로운 범주도 만들었다. 이러한 체계가 표준화와 연속성을 목적으로 설계된 것이라는 점을 감안하면, 이러한 변화는 파괴적 창출과 비파괴적 창출이 기존 산업의 경계를 형성하고 새로운 산업의 경계를 창출하는 데 커다란 영향을 미치고 있다는 사실을 강조한다.

전체 그림을 본다

이제 간단한 실험을 해보자. 사람들에게 30초 동안 방 안을 둘러보고 눈에 띄는 빨간색 물건을 모두 기억하라고 지시한다. 30초 후에 그들에게 눈을 감으라고 하고 앞서 본 것 중에서 파란색 물건을 전부 떠올려보라고 말한다. **파란색** 물건을 말이다. 사람들은 많은 것을 기억해내지 못할 것이다. 우리가 찾는 것이 우리가 보는 것을 결정한다. 기존 시장을 파괴하는 것이 새로운 시장을 창출하는 유일한 방법이라고 가정하면, 비파괴적 창출의 기회를 쉽게 놓치게 된다. 사람들은 기존 시장의 핵심은 무엇인가, 기존 질서를 파괴하려면 무엇을 해야 하는가에 관심을 집중하는 경향이 있다. 그러면 시야는 좁아지고 비파괴적으로 시장을 창출할 다양한 기회를 보지 못한다.

당신의 전략적 사고에 비파괴적 창출을 분명하게 포함했을 때의 잠재적인 장점을 생각해보자. 우선 스타트업을 예로 들어보자. 기존 시장을 파괴하려고 나선 창업가는 자신의 스타트업보다 훨씬 더 많은 자금과 마케팅 자원을 가진 기존 참여자들과 직면하게 된다. 다윗이 골리앗을 때려눕히기는 했다. 하지만 그 반대의 경우가 훨씬 많기 때문에 사람들이 이런 이야기에 크게 감동받는 것이다. 당신은 새로운 스타트업으로서 이미 시장을 주도하고 있는 기업에 맞서기를 정말 원하는가? 그럴 수도 있다. 그것도 확실히 한 가지 방식이기는 하다. 그러나 반드시 그래야 할 필요는 없다(이것이 중요한 포인트다). 비파괴적 창출의 기회도 그만큼 크다. 이를 고려하지 않은 판단은 현명하지 못하다.

이번엔 기존 기업을 예로 들어보자. 기존 조직에서는 창조적 파괴 혹은 파괴적 혁신으로 일자리나 현재 지위를 잃게 되지 않을까 두려운 관계자들이 시장 창출을 위한 조직의 노력을 약화시킬 수 있다. 이러한 프로젝트에 자원을 주지 않을 수도 있고 경상비를 부당하게 할당할 수도 있다. 혹은 프로젝트에 참여하는 사람들을 사내의 유배지로 좌천시킬 수도 있다. 틀림없이 그런 식으로 그 일을 안 하고 싶어 할 것이다. 마이크로소프트를 비롯한 기존의 많은 조직이 이와 같은 문제로 고심했다.

비파괴적 창출을 통한 성장은 기존 질서를 직접 도발하지 않기 때문에 덜 위협적이다. 따라서 기존 조직은 (블루오션 시프트가 그렇듯이) 파괴적 창출과 비파괴적 창출을 모두 수용하는 더욱 넓은 맥락에서 시장 창출 전략을 수립함으로써 사내 정치와 주요 관리자들의 고민을 더 잘 관리할 수 있다.

마지막으로 새로운 직업을 예로 들어보자. 창조적 파괴나 파괴적 혁신이 일어나면 새로운 일자리가 창출된다. 그리고 동시에 기존 일자리는 사라진다. 카세트테이프가 8-트랙8-track을 대체했을 때, CD가 카세트테이프를 대체했을 때, 나중에는 MP3 플레이어가 CD를 위협했을 때, 매번 창출된 새로운 시장은 새로운 성장과 고용을 일으켰다. 그러나 이러한 성장과 고용은 일정 정도의 기존 일자리, 때로는 기존 기업의 존재 자체를 희생시켜서 나온 것이다. 이에 반해 비파괴적 창출은 기존 기업이나 산업을 반드시 대체하지 않고서 성장과 고용을 창출한다.

비파괴적 창출이 파괴적 창출보다 우위에 있음을 강조하려고 이러한 장점들을 부각한 것은 아니다. 그보다는 비파괴적 창출이 당신의 전략적 사고에 포함되어야 하는 이유를 알리고 싶을 뿐이다. 파괴적 창출과 비파괴적 창출은 상호보완적이기 때문에 이 둘 모두를 포함한 총체적인 시장 창출 전략 모델이 필요하다.[9] 파괴적 창출과 비파괴적 창출은 따로 또 같이, 성장의 열쇠라 할 새로운 가치-비용의 경계를 열어준다. 어느 하나에만 집중하면 잠재적인 시장을 창출할 기회에 불완전하고 편향된 평가를 하게 될 것이고, 블루오션 시프트를 추진하기 위한 당신의 노력에도 한계가 설정될 것이다.

시장 창출 전략에 대한
총체적인 모델

이제 당신은 스스로에게 질문할 것이다. '시장 창출 전략 중 어떤 것이 파괴적 창출을 낳고, 어떤 것이 비파괴적 창출을 낳는가?' 우리는 10년이 넘는 연구를 통하여 이 질문에 대한 답은 조직이 시장 창출을 위한 전략적 움직임을 수립하면서 설정한 문제의 유형에 달려 있음을 확인했다.

우리 연구에서는 시장 창출 전략(블루오션 시프트)을 수립하기 위한 세 가지 기본적인 방법을 제시했다.

- 산업에 존재하는 기존 문제에 획기적인 해법을 제공한다.
- 산업에 존재하는 기존 문제를 재정의하고 이를 해결한다.
- 새로운 문제를 규명하고 해결하거나 새로운 기회를 포착한다.

이 세 가지 접근법은 파괴적 창출과 비파괴적 창출 사이의 각기 다른 부분과 연계되어 있다. 이러한 관계를 보여주는 가장 효과적인 방법은 그림을 활용하는 것이다. 〈그림 2-1〉은 시장 창출 전략의 총체적인 모델을 보여준다. 어떤 전략적 접근이 어떤 종류의 성장을 창출하는가를 보여주기 때문에 이 그림을 '시장 창출 전략의 성장 모델'이라 부르기로 한다.

이를 하나씩 차례대로 살펴보자.

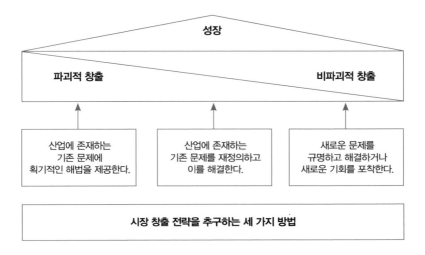

성장

파괴적 창출

비파괴적 창출

산업에 존재하는
기존 문제에
획기적인 해법을 제공한다.

산업에 존재하는
기존 문제를 재정의하고
이를 해결한다.

새로운 문제를
규명하고 해결하거나
새로운 기회를 포착한다.

시장 창출 전략을 추구하는 세 가지 방법

산업에 존재하는 기존 문제에
획기적인 해법을 제공한다

어떤 조직이 산업에 존재하는 기존 문제에 획기적인 해법을 제시할 때에 이 조직은 처음부터 혹은 서서히 기존 기업과 시장의 심장부를 공략하게 된다. 음악의 사례를 살펴보자. CD는 녹음한 소리를 저장하고 재생하는 문제를 획기적으로 해결한 최선책이었다. CD는 이전 제품인 카세트테이프처럼 테이프가 꼬여 지지직거리거나 들러붙어 못 쓰게 되는 일 없이 '영원히 완벽한 사운드'를 제공한다. 게다가 어느 한 곡에서 다른 곡으로 손쉽게 건너뛸 수도 있다. 당연히 얼마 지나지 않아 CD는 카세트테이프를 대체했고 음악 매체의 표준이 되었다. 사람들은 오랫동안 CD에 흠뻑 빠졌다. 애플이 MP3 플레이어 아이팟을 내놓으며 음악을 저장하고 재생하는 문제에 또 다른 획기적인 해결 방안을 제공하기 전까지는 말이다. 사람들은 또다시 시대에 뒤떨어지고 달갑지 않은 CD를 애플의 아이팟과 그 밖의 MP3 플레이어로 대체하려고 벌떼처럼 몰려들었다. 이 제품들은 사람들이 자기만의 음악 라이브러리에 쉽게 접근할 수 있게 해주었다. 이 경우 모두 기존 제품은 파괴적 창출에 의해 근본적으로 대체되었다.

마찬가지로 내연 기관은 동력을 발생시키는 획기적인 해결 방안을 제공하여 동력을 이용한 수송에서 증기 기관을 대체했다. 디지털 사진은 사진을 촬영하고 현상하고 공유하고 보관하는 훨씬 더 나은 방법을 제공하면서 필름 사진을 대체했다.

기존 산업에 존재하는 문제에 획기적인 해결 방안을 개발하는 것은 새것이 옛것을 파괴하면서 기존의 제품과 일자리를 대체하는 효과가 있다. 기존 시장은 중심에서부터 재창출되어 이전의 경계를 뛰어넘어 확장되고, 레드오션은 블루오션으로 변한다. 획기적인 해결 방안은 새로운 수요를 이끌어내고, 과거의 비고객을 고객으로 전환하며, 이러한 시장 재창출과 경계 확장으로 말미암아 성장이 일어난다. 예를 들어 오늘날 얼마나 많은 사람이 과거 같은 필름 사진이 아니라 디지털 사진을 찍고 있는지를 생각해보라.

새로운 문제를 규명하고 해결하거나
새로운 기회를 포착한다

스펙트럼의 다른 쪽 끝에서는 새로운 문제를 규명하여 해결하거나 새로운 기회를 창출하고 포착하는 조직들이 기존 산업의 경계를 **뛰어넘어** 새로운 시장을 열고 있다. 파괴적 창출은 여기서는 잘 일어나지 않는다. 비아그라와 그라민 은행을 생각해보라. 이들은 이전에는 다루지 않았던 문제를 규명하고 해결한 끝에 나온 것들이다. 혹은 〈세서미 스트리트〉와 라이프코칭을 생각해보라. 이들은 새로운 기회를 규명하고 창출한 끝에 나온 것들이다. 이들 모두는 기존 산업의 경계를 뛰어넘어 새로운 시장을 열었다.

마찬가지로 수십 억 달러 규모의 휴대전화 벨소리 산업은 사람들에게 개성을 표현하고 전화가 걸려오면 언제든 좋아하는 음악, 소리를 듣는 즐거움을 느끼는 새로운 기회를 제공했다. 여기서 파괴된 것이 있다면 그저 단조로움이나 따분함이 사라진 것뿐이다. 이러한 시장은 기존의 산업 경계를 초월해 창출되었다.

우리의 성장 모델이 보여주듯이, 새로운 문제를 해결하거나 새로운 기회를 포착하는 것은 기존 산업의 중심, 심지어는 경계조차도 갉아먹지 않으면서 새로운 시장을 만드는 비파괴적 창출을 낳는다. 이러한 유형의 성장은 다른 산업을 파괴하지 않고 (사회의 창의성은 두말할 것도 없고) 수익, 매출, 일자리를 확대하므로 사회에도 비파괴적이다. 사이버 보안, 비만, 평생교육, 가상현실, 환경, 보건 서비스 같은 영역에는 비파괴적 창출을 위한 엄청나게 많은 새로운 기회가 존재한다. 저소득층을 위한 사업도 마찬가지다. 소득 피라미드 최하층의 수십억 명을 위해 기회를 포착하고 새로운 문제를 해결할 수 있다.[10]

산업에 존재하는 기존 문제를 재정의하고 이를 해결한다

산업에 존재하는 기존 문제를 해결하는 것과 새로운 문제를 규명하고 해결하거나 새로운 기회를 창출하는 것 사이에는 산업의 핵심적인 문제를 재정의하고 해결하는 시장 창출 전략이 있다. 문제를 재정의하면 기존의 가정을 대체하고 새롭고도 창의적인 방법으로 산업의 경계를 재구성할 수 있다. 여기에는 파괴적 창출과 비파괴적 창출이 활발하게 작동한다. 널리 알려진 태양의 서커스Cirque du Soleil를 살펴보자. 태양의 서커스는 산업의 핵심 문제를 재정의했다. 즉 어떻게 하면 서커스의 재미와 전율을 극대화할 수 있는가에서 어떻게 하면 서커스의 장점(광대, 천막, 멋진 곡예사)과 연극·발레의 장점(예술성, 음악, 춤, 이야기)을 결합할 수 있는가로 질문을 바꾸었다. 그리고 그 결과 산업이 제공하는 가치의 종류와 정도에서 커다란 도약을 이루었다. 그들은 여러 산업에 존재하는 수요의 일부분을 가져와 이 산업들 사이에 새로운 시장을 창출했다. 이와 함께 새로 창출된 블루오션 시장에 새로운 사람들을 유인하는 식으로 전체 파이를 키웠다. 자녀가 없는 성인, 기업 고객처럼 예전에는 서커스 공연에 관심 없던 사람들이 태양의 서커스의 소비자가 되었다.

앙드레 류André Rieu와 요한 스트라우스 오케스트라Johann Strauss Orchestra도 파괴적 창출과 비파괴적 창출을 통하여 클래식 음악 산업의 문제를 재정의해 새로운 시장을 창출했다. '대중을 위한 마에스트로'라는 별명을 얻은 류는 콜드플레이Coldplay, 비욘세Beyonce, 롤링스톤즈The Rolling Stones 등과 함께 지난 20년 동안 세계 순회공연을 가장 많이 한 음악가 명단에 꾸준히 이름을 올렸다. 류가 이끄는 오케스트라는 전통적인 오케스트라와는 달리 '푸른 도나우강'Blue Danube, '바르카롤'Barcarolle, '오 사랑하는 나의 아버지'O Mio Babbino Caro처럼 듣기 편한 클래식이나 왈츠는 물론, 마이클 잭슨의 '벤'Ben이나 셀린 디온이 부른 영화 〈타이타닉〉의 주제가 '마이 하트 윌 고 온'My Heart Will Go On처럼 많은 사람의 귀에 익숙한 팝 음악을 연주했다. 게다가 류는 전문 콘서트홀이 아니라 멋진 조명과 음향효과를 활용하여 관객들과 즐겁게 호흡할 수 있는 대형 경기장에서 음악을 연주했다. 주요 콘서트홀은 최대 수용 인원이 대개 2,000명이지만 류의 스타디움은 만 명이 넘는 관객을 수용할 수 있다. 류는 클래식 공연장을 찾던 고객도 일부 끌어들이기는 했지만 이전까지는 클래식의 형식과 겉치레에 거부감을 가졌던 고객을 포함하여 새로운 고객을 대거 끌어들임으로써 막대한 신규 수요를 창출했다. 이는 류의 오케스트라가 태양의 서커스와 마찬가지로 다른 여러 산업의 중심이 아니라 가장자리를 공략했기에 가능한 일이었다. 그리고 이는 다른 여러 조직이 풀고자 하는 문제에 정면으로 맞서지 않고 재정의된 문제를 해결함으로써 실현되었다.

제1장에서 소개한 그룹 세브의 블루오션 시프트도 이 범주에 속한다. 그룹 세브는 최고의 전기 감자튀김 조리기를 만드는 방법에서 (신

선하고도 건강에 좋으며 군침이 도는) 튀기지 않은 감자튀김을 만드는 방법으로 해당 산업이 집중하던 문제를 재정의했다. 전통적인 전기 감자튀김 조리기 시장 수요의 일부분이 액티프라이로 유입되기는 했지만 액티프라이는 가치의 종류와 정도에서 커다란 도약을 이루었다. 산업 전체의 수요를 가치 측면에서 40퍼센트 가까이 증대시키면서, 감자튀김 조리기의 구매 의사가 없었던 사람들을 고객으로 유치하는 데 기여했다. NYOI도 기존의 경계를 재정의하면서 새로운 가치-비용의 경계를 열어 새로운 고객을 유치했다. NYOI 또한 같은 청중의 일부를 유치했지만 다른 종류의 청소년 오케스트라를 대체하지는 않았다.

시장 창출 전략의 세 가지 모델을 정리해보자. 산업에 존재하는 기존 문제에 획기적인 해법을 제공하는 방법은 일반적으로 파괴적 창출을 낳는다. 새로운 문제를 확인하고 해결해 새로운 기회를 포착하는 것은 대체로 비파괴적 창출을 낳는다. 그리고 산업에 존재하는 기존 문제를 재정의하고 이를 해결하는 것에는 파괴적 창출과 비파괴적 창출의 요소가 모두 담겨 있다.

기술 혁신이 아니라
가치 혁신에 집중한다

전 세계의 청중들을 상대로 시장 창출 전략에 관해 발표할 때 우리는 종종 구글 글래스, 모토롤라의 이리듐 위성전화, 애플의 뉴턴 PDA를 생각해보라고 말한다. "이러한 시장 창출적 움직임들이 기술 혁신이라고 생각합니까? 이들이 상업적으로 성공했습니까, 아니면 실패했습니까?" 청중들은 대체로 첫 번째 질문에는 "예."라고 대답하고, 두 번째 질문에는 "아니요."라고 대답한다.

그런 다음 우리는 또 다른 질문을 한다. "누가 PC를 처음 만들었을까요?", "누가 가정용 VCR을 처음 만들었을까요?" 대다수 사람들은 첫 번째 질문에 애플이나 IBM이라고 대답한다. 두 번째 질문에는 온갖 종류의 가전제품 회사 이름을 입에 올린다. 소니나 JVC가 가장 많이 나오는 답변이다. 그런데 첫 번째 질문의 정답은 MITS, 두 번째 질문의 정답은 앰펙스_{Ampex}다. 많은 사람이 이런 사실을 알고는 놀라움을 금치 못하지만 정작 이 두 회사에 대해서는 잘 모르는 듯 보인다.

이는 시장 창출에서 무엇이 중요한지를 보여준다. 기술 혁신자들은 뛰어난 알을 낳는다. 그러나 이를 부화하는 경우는 드물다. 성공적인 시장 창출 전략은 기술이라는 알을 낳는 방법 자체가 아니라, 상업적인 성공을 위해 알을 부화하는 방법에 집중해야 한다. 비록 MITS가 PC를 처음 만들었지만, 이 기술을 적용해 훨씬 더 많은 구매자 가치_{buyer value}를 창출함으로써 새로운 대규모 PC 시장을 지배한 기업은 다름 아닌 애플과 IBM이었다. 마찬가지로 비디오 녹화 기술을 발명한 건 1950년대의 앰펙스였지만 소니와 JVC는 이 기술로 좀 더 많은 사람이 저렴한 비용으로 쉽게 사용할 수 있는 가정용 VCR을 개발하고 오랫동안 수익을 내면서 이 산업을 지배해왔다. 중요한 것은 기술 혁신_{technology innovation}을 **가치 혁신**_{value innovation}으로 전환하는 것이다.[11]

조직이 자신의 발명품을 상용화하지 못할 내재적인 이유는 없다. 그리고 이 두 가지 모두 성공한 기업도 분명 있다. 그러나 지난 역사에 알을 낳은 기업과 부화한 기업이 서로 다른 경우는 무수히 많았다.[12] 너무나도 많은 사람이 이제는 시장에서 사라진 기술 혁신자의 이름조차도 모르고, 새로운 시장을 탄생시킨 가치 혁신자를 그 기술의 개척자라고 잘못 알고 있는 한 가지 이유가 바로 여기에 있다.

어떤 시장 참여자가 기술이라는 알을 낳고 이를 부화해 수익성이 좋고 성장하는 새로운 시장을 열었고 다른 참여자들이 이 시장으로 들어왔다면, 결국 모두에게 좋은 일이다. 그러나 여기서 기억해야 할 중요한 교훈은 새로운 시장을 성공적으로 창출하려면 기술 혁신 그 자체가 아니라 구매자 가치를 비약적으로 발전시키는 데 매진해야 한다는 점이다.[13] 구글 글래스, 모토롤라의 이리듐, 애플의 뉴턴은 모두 이 교훈을 간과하여 어려움을 겪었다. 구글 글래스는 매력 없고 멍청해 보이며 비싼데다 엄청나게 불편한 프라이버시 문제까지 일으켰다. 이리듐 위성전화는 고비 사막에서 효력을 발휘하면서 기술적으로 대단한 위업을 달성했지만 정작 건물 안이나 자동차 안에서는 무용지물이었다. 뉴턴 PDA는 애플이 주장한 것만큼의 성능을 구현하지 못했고 당연히 구매자들은 별 가치를 느끼지 못했다.

성공적인 시장 창출 전략은 때로는 기술 혁신에 전혀 의존하지 않는다. 그라민 은행의 소액 대출, 스타벅스, NYOI를 생각해보라. 모두 별다른 최첨단 기술 없이도 새로운 시장을 창출했다. 세일즈포스닷컴Salesforce.com이나 그룹 세브의 액티프라이처럼 기술이 크게 개입되는 경우에도 구매자들이 이러한 제품·서비스에 찬사를 보내는 이유는 기술 때문이 아니었다. 구매자들은 간편하고, 사용하기 쉽고, 즐거움과 원하는 바를 주기 때문에 이를 좋아한다. 즉 구매자들은 기술이 고객 가치의 획기적 향상에 본질적으로 연계되어 있기 때문에 이러한 제품과 서비스에 열광한다.

경제학에서는 오랫동안 연구개발R&D 비용 지출과 특허 개수로 측정되는 연구개발과 기술 혁신이 혁신과 성장에 중요한 견인차 역할을 한다고 가르쳐왔다. 거시경제 수준에서는 옳은 말일 수도 있다. 그리고 이는 새로운 시장 창출을 생각할 때 사람들이 기술 혁신을 먼저 떠올리는 한 가지 이유가 될 수 있다. 그러나 개별 조직으로 구성된 미시경제 수준에서 이러한 추론이 반드시 옳은 것은 아니다. 한 가지 예를 들어보자. 애플의 매출액 대비 연구개발 비용 지출은 지난 10년간 IT업계에서 가장 낮은 축에 속했다. 반면 마이크로소프트는 연구개발 지출 비중이 가장 높은 축에 속했고, 세계적으로 유명한 연구개발센터를 보유하고 있다. 그러나 지난 10년간 같은 기간에 애플은 업계에서 (최고는 아니더라도) 가장 혁신적인 기업 중 하나였지만 마이크로소프트가 창출한 시장은 단 하나도 떠올리기가 어렵다.

1인용 이동수단 세그웨이Segway가 처음 출시되었을 때 《타임》은 이를 발명한 딘 케이먼Dean Kamen의 기사를 싣고는 이렇게 지적했다. "기술자가 듣기에 가장 불편한 진실은 사업의 성패가 기술의 우수성에 따라 결정되는 경우는 별로 없다는 것이다."[14] 공학적으로 무척 경이로웠던 세그웨이는 처음 출시된 2001년 당시에 가장 널리 회자된 기술 혁신이었다. 그러나 사람들은 세그웨이에 4~5,000달러를 지출하기를 꺼렸다. 어디 세워두기도 힘들었고 자동차에 싣기도 곤란했으며 버스나 전동차에 가지고 타기도 어려웠다. 인도로 다녀야 할지 차도로 다녀야 할지조차 헷갈렸다. 출시 후 6개월이면 손익분기점에 이를 것이라고 기대됐지만 2009년까지 세그웨이는 내리 적자만 기록했다.

새로운 시장을 창출하는 것이 획기적인 기술에 달려 있다고 오판할 때 기업이 내놓는 제품·서비스는 시기적으로 너무 이르거나, 지나치게 난해하거나, 지나치게 복잡하거나, 세그웨이처럼 새로운 시장에 필요한 보완적인 생태계가 결여된 경우가 많다. 실제로 많은 기술 혁신이 조직에 영예를 안기는 바로 그 순간, 새로운 시장을 창출하고 점유하는 데 실패한다. 티보_{TiVo}를 생각해보라. 이 회사는 디지털비디오레코더_{Digital Video Recorder, DVR}를 최초로 개발하여 대대적인 찬사를 받으며 미국 특허상표국 발명가 명예의 전당에도 올랐다. 그러나 많은 사람이 그것이 무엇인지, 어디에 쓰는 건지 아리송해했다.

블루오션 시프트는 이러한 통찰에 기반을 둔다. 가치 혁신이 시장 창출 전략의 토대가 되듯, 오직 새로운 가치-비용의 경계를 열고 전례 없는 구매자 가치가 창출될 때 블루오션 시프트가 성공한다. 가치 혁신은 기술의 독창성이 아니라 구매자에게 전하는 가치에 대한 혁신과 깊이 결부되어 있다. 가치 혁신은 새로운 기술이 있든 없든 성취할 수 있다. 블루오션 시장 창출을 위한 당신의 노력이 산업에 존재하는 기존 문제에 획기적인 해법을 제공하는 것이든, 산업이 집중하는 기존 문제를 재정의하는 것이든, 새로운 문제를 규명하고 해결하거나 새로운 기회를 창출하는 것이든, 즉 블루오션 시장을 창출하기 위한 그 어떤 전략의 경우에도 이 사실은 유효하다.

모두 창업가가 될
필요는 없다

당신은 진정한 블루오션에 있는가 아니면 피로 물든 레드오션에 있는 가? 이것은 우리가 10년 전에 만든 간단하지만 강력한 질문이다. 우리는 경영자들을 만날 때면 그들이 직면한 상황을 파악하기 위해 이 질문을 던졌다. 질문은 그들이 직면한 경쟁이 얼마나 치열한지, 마진이 주는 압박이 어느 정도인지, 범용화의 강도가 얼마나 심한지를 묻는 질문으로 이어졌다. 대체적인 반응은 자신이 레드오션에서 기업을 운용하고 있고, 여기서 빠져나와야 한다는 것이었다.[15]

그런데 그들의 반응을 면밀히 파고들어 발견한 사실이 있다. 계획적으로 새로운 시장을 창출하려는 기업도 대체로 레드오션에서 빠져나오기보다는 경쟁자로 넘치는 기존 시장에 더 많이 투자하는 방향으로 노력을 기울이고 있었다. 조직이 열망하고 해야 하는 것과 실행하고 있는 것 사이에 불일치가 존재했다. 왜일까? 현재 시장에 대한 익숙함과 경쟁이 주는 일상적인 압박은 차치하자. 우리는 사람들이 시장 창출에 대해 생각하고 이를 관리하는 방식에 문제가 있다고 본다.

조지프 슘페터 이후 창업가들은 혁신과 시장 창출의 선도자로 받아들여졌다. 창업가들은 직관과 독창성을 활용하여 기회를 포착하고 위험을 감수하며 시행착오를 통해 배운다. 그러나 시장 창출이 조직의 전략에서 불가결한 부분이 되려면 커다란 위험이 수반되는 시행착오를 마구잡이로 해서는 안 된다. 시장 창출은 반복될 수 있는 확실한 과정을 기반으로 해야 한다. 그렇지 않으면 조직이 시장 창출적 움직임을 취할 필요가 있을 때마저도 투자하기를 계속 회피하게 될 것이다.

이와 관련해서는 지난 몇 년간 진전이 있었다.[16] 그러나 우리에게는 지금도 여전히 혁신과 구매자 가치를 체계적으로 연결하고 활용 방법을 안내하는 구체적인 도구에 근거한 시장 창출 과정이 필요하다. 게다가 이 과정에서 새로운 아이디어를 시도하는 것에 대한 사람들의 두려움을 인식하고 관심을 쏟아야 한다. 각자의 한계를 넘도록 독려하고, 현상을 유지하려는 힘이나 습관 또한 극복하도록 해야 한다. 즉 이 과정은 사람들에게 자신감을 고취시키는 인간다움이라는 개념에 기반을 둬야 한다.

앞으로 살펴보겠지만, 이 인본주의적이고 체계적인 학습을 거치면 매우 창의적인 사람이나 타고난 창업가만이 아니라 모든 사람이 시장을 창출할 수 있다. 이 과정을 통해 보통의 사람들이 시장을 창출하고 비범한 일을 할 수 있다. 클래식 음악을 전공한 지휘자 폴 맥앨린든은 이런 과정을 통해 평화를 고취하고 단합된 이라크의 아름다운 미래를 세계에 보여주는 새로운 유형의 오케스트라를 만들었다. 말레이시아 정부 지도자와 공무원들도 이 과정을 통해 경범죄자들을 관리하는 새로운 방법을 고안해냈다. 이 방법은 정부의 비용을 절감하면서도 재범률을 크게 낮추고 재소자들에게는 재기의 기회를 주는 것이었다.

당신이 어떤 산업에 속해 있는지 혹은 당신이 스스로 창업가라고 생각하는지는 중요하지 않다. 앞으로 설명할 과정은 현재를 넘어 앞으로의 모습을 바라보는 우리 모두의 잠재력을 발휘하게 해줄 것이다. 물론 모든 전략적 추진 과제가 그렇듯 레드오션에서든 블루오션에서든 이러한 노력의 성공 여부는 결국 확률 게임이다. 그럼에도 전략의 중요한 역할은 그 성공 확률을 높이는 것이다. 이것이 바로 블루오션 시프트 과정이 하는 역할이다.

이제 우리는 이러한 이해를 바탕으로 블루오션 전략가들의 사고방식을 자세히 살펴볼 것이다. 이 사고방식을 받아들여야 블루오션 시프트의 올바른 방향을 정립할 수 있다. 다음 장에서 우리는 이를 결정짓는 특징을 개관하고, 이 특징이 중요한 이유를 설명할 것이다. 당신은 이제 곧 블루오션 시프트 여정을 떠나는 데 필요한 사고의 틀을 이해하게 될 것이다.

제3장

블루오션 전략가들의
사고방식

많은 사람이 성장과 수익이 감소하는 레드오션만을
바라보는데, 블루오션 전략가들은 어떻게 새로운 기회를 바라볼 수 있
는가? 블루오션 전략가들은 모든 사람이 당연하게 여기는 것에 속지
않는다. 그들은 기본적으로 다른 종류의 질문을 품게 만드는 관점을
받아들인다. 이렇게 함으로써 오랫동안 유지되어온 가정 이면의 오류
와 우리가 무의식적으로 스스로에게 설정한 인위적인 경계를 인식한
다. 블루오션 전략가들은 많은 경영자의 사고방식을 지배하는 시장 경
쟁의 논리와는 매우 다른 관점을 가지고 있다.

그들이 생각하는 방식을 제대로 파악하기 위해 두 가지 전략적 움직
임, 즉 비영리 B2C가 취하는 전략적 움직임과 전형적인 영리 B2B가

취하는 전략적 움직임을 살펴보자. 이를 들여다보면 블루오션 전략가들의 사고방식이 제반 산업과 영역에 어떻게 적용되는지 이해할 수 있을 것이다.

동정심에 호소하기보다는
재미난 활동으로 모금한다

누군가가 시내에서 냉장고를 짊어지고서 지나가는 차를 얻어 타는 모습을 생각해봤는가? 혹은 속옷만 입은 채 지나다니는 운전자와 보행자에게 다가가 기부금을 내라고 말을 거는 사람을 생각해봤는가? 회사 CEO가 골프공만 한 물렁물렁한 빨간색 공을 하루 종일 코에 붙이고 회의를 주재하는 모습은 어떤가? 1985년 설립된 영국의 자선단체 코믹릴리프Comic Relief 는 2년에 한 번씩 '빨간 코의 날'Red Nose Day 을 연다. 코믹릴리프는 설립 이후 빨간 코의 날을 총 16회 개최해 영국에서만 10억 파운드 넘는 돈을 모금했다. 2017년 빨간 코의 날에만 7,300만 파운드를 모금했다.

이제 코믹릴리프 설립 당시의 영국의 자선모금 업계를 생각해보자. 이 업계는 레드오션 중의 레드오션이었다. 자선단체는 수천 개에 이르렀고, 암 환자를 위한 자선단체만 런던에 600개 넘게 있었으며, 노숙자를 위한 자선단체만도 200개였다. 이들이 외치는 대의도 서로 겹치는 부분이 많았다. 게다가 10년 남짓 동안 자선단체 수는 60퍼센트 이상 증가해 경쟁이 점점 더 치열해질 수밖에 없었다.

상황이 이렇다 보니 영국인들은 기부에 피로감을 느꼈다. 자선단체에 기부하는 영국인의 수는 25퍼센트 이상 줄어들었고, 사람들은 죄책감을 유발하며 끈질기게 권유하는 것에 싫증을 냈다. 수많은 기관 중에서 어느 곳을 후원할지 선택하는 것도 어려운 일이었다. 그리고 자금이 실제로 어떻게 쓰이는지, 즉 그들이 앞세운 대의를 위해 쓰이는지 기관 운영비로 쓰이는지도 의심스러워했다.

당시의 자선단체들은 충분히 예측 가능한 전략을 따랐다. 이는 여느 산업에서처럼 하나의 패턴으로 자리 잡은 것이었다. 자선단체들은 기존 산업의 경계 내에서 좀 더 효과적으로 경쟁하는 데에만 집중했다. 그들은 대형 고객, 즉 부유하고 교육 수준이 높고 나이가 많은(55~64세) 기부자들에게 초점을 맞췄다. 그리고 1년 내내 마케팅을 하고 권유하느라 많은 시간을 투자했다. 이 고객들이 더 많이 기부하도록 장려하려는 목적에서 고액 기부자들을 공개하기도 했다. 그리고 사람들의 죄책감을 자극하는 진지하고도 억압적인 캠페인을 하면서도 예전보다 화려한 모금 행사를 기획했다. 한마디로 자선단체들은 이 업계에서 오랫동안 경쟁해온 고객과 기본 요소에 집중함으로써 이미 위축되고 있는 수요에서 어떻게든 더 많은 몫을 차지하려고 노력했다. 이는 기존의 기부자를 훨씬 더 괴롭히는 동시에 수요가 감소하는 때에 비용을 늘리는, 확실히 부정적인 효과를 나타냈다.

그런데 코믹릴리프는 전혀 다른 접근 방식을 가지고 등장했다. 이들은 익살스럽게 모금 활동을 펼치는 일종의 국경일 같은 빨간 코의 날을 창설하고, 유명 스타들이 출연하는 장시간의 자선 코미디 프로그램 '빨간 코의 밤'Red Nose Night을 기획하여 자선모금 활동에 일대 혁신을 가

저왔다. 현재 영국에서 빨간 코의 날은 마치 국경일처럼 여겨지고, 코믹릴리프의 브랜드 인지도는 놀랍게도 96퍼센트에 이른다.

코믹릴리프는 이 산업의 문제를 재정의했다. 부자들이 죄책감 때문에 기부하게 만드는 방법 대신 모든 사람이 기부를 위해 즐거운 일을 하게 만드는 방법을 모색했다. 다시 말하자면 본질적으로는 대중을 통해 돈과 자원을 모으는 크라우드소싱crowdsourcing으로 이 산업의 문제를 재정의했다. 대부분의 자선단체는 부자들을 유치하려고 매력적인 특별 행사를 개최한다. 그러나 코믹릴리프는 비용이 많이 드는 특별 모금 행사와 연중무휴의 기부 권유 활동, 기부 약정서 작성과 상담 및 돌봄 서비스 등을 없애거나 줄였다. 또 돈이 많은 기부자만을 겨냥하지도 않았다. 코믹릴리프는 협소한 영역에 자신을 가두는 대신 가난한 사람, 돈 많은 사람, 젊은 사람, 나이든 사람, 심지어는 유치원 아이까지 가리지 않고 모든 사람을 겨냥했다. 약간의 상상력과 용기만 있으면 가난한 사람도 기부를 할 수 있었다.

주변 사람들에게 수다쟁이라고 소문난 런던의 여행사 직원은 친구들에게 자기가 24시간 동안 말하지 않고 조용히 있는 것에 후원하도록 해 500파운드 넘게 모금했다. 온몸이 털로 뒤덮인 남성미 넘치는 맨체스터의 한 남성은 털을 완전히 밀어버리고는 500파운드를 모금했다. 이 행사에 참여하려면 단지 1파운드짜리 작고 귀여운 빨간 플라스틱 코를 사면 된다. 누구든 부담 없이 쉽게 참여할 수 있다. 텔레비전 방송국을 포함해 자선 코미디 프로에 참여하는 모든 사람은 이런 코믹릴리프의 대의를 사랑하고 여기에 참여함으로써 선의를 표현할 수 있기 때문에 손쉽게 기부할 수 있었다.

유명 스타들이 출연하는 훌륭한 오락 프로그램, 모두가 약간 우스꽝스러운 일을 벌이고 그것을 즐기는 행사, 영국 전역에서 판매하는 작고 귀여운 빨간 코, 코믹릴리프는 많은 사람을 끌어들이는 독특하고도 감동적인 행사들을 연출했다. 빨간 코의 날은 2년에 한 번씩 열리므로 기부자들이 부담스러워하지도 않는다. 코믹릴리프는 후원자가 아니라 팬을 갖고 있는 셈이다. 더욱이 수입의 약 87퍼센트를 자선 용도에 사용하는 영국의 다른 자선단체와는 달리, 코믹릴리프는 기부금의 100퍼센트를 그들이 내건 대의에 사용한다. 다양한 방법을 동원하여 비용을 없애거나 줄일 수 있기 때문에 비용 자체가 얼마 되지도 않거니와, 적은 행정비용마저 후원과 투자소득으로 충당하기 때문이다. 전국적으로 열리는 행사 덕분에 입소문이 나면서 빨간 코의 날에 드는 마케팅 비용은 전혀 없다. 2015년 코믹릴리프는 빨간 코의 날을 공식적으로 미국에 전파했다.

관심이 가는 곳으로
에너지가 흘러간다

코믹릴리프 사례는 영감을 주는 이야기임에 틀림없다. 여기서 우리는 무엇을 배울 수 있을까? 코믹릴리프는 레드오션 관점에서 나온 결과일까? 이를 확인하기 위해 네 가지 종류의 질문을 살펴보기로 하자. 그리고 당신의 입장에서 이 질문에 답해보길 바란다.

질문 하나, 코믹릴리프가 기존의 업계 관행을 주어진 것으로 받아들이고 영국 자선모금 업계의 구조에서 전략을 도출했다면 빨간 코의 날이라는 아이디어를 떠올릴 수 있었을까? 경쟁이 극심하고 수요가 감소하고 비용이 증가하는 상황에서 코믹릴리프가 아예 이 업계에 진입하지 않았을 확률이 더 크지 않았을까? 당신이라면 어땠을까? 이러한 시나리오에서 어떤 행동을 했을까?

질문 둘, 코믹릴리프가 다른 자선단체를 벤치마킹하고 이들보다 좀 더 나은 성과를 내는 데 집중했다면 어떤 결과를 예상할 수 있었을까? 코믹릴리프의 전략은 그들과 달랐을까? 혹은 벤치마킹하고 경쟁에서 이기는 데 집중하면 할수록 코믹릴리프의 전략이 다른 경쟁자의 전략과 비슷해졌을 확률이 더 크지 않을까? 그리고 이것은 보통의 조직이 너무나도 자주 하는 것 아닌가?

질문 셋, 고객 만족과 고객의 요구를 이해하는 것은 대단히 중요하다. 대부분의 조직들은 고객 만족도를 정기적으로 점검한다. 그러나 코믹릴리프가 기존의 부유한 기부자들을 더욱 만족시키는 데 집중했더라면, 그 고객들이 가난한 사람이든 돈 많은 사람이든 상관없이 모든 사람이 기부하기 위해 즐거운 일을 꾸미는 아이디어를 줄 수 있었을까? 혹은 고객들이 이미 하고 있는 것이나 더 잘하라고 요구했을까? 당신의 기존 고객은 당신에게 미래의 가능성이 아니라 현재에만 집중하게 만들고 있지는 않은가?

질문 넷, 코믹릴리프가 차별화 혹은 저비용 중 한 가지만 추구했다면 이 기관의 전략은 어떻게 달라졌을까? 차별화 전략을 선택했다면, 저비용을 달성하기 위해 없애거나 줄일 수 있는 요소들은 소홀히 한 채 이 산업의 기존 접근 방식에 단지 몇 가지 내용을 덧붙이기만 하지는 않았을까? 반대로 저비용 전략을 추구했다면, 차별화를 위해 새로운 것은 창출하지 못하고 이 산업의 경쟁 요소를 줄이기만 하지는 않았을까? 당신이라면 어땠을까? 차별화를 위해서는 지출을 더 많이 해야 하고, 저비용을 달성하려면 고객에게 독특한 가치를 많이 줄 수는 없다는 가정에 따라 행동하지 않았을까?

빨간 코의 날에서
B2B 영역의 블루오션까지

이제 B2B 영역으로 관심을 돌려보자. 그중 고객, 판매 예측 등 조직이 전개하는 모든 사업 분야를 관리하는 데 쓰이는 고객관계관리$_{CRM}$ 소프트웨어를 살펴보자. CRM 소프트웨어 관련 산업은 수십억 달러 규모의 산업으로 성장했다. 당연히 이 부문은 경쟁이 극심하다. SAP, 오라클, 마이크로소프트 같은 전사적 자원관리$_{ERP}$ 부문의 주요 판매회사들이 오랫동안 이 업계를 지배해왔다. 이들 기업에는 신생 기업들에 없는 것, 즉 제품 연구개발비에 엄청난 돈을 투자할 수 있는 방대한 자원이 있다.

그러나 고객의 관점에서 보면 이 대단한 판매회사들의 모든 제품은 거의 똑같은 것으로 여겨졌다. 이 모든 기업은 고객의 요구에 부응하기 위해 맞춤형 소프트웨어를 만들었다. 이들은 모두 영구적인 소프트웨어 라이선스를 판매하는 전통적인 소프트웨어 사업 모델을 적용했다. 즉 고객들이 해당 소프트웨어를 무기한으로 사용할 수 있도록 했다. 한 소프트웨어가 건물 내에서 고객의 요구에 맞게 설치되고 나면 판매회사에서는 상당히 전문적인 서비스를 제공하고, 고객에게는 내부적으로 상당한 전문성을 갖출 것을 요구한다. 이러한 소프트웨어는 고객이 사용 중이던 기존 컴퓨터의 시스템과 통합해야 하는데 이는 작업 과정과 기반 시설에 상당한 변화를 동반한다. 한마디로 CRM 소프트웨어는 가격이 비싸고 설치하는 데 시간이 많이 걸리며 소유에 따르는 총비용이 상당히 높다. 판매회사들은 이 산업에서 차별화를 이루고 거래를 확정지으려고 대체로 다음 두 가지 전략 중에서 하나를 추진한다. 첫째, 훨씬 더 많은 기능을 추가하여 제품을 차별화한다. 둘째, 협상의 마지막 단계에서 가격을 대폭 할인한다. 어느 쪽을 선택하든 간에 모든 판매회사는 CRM 소프트웨어를 구매할 여력이 있는 큰 기업만을 고객으로 삼는다.

여기에 한 가지 아이러니가 있다. 소프트웨어가 복잡하고, 구매와 유지에 돈이 많이 들며, 설치가 까다롭고, 이를 구동하는 데 상당한 수준의 미들웨어와 하드웨어가 필요하기 때문에 CRM 소프트웨어 판매회사들이 자신이 속한 업계의 수요를 실질적으로 제한하고 있다는 것이다.

세일즈포스닷컴은 그들과 달랐다. 네 명의 오라클 임원 출신 마크 베니오프Marc Benioff, 파커 해리스Parker Harris, 데이브 뮐렌호프Dave Moellenhoff, 프랑크 도밍게스Frank Dominguez가 1999년에 설립한 이 회사는 기존의 산업 구조를 주어진 것으로 받아들이지 않았고 경쟁자를 이기려고도 하지 않았다. 대신에 이 산업이 고객들에게 전통적으로 부과해온 모든 문제점을 제거해 경쟁을 무의미한 것으로 만들고자 했다. 기업 고객들은 아이러니하게도 불편함이나 문제점을 그냥 받아들이고 있었다. 너무나도 많은 산업군에서 이런 현상이 나타나기 때문에 이 점을 고민해볼 필요가 있다. 예방 접종을 맞아야 할 때 많은 사람이 주삿바늘에 찔린다는 생각에 겁에 질려 움츠리지만 어쨌든 주사를 맞는 것이 필요하다는 사실은 당연하게 여긴다. 공항에 갈 때 상당한 스트레스를 받지만 어쨌든 줄을 서야 한다는 사실은 당연하게 여긴다. 미국 국내선 항공기 1등석을 탈 때 요금은 엄청나게 비싸지만 좌석이 이코노미석에 비해 그다지 넓지 않고 뒤로 많이 젖힐 수도 없다는 사실 또한 당연하게 받아들인다.

세일즈포스닷컴은 비슷한 서비스를 제공하는 레드오션에서 빠져나왔다. 그리고 새로운 시장, 블루오션을 창출하는 전략에 착수했다. 세일즈포스닷컴은 신뢰할 만하고 웹으로 접속해 간단히 사용할 수 있는 CRM 솔루션을 개발했다. 이 소프트웨어는 기업 고객들이 월 사용료를 내고 신청하는 순간부터 바로 작동한다. 이제 고객들은 라이선스를 따로 구매하지 않아도 된다. 고객들은 인프라, 설치, 유지에 자원을 투입하지 않아도 돼 소유했을 때보다 총비용을 90퍼센트 가까이 절감할 수 있다. 더욱이 고객들은 언제든 가입을 취소할 수 있어 소프트웨어를 설치하는 데 따르는 위험도 크게 줄었다. 이 회사는 초기에 CRM 소프트웨어의 한 가지 버전만 제공해 단위당 개발비용을 크게 낮추었다. 또 사용 빈도에 근거해 핵심 기능을 파악하고 사용자에게 꼭 필요한 기능에 전략적으로 집중했다.

그 결과, 세일즈포스닷컴은 설립 10년 만에 연매출 13억 달러가 넘는 기업으로 성장했다. 업계의 총수요를 키우면서 예전에는 비고객이던 기업, 즉 중소기업까지도 이 산업의 고객으로 끌어들였다. 현재 세일즈포스닷컴 직원 수는 2만 명이 넘고 연매출은 80억 달러에 달한다.

CRM 소프트웨어와 영국의 자선모금 산업은 분명 다른 세계에 속한다. 그럼에도 우리는 이 둘 사이의 두드러진 유사성을 볼 수 있다. 첫째, 우리는 산업의 참여자들이 너무나도 자주 서로를 답습하는 모습을 본다. 그들은 같은 방식으로 경쟁하고, 같은 대상에 투자하며, 산업의 기존 고객에게 집중한다. 그래서 결과적으로 범용화하고 산업의 규모를 제한한다. 둘째, 산업 내 참여자들이 기존 시장에서 조금이라도 더 차지하기 위해 싸우지만, 사실상 잠재적 시장은 기존 시장보다 훨씬 크다는 사실이다. 그들은 기존 시장의 경계를 주어진 것으로 놓고 행동한다. 사실 이러한 경계는 고정된 것이 아니고 우리 생각의 산물에 불과한데도 말이다. 새로운 시각으로 바라보고 생각할 때, 우리는 이 경계를 뛰어넘을 수 있다. 끝으로, 각 업계에서 조직들이 전략의 기본을 재정의함으로써 새로운 시장을 창출하고 차별화와 저비용을 동시에 달성하는 것을 알 수 있다.

그러나 문제는 조직에서 이것을 어떻게 실행하는가에 달려 있다.

레드오션에서 블루오션으로
당신의 사고를 재구성하라

이제 우리는 블루오션 전략가들의 사고방식, 이들의 사고를 레드오션 논리로부터 벗어나게 만드는 특징적인 방식을 이야기할 것이다. 여기서 목표는 블루오션 전략가들이 어떻게 생각하는가를 이해하고 자신만의 블루오션 여정을 떠나면서 이러한 논리를 수용하는 것이다. 이러한 사고방식은 전략적 방향을 제시하는 나침반 역할을 한다. 이를 제대로 이해하지 않으면 시장 창출을 위한 도구가 아무리 훌륭하더라도 잘못 적용해 원하는 곳으로 이동 shift 하지 못할 수도 있다. 우리는 이제 각 기본 원칙을 제시할 것이다. 지금까지는 한계와 제약만 보였던 곳에서 어떻게 새로운 기회를 발견하는지 확인하길 바란다.

블루오션 전략가들은 업계의 조건을 주어진 것으로 생각하지 않는다. 오히려 이러한 조건을 자신에게 유리하도록 재구성한다

경영자들이 전략을 개발할 때 그들은 대개 환경을 분석하는 데서부터 시작한다. 산업이 성장하고 있는가, 정체되어 있는가 아니면 위축되고 있는가? 원재료 가격은 올라가는가 아니면 떨어지는가? 경쟁 기업들이 공장을 신설하여 새로운 제품 생산라인을 가동하기 시작하는가? 종업원들을 해고하는가 아니면 새로운 인재들을 고용하는가? 고객 수요가 증가하는가 아니면 감소하는가? 대부분의 경영자들은 이러한 평가에 근거하여 자신의 전략을 구축한다. 다시 말해 구조가 전략을 구축한다.[1] 전략에 대한 이러한 관점은 다음과 같은 두 가지 이유로 결정론에 가깝다. 첫째, 조직의 전략 선택을 환경에 제약되는 것으로 본다. 둘째, 경영자의 상상력을 업계의 현재 조건에 구속시킨다.

그 업계가 호황이면 이러한 관점은 잘 작동한다. 그러나 불황이어서, 시장을 선도하는 기업마저 이익이 미미하거나 적자인 상황이라면? 이럴 때 당신의 전략은 어떻게 되어야 하는가? 다른 기업보다 적자를 적게 내는 것이어야 할까 아니면 철수해야 할까? 그 어느 것도 썩 좋아 보이지는 않는다. 견실하고도 수익성이 좋은 성장을 이루기 위한 길로는 보이지 않는 것이다.

블루오션 전략가들이 인식하는 것 그리고 우리 대부분이 너무나도 자주 잊는 것은 현존하는 산업의 조건은 개별 기업들이 만들어낸다는 사실이다. 코믹릴리프와 세일즈포스닷컴이 그랬듯 환경 조건을 바꿀 수도 있다. 여기서 잠시 가장 위대했던 산업들을 떠올려보라. 20세기 초 포드는 자동차 산업의 대중 시장을 열었다. 제록스는 복사기 산업을 열었고 캐논은 개인용 복사기 산업을 열었다. 맥도날드는 패스트 푸드 산업을 열었고 애플은 앱스토어 산업을 열었으며 페덱스는 속달우편 산업을 열었다. 심지어 드라이바DryBar는 미국 미용실 산업에서 이발, 염색, 파마 서비스는 제공하지 않는 '드라이 서비스 전용' 시장을 열었다.

단 하나의 조직이 획기적인 아이디어로 산업 전체를 이끌 수 있는 것처럼 기존의 산업을 변하게 할 수도, 새로운 산업을 창출할 수도 있다.[2] 산업의 경계는 고정되어 있지 않다. 경계는 당신의 상상력만큼이나 유동적이다. 그리고 가장 커다란 아이러니는 때때로 조직 그 자체가 산업 조건의 쇠퇴에 기여한다는 것이다.

오늘날 벼랑 끝에 서 있는 미국의 우편 산업을 생각해보라. 이제 사람들은 이메일이나 훨씬 더 비싼 속달우편 같은 대안으로 옮겨가고 있다. 정부의 우편 서비스에 대한 수요가 감소하는 이유는 무엇일까? 그저 새로운 대체 산업이 아주 강력하기 때문인가? 일정 부분 그런 면도 있다. 그러나 이는 사람들이 우체국에 가서 기분 좋지 않은 경험을 했기 때문이기도 하다. 미국 우체국에 가서 모든 창구가 열려 있고 줄을 설 필요도 없으며 직원들의 신속하고도 효율적인 서비스를 제공받은 적이 얼마나 되는가? 이런 경험이 또다시 우체국에 가고 싶다는 마음이 들 만큼 즐거운 것이었는가? 그렇지는 않을 것이다. 오히려 당신은 불만스러운 표정으로 줄을 서 있는 많은 사람 중 한 사람이었을 가능성이 더 높다. 혹은 5분 동안 줄 서 있다가 포기하고 돌아 나온 사람 중 하나였을지도 모른다. 당신은 아무것도 한 것 없이 시간만 낭비한 것이 짜증이 나서 다시는 오지 않겠다고 맹세했을 것이다.

조직은 스스로 깨닫지 못한 채 자신의 몰락에 기여할 때가 많다. 그러고는 조직이 통제할 수 없는 외부 환경 요인을 탓한다. 블루오션 전략가들은 그렇지 않다. 이들은 기존 산업의 조건을 주어진 것으로 받아들이기를 거부한다. 또 어려움에 직면해서도 조건을 탓하지 않는다. 이들은 자신에게서 답을 찾으려고 한다. 무엇이 가능한가, 수익이 되는가를 산업의 조건에서 찾아 이해하려고 하지 않는다. 업계에 퍼진 논리는 시장을 이해하는 데 도움이 될 수도 있지만 창의적인 생각을 엄청나게 제한하기도 한다. 이 논리만 따르면 가정에 문제를 제기하지 않고 아이디어를 개발하지 않으며 현재 상황을 옹호한다. 그 결과, 당신은 무기력해질 수밖에 없다.

스티브 잡스는 이렇게 말했다. "당신은 세상은 원래 그런 것이라는 말을 듣는데 (…) 그러나 이는 너무 좁은 견해다. 굉장히 간단한 사실 하나가 삶의 시야를 넓혀줄 것이다. 인생이라고 부르는 당신 주변의 모든 것은 당신보다 별로 똑똑할 것도 없는 사람들이 만들었다. 당신은 모든 것을(인생을) 바꿀 수 있고, 또 (인생에) 영향을 미칠 수 있다. 다른 사람들이 활용할 수 있는 당신 자신의 것을 만들어낼 수도 있다. 그리고 인생의 어떤 곳을 찔렀을 때 다른 한 곳에서 무엇인가가 튀어나올 것이라는 사실을 당신이 이해하는 순간 (…) 인생을 바꿀 수 있다. 당신 스스로가 인생을 달라지게 만들 수 있다. 이것은 가장 중요한 교훈일 것이다. 인생이 저기 있고 당신은 단지 그 속에서 살게 될 것이라는 잘못된 생각을 거부하는 것이다. (…) 이러한 사실을 알게 된다면, 당신의 삶은 결코 이전과는 같지 않을 것이다."[3]

블루오션 전략가들은 이러한 통찰에 따라 행동한다. 그들은 창의적인 시야를 확장하고, 아이디어를 쉽게 폐기하기보다는 진지하게 고민한다. 그리하여 업계의 조건을 그대로 수용하지 않는 아이디어를 도출해낸다.

블루오션 전략가들은 경쟁자를 이기려고 하지 않는다. 경쟁을 무의미한 것으로 만들려고 한다

대부분의 조직은 경쟁이라는 함정에 갇혀 있다.[4] 경영자들은 산업 구조를 주어진 것으로 받아들인다. 그리고 경쟁우위를 확보하기 위해 경쟁자를 벤치마킹하고 이들을 이기는 데만 집중한다. 물론 실제로 경쟁우위를 확보하기 위한 아이디어를 언급하지 않고서는 전략에 관해 말하기조차 어렵다. 그러나 경쟁우위 확보에만 집중하면 혁신적이지 않은 모방적인 시장 접근 방식을 낳는다. 그리고 이 때문에 의도하지 않은, 상당히 아이러니한 효과를 만든다. 대체 어떤 일이 일어날까? 이는 조직 그리고 당신의 행동에 영향을 끼치기 때문에 반드시 이해해야 할 중요한 사항이다.

이제 분명한 사실에서 출발해보자. 모든 승리한 조직은 정의상 경쟁우위를 가진 조직이다. 코믹릴리프와 세일즈포스닷컴도 분명 그렇다. 따라서 경쟁우위를 갖는 것은 좋은 일이다. 어느 누구도 이 말에 반박하지 않는다. 그러나 이 경쟁우위는 조직이 달성한 것이 무엇인지, 즉 전략의 결과물을 말해준다. 통계학에서는 이를 **종속변수**dependent variable라 일컫는다. 문제는 시간이 지나면서 사람들이 승리 전략의 결과물(경쟁우위)과 승리를 달성하기까지의 과정 혹은 **독립변수**independent variable를 혼동한다는 것이다. 그래서 관리자들은 경쟁자를 이기기 위해 경쟁우위를 확보할 것을 점점 더 요구한다.

이 내용은 언뜻 합리적으로 보인다. 승리한 조직들이 경쟁우위를 가진다면, 경쟁우위를 추구하는 것이 승리를 확보하는 직접적인 경로로 보이는 것이다. 그러나 문제는 사고의 틀에 있다. 경쟁우위를 확보하라는 요구를 받은 관리자들이 무엇을 할 것 같은가? 그들은 무의식적으로 경쟁에 눈을 돌려 경쟁자들이 무엇을 하는지 확인하고 경쟁에서 이기려고 노력할 것이다. 그러나 이렇게 함으로써 그들의 전략적 사고는 부지불식간에 경쟁으로 회귀한다. 구매자 가치가 아니라 경쟁이 전략의 결정적인 변수가 된다. 이는 조직의 시야를 경쟁 요소와 기존의 경쟁자들이 공유하고 있는 가정으로 한정시키고 이미 존재하는 경로를 조직이 따라가도록 만든다.

당신의 전략이 이런 식으로 추진되어야 할까? 우리의 연구는 전략이 이런 식으로 추진되어서는 안 된다는 것을 보여준다. 특히 당신이 점점 불황 속에 빠지는 산업군에 있다면 더더욱 그렇다. 경쟁우위의 확보에만 집중하면 기존 산업을 재구성하여 새로운 산업을 창출하는 데는 관심이 멀어질 수밖에 없다. 이는 창의성을 차단하고 다른 모든 조직과 비슷한 방식의 경쟁에서 헤어나지 못하도록 한다.

블루오션 전략가들은 이와 대조적이다. 경쟁우위의 확보가 아니라 경쟁을 무의미하게 만드는 데에 철저하게 집중한다.[5] 경쟁자가 하는 것은 조용히 외면한다. 경쟁자가 하는 것이기 때문에 옳은 것이라는 가정을 하지 않는다. 이들의 머릿속에는 이 질문이 떠나지 않는다. '마케팅을 하지 않고서도 구매자들을 많이 끌어들이려면 무엇을 해야 하는가?' 왜 마케팅을 하지 않는다는 조건을 달았을까? 마케팅을 불신해서 혹은 여느 조직들과 달리 마케팅을 하지 않아서가 아니다. 블루오션 전략가들도 마케팅을 한다. 단지 이들의 목표는 그것을 보거나 사용해본 사람이라면 누구나 극찬하는 매혹적인 제품·서비스를 만드는 것이다. 저렴한 가격대의 고급 호텔이라는 새로운 시장을 창출한 시티즌M 호텔의 공동설립자 마이클 레비Michael Levie의 말처럼 말이다. "우리의 목표는 호텔 객실을 대여하기 위해 마케팅에 의존하는 것이 아닙니다. 우리 호텔을 경험한 사람들이 페이스북이나 인스타그램으로 계속 추천하고 사진으로 공유할 것이기 때문에, 이러한 경험을 창출하는 것 자체가 우리의 마케팅이 됩니다." 이것은 스티브 잡스가 애플 직원들에게 부여했던, 경쟁자보다 더 나은 제품과 서비스가 아니라 '미친 듯이 위대한'insanely great 제품·서비스를 창출하라는 가혹한 과제와 정확하게 일치한다. 결과적으로 이 또한 경쟁자보다 더 나은 제품·서비스가 되었지만 말이다.

조직이 전략적 과제를 이런 방식으로 규정한다면 경쟁자를 벤치마킹하는 것은 쓸데없는 일이다. 그 대신 업계 전체가 경쟁하고 투자하는 모든 요소에 근본적으로 문제를 제기하고 재고하여, 가치 측면에서 비약적인 발전을 달성한다. 경쟁자와 비교하여 점진적인 개선을 이루는 것이 경쟁우위를 가져다줄 수 있지만, 가치 측면에서 비약적인 발전을 이룩한다면 경쟁은 무의미해진다.

경쟁을 무의미하게 만들려고 노력하는 조직은 현재 업계 전반에서 경쟁하고 있는 지점과 구매자가 실제로 가치를 느끼는 지점 사이의 차이에 눈 뜨게 된다. 아이러니하게도 블루오션 전략가들은 경쟁우위를 확보하는 데 집중하지 않지만, 결과적으로 엄청난 경쟁우위를 확보하게 된다.

블루오션 전략가들은 기존 고객을 얻기 위해 싸움을 벌이는 대신 새로운 수요를 창출하고 이를 차지하는 데 집중한다

일정한 규모의 조직 대부분이 정기적으로 특정한 형태로 고객 만족도를 조사한다. 작은 기업을 경영하든 비영리기관을 경영하든, 기존 고객을 만족시키는 것은 대개 우선순위에 두는 일이다. 따라서 조직들은 고객으로부터 마음에 드는 것은 무엇이고 마음에 들지 않는 것은 무엇인지, 자신들이 잘하고 있는지, 개선해야 할 사항은 무엇인지 피드백을 얻으려고 애쓴다. 조직이 많은 통찰을 쌓을수록 현재의 고객이 가치를 두고 있는 것에서 나타나는 미묘한 차이를 더욱 풍성하게 이해할 수 있다. 그리고 이로써 고객의 세분화된 요구를 충족하고자 더욱 정교하게 나누고 맞춤화 전략을 만든다. 당신은 고객 만족도 증진이라는 것을 이렇게 생각할 것이다. '바로 그것이다. 그게 바로 우리가 하는 일이다. 우리는 그것을 잘하고 있다.' 혹은 '우리는 개별 고객의 요구에 맞춤해 제공하는 아주 창의적인 방법을 알고 있다.'

그러나 고객 만족도를 높이기 위한 이러한 노력은 모든 장점에도 불구하고 조직을 기존 시장의 레드오션에 계속 머물게 만드는 경향이 있다. 거의 모든 산업에는 그들의 고객이 누구인지에 관한 공통의 정의가 있다. 예를 들어 영국 자선모금 산업의 고객은 고령층의 부유하고 교육 수준이 높은 사람이고, ERP 소프트웨어 산업의 고객은 크고 복합적인 기업이다. 이 공통된 정의에 따라 다음 단계로 누구를 대상으로 자원과 노력을 소비할지가 결정된다. 업계의 규모가 커지고 있을 때에는 기존 고객에 집중하는 것으로도 충분하지만, 수요가 정체되거나 감소할 때는 이러한 정의가 실질적인 제약이 된다. 산업 밖에 존재하지만 충분히 접근 가능한 새로운 수요의 광범위한 잠재력을 보지 못하게 되기 때문이다. 코믹릴리프와 세일즈포스닷컴 사례에서 알 수 있듯 많은 산업에서 시장 창출 전략으로 접근할 수 있는 모든 비고객에 비하면 기존 고객은 새 발의 피에 불과하다.[6]

더구나 당신이 기존 고객들에게 "우리가 어떻게 하면 당신을 좀 더 즐겁게 해드릴 수 있을까요?"라고 물을 때 그들은 "덜 내고 더 가져가게 해주세요."라는 식의 익숙한 반응을 보인다. 이처럼 기존 고객에 집중하는 것은 당신을 레드오션에 가두고 당신이 산업에 존재하는 문제에 조금 더 나은 해결 방안만을 생각해내도록 할 뿐이다.[7]

미국의 소매업계는 이러한 대가를 고통스럽게 치러야만 했다. 해마다 연말 세일을 기대하도록 길들여진 고객들은 이제 행사를 예년보다 훨씬 더 일찍 시작하고, 훨씬 더 많이 할인하라고 요구한다. 이제 10월만 되어도 가게에서 세일 장식을 볼 수 있다. 견실하고 수익성이 좋은 성장의 측면에서 보자면, 고객들은 더 일찍 더 많은 할인을 제공받게 되어 행복할지 모르겠지만 소매점의 매출은 답보 상태이고 이윤은 계속 줄어들었다.

블루오션 전략가들은 기존 고객 중에서 더 많은 숫자를 끌어들이려고 싸우는 대신, 비고객에게 눈길을 돌려 새로운 수요를 창출하기 위한 방법을 찾는다. 그곳에는 문이 열리기를 기다리는 추가 수요가 있음을 안다. 블루오션 전략가들은 비고객이 무엇 때문에 산업에 흥미를 잃었는가, 즉 비고객이 그 산업을 선택하지 않게 만든 주요 문제점을 밝히기 시작한다. 이들은 이런 식으로 새로운 시장을 여는 방법에 관한 중요한 통찰을 얻는다.

블루오션 전략가들은 차별화와 저비용을 동시에 추구한다. 이들의 목표는 가치와 비용의 상충관계를 만드는 것이 아니라 이를 깨뜨리는 것이다

제1장에서 살펴봤듯이 레드오션 전략가에게 전략이란 차별화와 저비용 사이에서 선택을 요구당하는 것이다. 이에 반해 블루오션 전략가는 이와는 다른 길을 따르고 양자택일이 아니라 두 가지 모두를 수용하는 시장 창출 전략을 바라본다. 즉 차별화와 저비용을 동시에 추구한다.[8]

코믹릴리프의 경우를 다시 생각해보자. 코믹릴리프는 기존의 연중무휴 기부 캠페인 대신 2년에 한 번 여는 즐거운 모금 이벤트로 이 산업에서 가장 차별화된 자선단체로 자리 잡았다. 이와 동시에 코믹릴리프는 저원가 구조를 확립했다. 이들은 전통적인 자선단체처럼 시간과 비용이 많이 드는 특별행사를 열지도 않고, 정부와 재단으로부터 자금을 유치하는 기부 약정서를 받지도 않으며, 상담 및 돌봄 서비스를 제공하지도 않는다. 대신에 슈퍼마켓이나 의류매장 같은 번화가의 가게를 작고 빨간 코를 판매하는 곳으로 이용한다. 한 연구에 따르면, 전통적인 모금 활동의 75퍼센트가 코믹릴리프로 옮겨갔다고 한다. 대부분의 모금은 일반 시민들이 익살스런 장난으로 모금하는 기부 활동에 다른 이들이 참여하는 방식으로 이루어진다. 코믹릴리프의 인건비가 별로 들지 않는 이유다. 게다가 언론이 많은 관심을 갖고 빨간 코의 날에 대해 입소문을 내며 공짜 광고를 해주기 때문에 광고비도 얼마 들지 않는다. 그 결과, 코믹릴리프는 가치와 비용의 상충관계를 깨뜨리고 새로운 가치-비용의 경계를 개척했다.

경쟁자와 다른 점을 내세우려고 차별화를 추구하는 조직은 무엇을 더 많이 제공할 것인가에 집중하는 경향이 있다. 반면에 비용우위를 추구하는 조직은 무엇을 더 적게 제공할 것인가에 집중하는 경향이 있다. 이 두 가지 모두 상당히 많은 조직들이 지금도 하고 있는 전략적 선택이다. 그러나 이는 산업의 생산성 경계로 둘러싸인 레드오션에서 헤어나지 못하게 하는 선택이기도 하다. 블루오션 전략가들은 구매자에게 훨씬 더 많은 가치를 제공하고 가치-비용의 상충관계를 깨뜨리기 위해 무엇을 창조하고 늘릴 것인가만큼이나 무엇을 제거하고 줄일 것인가에도 집중한다. 블루오션 전략가들이 차별화와 저비용을 동시에 추구하자 사람들은 엄지손가락을 치켜세우고 웹사이트에서 최고

등급을 표시하는 식으로 열광했고, 이 조직들은 새로운 고객뿐만 아니라 아무리 찬사를 쏟아내도 부족한 열혈 팬까지 확보하면서 경쟁자들을 뛰어넘었다.

당신의 시야를
확장하라

블루오션 전략가들의 관점을 받아들이는 것은 밤하늘에 떠 있는 하나의 별자리만을 바라봐오다가 광활한 우주로 시선을 돌리는 것과 같은 일이다. 좁은 시야에서 벗어나 새로운 기회로 사고를 전환하는 것이다. 당신은 이러한 관점을 가지고 산업 구조에 문제를 제기하고, 산업의 논리에서 벗어나 비고객을 바라보고, 차별화와 저비용을 동시에 달성하는 전략을 만드는 올바른 방향으로 나아갈 것이다. 레드오션 전략가처럼 생각해서는 블루오션 창출을 기대할 수 없다.

이제 다음 장으로 넘어갈 차례가 되었다. 다음 장에서는 블루오션 시프트 과정에 어떻게 인간다움이 체계적으로 자리를 잡는지, 이것이 어떻게 사람들의 자신감을 고취시킴으로써 자발적으로 변화의 과정을 추진해가는지 설명할 것이다. 또 이 과정에서 사람들의 창의적 역량이 어떻게 발현되는지와 각 단계에서 당신이 무엇을 기대할 수 있는지도 살펴볼 것이다.

제4장

인간다움과 자신감
그리고 창의적 역량

모든 사람에게는 역설적인 면이 있다. 변화를 추구하면서도 안정을 원한다. 세상을 더 나은 곳으로 바꾸고 싶어서 열정이 샘솟고 심장이 더 빨리 뛰며 아드레날린이 분출된다. 그와 동시에 어떤 일을 제대로 실행하지 못할까봐 두려워하며 안정을 추구하기도 한다.

제아무리 강인하고 자신감이 있고 세련되어 보이는 사람이라도 누구나 마음속에는 약한 구석이 하나쯤 존재한다. 어떤 사람을 창업가나 전문 경영인, 정부 관료, 직장인이 아니라 한 인간으로서 생각할 때 우리는 그가 놀라울 정도로 상처받기 쉬운 사람이라는 사실을 깨달을 수 있다. 사람들은 비난받는 것을 싫어하고, 웃음거리가 되는 것을 꺼리며, 무언가를 모른다는 것을 드러내고 싶어 하지 않는다. 조직 내부 사람들에게 마음을 열고 관계를 위해 상당한 노력을 기울이면서도 지위, 존경, 안정, 권력을 잃어버릴까 봐 자주 두려워하기도 한다. 그래서 미래에 존재할지도 모를 어떤 것이 아니라 현재 존재하는 것에 집착하게 된다. 이는 모든 구성원 중에서 최고의 자리에 있는, 그래서 종종 자아가 가장 불안정한 사람에게도 적용된다.

이는 모든 사람에게 통용되는 논리다. 그러나 이것은 우리를 나약하게 만드는 것이 아니라 인간답게 만든다. 이러한 인간의 기본 특성을 중요하게 여기지 않거나 놓치게 되면 조직을 아무리 창의적이고 혁신적으로 바꾸려고 해도 실패할 확률이 높다. 우리가 연구한 결과, 실패한 조직의 사람들은 변화의 과정에서 우리가 '인간다움'humanness이라 부르는 것을 제대로 인식하지도, 그것을 변화 과정에 반영하지도 않았다. 블루오션 시프트를 생각하고 추진하기 위해서는 반드시 인간다움에 대해 생각해야 한다.

인간다움은 전략경영 과정에서 사람의 심리를 이해할 수 있도록 하여, 블루오션 시프트를 추진하는 모든 과정에서 사람들에게 참여하고자 하는 의욕이 생기도록 만든다. 심지어는 주저하거나 서로 신뢰하지 않거나 이러한 변화를 위한 여정에서 자기 능력에 확신이 들지 더라도 말이다. 우리는 온전한 사람으로서 이해와 인정을 받는다고 느낄 때, 똑똑하거나 용감하거나 완벽하기 때문이 아니라 부족하고 불안정함에도 우리가 무언가를 기여할 수 있고 변화를 가져오기를 원하기 때문에 존중받는다는 생각이 들 때, 스스로 가치 있다고 느끼게 된다. 사람들은 우리 안에 느껴지는 신뢰를 지키려는 열망으로 달아올라 성공하기 위해 더 많은 노력을 기울이게 된다.

간단히 말해 인간다움은 우리의 감정적인 연대감을 형성하고, 실행을 위한 자신감을 이끌어낸다. 그래서 느껴지는 안정감과 편안함이 우리로 하여금 알고 있는 것을 뛰어넘게 하고 아직은 알려지지 않은 것을 탐험하게 해준다. 인간다움은 조직과 우리 자신이 제대로 활용하지 못하고 있는 풍부하고도 강력한 호기심과 창조성을 활용하도록 자극한다. 그리고 이는 산업의 경계를 재구성하고 다시 그려보는 데 중요한 역할을 한다.

인간다움과
창의적 역량

인간다움이 실행을 위한 자신감을 이끌어내기 위한 것이라면, 시장 창출 도구와 이를 활용하는 방법에 대한 명확한 가이드는 우리의 창의적 역량을 만들어내는 것이다. 이는 블루오션 시프트를 추진하는 데 필요한 일들을 이해할 수 있도록 돕는다.

건강한 몸을 만드는 목표에 대해 생각해보자. 올바른 사고방식을 가졌다면 당신은 부엌에서 나와서 헬스장으로 향할 것이다. 실천할 수 있다는 자신감이 있다면 실제로 자동차를 몰고 헬스장으로 가 운동하고자 하는 마음이 생긴다. 그러나 건강한 몸을 만들려면 구체적으로 무엇을 어떻게 해야 하는지 알아야 한다. 헬스장에 얼마나 자주 가야 하는가? 스트레칭은 어떻게 해야 하는가? 몇 킬로그램짜리 운동기구로 순서를 어떻게 해서 몇 차례나 반복해야 하는가? 유산소 운동과 무산소 운동은 어떻게 안배하고 식단은 어떻게 짜야 하는가? 이러한 지식 없이는 체력, 회복력, 유연성을 제대로 기르지 못할 것이다.

블루오션 시프트도 마찬가지다. 바로 창의적인 프레임워크와 이용 가능한 도구에 기반을 둔 체계적인 과정이 시장 창출 전략을 도출하는 힘이 된다. 이 도구와 프레임워크가 시장을 창출하고, 또 재창출하는 데 필요한 구체적인 내용을 알려준다. 그리고 당신의 야망을 우리가 말하는 **창의적 역량**creative competence으로 바꾸고, 시장의 경계를 당신에게 유리하도록 재구성할 수 있게 도와준다.

실행할 수 있다는 자신감과 창의적 역량이 만나면 구체적인 성과를 얻을 수 있다. 변화가 당신의 목표라면 이 둘 중 하나만으로 충분하다는 말은 적절하지 않다. 블루오션 시프트를 할 수 있는 자신감은 있다는데 그곳에 도달할 방법에 대한 지식이 없는 조직은 도박꾼과도 같다. 이러한 조직에는 방향이 어긋난 노력 그리고 실패로 그친 시도만이 가득할 것이다. 반대로 블루오션으로 나아가기 위해 할 수 있는 것과 해야 하는 것을 모두 알지만 실행할 수 있다는 자신감이 결여된 조직이라면 절대 목표를 달성하지 못할 것이다. 자, 이제 이 두 가지 요소가 어떻게 블루오션 시프트 과정으로 나아가는지 살펴보자.

인간다움은
어떻게 자리를 잡는가

블루오션 시프트 과정에는 실행할 수 있다는 자신감을 고양하기 위해 인간다움의 다양한 측면에 초점을 맞춘 세 가지 요소가 자리를 잡는다. 바로 세분화, 직접적인 발견, 공정한 절차다. 이 세 가지를 하나씩 살펴보자.

세분화

블루오션 시프트를 추진하는 것은 시장에 큰 변화를 가져오는 접근 방식을 의미한다. 그러나 조직 내에서는 이런 식으로 여겨지지 않도록 조심스럽게 설계해야 한다. 블루오션 시프트 과정은 목표가 거창하고 새로운 것이어서 조직 구성원들이 여기 압도될 수 있기 때문이다. "우리한테 기존 시장을 뛰어넘어 미래를 계획하라구요? 우리가 다르게 생각하고 산업의 경계를 새로 형성하기를 기대합니까? 우리가, … 내가 그것을 할 수 있다고 생각합니까?" 사람들은 대개 반사적으로 회의적인 반응을 보인다. 자연스러운 현상이다.

어떻게 해야 구성원들이 블루오션 시프트를 추진하게 만들 수 있을까? 억지로 그렇게 하지 말라. 한꺼번에 커다란 변화를 일으키려고 하지 말라. 사람들이 자신감을 가지고 조금씩 앞으로 나아갈 수 있도록 과제를 작고 구체적인 단계로 쪼개야 한다. 예를 들어 산업의 경쟁 요인을 확인하라고 했다고 하자. 혹은 업계의 단순성을 방해하는 가장 큰 장애물을 지적하라거나, 당신 조직의 제품·서비스로부터 혜택을 받을 수 있지만 구매하지 않는 구매자 집단을 조사하라고 했다고 해보자. 이런 식으로 실행의 프레임을 제시하면 우리 사고의 범위를 확장시키면서도 부담스럽지 않은 정도로 각 단계를 진행할 수 있다. 그리고 실행하기 너무 어렵지도 않다. 그러나 이 작은 단계들이 모두 쌓이면 결국 블루오션 시프트를 이루게 된다.

이것을 아인슈타인의 통찰에 따라 세분화_{atomization}(직역하면 '원자화'지만 가장 작은 단위로 쪼개 단순하고 구체적으로 만드는 것이기에 이해를 돕기 위해 '세분화'로 번역한다.—옮긴이)라고 부르기로 한다. 어떠한 과제를 가장 기본이 되는 요소로 잘게 쪼개고, 이를 한 번에 하나씩 해결하는 데 집중하면 엄청나게 큰 과제도 압도적인 것이 아니라 해결 가능한 것으로 바뀐다.[1] 각 단계를 추진하는 것이 가능하다고 여겨지면 새로운 시장을 창출하는 것 또한 가능하다는 구체적인 증거가 쌓인다. 그러면 사람들은 한때 너무 커서 위압적으로 느껴졌던 목표가 실제로는 자신의 손이 미치는 곳에 있다는 사실을 인정하게 된다. 스스로의 창의적 역량이 확장되는 것을 깨닫게 되면 두려움은 사라지고 그곳에 자신감과 자부심이 조용히 자리 잡기 시작한다.

직접적인 발견

무엇이 가능하고 우리는 무엇을 할 수 있는가에 대한 생각은 우리가 직면한 과제의 규모뿐 아니라, 과거에 대한 인식과 경험에 의해 결정된다. 조직 내에서 우리 대부분이 옳다고 생각하는 것은 사실 경쟁이 치열한 레드오션이다. 이것은 우리에게 지적·감정적 안전지대를 제공한다. 그래서 그렇게 해서는 안 된다는 것을 알면서도 대개 기존의 생각을 고수하려고 한다. 새로운 사람이 나타나 일을 어떻게 해야 하는지 보여줄 때마다, 조직이 기존에 갖고 있던 전략적 관점을 공고하게 만드는 결과만을 낳는다.

기존 전략을 어떻게 변화시켜야 할지를 물으며 사람들이 기본적으로 지닌 세계관에 문제를 제기하는 것은 이러한 자연스러운 경향과 배치된다. 그러나 **자연스러운** 것이 **필연적**이라는 의미는 아니다. 현재 상황을 옹호하고 그 속에서 적응하려고 현실에 굴복하는 것이 조직의 기본 행위라면, 리더는 무엇을 할 수 있을까?

그래서 사람들이 변화의 필요성을 남에게서 듣지 않고 스스로 발견할 수 있도록 여건을 조성해야 한다. 블루오션 시프트의 과정은 이를 두 가지 방법으로 달성한다. 첫째, 사람들에게 미리 정해진 결론을 제공하지 않는다. 대신 스스로 답에 도달할 수 있게 해주는 도구를 각 단계마다 제공한다. 이러한 도구로 사람들은 새로운 방법으로 생각하는 법을 깨닫고 블루오션 시프트를 추진하기 위한 필요성(혹은 불필요성)을 스스로 발견할 수 있게 된다. 미리 정해진 결론이 없는 상태여야 사람들은 누군가에게 조종되고 있다고 생각하지 않고 그 과정을 통해 스스로 결론을 찾게 된다. 그리고 결과에 대한 주인의식이 커지는 것과 동시에 창의성이 높아지고 무엇이 중요한지 좀 더 잘 이해할 수 있게 된다.

둘째, 이 과정은 사람들이 보고 경험하는 것을 변화시킨다. 스스로 목격한 것이므로 옳다고 생각하는 것에 마음을 열고 또 이해하게 된다.[2] 이 과정은 통찰력을 달라고 기도하거나 혹은 누군가가 가져올 것이라고 가정하거나, 제3자에게 시장조사를 의뢰하는 대신, 당신과 당신의 팀이 직접 시장과 대면할 수 있게 한다. 고객, 비고객과 함께 대화하기 위해 구매자처럼 행동하고 그들처럼 제품과 서비스를 경험하기 위해, 항상 그곳에 존재해왔지만 이전까지 보지 못했던 구매자의 불편함을 느끼기 위해, 대체 산업과 다른 사람들의 행동을 관찰하기 위해 (간단히 말해서 본능적인 통찰을 얻기 위해) 사무실에서 나와 현장으로 가도록 만든다. 사람들은 이러한 과정 속에서 변화의 필요성과 어떻게 하면 블루오션 시프트를 이루어낼 수 있을까에 대한 감을 잡기 시작한다.

보는 것이 믿는 것이다. 이 과정을 통해 '나는 모른다'라는 식의 불안하고도 상당히 취약한 사고방식에서 '나는 안다'라는 차분하고도 자신감 있는 사고방식으로 옮겨간다. 문서로 보고 받았거나 제3의 포커스그룹focus group(시장조사나 여론조사를 위해 각 계층을 대표해서 뽑은 소수의 사람들로 이뤄진 그룹―옮긴이)으로부터 이야기를 들어서가 아니라 스스로 현장을 보고 경험했기 때문에 깨닫고 생각하기 시작하는 것이다. '우리가 왜 예전에는 그것을 보지 못했을까? 너무나도 명백한 것인데!' 아무리 고집 센 사람이라도 이전까지는 주의를 기울이지 않았거나 비정상적인 것이라고 치부하던 패턴을 드디어 보기 시작한다. 점차 자신감이 생기고, 낙관주의가 자리 잡기 시작하며 사람들의 창의성이 올라간다.

공정한 절차

인간다움의 세 번째 요소는 공정한 절차다. 이것은 인간으로서 우리가 누구인가에 대한 기본적인 바탕에 관한 것이다. 이는 신뢰라는 선물을 제공하고 편안한 마음을 갖게 하며, 헌신을 불러일으키고 자발적으로 협력하도록 만든다.

공정한 절차란 무엇인가? 이것은 참여, 설명, 명확한 기대라는 세 가지 원칙으로 요약된다.[3] 이 세 가지 원칙의 중요성은 아무리 강조해도 지나치지 않다. 블루오션 시프트 전 과정의 기반이 되는 원칙이기 때문이다.

참여engagement는 사람들에게 의견을 묻고 다른 사람의 생각에 반론을 제기하는 등 자신에게 영향을 미치는 전략적 결정에 적극적으로 참여하도록 하는 것을 의미한다. 참여를 이끌어내려면 관리자는 사람들과 그들의 생각을 존중하면서 소통해야 한다. 참여는 공동의 지혜를 만들어낸다. 이런 식으로 참여할 수 있게 하면 더 나은 결정을 내리고 이를 실행하는 사람들에게서 더 많은 헌신을 이끌어낼 수 있다.

설명explanation은 각 단계에서 도출되는 과정과 전략적 결정을 내린 이유에 대한 생각에 분명한 해설을 제공하는 것을 의미한다. 설명은 사람들에게 그들의 의견이 반영되고 있고, 회사 전체의 이익을 염두에 두고 결정이 내려지고 있다는 확신을 갖게 한다. 이는 (비록 그들의 생각이 거부되더라도) 관리자의 의도를 사람들이 신뢰하도록 만드는 역할을 한다.

마지막으로 **명확한 기대**clear expectation는 각 단계의 중간 과정에, 그리고 하나의 단계를 완료하고 다음 단계로 나아갈 때 사람들이 기대하는 것과 그들의 역할, 책임을 분명하게 나타내는 것을 말한다. 비록 이러한 기대에 많은 요구가 담겨 있다 해도 목표와 나아갈 방향 그리고 누가 무엇을 책임지고 있는지를 알고 있으면 마음이 편해지고 존중받는 다는 생각이 들게 한다.

우리가 말하는 기대란, 단지 블루오션 팀에 대한 기대가 아니라 조직 전체에 대한 기대를 의미한다. 이렇게 해야 블루오션 시프트에 영향을 받는 모든 사람이 과정에 참여하게 되고 뜻밖의 결과에도 놀라지 않는다. 리더가 팀원들을 상대로 공정한 절차를 행사하듯 팀원들은 그들의 관련부서들을(과정상에서 접하는 집단들을) 상대로 그렇게 풀어가야 한다. 즉 팀이 추구하는 과제에 그들을 참여시키고, 숨겨져 있는 과정을 설명하며, 다음에는 무엇이 올 것이고 왜 그런지에 대한 명확한 기대를 설정해야 한다. 지지를 얻고 싶다면 대부분의 조직이 '서프라이즈'를 좋지 않게 받아들인다는 사실을 기억해야 한다. 좋은 의도에서 놀라게 하는 것조차도 그 과정에서 상대방이 자기가 의심을 받고 있거나 하찮게 여겨지고 있다는 생각을 한다면 거부감을 줄 수 있다.[4]

공정한 절차의 효과는 매우 강력하다. 사람들이 개인으로서 얼마나 많은 가치가 있고 지적·감정적으로 인정받는지를 보여주는 소통의 수단이 되기 때문이다.[5] 자신의 가치를 인정받는다는 생각이 들면 정서적으로 안정되고 최선을 다하려는 진실된 의욕이 생긴다. 신뢰하고 헌신하며 자기 방어적인 자세에서 벗어나 마음을 열고 공유하려 한다. 또 새로운 것을 탐색하고, 아이디어가 어떻게 받아들여지건 최선의 아이디어를 내놓으려 노력한다. 조직에서 일해본 경험이 있는 사람이라면 이것이 얼마나 중요한지 잘 알 것이다.

공정한 절차에서 나오는 존중의 자세는 인간 정신의 핵심에 있는 무언가를 건드린다. 공정한 절차는 우리 내면을 변화시킨다. 사람들이 서로 듣고 배우고 상대방의 관점을 헤아리며 판단을 신중하게 할 수 있도록 돕고 신뢰를 형성하게 한다. 이런 것이 없다면 사람들은 겉과

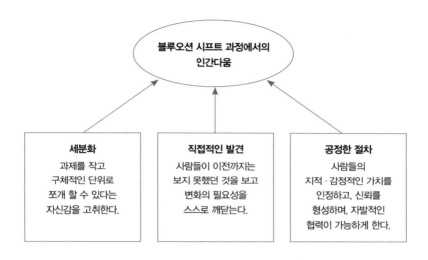

블루오션 시프트 과정에서의
인간다움

세분화
과제를 작고
구체적인 단위로
쪼개 할 수 있다는
자신감을 고취한다.

직접적인 발견
사람들이 이전까지는
보지 못했던 것을 보고
변화의 필요성을
스스로 깨닫는다.

공정한 절차
사람들의
지적·감정적인 가치를
인정하고, 신뢰를
형성하며, 자발적인
협력이 가능하게 한다.

속이 다른 행동을 한다. 존중받고 있지 않다고 느끼면 상처받은 기분이 들기 때문이다. 공정한 절차는 이러한 간극을 좁히기 위한 매우 중요한 시도를 하는 것이다. 변화가 쟁점이 될 때 공정한 절차는 특히 중요하다.

블루오션 시프트 과정에서 공정한 절차에 세분화와 직접적인 발견이 합쳐지면 인간다움, 즉 실행할 수 있다는 자신감이 생기고 강화된다. 실행은 더 이상 재고의 대상이 아니다. 오히려 실행은 블루오션 시프트 과정 자체에 대한 사람들의 지지를 얻어냄으로써 자리잡게 된다. 이러한 지지는 의사결정의 결과가 사람들의 처음 기대와 달라지더라도 오래 지속되는 특징이 있다. 우리는 설령 다른 기대를 품고 있더라도, 일이란 항상 우리가 원하는 대로 되는 것은 아니며 단기적으로 개인을 희생하는 것이 때로는 성공으로 나아가고 조직의 생존을 도모하는 데 필요하다는 사실을 수용할 수 있게 된다. 그리고 이러한 수용은 바로 인본주의적인 과정이 존재하는가에 달려 있다.

〈그림 4-1〉은 인간다움이 어떻게 블루오션 시프트 과정에 자리 잡는가를 보여준다. 세 가지 요소가 어떻게 인간다움의 다양한 측면에 초점을 맞추고, 사람들에게 실행할 수 있다는 자신감을 키워 블루오션 시프트를 이루어내는가를 보여준다. 세분화는 과제를 쪼개 실천하기 쉽도록 해준다. 직접적인 발견은 사람들이 이전까지는 보지 못했던 것을 보고 변화의 필요성을 굳게 믿도록 한다. 공정한 절차는 사람들에게 스스로의 가치를 인정받는다는 생각을 갖게 해 자발적인 협력을 이끌어낸다.

전략에 대한 실행이 외부적으로 부과되거나 채찍과 당근으로 조종되지 않는 대신 이 세 가지 원칙에 따라 내부적으로 추진되면, 사람들은 블루오션 시프트를 이루어내기 위해 전략을 자발적으로 지지하고 행동에 옮긴다. 그러면 블루오션 시프트 과정에 대한 태도가 뚜렷하게 감지된다. 그것은 한마디로 말하면 이런 것이다. "우리는 시작한다."

블루오션 시프트의
다섯 단계

창업가 중에서 열에 아홉은 실패한다. 다른 세계에서는 이것이 놀라운 수치일지는 몰라도 어떤 이유에서건 창업가의 세계에서 이러한 수치가 오랫동안 당연한 듯 받아들여졌다. 그러나 우리는 이를 결코 당연하게 받아들일 수 없다. 블루오션 시프트 과정은 새로운 시장을 창출할 때 무작위성과 시행착오를 최소화하고, 과녁의 중심을 명중시킬 가능성을 최대화하는 다섯 가지 체계적인 단계로 구성되어 있다. 여기에는 조직의 창의적 역량을 강화하기 위해 검증된 시장 창출을 위한 도구와 틀이 사용된다. 이 도구와 틀의 목적은 차별화와 저비용을 동시에 달성해 새로운 가치-비용의 경계를 개척하는 것이다.

이제 블루오션 시프트를 위한 도구와 틀은 이 과정에서 어떤 역할을 하는지, 어떻게 실수와 잘못된 조치를 피할 수 있는지, 이러한 도구를 실제로 활용하는 방법은 무엇인지에 대해 설명할 것이다. 이 도구들은 시각적으로 나타낼 수 있는 것이어서 이해하고 적용하기 쉽다. 우리는 이러한 도구를 기업의 임원, 최전선에 배치된 직원, 시내의 자영업자들을 대상으로 적용해 똑같은 효과를 얻었다. 예술가, 정부 관료, 교육 종사자들도 블루오션을 열기 위해 이 도구를 사용했다. 고등학생과 종교기관도 마찬가지였다.

우리는 블루오션 시프트 과정을 거친 조직이라면 누구도 자신의 시장을(혹은 어떠한 시장이라도) 이전과 같은 방식으로 보고 이해하지는 않을 것이라고 감히 말하고 싶다. 이제부터 블루오션 시프트 과정의 순서와 각 단계에서 배우게 될 도구와 가이드를 소개한다.

제1단계:
시작한다

제1단계는 블루오션 과제를 시작하기에 적절한 곳을 선정하는 방법을 다룬다. 원하는 변화의 영역을 지나칠 정도로 야심차게 설정하는 대신 조직이 직면한 문제점을 해소할 수 있는, 가장 실현 가능한 영역에 집중할 수 있다. 이를 위해 우리는 **개척자-이주자-안주자 지도**pioneer-migrator-settler map(PMS지도)를 소개하고 당신이 블루오션의 여정에서 가장 많은 것을 얻을 만한 지역을 목적지로 삼도록 안내한다. 그리고 이 지도를 어떻게 적용하는지, 그 결과가 무엇을 보여주는지를 설명할 것이다. 또 블루오션 팀이 이러한 도구를 활용하면서 봉착하는 주요 함정을 확인하고 이를 피하는 방법도 설명한다.

원하는 변화의 범위를 정했다면 그다음 해야 할 일은 여정을 위한 최선의 팀을 구성하는 것이다. 팀원은 몇 명이어야 하는가? 어떤 기술을 지닌 사람들이 모여야 이상적인가? 기능별, 서열별로 어느 정도 사람들이 모여야 하는가? 팀원들은 블루오션 과정에 얼마나 많은 시간을 할애할 수 있는가? 이러한 구성이 팀원들의 정규 업무에 어떤 영향을 미칠 것인가? 당신이 영세 자영업자 혹은 CEO, 관리자, 제품 매니저, 정부 지도자라면 그에 따라 팀은 어떠한 모습이어야 하는가?

제2단계:
지금 당신이 어디에 있는지를 이해한다

제2단계에서는 블루오션 팀과 조직에 업계의 현황과 우리의 위치를 자연스럽게 일깨우는 방법을 다룬다. 이번 단계에서는 현재의 경쟁 상황을 그림으로 분명하게 표시하는 방법을 설명한다. 조직 전체가 전략의 현실을 인식하고 변화의 필요성에 동의하면 당신은 변화를 추진하기 위한 진정한 협력, 공동의 의지를 이끌어낼 수 있다.

이번 단계에서는 **전략 캔버스**strategy canvas라는 도구를 소개한다. 업계의 기업들이 경쟁하고 투자하는 모든 요소, 구매자가 얻는 것, 주요 참여자의 전략 프로파일을 전략 캔버스라는 하나의 그림으로 볼 수 있다. 이는 참여자들이 구매자를 바라보는 전략이 얼마나 비슷한지, 그들이 어떻게 산업을 레드오션으로 몰아가고 있는지 등을 보여준다. 전략 캔버스는 변화를 향한 기준선을 형성하고 공유한다는 점에서 중요하다. 이번 단계에서는 전략 캔버스를 그리는 방법, 전략 캔버스를 바탕으로 일할 때 기대할 수 있는 것, 완성된 전략 캔버스를 해석하는 방법, 이것의 전략적 의미에 대한 공동의 이해를 형성하는 방법, 도구를 적용할 때 도사린 함정과 이를 피하는 방법을 배울 수 있다. 이 단계의 진가는 일단 이 과정을 끝내면 블루오션 시프트가 필요하다는 말을 누구에게도 할 필요가 없다는 점이다. 오히려 사람들은 스스로 이러한 사실을 알아차리고 느끼게 될 것이다.

제3단계:
어디에 도달할 수 있는지를 상상해본다

제3단계에서는 현재 위치에서 목적 지점으로 블루오션 시프트를 추진하기 위해 **구매자 효용성 지도**buyer utility map를 도입한다. 이 분석 도구는 현재 혹은 목표로 하는 산업에서 구매자들이 경험하는 특정한 문제점과 위협점이 무엇인지 발견하도록 해준다. 더욱 중요한 것은 사람들이 아직 개척하지 않은 공간을 확인할 수 있게 해준다는 것이다. 그곳에는 가치가 숨겨져 있고, 누군가가 가치의 상자를 열어주기를 기다리고 있다.

블루오션 시프트 과정에서 문제점과 경계는 제약이 아니다. 전략이 전개되는 사업 현장을 바꾸기 위한 엄청난 기회(대부분은 보지 못하는 기회)를 제공한다. 이 단계에서는 구매자 효용성 지도를 어떻게 활용해야 하는지, 구매자의 경험 전체를 추적하고 평가하면서 무엇을 주의해야 하는지를 설명한다. 결과를 해석하고, 도구를 사용할 때 도사린 함정을 강조하고 이를 극복하는 방법을 이야기할 것이다. 제아무리 경쟁이 치열한 산업이라도 구매자 가치를 차단하고 제한시키는 방식을 이해하면 혁신적인 가치를 생산하는 새로운 길이 열린다. 사람들은 블루오션 기회가 거기에 있다는 믿음을 갖고, 이를 창출하는 데 필요한 것들을 확보하려고 한다. 조직이 가장 쉽게 달성할 수 있는 목표를 인식하면서 그에 대한 혜택을 입기 시작한다.

제3단계에서는 산업의 고객을 한정하는 편협한 인식에서 벗어나는 방법을 설명한다. 이를 위해 **비고객의 세 계층**three tiers of noncustomers을 소

✱ 삶을 바라보는 새로운 관점

상위 1% 사람들의 타고난 운명을 뛰어넘어 좋은 운을 만드는 비밀

"노력은 배신하지 않지만 운이 맞아야 성공한다!"

돈이 모이고, 사람이 따르고, 운이 풀리는 사주 경영의 지혜!

일 잘하는 사람보다 운 좋은 사람이 성공하는 이유는 뭘까? 왜 재능과 노력이 있는데도 인생이 원하는 대로 풀리지 않을까? 대기업 CEO, 임원, 청담동 자산가들이 찾는 명리전문가가 알려주는 운 경영법을 배워보자.

사주 경영학

김원 지음 | 값 16,000원

나는 오늘부터 달라지기로 결심했다

그레첸 루빈 지음 | 유혜인 옮김 | 값 14,800원

어제보다 나은 내일을 꿈꾸는 맞춤형 습관 수업!

전 세계 200만 독자를 열광시킨 《무조건 행복할 것》의 저자 그레첸 루빈이 자신에게 맞는 습관을 들여 인생을 진정으로 변화시킬 수 있는 방법을 제시한다. 각각의 성향에 따라 습관을 효율적으로 들이는 방법, 알면서도 고치기 힘들었던 나쁜 습관을 버리는 방법도 상세히 제시한다.

나는 단순하게 살기로 했다

사사키 후미오 지음 | 김윤경 옮김 | 값 13,800원

물건을 버리자 삶의 모든 것이 달라졌다!

물건을 줄일수록 남과 비교하지 않고 나답게 살게 된다. 가장 소중한 것이 무엇인지 깨닫게 된다. 넘쳐나는 물건과 정보에 둘러싸여 '현재'를 놓치고 사는 당신에게 이 책은 홀가분하고 여유로운 삶이 무엇인지 알려줄 것이다.

개할 것이다. 조직은 이러한 분석을 토대로 현재 업계가 이해하고 있는 범위를 벗어난 곳에 있는 전체 수요를 조망할 수 있다. 우리는 비고객의 세 계층을 당신의 상황에 적용하고 그 결과를 해석할 것이다. 그리고 이러한 분석적 프레임워크를 바탕으로 작업할 때 불거질 문제를 강조하고 이를 처리하는 최선의 방법을 보여줄 것이다. 이 단계에서는 이전까지 조직의 눈에 띄지 않았던 비고객을 발견해 잠재된 수요를 밝혀낼 것이다. 놀랍고 흥미롭게도, 때로는 유쾌하게도 모든 조직이 유치하기 위해 싸우고 있는 고객들이 실은 잠재된 전체 수요의 일부에 불과하다는 사실을 깨닫는다. 블루오션이라는 개념은 이제 더 이상 은유적인 표현이 아니다. 사람들은 이것의 잠재력을 보고 느끼고 정의하기 시작한다.

제4단계:
그곳에 도달하는 방법을 찾는다

제4단계에서는 전략이 펼쳐지는 현장을 조직이 재정의하여 상업적으로 매력적인 새로운 시장을 창출하는 방법을 배운다. 여기에서는 마구잡이 식 브레인스토밍 대신 시장의 경계를 재구성하고 시장을 창출하고 재창출하기 위한 체계적인 경로를 적용하는 방법을 알게 된다. 이번 단계에서 소개하는 **여섯 가지 경로 프레임워크**six paths framework라는 분석 도구는 블루오션 창출을 위한 구조를 알기 쉽게 제공한다. 이러한 경로들은 시장을 새롭게 바라보고 다른 사람이 보지 못한 것을 보는 방법을 제시한다. 이번 단계에서 시장의 경계를 재정의하고 다시 생각하며 이동하는 데 필요한 통찰을 얻는 도구로서, 각각의 경로를 탐색하는 방법을 배울 것이다. 이러한 통찰을 얻기 위해 현장에서 누구와 면담하고, 누구를 관찰해야 하는가? 찾아낸 것을 어떻게 기록하고 종합해야 하는가? 시장의 경계를 재구성하기 위한 경로에 도사리고 있는 함정을 확인하고 피하는 방법은 무엇인가? 그 결과, 업계에서 집중하는 문제를 재구성하고 재정의하며, 새로운 문제를 인식하고 해결하며 새로운 기회를 포착하고, 산업의 기존 문제에 대한 획기적인 해결 방안을 창출하는 실질적인 방법이 무엇인지에 대한 직접적인 통찰을 얻는다.

제4단계에서는 이러한 통찰을 이해하고 이들을 전략으로 구성해 제시하는 방법 또한 제공한다. 이를 위해 우리는 **네 가지 액션 프레임워크**four actions framework를 도입한다. 이것은 블루오션 팀이 잠재적으로 실행 가능한 여섯 가지의 블루오션 전략적 움직임blue ocean strategic move을 구성하기 위해 무엇을 제거하고, 감소시키고, 증가시키고, 창출할 수 있는가에 집중하게 한다. 이러한 도구가 강력한 이유는 모든 사람에게 차별화와 저비용을 동시에 추구하기 위한 자신의 생각을 밀어붙이도록 만들어주기 때문이다. 그리고 이렇게 하는 것이 결국 가치와 비용의 상충관계를 깨뜨리고 블루오션을 창출하는 것이다.

제5단계:
실행한다

제5단계에서는 어떤 블루오션적인 행동을 할 것인지에 대해 의사결정을 하는 **블루오션 품평회**blue ocean fair를 진행한다. 품평회는 의사결정 과정에서 사내정치를 없애고, 전략 선택에 대한 타당성과 피드백을 얻고, 선택된 전략적 움직임에 대한 사람들의 헌신과 지원을 강화하도록 설계된다. 이번 단계는 누가 참석할 것이고 무엇을 발표할 것이며 어떻게 발표를 진행하고 참석자들이 각각의 전략적 움직임에 대한 장단점을 어떻게 표결할 것인가와 같은 내용을 다룬다. 또 여기에서는 사람들이 각기 자신의 의견이나 추론을 표현할 때 어떻게 이를 조율할 것인가 하는 문제와 함께, 궁극적으로는 최고경영자가 앞으로 나아가기 위해 어떤 방안을 선택할 것인가를 설명한다.

결과적으로 선택된 전략적 움직임을 효과적이고도 효율적으로 실행하는 것에 관한 주요 이해관계자들의 통찰력 있는 의견이 반영된다. 품평회 이후, 시제품을 가지고 시장의 반응을 신속히 테스트해보면서 필요에 따라 아이디어를 수정하고 보완해나간다.

또 제5단계에서는 블루오션 움직임에 착수하는 방법을 자세히 설명한다. 여기서는 구매자에게는 훨씬 더 많은 가치를 제공하면서 당신에게 견실하고도 수익성이 좋은 성장을 제공할 큰 그림의 사업 모델을 공식화하는 방법을 보여준다. 비영리기관이라면 같은 방법으로 대의에 사용되는 기부금을 크게 늘리는 조치를 취할 수 있다. 새로운 블루오션 움직임을 효과적으로 진행하는 방법, 무엇을 하고 무엇을 하지 말아야 할지 결정을 안내하는 전략 캔버스의 사용법을 배울 것이다. 그 결과, 조직은 실행에서 진실성을 갖게 된다. 또 이번 단계에서는 출시 과정에서 새로운 시장의 규모, 즉 성공 가능성을 극대화하기 위해 블루오션 접근 방식을 인정하고 조율하며 더욱 정교하게 만드는 방법을 제시한다.

블루오션 시프트 과정이
확실한 효력을 발휘하게 만드는 방법

〈그림 4-2〉로 블루오션 시프트 과정을 조망해보자. 블루오션 시프트 과정은 감성과 지성의 조화, 인간다움, 자신감, 창의적 역량이 조화를 이루는 과정이다. 감성과 지성의 조화를 이루면 사람들은 움직인다. **블루오션 시프트 과정의 진가는 다섯 단계 각각마다 분석 도구와 가이드가 있고, 각각이 고유한 가치를 지닌다는 것이다.** 이 내용이 중요한 까닭은 다섯 단계가 블루오션 시프트를 추진하기 위한 전체 과정을 구성하지만, 모든 조직이 같은 출발선상에 있는 것은 아니기 때문이다. 예를 들어 당신의 기업은 과거에 시장 선도자였고 지금도 여전히 많은 수익을 얻지만 현재는 경쟁 기업이 빠르게 추격해 오는 상황일 수 있다. 구매자들은 당신의 기업이 제공하는 것이 이제 더 이상 뛰어나지 않다고 평가함에도 경영진은 이를 인정하지 않는다. 당신 또한 블루오션 시프트를 추진하기 위한 전체 과정을 헤쳐나갈 준비가 되어 있지 않을 수도 있다. 하지만 당신은 조직이 위기에 임박했다는 사실

을 알릴 필요가 있다는 것을 인지하고, 이러한 경고가 벽에 부딪혀 사라지는 것을 원하지 않는다. 이런 상황이라면 무엇을 해야 할까? 이럴 때라면 제2단계로 가서 전략 캔버스라는 분석 도구를 사용해보라. 전략 캔버스는 착각과 부정에 사로잡힌 사람들에게 현실에 기반한 이야기를 할 수 있게 하는 매우 효과적인 도구다.

혹은 당신의 조직이 다른 조직과는 분명히 다른 것을 제공하고 있지만, 산업의 규모가 작아 이 규모가 커지기를 갈망한다고 하자. 이럴 경우 기존 고객을 놓고 경쟁하면 마진이 감소한다. 그럼에도 당신은 이 산업의 비고객이 누구인지 잘 모른다. 이럴 때는 당신이 접근할 수 있는 잠재 수요에 대한 통찰을 얻기 위해 제3단계인 비고객의 세 계층이라는 분석의 틀을 먼저 적용하라.

당신은 언젠가는 새로운 시장을 창출할 사업 아이디어를 생각해내리라는 희망에서 마구잡이 식의 신규 사업 아이디어를 A/B테스팅A/B testing(두 가지 이상의 시안 중 최적의 안을 선정하기 위해 시험하는 방법 — 옮긴이)하는 데 신물이 나는가? 혹은 창의적인 경로가 막혀 있다고 느끼는가? 둘 중 한 경우에 해당한다면 제4단계로 가서 상업적으로 매력적인 새로운 시장을 창출하기 위한 여섯 가지 경로 프레임워크를 사용하는 방법을 배우도록 하라.

개인에 적용되는 세분화의 원칙은 조직에도 마찬가지로 적용된다. 우리는 오늘날 대부분의 조직이 레드오션에서 빠져나와 블루오션을 창출하려고 하지만, 이들 중 대다수가 아직은 완전한 여정을 떠날 준비가 되어 있지 않다는 것을 확인했다. **바로 이것이 우리가 세분화된 과정을 설계한 이유다. 모든 조직은 출발과 함께 자신에게 필요한 단**

제1단계: 시작한다
- 블루오션 추진 과제를 시작하기에 적절한 곳을 선정한다: *개척자—이주자—안주자 지도*(PMS 지도)
- 블루오션 추진 과제를 위한 적절한 팀을 구성한다.

제2단계: 지금 당신이 어디에 있는지를 이해한다
- 조직 전체의 현재 상황을 보여주는 하나의 단순한 그림을 그린다: *전략 캔버스*
- 블루오션 시프트의 필요성을 보고 이에 기꺼이 동의한다.

제3단계: 어디에 도달할 수 있는지를 상상해본다
- 산업이 구매자에게 부과하는 문제점을 발견한다: *구매자 효용성 지도*
- 가능한 전체 수요 전망을 확인한다: *비고객의 세 계층*

제4단계: 그곳에 도달하는 방법을 찾는다
- 시장의 경계를 재구성하기 위한 체계적인 경로를 적용한다: *여섯 가지 경로 프레임워크*
- 차별화와 저비용을 동시에 달성하는 전략 대안을 개발한다: *네 가지 액션 프레임워크*

제5단계: 실행한다
- 블루오션 품평회에서 전략적 움직임을 선택하고, 시장성 테스트를 신속하게 실시하며, 정교하게 이러한 행동을 진행한다.
- 구매자와 당신 모두에게 승리를 가져다주는 큰 그림의 사업 모델을 공식화해 블루오션적인 전략적 움직임을 완성한다.
- 행동을 시작한다.

참고: 이탤릭체로 표시된 것은 각 단계에서 사용되는 분석 도구를 의미한다.

계를 적용해 가치를 얻을 수 있다. 다시 말해서 이 과정을 다하든가 아니면 아예 안 하거나, 양자택일할 필요가 없다는 뜻이다.

앞서 설명했듯 조직은 현재의 요구를 가장 잘 해결할 수 있는 한 단계에 집중하여 이를 독립적으로 적용할 수 있다. 레드오션에서 블루오션으로 넘어가는 것에 대한 통찰은 각 단계에서 얻을 수 있다. 이러한 단계가 별도로 진행되든 전체 과정의 일부로 진행되든 상관없이 말이다. 우리는 앞으로 다루게 될 장에서 각 단계를 설명하면서, 각 단계의 독립적인 가치를 분명하게 보여줄 것이다. 모든 조직은 이러한 방식으로 자신이 누구인지, 자신이 무엇을 할 준비가 되어 있는지에 근거해 항해를 시작할 수 있다. 이러한 각각의 단계에 인간다움을 이루는 세 가지 요소가 스며들어 있다는 점이 중요하다. 그래서 단계를 거쳐갈수록 조직의 창의적 역량은 확장되고 강한 자신감이 형성된다. 블루오션 시프트 과정의 각 단계에서 사람들을 동원하는 방식은 이런 식으로 자리 잡게 된다.

지금까지 블루오션 시프트 과정과 각 단계가 어떻게 자신감과 창의적 역량을 동시에 형성하는지 이해했다면, 이제 출발하자. 다음 장에서는 블루오션 과제를 시작하기에 적절한 곳을 선정하는 방법을 보여주는 제1단계를 다룰 것이다.

제2부

블루오션 시프트를
추진하기 위한 다섯 단계

BLUE OCEAN SHIFT

제1단계

시작한다

제5장

시작하기에
적절한 곳을 선정한다

어디서부터 시작해야 하는가? 블루오션 전략을 추진하는 출발점에는 항상 이런 질문이 나온다. 이 질문에 대한 답은 과제를 자세히 살펴보는 것에서부터 시작한다는 것이다. 앞으로 어떤 사업을, 어떤 제품·서비스를 다룰 것인가를 계획한다는 의미다.

신생 기업이나 하나의 제품·서비스를 제공하는 조직이라면 적절하게 범위를 한정하는 것은 간단한 일이다. 레드오션이 아닌 블루오션에서 시작하려면 신생 기업은 자신이 생산해 제공하는 제품·서비스에만 집중하면 된다. 레스토랑이나 배관 업체, 치과 같은 집중형 조직과 소규모 자영업자들은 기존에 제공하고 있던 것에서 출발하면 된다.

그러나 다양한 제품·서비스를 제공하는 조직의 경우, 적절한 범위를 선택하는 것이 결코 간단한 일이 아니다. GE, IBM, 프록터앤갬블 Procter & Gamble, P&G처럼 다양한 사업을 하고 그 종류가 상당히 많은 기업을 생각해보라. 대기업에 소속된 한 사업부만 해도 엄청 다양한 제품을 다룬다. 필립스의 생활가전 사업부는 전기면도기부터 전기칫솔, 치간세정기, 헤어드라이어, 헤어아이론, 여성용 전기제모기에 이르기까지 다양한 제품을 생산한다.

우리는 이러한 조직이 블루오션 전략의 추진 범위를 정하는 데 도움을 주기 위해, 개척자-이주자-안주자 지도(PMS 지도)라는 단순하면서도 강력한 도구를 만들었다. 이것은 하나의 단순한 그림으로 당신의 현재 사업 혹은 제품·서비스의 포트폴리오를 평가하고 현재의 성과 그 너머를 바라보도록 해준다. 이 도구를 통해 현재 조직에 있는 가치혁신의 파이프라인이 무엇인지 혹은 왜 이것이 결여되어 있는지를 파악할 수 있다. 그리고 포트폴리오에서 기대되는 성장은 어느 정도인지 분명히 확인할 수 있을 것이다.

이번 장에서는 조직의 PMS 지도를 그리는 방법을 다룰 것이다. 우리는 블루오션 전략 추진에 있어 적절한 범위를 설정하기 위해 이 지도를 사용하는 방법을 보여줄 것이다. 또 직접 지도를 만들고 활용하는 과정에서 블루오션 전략을 추진하는 사람들의 자신감이 어떻게 형성되고 그들의 지지를 어떻게 이끌어내는지 이야기할 것이다. 그리고 전략 추진에 있어 빠지기 쉬운—특히 성공 경험이 있는 조직에게 문제가 될 수 있는—함정을 어떻게 피할 수 있는지 보여줄 것이다.

내일을 내다보기 위해
오늘의 지도를 그린다

일반적으로 경영자들은 조직이 제공하는 제품·서비스 포트폴리오의 강점을 평가하기 위해 시장점유율과 산업 매력도Industry attractiveness라는 두 가지 지표를 사용한다. 시장이 매력적일수록 또는 시장점유율이 클수록 해당 기업은 더 좋은 상태이고, 따라서 변화를 추구할 필요가 적어진다는 식의 사고이다(바로 여기서 전략에 대한 중요한 논점이 있다).

정말 그럴까?

시장점유율은 중요하다. 그리고 대부분의 조직은 시장점유율을 높이기를 원한다. 그러나 시장점유율은 미래가 아닌 과거의 성과를 반영하는 지행 지표lagging indicator다. 예를 들어 코닥은 디지털 필름 산업이 시작된 바로 그 시점에 사진용 필름 산업에서 시장을 선도하고 있었다. 코닥의 시장점유율은 엄청나게 높았지만 전략적 취약성도 컸다. 아이폰을 출시했을 때 스마트폰 시장에서 애플의 시장점유율은 매우 낮았다. 블랙베리가 시장을 선도하고 있었다. 그러나 그 후에 무슨 일이 일어났는지 우리 모두가 잘 안다. 애플의 시장점유율이 낮았던 것은 산업에 진입한 지 얼마 되지 않았기 때문이다. 시장점유율로 미래의 성공을 가늠할 수 없다. 마찬가지로 블랙베리의 시장점유율이 높은 것은 산업에 진입한 지 오래되었기 때문이고, 이것이 이 회사의 전략적 취약성을 눈치채지 못하게 했다.

산업 매력도에 대해서도 마찬가지 주장이 가능하다. 예를 들어 오늘날 매력적인 산업이라고 해서 수많은 조직이 진입해 수많은 자원을 투입한다면 얼마 지나지 않아 이 산업의 매력도는 떨어질 것이다.

PMS 지도를 활용하면 이런 문제를 피할 수 있다. (범위 설정의 지표를) 시장점유율과 산업 매력도가 아니라 '가치'와 '혁신'으로 대체하는 것이다. 가치는 (시장점유율 같은) 명성에 의존하지 않고 구매자에게 현재 제공하는 제품·서비스의 가치에만 근거해 사업을 평가할 수 있게 한다. 당신이 이전에 제공했던 가치가 현재의 시장점유율을 결정한다면 지금 당신이 제공하는 가치는 구매자를 행동하게 만들고, 다시 그것이 미래 성장을 결정한다.

한편 혁신은 기존의 산업 여건을 극복하게 만든다는 점에서 중요하다. 기업은 혁신 없이 경쟁력만 증진하면 된다는 함정에 빠지기 쉽다. 하지만 혁신이 있다면 쇠퇴하고 있던 산업에서조차 수익성 높은 성장 시장으로 이동할 수 있다. 액티프라이가 취했던 전략적 움직임을 떠올려보라. 액티프라이는 매년 10퍼센트씩 가치가 떨어지던 가정용 전기 튀김조리기 산업에서 높은 성장과 이윤을 얻을 수 있는 새로운 시장으로 이동할 수 있었다. 또 시티즌M 호텔을 생각해보라. 그들은 수익이 낮고 정체하고 있던 중급 호텔 산업에서 고성장·고수익을 거두면서도 저렴한 가격대의 고급 호텔이라는 새로운 시장으로 이동했다. 결국 산업이라는 것은 우리가 만들어가는 것이다. 흥미진진한 일을 추진하고 혁신을 실천하면 당신이 속한 산업과 당신의 사업은 활기를 띨 것이다. 여태 해왔던 것을 그대로, 더 많이 하면 산업 매력도만 더 떨어질 뿐이다.

구매자들에게 얼마나 혁신적인 가치를 제공하는가를 기준으로 제품·서비스를 평가하면 포트폴리오가 전략적으로 얼마나 취약한지 혹은 얼마나 건전한지를 알게 된다. 구체적으로는 당신의 사업 또는 제품·서비스에서 모방적인 가치만 전하는 '모방 상품'me-too은 무엇인가? 경쟁자보다 아주 조금 더 낫기 때문에 결국에는 개선된 가치만을 전하는 것은 무엇인가? 구매자들에게 훨씬 더 많은 가치를 제공하며 가치 혁신을 이룬 것은 무엇인가? 이제 개척자, 이주자, 안주자라는 세가지 부분으로 나눠 알아보자.

- **개척자**는 가치 혁신에 해당하는 사업, 제품·서비스를 말한다. 이들에게는 고객이 아니라 팬이 있다. 이들은 새로운 가치-비용의 경계를 여는 엄청난 가치를 제공한다. 그리고 당신의 포트폴리오를 새롭게 하기 위한 열쇠이기도 하다. 이들의 전략은 경쟁에서 벗어나는 것이다. 개척자는 견실하고도 수익성이 좋은 성장을 위한 태세를 갖추고 있다.
- **안주자**는 개척자와는 반대편 극단에 있다. 이들은 가치 모방을 하는 사업, 제품·서비스를 말한다. 이들은 제품·서비스 혹은 가격에서 점진적인 변화를 추구하는 식으로 경쟁한다. 이 산업 참여자들의 전략은 한 가지로 수렴한다. 업계의 나머지 참여자들이 구사하는 전략에 따르는 것이다. 산업 자체의 성장이나 수익성이 좋아지지 않으면 안주자들은 성장의 가능성을 찾기 힘들다.
- **이주자**는 개척자와 안주자 사이에 있다. 이들은 경쟁하면서 가치를 증진하고, 심지어는 업계에서 최고의 위치에 있기도 하다. 그러나 이들은 혁신적인 가치를 제공하지 않는다.

〈그림 5-1〉은 어느 가전제품 회사의 개척자-이주자-안주자로 채워진 지도를 보여준다. 원은 각 사업이나 제품·서비스를 나타낸다. 원의 크기는 그 사업에서 창출되는 매출이다. 제품·서비스가 성장 태세를 갖추고 있는지, 쇠퇴에 취약한지, 얼마나 위태로운지를 지도상의 위치에 근거하여 보여준다.

　이 그림에서 금방 한 가지가 눈에 띈다. 이 회사는 본질적으로 과거의 성공에 의지하고 있기 때문에 전략적으로 취약하다. 이 조직은 몇몇 사업에서 시장점유율이 높은 덕에 지금은 수익을 낼 수 있다. 그러나 안주자 사업이 이 조직을 이끌고 있다. 이는 이 조직이 미래의 주 수익원이 될 새로운 움직임을 창출하기보다는 기존의 전략적 움직임을 고수하고 있음을 의미한다. 블루오션적 제품·서비스를 보유한 조직의 지도에서라면 당신은 미래의 수익과 성장을 향하는 개척자를 확인하게 된다.

　마이크로소프트의 사업 포트폴리오를 PMS 지도로 그려보면, 이 그림과 비슷하다. 지난 10년 동안 마이크로소프트는 1,000억 달러 넘는 수익을 올렸다. 그러나 이전처럼 투자자들이 앞다퉈 주식을 사들이고 전 세계 인재들이 문을 두드리는 기업이 아니다. 왜 그럴까?

　마이크로소프트의 제품·서비스를 이 지도에 그리면 수익 대부분이 마이크로소프트 오피스와 윈도우에서 발생한다는 것을 알 수 있다. 이것들은 수십 년도 더 된 안주자 사업에 해당한다. 주식 투자자와 인재들은 이 회사가 더 이상 미래의 킬러앱killer app(특정한 운영 체제를 보급시키는 계기가 될 정도로 많은 인기를 얻는 소프트웨어를 가리킨다─옮긴이)과 같은 개척자 제품을 내놓을 것으로 기대하지 않는다. 마이크로소프

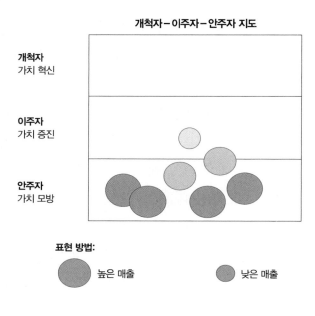

개척자 – 이주자 – 안주자 지도

개척자
가치 혁신

이주자
가치 증진

안주자
가치 모방

표현 방법:

높은 매출   낮은 매출

트의 연구개발 부서는 분명 세계에서 가장 자금이 풍부한 곳으로 인상

적인 연구를 보여주는 곳이기는 하다. 그러나 문제는 그 회사가 이룩

한 기술 발전을 가치 혁신의 제품·서비스로 전환하지 못하는 데 있다.

마이크로소프트뿐 아니다. 현재의 사업 포트폴리오를 그려보라고

하면 대다수 조직이 그린 그림은 〈그림 5-1〉과 비슷한 모양이다. 당신

의 조직은 어떨까? 가치 혁신의 부분에 위치한다고 생각하는가? 미래

를 위해 블루오션 시프트를 실현하는 성장 사업을 키우고 있는가?

사업 포트폴리오를 '가치 혁신의 정도'라는 관점에서 이해하는 것

은 기본적으로 두 가지 이유에서 중요하다. 첫째, 이러한 이해는 현재

실적을 나타내는 숫자를 뛰어넘어 생각하도록 해준다. 따라서 조직이 전략적으로 취약한지, 앞으로 이에 대한 조치를 취해야 하는지 확인할 수 있다. 둘째, 구매자를 구매로 이끄는 '가치와 혁신'이라는 지표에 근거하여 사업 포트폴리오를 조감할 수 있다면 새로운 과제를 자세히 살펴볼 **준비**를 갖춘 것이다. 여기서 준비라는 표현에 주목하길 바란다. 사업 포트폴리오가 앞서 이야기한 가전제품 회사처럼 안주자들에게 지배되어 있음을 알게 된 즉시, 안주자들을 모두 바꾸겠다는 식으로 새로운 과제를 착수하려 해서는 안 되기 때문이다. 너무나도 광범위한 일이다. 이런 무모한 변화는 블루오션 시프트 추진에 임하는 사람들의 자신감을 떨어뜨리고 활력을 잃게 할 수 있다.

성공적인 블루오션 시프트의 추진 과정은 우리가 말하는 '성장을 위한 권리를 얻기'earn the right to grow 방식에 입각해 접근해야 한다. 이는 안주자가 제공하는 것 중 하나를 선별하여 여기에 블루오션 시프트 과정을 적용한 다음, 그 결과를 바탕으로 포트폴리오의 다른 사업이나 제품·서비스에도 이 과정을 전개하라는 의미다. 이러한 접근 방법은 새로운 추진 과제의 규모를 적절하게 설정하는 데 도움이 된다. 그뿐 아니라 구성원들의 자신감을 고취하고, 조직이 공정하고 합리적이라는 인상을 주며, 이로써 편안한 마음으로 새로운 아이디어에 몰입하려는 구성원들의 의지를 강화한다.

PMS 지도를
그리는 방법

이제 당신과 당신 조직의 지도에 관해 이야기해보자. 추진 과제의 범위를 정하고 나면, 가치 혁신의 관점에서 당신의 사업 포트폴리오에 대해 공동의 이해를 형성할 수 있다. 그리고 조직 전체에 블루오션 추진의 필요성이 얼마나 확산되어 있는지 알 수 있다.

포트폴리오에서 주요 사업이나 제품·서비스를 정의한다

주요 사업, 제품·서비스를 정의하고 블루오션 시프트 추진 과정에 참여할 사람을 선발하는 것부터 시작한다. 이 그룹에는 최소한 각 사업부의 부서장이 포함되어야 한다. 선발된 사람들은 이 그룹에 자기 휘하의 주요 부하직원 한두 명이 포함되길 원할 수도 있다. 이것은 선발된 사람들의 마음을 든든하게 해줄 뿐 아니라, PMS 지도 작업에 임할 때 그들의 사업부 내에서 더 활발하게 생각을 조율하고 의견을 나눌 수 있다는 의미이기 때문에 긍정적이다.

각 사업이나 제품·서비스가 개척자, 이주자, 안주자인지 확인한다

다음으로는 경영자들에게 개척자, 이주자, 안주자 개념을 소개한다. 목표는 시장점유율이나 산업 매력도라는 관점이 아니라 가치와 혁신이라는 관점으로 당신의 제품·서비스가 어디에 위치하는지를 읽어내는 데 있다. 당신 조직의 다른 사업이나 제품·서비스와의 관계가 아니라 구매자의 관점에서 평가되어야 한다는 사실을 알리는 것도 중요하다. 다시 말해, 구매자들은 당신이 제공하는 제품·서비스를 어떻게 판단하는가? 구매자들이 시장에서 얻을 수 있는 다른 제품에 비해 개척자인가, 이주자인가, 안주자인가? 우리는 어떤 제품이 그 회사의 제품 중 가장 혁신적인 것이라는 이유만으로 개척자로 잘못 표시된 것을 본 적이 있다. 우리는 해당 회사에 그 제품이 다른 제품들과 비교했을 때 구매자들에게 더 많은 가치를 제공하고 있는지 분명하게 설명해달라고 요청했다. 그러자 구매자의 관점에서 그 제품이 다른 제품들과 매우 비슷해, 아주 높은 단계의 안주자로 표시되어야 한다는 것을 확실히 알 수 있었다. 이러한 근시안적인 생각은 지나치게 내부에만 집중하는 조직에서 나타나는 대표적인 증상이다.

PMS 지도에서 원의 크기가 조직의 다른 사업들과 비교한 매출 함수라는 사실을 모두가 인지해야 한다. 즉 상대적으로 매출이 클수록 원이 더 크다는 의미다. 당신이 수요자가 많지 않은 개척자를 보유하고 있고, 따라서 이 원의 크기가 작다면 원의 내부에 물음표를 해두라. 사실 어떤 제품·서비스가 엄청난 가치를 제공하고 있다면 매출(원의 크기)에도 그것이 반영돼야 한다. 하지만 그렇지 않을 수도 있다. 그렇기 때문에 그 원인을 따져야 한다. 이 제품·서비스가 출시된 지 얼마 되지 않았기 때문일 수 있다. 또는 가치 측면에서 개척자가 전혀 아니거나, 개척자라고 해도 구매자들이 그 가치를 전혀 알지 못하는 '기술 측면'에서의 개척자이기 때문일 수 있다. 이러한 점을 확실하게 관찰하라. 연구개발에 열을 올리는 조직, 기술집약적인 산업에 속한 조직들이 이렇게 잘못 생각하기 쉽다. 이들이 그린 PMS 지도는 개척자들이 여기저기 흩어져 있고 이에 상응하는 원의 크기도 대체로 작은 모습을 보인다. '새로운' 제품·서비스이기 때문에 원이 작은 것이 아니다. 우리가 살펴본 바로는 분명한 것이 하나 있다. 이 사업의 관리자들은 제품·서비스가 보여주는 획기적인 기술 발전은 설명할 수 있다 하더라도, 이 획기적인 발전이 구매자에게 어떻게 그리고 왜 훨씬 더 많은 가치를 제공하는지는 간단한 용어로 분명하게 설명하지 못한다는 사실이다. 연구개발과 기술개발에 투자되는 자금이 상업적으로 매력적인 블루오션으로 전환되려면, 이 문제는 중대하게 다뤄져야 한다.

당신의 포트폴리오를 그린다

이제 **당신의 그룹**이 각 사업 혹은 제품·서비스를 평가한 내용을 PMS 지도로 나타내보자. 이 작업을 효과적으로 수행하기 위한 관련 자료와 양식을 www.blueoceanshift.com/ExerciseTemplates에서 무료로 다운로드 받아서 사용할 수 있다. 보통 최고 경영진이 PMS 지도의 핵심 개념과 활용 방법을 익히고 나면, 협력하여 비교적 쉽게 이 지도를 완성할 수 있다.

목표는 이 지도에서 각 사업이나 제품·서비스의 현재 위치를 포착하는 것이다. 우리가 '당신의' 평가가 **아니라** '당신 그룹의' 평가라고 말한 사실에 주목하라. 왜 이런 말을 했을까? 이전 장에서 설명한 것처럼 체험에 의한 직접적인 발견과 공정한 절차는 블루오션 시프트 추진 과정에서 중요한 요소다. 당신 조직의 포트폴리오를 어떻게 표시해야 하는지에 대해 당신이 너무 잘 알고 있다고 하더라도 이 요소는 반드시 지켜져야 한다. 다른 관리자들은 다른 의견을 가질 수 있기 때문이다. 평가 대상인 하나의 사업이 있다고 생각해보자. 대규모이긴 하지만 오랫동안 산업 내 다른 경쟁 조직의 제품·서비스와 별 차이 없는 것을 다루고 있는 사업이다. 당신은 이 사업을 안주자로 평가하고 표시할 것이다. 그러나 이 사업을 담당하는 관리자는 당신과 달리 왜곡된 의견을 가질 수 있다. 그래서 당신의 의견을 듣고 당신이 자기 사업부를 무시한다 생각하고 저항하거나 분개할 수 있다.

이런 문제를 피하는 가장 좋은 방법은 다양한 사업부의 관리자들을 모두 포함하여 그들의 사업이나 제품·서비스를 함께 표시하는 것이다. 처음에는 각 관리자들에게 자기 사업부의 제품·서비스를 지도에 표시하도록 한다. 그다음에 토론을 통해 그 제품·서비스가 왜 그렇게 표시되어야 하는지 이유를 규명한다. 이런 식으로 함께 작업하면 모두가 정직해진다. 관리자들이 다른 사업부의 의견을 들으면서 조직 전체의 포트폴리오에 대해 갖고 있던 인식을 조금씩 개선하고 공동의 이해를 형성할 수 있다. 그 결과 우리가 확인하려는 제품·서비스는 당신에 의해서가 아니라 그 제품·서비스 사업을 담당하는 이들에 의해 지도에 정확히 표시될 수 있다. 이는 당신이 원하는 결과이기도 하다.

PMS 지도 작업을 하다 보면 몇몇 관리자들은 자신의 제품·서비스의 현 위치를 정확하게 평가하려면 정량적인 추가 연구가 필요하다고 말할 수도 있다. 타당성이 있는 말이다. 그러나 연구 결과, 그룹을 이루어 지도에 표시하게 하면 거기서 도출된 생각은 80퍼센트 가까이 일치함을 알 수 있었다. 이 단계의 목표는 산업에서 그들이 제공하는 제품·서비스의 상대적인 위치를 포착하는 것이지, 완벽을 기하는 것은 아니다. 시장조사로 보완할 수도 있다. 그러나 시장조사로 지도의 위치가 근본적으로 바뀌지 않는다. 시장조사 결과를 반영해도 대부분 현재 지도의 위치에서 크게 이동되지 않는다.

예를 들어 추가 연구를 통해 낮은 단계의 이주자가 실제로는 높은 단계의 안주자라는 사실을 확인할 수도 있다. 이는 지도 경계선의 바로 위가 아니라 바로 아래로 떨어지는 것을 의미한다. 그렇다고 이 약간의 차이가 최종적인 결론을 바꾸지는 않는다. 그러니 이러한 쟁점이 발생한다면 다음과 같은 질문을 해보라. '추가적인 연구로 무엇을 기대할 수 있는가?', '지금 표시된 위치에서 많이 움직일 것이라고 생각하는가 아니면 위나 아래로 살짝 이동할 거라고 생각하는가?', '안주자로 보이는 것이 실제로는 개척자가 될 가능성이 있는가 혹은 그 반대가 될 가능성이 있는가?' 우리는 대부분 살짝 이동되는 결과가 나온다는 것을 확인했다. 이런 질문들은 쟁점을 잠재우고 이 그룹이 다시 '큰 그림'에 집중하도록 해준다.

제품·서비스를 지도상에서 얼마나 높게 혹은 낮게 표시해야 하는가를 두고 의견이 분분하다면 각자의 의견에 '가치와 혁신'의 관점에서 차이가 무엇인지 질문하면서 문제를 제기하라. 이 사업, 제품·서비스는 정말 이주자인가? 혹은 개척자인가? 그것이 제공하는 엄청난 가치는 무엇인가? 그것은 시장에서 목표한 계층의 큰 부분을 제대로 공략하는가? 이 제품·서비스에 대해 사람들이 너무 낮게 표시되어 있다고 생각한다면 '이것이 정말 안주자인가?'라고 물어보라. 사람들이 자기 사업부의 제품·서비스에 과장된 견해를 가진 것은 아닌지 확인하

라. 혹은 반대로 그들의 업적을 너무 낮게 표시한 것은 아닌지 또한 확인하라. 모든 제품·서비스가 적절하게 표시되어 있다는 합의에 도달할 때까지 계속 문제를 제기하고 토론을 계속하라. 이렇게 하면 지금의 사업 포트폴리오에 공정하고 확고한 평가를 내릴 수 있다.

PMS 지도를 그리는 것은 상호작용을 하는 과정임을 명심하길 바란다. 때로는 과연 이 평가가 적절한 것인지 반대 의견이 나오기도 할 것이다. 그러나 곧 이 반대가 사소한 것임을 알게 될 것이다. 다소 혼란스러운 상황이 지나면 최종 그림에 모두의 의견이 일치하는 합의를 이룰 수 있다.

전자제품
서비스 회사의 사례

PMS 지도를 그리기 위한 토론은 실제로 어떤 모습으로 전개될까? 지금부터 미국의 한 전자제품 서비스 회사electronics service company, ESC의 최고경영진이 주고받는 이야기를 엿들어보기로 하자. 이들은 PMS 지도를 작성하라는 회장의 지시에 따라 한자리에 모였다. ESC는 지금까지 전자회사, IT기업, 통신회사에 해당 회사의 제품 구매자를 위한 수리 서비스를 제공하면서 사업을 전개하고 있다. 이제 이들이 지도를 작성하는 과정을 따라가면서 어떤 방식으로 상호작용하고 공동의 이해를 형성하는지 알아볼 것이다.

회장을 포함하여 사업개발부장, 글로벌 운영 부사장, IT부장, 전략 기획 담당 임원, 재무부장, 유럽 운영 부사장, 아시아 운영 부사장, 인사부장이 모였다. 회장이 운을 뗀다. "여러분도 알다시피, 우리는 지난 몇 년 동안 사업을 아주 잘해왔습니다. 우리의 열 개가 넘는 지사에서 5,000명 넘는 종업원들이 5억 달러 가까운 매출을 기록했습니다." 회장은 재무부장을 바라본다. 재무부장이 덧붙인다. "그리고 제가 확인한 바에 따르면 현재까지의 영업마진은 매출 규모가 수십억 달러에 달하는 모기업보다 훨씬 더 많습니다." 모두 고개를 끄덕이고 등을 꼿꼿하게 세워 앉는다. 사람들은 이러한 실적에 아주 기분이 좋고 자랑스러움을 느낀다.

회장은 말을 이어나간다. "지금까지는 성과가 좋았지만 앞으로의 수익률을 어떻습니까? 어떻게 전망하나요? 시장에서 많은 새로운 도전이 제기되고 있습니다."

각 부서 관리자들이 모인 이 팀은 블루오션 전문가에게서 PMS 지도에 대한 개괄적인 설명을 듣고는 이 기업의 포트폴리오를 표시하기 시작한다. 언뜻 이 회사는 블루오션에서 헤엄치는 듯 보인다. 사업개발부장은 그들의 포트폴리오를 지도에 표시하면서 이렇게 주장한다. "회계 측면에서 보면 분명히 개척자에 해당합니다. 이윤이 업계 최고입니다." 아시아 부사장과 유럽 부사장도 고개를 끄덕이며 맞장구를 친다. "맞습니다." 재무부장은 매출 실적을 확인하고는 이렇게 말한다. "전체적으로 보면 개척자들은 전체 사업의 35퍼센트를 차지합니다. 이들은 이윤이 높을 뿐만 아니라 매출도 높습니다." 주변에서 하이파이브하는 소리가 들린다. 조금 더 논의가 진행되고 팀은 그들의 사업 포트폴리오에서 30퍼센트는 이주자에 해당되고 나머지 35퍼센트만 안주자에 해당한다고 그런다. 모인 사람 모두 기분이 상당히 좋다.

지도를 본 블루오션 전문가는 이 팀이 그들이 제공하는 서비스가 아니라 기업 회계에 근거하여 지도에 표시했음을 확인한다. 기업 회계로 보면 이 지도는 강력해 보인다. 그러나 이는 PMS 지도 작업을 통해 알고자 하는 요점이 아니다. 이 점을 블루오션 전문가는 지적한다. 그러자 그들 중 한 사람이 이렇게 반론을 제시한다. "우리 산업에서는요, 사람들이 서비스라인이 아니라 기업 회계를 기준으로 생각하고 행동합니다. 이것이 바로 우리 업계가 움직이는 방식입니다."

사업개발부장이 설명을 덧붙인다. "우리 같은 B2B 서비스 산업은 움직이는 방식이 다릅니다. 여기서는 제안요청서request for proposal를 들고 대기업 고객을 쫓아다니는 것이 전부라 해도 과언이 아닙니다. 바로 여기서 돈이 나옵니다." 그 자리에 모인 사람들이 고개를 끄덕인다. "기업 회계 지표에서 수익성이 매우 높은 것으로 나오면, 그것은 우리가 일을 잘하고 있다는 것입니다. 우리 업계에서는 바로 이것이 개척자입니다." 방 안의 공기가 서서히 뜨거워지고 있다.

회장이 응답한다. "모두가 옳습니다. 기업 회계 관점에서 보면 확실히 우리는 지금까지 일을 잘해왔습니다. 하지만 우리 모두 경쟁이 치열해지고 있다는 사실 또한 잘 압니다. 문제는 이렇습니다. 우리가 제공하는 서비스가 남들과 다른 데가 있어, 앞으로 이윤이 줄어드는 일 없이 큰 수익을 발생시킬 수 있는가? 만약 그렇지 않다면 앞으로 같은 수익을 어떻게 예상할 수 있지요?" 이제 사람들은 회장의 말이 무엇을 의미하는지 파악하기 위해 애쓴다.

이 산업은 대규모 수주로 높은 마진을 남기는 데 집중할 수도 있다. ESC 역시 기존 서비스를 집중 제공하면서 성공할 수 있다. 그러나 ESC의 미래 수익과 성장은 서비스의 포트폴리오가 고객의 관점에서 얼마나 훌륭한가를 근거로 전망되어야 한다. 고객들은 훨씬 더 많은 가치를 얻을 수 있는 곳으로 옮겨갈 것이다.

이 팀은 다시 처음으로 돌아가기로 한다. 이번에는 사업에 대한 서비스라인의 관점에서 그들의 포트폴리오를 다시 지도에 표시하기로 결정한다. 그 결과 이전과는 엄청나게 다른 그림이 그려진다. 각 서비스라인에서 남들과 다른 가치를 제공하고 있는가를 열심히 논의했지만 결국 같은 답이 돌아온다. 모든 서비스라인은 모방 안주자라는 것이다. 그리고 이 팀은 결론을 내린다. "우리는 본질적으로 다른 기업과 같은 서비스를 같은 방식으로 제공하고 있습니다. 비슷한 수준의 수리 서비스 품질, 고객서비스 수준, 가격, 작업 속도…."

팀은 침묵에 빠진다. 그들의 PMS 지도는 아주 빨갛게 보인다. 한 사람이 묻는다. "기업 회계와 수익성에서 서비스라인과 가치 혁신으로 관점을 바꿨을 뿐인데 어떻게 이처럼 다른 그림이 나올 수가 있죠? 우리는 주로 블루오션에서 헤엄치고 있다고 생각했습니다." 이 팀은 이러한 차이를 자세히 살피고는 한 가지 깨달음을 얻게 된다. 처음에 기업 회계 측면에서 개척자로 그려졌던 부분은 계약한 지 5~7년이 지난 오랜 고객을 많이 확보한 덕분이었다. 같은 맥락에서 이 팀은 계약한 지 2년이 안 되는 고객들을 안주자로 표시했다.

사람들은 개척자, 이주자, 안주자를 진정으로 구분하는 기준을 깨닫기 시작한다. 이제 그들은 자신의 사업을 과대평가하고 있었음을 인정한다. 다년 계약을 주로 하는 산업의 특징을 고려하면, 마진이 높게 나오는 기업 회계는 실제로 제공되는 혁신적인 가치나 미래의 성장을 의미한다기보다는 과거의 성공과 고객의 타성을 더 잘 반영하는 것으로 보인다. 최근에는 기업 수주를 따내는 데 이전보다 더 많은 시간이 걸리고 이윤도 엄청나게 낮아졌다. 분위기는 초반과 달리 매우 침울하다.

이때 회장이 나선다. "지금 우리는 죽음의 계곡에 빠진 것이 아닙니다." 그는 우선 팀을 안심시킨다. "우리는 여전히 이 분야를 선도하는 기업입니다. 자부심을 가져야 합니다. 그러나 요즘은 컨설팅 기업처럼 예전과는 전혀 다른 성격의 기업들이 이 업계로 들어오고 있습니다. 고객 친밀도를 형성하기 위해 출장 수리서비스를 아웃소싱하지 않는 회사들도 늘고 있습니다."

인사부장이 묻는다. "향후 5년간 우리의 기대 성장률은 어떻습니까?"

재무부장이 답한다. "실질적으로 10퍼센트 정도 됩니다."

IT부장이 말을 잇는다. "우리의 PMS 지도는 우리가 그럴 만한 사업을 갖고 있다는 것을 보여줍니까?"

이 팀이 함께 표시한 지도를 가리키며 사업개발부장이 말한다. "저도 똑같은 의문을 갖고 있는데요." 방 안의 침묵이 많은 것을 말해준다. 이 팀은 그들이 경쟁자를 벤치마킹하고 운영을 개선하는 데에만 노력해왔음을 깨달았다. ESC는 남들과는 분명히 다른 자기만의 서비스라인을 재고하고 혁신하는 데는 투자가 부족했다.

회장이 회의를 마무리한다. "자, 이제 우리는 우리가 해야 할 일을 찾았습니다. 그렇지 않습니까?"

PMS 지도는
무엇을 보여주는가

일단 PMS 지도를 작성했다면 이제 여기에 담긴 전략적 의미를 논의할 차례다. 당신의 사업 포트폴리오에는 ESC 혹은 다른 정체되거나 쇠퇴하는 여느 기업들처럼 안주자가 많은가? 과거에는 엄청난 수익과 성장을 발생시킨 개척자였던 사업이 최근에는 안주자가 되었는가? 그리하여 새로운 개척자 제품이나 서비스를 출범하지 않으면 조직의 성장이 더뎌질 것 같은가?

지향해야 할 이상적인 포트폴리오는 당신의 산업이 무엇인가에 달려 있다. 예를 들어 급변하는 산업이라면 당신은 안주자보다 개척자를 더 원할 것이다. 고정비가 높고 구매자에게는 매몰비용이 큰 업계라면 서너 개의 건실한 이주자와 하나의 개척자를 둔 포트폴리오로 오늘의 성공을 보장하면서 내일도 준비하길 원할 것이다.

이 PMS 지도 작업의 목표가 개척자 위주의 포트폴리오를 만드는 것이 아니라는 점을 팀에게 강조해야 한다. 목표는 현 시점에서 안정적인 수익을 내는 안주자, 미래의 성장 동력이 될 개척자 간에 균형을 이루도록 만드는 것이다. 이것이 바로 수익성이 좋은 성장으로 가는 길이다. 〈그림 5-2〉는 한 가전제품 회사가 성장의 길로 가는 것을 나타낸다. 이 회사 관리자들은 어떻게 그들의 포트폴리오의 무게중심을 안주자에서 적절한 균형을 이룬 이주자와 개척자로 옮기게 됐는지를 보여준다.

당신이 PMS 지도 작업으로 현재 개척자, 이주자, 안주자의 건전한

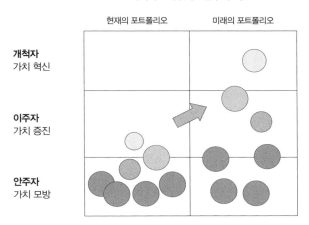

〈그림 5-2〉 건전하고도 균형 잡힌 포트폴리오의 창출: 가전제품 회사의 사례

개척자 – 이주자 – 안주자 지도

현재의 포트폴리오   미래의 포트폴리오

개척자
가치 혁신

이주자
가치 증진

안주자
가치 모방

균형을 이루고 있다는 것을 확인했다면 당신의 조직은 오늘을 장악하면서도 내일을 건설하기 위한 견실한 길을 가고 있는 것이다. 이 경우는 블루오션 추진을 미룰 수 있다. 조직이 견실한 성장 포트폴리오를 확보하기 위해서는 강건한 개척자뿐 아니라 안주자와 이주자도 필요하다. 이 둘이 있을 때 안정적인 매출과 현금흐름이 가능하기 때문이다.

반면에 당신이 표시한 포트폴리오가 〈그림 5-1〉과 크게 다르지 않다면, 다음과 같은 질문을 던져 팀이 그 전략적 의미를 이해할 수 있도록 지원하라. 급변하는 시장 상황에서 안주자와 낮은 단계의 이주자인 우리의 제품·서비스로 견실하고도 수익성 좋은 성장을 기대할 수 있는가?

또 이 지도를 월스트리트의 애널리스트들에게 보여주면 어떤 반응을 보일 것 같은지도 물어보라. 애널리스트들이 당신 조직에서 예상 외의 수익을 기대할 것인가 아니면 주식의 보유나 가치를 회의적으로 평가할 것인가? 그리고 마지막으로 고객들이 이 지도를 보고 어떻게 반응할 것인지를 의논하라. 고객들이 조직의 제품·서비스를 안주자 혹은 낮은 단계의 이주자라고 본다면, 과연 당신의 제품·서비스에 감동하고 지속적으로 구매를 할 것인가? 아니면 가격 인하를 더 많이 요구하고 마진에 더 많은 압박을 가하려고 할까?

여기서 핵심은 지도를 이용하여 아무런 대책을 세우지 않았을 때 나타날 결과에 대한 공동의 이해를 갖는 것이다. 함께 작성한 PMS 지도와 조직의 성장 목표가 일치하는가 아니면 차이가 있는가? 팀이 전략적 의미를 충분히 이해하면 블루오션 시프트 과제를 착수하기 위한 동기가 더욱 강해진다. 블루오션으로 나아가기 위해 한 가지 사업, 제품·서비스를 선택하려는 당신의 의지가 공유된다. 그렇다면 이제 블루오션 시프트 과제를 착수하고 조직의 전체적인 사업 포트폴리오를 향상할 때가 되었다

적절한 범위를 설정한다

작성한 PMS 지도를 보면서 범위를 설정할 때 종종 딜레마에 빠지기도 한다. 이를 테면 ESC나 〈그림 5-1〉의 가전제품 회사처럼 PMS 지

도에서 선택의 대상이 너무 많을 때이다. 이럴 때는 다음 네 가지 기준이 크게 도움이 된다. 다음에 제시된 기준을 가장 많이 충족하는 사업, 제품·서비스로 범위를 정의해야 한다.

첫째, 사업, 제품·서비스는 안주자 혹은 낮은 단계의 이주자여야 한다. 다시 말해 현재 레드오션에서 헤엄치고 있다는 사실이 분명해야 한다.

둘째, 레드오션에서 빠져나오려는 의지가 강하고 이를 위해 근본적인 전략을 재검토하는 것이 중요하다고 믿는 관리자가 이끌어야 한다. 이러한 관리자를 가진 사업부를 선별하는 것이 중요하다. 해당 사업부 사람들은 변화가 필요하다는 관리자의 열정과 신념에 큰 영향을 받는다. 그렇게 공유된 에너지는 자신감을 고취하고 미적지근함을 허용하지 않는다. 이에 반해 지금 같은 상황이 된 데에 끊임없이 핑계만 대거나 새로운 아이디어나 접근 방식은 효과가 없다면서 수많은 이유를 대는 사람을 관리자로 선발하면 블루오션 시프트 추진은 시작도 하기 전에 실패를 부르게 될 것이다. 이러한 부류의 관리자들은 에너지를 잘못된 방향으로 발산하고, 아랫사람들에게 자기가 이러한 추진 과제를 진정으로 믿지 않는다는 신호를 전한다. 결과적으로 이는 실행에 대한 자신감, 모든 것을 쏟아 부으려는 의욕을 해칠 것이다. 말을 물가에 데리고 갈 수는 있으나 말이 물을 마시게 할 수는 없다. 이런 사람에게 맡겨서는 안 된다.

셋째, 이상적으로는 다른 주요 과제가 사업부 내에서 진행 중이지 않아야 한다. 어느 사업부가 신규 ERP 시스템의 실행 같은 중요한 작업으로 이미 과도한 업무 부하가 걸려 있다면, 이 관리자가 블루오션 추진 과제를 시작하게 해서는 안 된다. 이 관리자가 추진 과제를 맡는데 정말 관심이 있더라도 말이다. 아무리 의욕이 있더라도 소화할 수 있는 업무량에는 한계가 있게 마련이다.

넷째, 사업, 제품·서비스가 궁지에 몰려 있어야 한다. 앞서 설명했듯 안주자로 표시된 제품·서비스의 기대 성장률이 낮다고 하더라도, 이것이 반드시 적자를 내고 있다는 의미는 아니다. 실제로는 계속 수익이 발생될 수도 있다. 그러나 안주자 혹은 낮은 단계의 이주자인 제품·서비스가 경쟁자가 넘치는 레드오션에서 헤엄치고 있을 뿐 아니라 적자를 내고 있거나, 완전히 새로운 경쟁자의 공격에 직면하고 있는 상황이라면 새로운 아이디어를 시도해 형세를 역전시키려는 의욕을 불러일으킬 수 있다. 이렇게 발생한 에너지는 블루오션 추진 과제와 같은 새로운 접근 방식을 갈구하게 만든다.

필요하다면 이후 몇 주 동안 각 사업부의 관리자들을 모아 토론하면서 그들과 그들의 사업부가 얼마나 준비되어 있는지 평가해보라. 그다음 이 네 가지 핵심 기준을 모두(혹은 가장 많이) 충족하는 사업부와 그 관리자를 선발하라.

이제 블루오션 시프트 추진의 적절한 범위, 자신감, 긍정적인 에너지를 바탕으로, 블루오션 시프트를 일으킬 적절한 팀을 구성할 차례이다.

제6장

적절한 블루오션 팀을 구성한다

"저는 분홍색 굵은 줄무늬가 있는 이 박스가 가장 좋아보여요. 정말 눈에 띄네요. 밝은 색이 좋은 효과를 낼 겁니다."

"전적으로 동의합니다. 여성들의 시선을 완전히 끌 거예요."

문제는 이 마케팅 팀이 결정한 포장이 여성들이 구매하는 제품에 쓰일 것이 아니라는 점이었다. 이 제품은 주로 남성과 젊은 층을 대상으로 고안된 다림질이 필요 없는 스팀다리미였다. 구김이 많은 셔츠나 바지를 옷걸이나 의자 등받이에 걸어놓고 아래위로 움직이기만 하면 강력한 스팀이 뿜어져 나오면서 주름이 사라지는, 손에 쏙 들어오는 작은 장치였다. 일반적인 다림질을 할 때보다 시간이 반 이상 적게 걸리고 특별한 기술이 필요한 것도 아니었으며 다리미판도 필요 없었다.

논의는 8개월 전부터 이미 시작되었다. 당시 가전사업 본부장('브래드'라고 부르기로 하자)은 블루오션 추진을 위한 팀을 구성하면서 이 팀에 마케팅 팀원을 포함시킬지를 두고 마케팅 팀장('조'라고 부르기로 하자)과 이야기를 나누었다. 조는 마케팅 팀이 주요 신제품을 출시하고 선전하는 일에 얼마나 바쁜지를 재빨리 설명하면서 분명한 입장을 표했다. "아무 걱정 말고 신제품을 만들기나 하세요. 그때부터 우리가 뛰어들겠습니다. 우리는 시장을 잘 아니까요. 그게 우리의 강점이지요."

솔직히 브래드도 마케팅 팀 사람을 블루오션 추진 팀에 합류시키고 싶은 마음이 별로 없었다. 팀 안에서는 '시장이나 소비자에 관한 이야기가 나오면 마케팅 팀 사람들은 다른 사람 말을 들으려고 하지 않는다. 그들은 자기들이 제일 잘 안다고 생각한다'는 의견이 지배적이었다. 브래드는 자기 팀 사람들의 사기를 위해서 마케팅 팀의 합류를 적극적으로 요청하지 않았다. 그들 없이 팀을 꾸려가기로 했다. 이렇게 하는 것이 일하기 더 편했고 자기 팀과 마케팅 팀 모두가 행복했다. 이렇게 사업본부는 다리미 관련 블루오션 시프트 과정을 추진하기 시작했다.

유럽의 다리미 시장은 붉디붉은 레드오션이었다. 모든 가격대마다 엇비슷한 다리미가 다양하게 존재했다. 그리고 가격이 한 단계씩 오를 때마다 몇 가지 기능들이 추가되었다. 이 팀은 더 이상 새로운 방법이 없겠다고 생각했다. 그러나 새로운 통찰을 하게 되면서 놀라운 사실을 알게 되었다. 지난 몇 년 동안 다리미에는 크고 작은 훌륭한 기능이 추가되었지만 그 어떤 다리미도 '사람들은 다림질을 싫어한다'라는 가장 큰 문제를 해결하지 못하고 있다는 사실이었다. 사람들은 다림질이 더 잘 되는 것을 원하지 않았다. 다림질 자체를 전혀 원하지 않았다.

게다가 다림질을 하려면 다리미판이 있어야 하고, 잘 다리려면 좋은 다리미판이 있어야 한다. 이는 달갑지 않은 추가비용이다. 다리미판은 꽤 커서 사용도 불편하고, 보관도 어렵고, 또 설치나 정리도 성가시다. 그러나 아무도 이 문제를 건드리지 않았다. 다리미판은 다른 산업의 제품이고 기술적으로 다리미 제조업체의 책임이 아니라고 생각했기 때문이다.

이 팀은 아무도 건드리지 않았던 문제, 즉 점점 커져가는 비고객의 오션에서 엄청난 기회를 보았다. 이제 결혼을 늦게 하고 혼자 사는 기간이 길어지면서 남자들은 가사노동을 점점 더 많이 하고 있다. 남자들은 단정치 못한 모습으로 나가는 것을 싫어하고, 다림질처럼 따분한 일은 훨씬 더 싫어한다. 그리고 대다수가 옷을 세탁소에 맡길 여유가 되지 않는다. 남녀불문 청년층은 개척되지 않은 거대한 비고객의 오션이다. 그럼에도 이 산업은 여전히 1950년대의 방식대로 움직이고 있었다. 게다가 다림질 같은 집안일은 여자가 해야 하고, 여자들이 이처럼 세심한 주의가 필요한 일을 하기를 원한다고 인식하고 있었다.

다림질이 필요 없는 다리미가 이 모든 것을 바꾸어놓았다. 블루오션 팀은 합의했던 바대로 시제품, 이번 과정의 결과, 신속하게 실시한 시장조사 결과 등을 마케팅 팀과 공유했다. 이후 마케팅 팀이 바통을 넘겨받았다. 그러나 일련의 과정에 참여하지 않았던 마케팅 팀은 블루오션 추진 과제에 상당한 의혹을 품었다.

마케팅 팀원 한 사람이 말한다. "이걸로는 주름을 잡을 수가 없어요. 주름이 중요합니다." 또 다른 마케팅 팀원이 거든다. "남자들은 다리미를 구매하지 않아요. 여자들이 다리미를 구매합니다. 남자가 아니라구요. 젊은이들도 아니고요."

마케팅 팀은 이에 대한 수습책을 검토했고 결국 기존의 상식에 근거해 비고객이 아니라 고객을 겨냥해야 한다고 했다. 기존 고객을 유인하기 위해 박스에 눈에 띄는 분홍색 줄무늬를 넣어 '새로운 특징'을 더하고 주름이 필요하지 않을 때 사용하는 일종의 보조 다리미라고 선전했다. 그러나 이런 방식은 구매자들이 이 제품을 벽장에 보관해야 할 또 다른 물건, 다림질 되지 않는 다리미로 여기게 만들 뿐이었다. 여성들은 이 제품이 다림질을 대체할 수 있다고는 전혀 생각하지 않았다. 그리고 남성들과 청년층(주요 목표가 되는 비고객의 오션)은 분홍색 줄무늬 박스에는 눈길도 주지 않았다.

마케팅 팀은 블루오션 팀이 중요하다고 생각한 것과는 정반대로 움직였다. 블루오션 팀의 생각 역시 마케팅 팀이 지금까지 학습하고 받아들여온 지혜와 정반대였다. 여기서 교훈은 다음과 같다. 새로운 가치-비용의 경계를 여는 아이디어의 위력을 깨닫는 과정에 직접 참여하지 않은 사람이라면, 이러한 아이디어를 부적절하고 타당하지 않다고 보기 쉽다. 그리고 해당 산업의 모범 사례를 벤치마킹하는 방향으로 향하도록 유도하기 쉽다. 그 모범 사례가 시대에 뒤떨어지고 아주 끔찍하더라도 말이다.

바로 이런 이유 때문에 블루오션 추진 과제를 수행할 때는 적절한 팀을 구성하는 것이 아주 중요하다. 블루오션 시프트(당신이 지금 하고 있는 것과 당신의 산업이 오랫동안 경쟁하던 요소를 바꾸는 작업)를 진행할 때 시프트를 실행할 핵심 구성원들이 모두 참여하도록 해야 한다.

여기서 우리는 (영리기구든 비영리기구든 공공기관이든) 전형적인 계통과 지위 체계를 갖춘 기존 조직과 부서에서 적절하게 팀을 구성하는 방법을 논의할 것이다. 이러한 곳에서 새로운 전략을 실행하려면 다양한 기능에 걸쳐 있는 사람들의 협력에 의존해야 하고 일상적인 사내정치와 반대자의 주장을 극복해야 한다. 당신이 규모가 작은 가족경영 기업이나 시내의 작은 가게를 하나 소유한 사람이라면, 혹은 이제 막 스타트업을 시작했다면 조직에는 당연히 몇 안 되는 전문가만 있을 것이다. 대기업 만큼 많은 인재가 없다고 해도 걱정할 필요는 없다. 창업자나 오너들은 자신들의 블루오션 비전에 임직원들을 참여시키는 데 큰 영향력을 행사할 수 있는 경우가 많다. 따라서 위에서 설명한 내용을 잘 이해만 한다면 훌륭하게 변화를 추진할 수 있다.

적절한 블루오션 팀은
어떤 모습인가

그러면 이 팀에는 누가 있어야 하는가? 다리미 사례에서 알 수 있듯 당신은 새로운 제품·서비스를 시장에 출시하는 데 핵심 역할을 할 모든 기능과 조직의 대표자가 포함되기를 원한다. 전형적인 조직 구조에서는 인사, IT, 마케팅, 재무, 제조, 연구개발, 영업뿐만 아니라 콜센터, 매장처럼 최전선에서 근무하는 사람들도 포함된다. 조직은 흔히 효율성을 위해 조직의 기능과 위계를 나눈다. 그러나 이것은 부서 이기주의를 낳고 때로는 불신을 일으킨다. 또 성공을 위한 아이디어를 내고 행동하고자 할 때 걸림돌이 되는 계기를 만들기도 한다.

팀은 10~15명 규모로 구성하는 것이 좋다. 10명이라는 하한선은 주요 부서가 모두 참여해 변화의 필요성을 직접 발견하고 블루오션 추진 과정에 기여할 기회를 주기 위한 것이다. 15명이라는 상한선은 관리가 가능하면서도 팀이 유연하고 신속하게 움직일 수 있는 인원을 말한다. 팀원이 이보다 많으면 관리하기가 어렵다. 그러면 팀원들을 실망시킬 수 있고, 팀의 에너지를 쓸데없이 서서히 고갈시킬 수도 있으며, 이 과정에 진실성이 느껴지지 않을 수도 있다.

우리는 관리자들이 블루오션 팀을 구성할 때 문제를 일으킬 만한 특정 부서 사람, 블루오션 마인드에 익숙해지기 어려운 사람, 이 과정의 속도를 늦출 만한 사람은 팀에 포함시키기를 주저한다는 것을 확인했다. 그들은 브래드 같이 마케팅 직원이나 전략적 비전은 별로 없다고 생각되는 인사팀 직원을 꺼릴 수 있다. 그러나 우리는 그러지 말라고 강조하고 싶다. '재무가 전략을 능가한다'는 상투적인 표현을 들어본 적이 있는가? 오래전부터 우리에게 혁신을 위한 노력이 재무 담당들에 의해 어떻게 방해받았는지를 말해주는 사람이 많았다. 재무 담당들은 자기가 아는 것, 측정할 수 있는 것만 진행하려고 한다. 그래서 많은 사람이 재무 담당을 참여시키면 블루오션 추진 과제가 원활히 진행되지 않을까 봐 걱정한다.

그러나 10년이 넘는 연구에서 우리는 이와는 다른 점을 확인했다. 재무 담당을 팀에 포함해 이 과정을 진행하면 그들에게 전략 변화의 필요성, 블루오션 전략적 움직임의 위력을 직접적으로 깨닫게 할 수 있다. 그들은 자기가 잘 알지 못하는 전략 과제에 자금 투입을 결정해야 할 때는 숫자만 따지는 경리 사원이 된다. 자신에게 생소한 아이디어에 돈을 거는 데 누가 마음이 편하겠는가. 이런 맥락에서 재무 담당을 블루오션 팀의 동지로 만들려면, 추진 과정의 맨 처음부터 팀에 포함시켜야 한다. 그러면 블루오션 팀은 이러한 기능적 분야가 가진 권한과 견고함을 얻을 것이고, 재무 담당은 투자를 결정하는 과정에서 당신의 진정한 전략적 파트너가 될 것이다. 이 과정에서 모두가 배우면서 성장할 것이다.

팀에 가능한 모든 부문에서 온 사람들을 넣는 것도 중요하지만, 이렇게 선발 인원 전원을 레드오션에서 블루오션으로 변화시키려는 제품·서비스에 직접 관여하도록 해야 한다. 그렇게 함으로써 그들 모두가 승부의 책임을 지도록 해야 한다. 모든 부문에서 참여한다는 것은 매우 중요하다. 이렇게 함으로써 팀이 추진하는 블루오션 시프트 과정에 모든 부서에서 개인적으로 진정성을 갖고 참여하는 결과를 낳기 때문이다. 이들은 블루오션 과정의 각 단계에서 팀이 찾아낸 사실을 그들의 부서 또는 계층에 전달하는 역할을 할 것이다.

이번에는 외환을 제공하는 기관의 사례를 이야기해보자. 살펴보면서 다리미 제조업체의 사례와 비교해보길 바란다. 블루오션 시프트 과정을 시작하기 전에, 이 기관은 대형 은행과 비교했을 때 스스로의 경쟁우위는 고객 담당자에게 있다고 믿었다. 그러나 블루오션 팀은 이 추진 과정에서 그들의 생각과는 다른 사실을 발견했다. 바이어들은 이 고객 담당자들의 역할을 중요하게 생각하지 않는다는 사실이었다. 바이어들은 그들과 대화하는 것을 시간 낭비라 여겼다. 그저 고객 담당자들은 항상 그럴싸한 평계를 대며 회사의 서비스에 대한 문제와 불만을 달래주는 사람이라고 생각했다. 고객 담당자들이 잘하는 것이라고는 전신 송금이 지체되었거나 거래가 처리되었음을 고객들이 확인받지 못했을 때, 외환 지급에 따른 손실을 방지하기 위한 시장 정보를 충분히 받지 못했을 때 관심을 보인 것뿐이었다. 고객 담당자들이 이 팀에 포함되지 않았더라면, 그래서 이러한 피드백을 직접 듣지 않았더라면 그들은 분명 이 과정이 바르게 진행되지 않았고, 블루오션 팀원들이 고객의 말을 잘못 이해했으며, 오히려 자신들이 회사를 돋보이게 하는 사람이라고 주장했을 것이다. 그러나 그들은 팀에 포함되었고, 고객의 평가를 반복해서 들었으므로 이런 사실을 부정할 수가 없었다.

더욱 인상적인 것은 이 사실을 알게 되면서 고객 담당자들이 스스로 깨닫게 되었다는 것이다. 오랫동안 그들은 회사에서 슈퍼스타로 통했다. 그러나 이제는 그들이 고객을 위해 실질적인 가치를 제공해서가 아니라 고객을 상대로 핑계를 대고 사과를 하고 진정시키는 일을 능숙하게 처리한 덕에 고객이 떠나지 않게 되었다는 사실을 알게 되었다. 그리하여 이 팀은 (고객 담당자들의 동의를 얻어) 그 자리를 단계적으로 폐지하기로 결정했다. 이제 고객 담당자들은 가치가 더 큰 대형 고객을 상대하는 영업을 맡았고, 실질적인 규모가 세 배로 늘어난 영업 부서는 비용을 들이지 않고도 회사의 매출 창출 능력을 크게 확충했다.

지리적으로 흩어져 활동하는 조직에서는 '우리 지역은 다르다'라는 말을 자주 듣는다. 새로운 글로벌 과제의 실적이 썩 좋지 않은 기업의 지사 관리자들은 본사의 세계관을 '현장에는 바보, 중심에는 브레인'Nuts in the field, brains in the center이라는 말로 요약해 표현한다. '바보'들은 본사의 과제를 은근히 지연시키는 데서 묘한 자부심을 갖는다. 그러나 주요 핵심 지역의 사람들을 블루오션 팀에 포함시키면 이러한 상황을 바로잡는 데 크게 도움을 줄 것이다. 지사 관리자들은 모두 자기 지역이 가치가 있다고 생각하고, 의미 없는 일을 하는 행위자로 여겨지는 것을 싫어한다.

이러한 국제적인 팀에서 지역의 구성원들은 자기 지역이 얼마나 다른지, 새로운 글로벌 전략이 그곳에서는 왜 작동될 수 없는지 불평부터 늘어놓는다. 우리는 여기에 이렇게 대응하라고 권한다. "그것이 사실이라면 블루오션 과정에서 입증될 겁니다. 그리고 그렇게 입증된다면 글로벌 블루오션 시프트를 창출하려는 목표를 버릴 겁니다." 이처럼 짧고도 명료한 말은 사람들이 마음을 열고 이 과정에 참여하도록 기여할 것이다. 이 블루오션 팀이 전 세계 고객들과 타깃이 되는 비고객들로부터 주요한 공동의 관심사를 훌륭히 도출할 수 있다면 사람들은 자기들 지역 나름의 요청사항들은 기꺼이 뒤로 할 것이다. 이를 통해서 진정한 참여와 열정을 빚어낼 수 있다. 지역적으로 다양한 활동을 하는 다국적기업이라면 하나 이상의 팀이 필요하지만, 우리는 명료성과 간결성을 위해 팀이 하나인 상황에만 집중하기로 한다.

팀원들에게서
무엇을 원하는가

지금까지 어디서 팀원들을 불러 모아야 하는지를 살펴보았다. 그런데 사실 우리는 '마케팅', '재무'를 언급하면서 마치 사람이 그 사람의 업무인 양 개인과 그의 부서를 동일시했다. 이제 방법을 바꾸어서 개인 자체를 살펴보자.

많은 지도자가 인간관계의 역학에 관해서는 대충 넘어가려고 한다. 사실 올바른 인간관계의 역학을 설정하는 데는 시간이 꽤 걸린다. 하지만 이것이 주는 보상은 엄청나다. 누구를 팀원으로 선발해야 하는 문제가 닥쳤을 때 직함이 가장 중요한 요소가 아닌 것은 바로 이 때문이다. 중요한 것은 인품character이다. 당신이 원하는 사람은 조직 내에서 다른 사람에게 존경받고 신뢰를 얻은 사람이다. 이는 조직 내의 지위와 겹칠 수도 있고 그렇지 않을 수도 있다. 당신은 남의 이야기를 잘 듣는 사람, 사려 깊은 사람, 남들이 제기하지 않는 문제를 기꺼이 제기하려는 사람을 선발하고 싶다. 원대한 꿈을 가지고 있을 뿐만 아니라 일을 성사시키는 능력이 있는 사람 말이다. 사람들은 이런 사람을 자연스럽게 존경하고 그가 하는 말에 귀 기울인다. 이런 사람들은 조직 내에서 블루오션 팀에 대한 신뢰를 고양하고 팀원들이 서로 존중하는 마음을 갖게 해준다.

이와 동시에 당신은 반대자라고 알려진 사람 한두 명을 팀에 포함시키는 것이 좋다. 그들이 팀의 역학 관계를 지배하지 않고 긍정적인 에너지를 손상시키지 않도록 하려면 적은 수로 포함시켜야 한다. 그런데 왜 이런 사람을 포함시켜야 하는가? 우선 덮어놓고 이의를 제기하는 사람을 포함시키면 블루오션 시프트 과정과 블루오션 팀이 찾아낸 사실에 신뢰성이 높아진다. 반대자들의 의혹과 불안에도 이 추진은 매우 타당하며 전혀 흔들림이 없을 거라는 당신의 믿음을 조직에 전한다. 또 이는 잠재된 부정적인 측면을 얼버무리며 넘어가는 일 없이 어떠한 이견이든 면밀하게 검토할 것이라는 의지를 전한다. 또 회의론자들은 현재의 전략이 시장에서 긍정적인 반응을 일으키는 데 실패하고 있는 상황을 스스로 보고 느끼고 경험하면 불평을 중단할 것이다. 그리고 그들이 설득될 때는 변화를 위한 추진력이 더욱 강화될 것이다.

버니 마커스Bernie Marcus가 홈디포를 여전히 장악하고 이끌던 시절, 홈디포와 거래하던 어느 전기조명 회사 대표는 블루오션 시프트를 추진해 홈디포를 비롯한 주요 소매 매장을 장악하려고 했다. 그러나 이 회사 내 반대론자들에게는 제품의 품질이 충분히 뛰어나지 않다는 사실을 어떠한 주장 혹은 수치로도 설득할 수 없었다. 그들은 세일즈 부서가 분발해야 한다고만 생각했다. 여기서 한 발도 나아가지 못했다.

그러나 회사 대표의 생각은 달랐다. 그는 핵심적인 반대자 두 명을 블루오션 팀에 포함시키고는 시장을 직접 체험하도록 했다. 이 팀은 제1의 고객, 버니 마커스와 함께 블루오션 추진 과제를 시작했다. 마커스는 해당 제품이 모방 상품이고 비싸기만 하며 믿음이 가지 않아 소중한 진열대 공간을 낭비한다고 거침없이 말했다. 반대론자들은 마커스에게서 이처럼 솔직한 피드백을 듣고 사색이 되었다. 이제 새로운 전략이 필요하다는 사실이 분명해졌다.

팀에 선발된 것을 기쁘게 생각하는 사람도 있지만, 일이 많아져 걱정하는 사람도 있다는 것을 명심해야 한다. 대체로 블루오션 팀에 들어오면 평소 하는 일의 10퍼센트를 더 해야 한다. 이 과제를 하다 보면 20~25퍼센트만큼 일이 더해지는 때도 수시로 생긴다. 그러나 사람들이 말하듯 '고통 없이는 얻는 것도 없다.' 다행스러운 일은 얻는 것이 고통보다 더 많다고 말할 수 있다는 것이다.

팀원들은 이 과정에서 리더십을 배우고, 다른 부서 또는 계층 사람들과 협업하는 경험을 얻으며, 시장을 바로 가까이서 직접 체험한다. 또 (때로는 처음으로) 조직과 환경에 대한 큰 그림을 얻는다. 이 모든 것이 소중한 학습이 될 것이다. 블루오션 팀에서 일해본 사람들은 이후 자기가 맡은 일의 범위를 다시 생각하게 된다. 그들의 관심은 일상적인 일에서 더욱 전략적인 문제로 옮겨간다.

혁신적인 가치를 어떻게 창출할 것인가, (외환을 제공하는 회사의 고객 담당자가 하는 일처럼) 가치가 아니라 비용을 늘리는 일은 무엇인가, 조금 더 드는 비용으로 훨씬 더 많은 가치를 전하는 일은 무엇인가, 산업의 비고객은 누구이며 이들을 어떻게 고객으로 전환시킬 것인가 등 사람들은 이런 미래 지향적인 질문을 던지는 법을 배운다. 이것은 블루오션 팀의 모든 구성원을 변화시키고, 이들을 조직과 자기 자신에게 더욱 가치 있는 사람으로 만들 것이다. 이러한 장점에 대해 팀의 구성원들과 기탄없이 의논하라. 그러면 그들은 여기에 참여함으로써 새로운 기술, 팀원들과의 연대, 미래의 기회에 대한 아이디어 같은 충분한 보상이 따를 것이라는 사실을 알고는 이를 고맙게 여길 것이다.

중심인물Kingpin을 팀장으로 임명한다

직함이 모든 것을 말해주지는 않지만, 블루오션 팀의 팀장은 당신이 되었든 당신이 임명하는 누군가가 되었든 다른 팀원들보다 직위가 높아야 한다. 그래야만 팀원들이 팀장을 인정하고 따르게 하기가 쉽다. 팀의 역학 관계나 사내 전체에 걸쳐 영향력이 막강한 인물이라면 블루오션 시프트를 추진하면서 조직의 자원을 대규모로 동원하는 데 도움이 될 것이다.

팀장은 팀의 거점으로서 팀원들에게 방향을 제시하고 사기를 북돋우며 상세한 정보를 전달하고 팀이 조직의 다양한 부서들과 일을 해나가는 데 도움을 주어야 한다. 팀장은 팀이 과제를 완수하는 데 방해가 되는 문제를 예상하고, 이러한 쟁점을 선제적으로 해결해야 한다. 조직은 때때로 이런 작업의 상당 부분을 팀원들에게 위임하고 싶어 한다. 그러나 여러 가지 이유로 이는 적절하지 않다. 팀장이 이러한 과제를 직접 맡으면, 이는 이 과제가 대단히 중요하여 가볍게 처리되어서는 안 된다는 신호를 보낸다. 이 신호는 팀원들이 이 일을 중요하게 생각하고 열정을 보여야 하며 꾸물거리거나 성의 없이 일하면 안 된다는 사실을 의미한다. 팀원들과 노닥거리다가 "다음에 봅시다." 하고 헤어진 다음 3주쯤 후에 만나서 적당히 타협하고 김을 빼는 일이 흔히 일어난다.

문제가 있는 조직이라면
고문을 선임하라

조직이 기능 장애를 일으키고 있는가? 지나칠 정도로 관료적인가? 아니면 지나치게 정치적이어서 일하는 것이 지뢰밭을 걷는 것과 같은

가? 크고 오래된 조직이라면 대체로 이런 특징이 강할 것이다. 정부기관에서도 그럴 수 있다. 이러한 상황에서는 팀을 구성하고 적절한 팀장을 선임하는 것에 더해 고문을 선임하는 방안을 생각하는 것이 좋다. 오랫동안 같은 방식으로 운영해온 조직 혹은 강력한 조직문화를 가진 조직에서는 특히 이것이 중요하다.

블루오션 시프트 추진 과제는 산업과 조직의 많은 관행을 뒤집을 수 있다. 이는 현행 일 처리 방식에 파문을 일으킬 것이고, 지금 그 일을 하는 사람들의 마음속에는 걱정이 싹틀 것이다. 인간의 감정과 행동이 관련된 곳에는 약간의 예방 조치가 아주 유용하다. 따라서 블루오션 시프트 과정 전반의 실행에 뒤따를 잠재된 저항에 주의를 기울여야 한다.

고문은 이러한 문제가 다루기 힘들 정도로 커지기 전에 예방할 수 있도록 도움을 준다. 이런 사람은 조직 내에서 조직의 움직임을 훤히 꿰고 있고 조직 정치의 달인이며 누가 실제로 일을 하고 누가 이를 방해하는지, 누가 변화를 가장 갈망하는지를 아는 사람이자 당신의 가장 강력한 후원자 중 한 사람이어야 한다. 고문은 존경받는 내부자로서, 적극적이건 수동적이건 이 과제를 방해할 만한 사람들에게서 지원을 얻어내면서 블루오션 팀에 조언하고 잠재적인 비방자로부터 보호할 수 있는 사람이어야 한다. 이에 가장 적합한 후보자는 영향력이 있으면서도 조용한 지지자가 될 수 있어야 하고, 참여하려는 의지가 있어야 한다. 필요한 경우에는 팀이 직면할 난관을 제거할 수 있는 사람이어야 한다.

블루오션 시프트 추진 과제의 범위가 정해졌고 적절한 팀이 구성되었다면 이제 이 과정의 제2단계로 넘어갈 준비가 된 것이다. 제2단계에서는 팀원들에게 산업의 현재 상황을 분명하게 이해시키고 팀원들을 단결시키며, 팀원들과 조직 전체에 블루오션 시프트를 추진할 필요성을 자연스럽게 환기하는 방법을 설명할 것이다.

BLUE OCEAN SHIFT

제2단계

지금 당신이
어디에 있는지를
이해한다

제7장

현재 상황을
분명히 이해한다

당신에게는 모든 사람에게 당신의 전략 전체를 동일하게 이해시킬 하나의 단순한 그림이 있는가? 당신은 당신이 목표로 하는 산업이 경쟁하고 투자하는 요소가 무엇인지 알고 있는가? 무엇이 당신의 제품·서비스를 돋보이게 하는지, 어떻게 하면 경쟁자와 다르게 보이도록 할지 알고 있는가? 한마디로 당신과 당신의 팀은 업계의 현재 상황에 객관적인 시각을 가지고 있는가?

블루오션 시프트를 착수하려고 하든, 단지 업계의 현실을 제대로 이해하려고 하든, 현재의 전략적 상황에 대한 분명한 그림을 공유하는 것은 중요하다. 첫째, 이 그림은 개별적으로는 타당하지만 전체적으로는 앞뒤가 맞지 않고 심지어 모순되는 전술의 집합이 아니라 명확한 전략을 가지고 있다는 것을 보장한다. 둘째, 이 그림이 있으면 모든 사람이 같은 내용을 이해할 수 있다. 사람들이 현재의 전략과 전략적 상황에 동의하고 변화에 대한 분명한 필요성을 인정할 때, 진정한 협력을 이끌어내고 행동을 향한 의지를 고취할 수 있다. 당신과 당신이 선임한 팀장은 레드오션에서 빠져나올 필요성을 충분히 인식하고 전략을 근본적으로 다시 생각할 수 있다. 그러나 이것이 조직 전체는 물론이고 팀의 구성원들이 이 생각을 공유하고 있다는 의미는 아니다.

대체로 관리자들은 한두 가지 전략적 측면에서 경쟁자들과 어떻게 경쟁할지에 대해서는 잘 알고 있지만 전체적인 그림을 파악하고 있는 경우는 드물다. 그들은 '우리는 가장 친화적인 항공사이다', '우리의 전략은 최고의 글로벌 은행이 되는 것이다' 같은 슬로건을 전략과 혼동한다. 이러한 슬로건은 구체적으로 들여다보면, 경쟁자들도 자기 제품·서비스를 설명하는 데 쉽게 가져다 쓰는 모호한 어구만 가득하다.

이 문제를 다루기 위해 우리는 블루오션 시프트의 여정 전반에서 사용할 진단 도구로 '전략 캔버스'Strategy Canvas를 개발했다. 당신의 제품·서비스에 대한 '현재의'as-is 전략 캔버스는 블루오션 팀(과 이 팀을 통하여 조직 전체)에 당신과 경쟁자의 전략 그리고 현재의 산업 역학 관계에 대한 객관적인 그림을 제공할 것이다. 전략 캔버스가 무엇을 보여줄지 혹은 보여주지 않을지 처음부터 정해진 결론은 없다. 따라서 블루오션 팀은 현재 상황에 문제를 제기하고 블루오션의 측면에서 조직의 제품·서비스에 대한 전략 프로파일(산업의 제반 경쟁 요소에 걸친 조직의 상대적인 위치를 표시한 그래프)을 재고하는 것이 적절한지 여부를 탐색하게 될 것이다. 경험에 의한 직접적인 발견과 세분화된 단계, 공정한 절차의 조합은 사람들이 자신이 하는 일의 결과물을 자기 것으로 내면화하고 자신감을 갖도록 해줄 것이다.

전략
캔버스

전략 캔버스는 조직이 구매자에게 제공하는 제품·서비스와 경쟁자의 제품·서비스가 어떤 관계에 있는지 묘사하는 한 쪽짜리 시각적 분석 도구다. 이것은 전략의 네 가지 주요 부분, 즉 경쟁 요소, 이 요소들로 구매자가 얻는 수준, 당신과 경쟁자의 전략 프로파일, 원가 구조cost structure를 명료하게 전달한다. 그리고 전략 캔버스는 스토리를 전달한다. 당신과 경쟁자가 지금 어디에 투자하고 있는가, 제품, 서비스, 배송 등의 요소에서 업계는 어떻게 경쟁하고 있는가, 고객은 기존 경쟁자들로부터 무엇을 제공받고 있는가를 이해할 수 있다. 새로운 회사 혹은 새로운 비영리기관을 설립할 생각이 있는 개인과 조직에게도 뛰어들고 싶은 산업의 전략 캔버스를 그리는 것이 중요하다. 전략 캔버스는 전략적 측면에서 앞으로 어떤 상황에 직면하게 될지를 한 장의 단순한 그림으로 보여주기 때문이다. 전략 캔버스는 잠재적인 투자자와 대화를 나눌 때 사용할 수 있는 강력한 시각적 자료이기도 하다.

　〈그림 7-1〉은 코믹릴리프가 등장하기 이전의 영국 자선모금 산업의 전략 캔버스를 보여준다. 수평축에는 이 산업이 오랫동안 취해왔던 요소들, 즉 동정심에 호소하기부터 후원 상담 및 돌봄 서비스, 연중 모

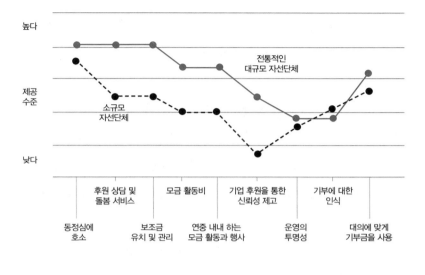

〈그림 7-1〉 영국 자선모금 산업의 전략 캔버스(코믹릴리프가 등장하기 전)

금 활동과 행사 같은 주요 요소들이 자세히 나와 있다. 이것들은 구매자를 위한 주요 가치 요소가 아니라 '주요 경쟁 요소'라는 사실을 기억해야 한다. 곧 알게 되겠지만, 이 지점이 중요한 이유는 때로는 조직이 경쟁하면서 가치를 전한다고 생각하는 요소와 구매자들이 실제로 가치가 있다고 생각하는 요소에는 커다란 차이가 있기 때문이다. 기업이 경쟁하는 요소가 구매자 입장에서는 가치를 더해주지 못할 뿐 아니라 오히려 가치를 손상시키기도 한다. 자선단체들이 연중 내내 하는 모금 행사와 마케팅 광고를 생각해보라. 이는 사람들에게 기부하려는 의지를 일으키기보다는 피로감만 일으킨다. 도움이 되기보다는 혼란을 더 초래하는 텔레비전 리모컨 버튼을 생각해보라. 또는 좋아하는 서너 개의 텔레비전 채널 대신 엄청나게 많아진 케이블 방송 채널을 생각해보라.

산업의 주요 경쟁 요소들을 확인하는 데 집중하면 당신과 당신의 경쟁자가 서로를 따라잡거나 앞지르려고 현재 투자하고 있는 모든 분야가 드러난다. 이러한 요소들 때문에 원가 구조가 증가하고, 조직의 시간을 빼앗기며, 운영이 복잡해진다. 그러나 이것이 필수라는 생각이 만연해 여기에 의문을 제기하는 일은 거의 없다. 따라서 이러한 요소들을 명백하게 확인하면 구매자에게 훨씬 더 많은 가치를 제공하면서도 동시에 제거하고 감소시켜 원가 구조를 낮출 수 있는 대상을 찾을 수 있다.

전략 캔버스의 수직축에는 한 산업의 주요 경쟁 요소에 대해 구매자들이 제공 받거나 경험하는 수준이 나와 있다. 영국 자선모금 산업 혹은 여느 비영리기관의 경우에 기부자는 그 기부금을 받는 비영리기관의 사명과 진실성을 구매한다. 수직축에서 높은 점수는 조직이 구매자(여기에서는 기부자)에게 제공하는 것이 많다는 의미이고, 상대적으로 낮은 점수는 조직이 제공하는 것이 적다는 의미다. 이제 여기에 나타난 점들을 연결하면 당신과 경쟁자의 전략 프로파일을 만들 수 있다. 〈그림 7-1〉에서 예시한 전략 캔버스는 이 산업의 현재 상황을 있는 그대로 보여주기 때문에 우리가 정의하는 '현재의' 전략 캔버스다. 이로써 업계의 현실에 대한 팀원 공통의 이해가 생긴다.

전략 캔버스는
무엇을 보여주는가

〈그림 7-1〉의 전략 캔버스에서 우리는 이 업계가 왜 경쟁이 치열한 레드오션이 되었는지를 정확하게 볼 수 있다. 본질적으로 이 산업은 그 자체가 범용화되었다. 영국에는 자선단체가 수천 개 있지만 기부자들의 관점에서 이 모든 단체의 전략 프로파일은 하나로 수렴한다. 기부자들 눈에는 모든 전통적인 대규모 자선단체가 같은 방식으로 경쟁하는 것으로 보인다. 소규모 자선단체도 마찬가지다. 규모가 크든 작든 자선단체들의 전략 프로파일은 제공하는 수준에 차이가 있을 뿐, 기본적으로는 같은 모양을 하고 있다는 말이다. 전략 프로파일의 기본 모양이 하나로 수렴하는 이유는 규모를 불문하고 모든 자선단체가 조금 덜 투자하고 조금 더 많이 얻으려 하며 또 업계의 모범 사례를 벤치마킹하려고만 하기 때문이다. 그 결과 그림에서 볼 수 있듯 산업 참여자들의 전략 프로파일이 거의 비슷한 곡선 모양을 하고 있다. 사실 이것은 아주 흔한 일이다.

상파울루, 뉴욕, 파리, 라고스, 도쿄의 은행들을 생각해보라. 위치, 외관, 분위기, 심지어 창구 직원에서 큰 차이가 있는가? 이들의 언어를 제외하고는 구매자의 관점에서 모두 비슷하지 않은가? 전 세계의 주유소는 어떠한가? 당신이 기대하는 것에서 큰 차이가 있는가? 차이가 없을 것이다. 로펌이나 컨설팅 회사는 어떠한가? 여기서도 유명한 변호사나 유능한 컨설턴트 때문에 근사해 보인다는 것을 제외하고 큰 차이가 없을 것이다. 이는 일부 사례에 불과하다. 이런 사례는 당신도 얼마든지 찾을 수 있다.

전략 캔버스는 이러한 상황을 변화시키는 데 도움을 준다. 숲과 나무를 구별할 수 있게 해준다. 세세한 부분에서 한 발짝 뒤로 물러나 당신의 산업을 정의하는 윤곽을 분명하게 볼 수 있게 해준다. 또 운영상의 작은 차이 같은 기술적인 세부 사항에 집착하는 대신 산업의 현재상황에 대한 큰 그림을 포착하고 묘사하게 해준다.

산업의 전략 프로파일의 기본 모양에 집중하라. 업계에 만연한 전략적 표준에 이의를 제기하고 변경하지 않으면 블루오션 시프트를 추진하는 것은 불가능하다. 개별 참여자들이 그들의 제품·서비스를 제공할 때 생기는 운영상의 작은 차이를 묘사하는 것은 구매자들이 바라보는 큰 그림을 어지럽히기만 할 뿐, 당신이 의도하는 전략 변경을 위해서 적절하지 않다.

집중성, 차별성,
강력한 태그라인의 중요성

블루오션 시프트를 추진하려면 당신의 전략 프로파일의 기본 모양이 다른 사람들의 것과 비슷해서는 안 된다. 구매자들이 당신의 제품·서비스를 생각할 때 동종 업계의 다른 참여자들의 것과 똑같이 취급하지 않도록 분명한 차이를 보여야 한다. 구체적으로 블루오션 시프트를 추진해 구매자들의 눈에 띄려면, 당신의 전략 프로파일은 다음 세 가지 기준을 충족해야 한다. 첫째, 전략 캔버스에서 전략 프로파일의 기본 모양이 업계의 평균적인 프로파일과 달라야 한다. 단순히 경쟁자와 비교해 조금 다른 정도로는 안 된다. 둘째, 당신의 전략 프로파일은 어느 한 곳에 집중하는 것이어야 한다. 다른 참여자들이 다 같이 경쟁하는 요소에서 단지 조금 더 많이 혹은 조금 더 적게 제공하는 정도여서는 안 된다. 구매자에게 훨씬 더 많은 가치를 제공할 수 있는 주요 요소에 집중하면서, 다른 요소는 제거하거나 감소시켜야 한다. 이렇게 해야 당신의 전략이 더 많은 가치를 제공하면서 비용도 줄일 수 있다.

마지막으로, 당신의 전략 프로파일에는 시장을 상대로 당신의 제품·서비스가 무엇을 제공하는지 적나라하게 보여주는 강렬한 태그라인$_{tagline}$(기업이 상품의 광고와 홍보에 활용하기 위해 독점적으로 소유하는 메시지―옮긴이)이 있어야 한다. 여기에는 진실성이 담겨 있어야 한다. 구매자들은 알맹이 없는 마케팅 슬로건을 금방 알아차린다. 강렬한 태그라인은 전략 프로파일 이면에 있는 집중성과 차별성이 실제로 구매자 가치에서 비약적인 발전을 이뤘음을 확인하게 한다. 차별화 자체를 위한 차별화가 아니라는 것을 확인하는 중요한 시금석이 되는 것이다. 미국에서 빨간 코의 날이라고 알려진, 우리가 제3장에서 자세히 설명한 코믹릴리프의 전략 프로파일을 생각해보자. 〈그림 7-2〉는 코믹릴리프의 전략 프로파일이 영국 자선모금 산업에서 새로운 시장이라는 블루오션을 열면서 여기서 말한 세 가지 기준을 어떻게 모두 충족하는지를 보여준다. 뒤에서 우리는 블루오션 시프트 과정의 제4단계를 다루면서 새로운 '미래의'$_{to be}$ 전략 프로파일을 어떻게 그릴 수 있는지 설명할 것이다.

당신의 산업, 목표로 하는 산업의 현재의 전략 캔버스는 어떤 모양

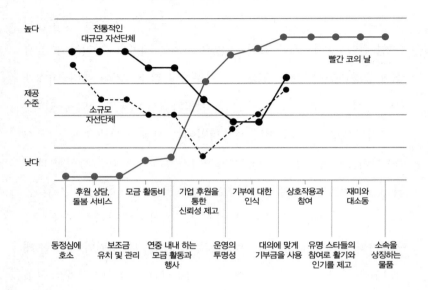

"모금을 위해 재미난 행동을 한다"

을 하고 있는가? 코믹릴리프가 등장하기 전 영국 자선모금 산업의 전략 캔버스와 비슷하게 생겼는가? 구매자 관점에서 보면 당시 이 산업의 모든 주요 참여자의 전략 프로파일이 기본적으로 비슷한 모양을 하고 있었다. 그렇다면 당신의 전략 프로파일은 어떠한가? 다른 모든 참여자들과 비슷한 모양을 하고 있는가 아니면 코믹릴리프처럼 분명히 다른 모양인가? 이는 당신 혼자 답해야 하는 질문이 아니다. 산업의 현재의 전략 캔버스를 그리는 과정을 거쳐 블루오션 팀이 대답해야 하는 질문이다.

전략 캔버스를
어떻게 그릴 것인가

현재의 전략 캔버스는 일종의 자기평가다. 고객을 상대로 하는 조사가 아니다. 팀의 시각, 즉 팀원들이 현재의 전략을 어떻게 조망하고 있는지를 이해하는 것이 목표다. 팀원들은 당신이 경쟁 요소라고 정의한 사업이나 제품·서비스를 어떻게 생각하는가? 당신의 조직과 경쟁자는 각 주요 요소를 얼마나 많게 혹은 적게 제공하는가? 경쟁자와 비교해 가격이 더 비싼가 혹은 더 싼가? 그 원가 구조는 상대적으로 어떠한가? 당신은 현재의 전략 캔버스를 그리면서 얻을 수 있는 통찰이 상당히 많다는 사실에 놀라움을 금치 못할 것이다.

이제 이번 단계가 어떻게 전개되는지를 살펴보자.

속한 산업을 명명한다

해설이 포함된 현재의 전략 캔버스 양식을 가지고 시작하자. www.blueoceanshift.com/ExerciseTemplates에서 양식을 무료로 다운로드 받아 사용할 수 있다. 팀원들에게 이번 과제에서 선택한 사업, 제품·서비스가 경쟁하는 산업 혹은 진입하고자 하는 산업을 기재하도록 요구한다. 이렇게 하는 목적은 팀원 모두가 같은 기준점을 갖기 위해서, 나아가 이러한 기준점이 팀원에게 하달되는 것이 아니라 팀에 의해 결정되어서, 현재의 전략 캔버스를 충분히 자기 것으로 인식하고 작성하도록 하기 위해서다. 간단하고 금방 마칠 수 있는 과정이다. 그러나 이 단계에서 종종 '우리가 위치해야 할' 산업을 기재하려는 팀원이 있을 수 있다. 이런 경우 이번 단계에서는 우리가 '있어야 할' 산업이 아니라 '현재의' 산업을 정의하는 데만 집중한다는 점을 상기시키면 된다. '위치해야 할' 산업은 과정 후반부에 나올 것이다.

업계의 주요 경쟁 요소를 확인한다

블루오션 팀이 이 과제를 풀기 전에, 몇 가지 변수를 설정하는 것이 중요하다.

- 현재의 전략 캔버스에서 주요 경쟁 요소를 5~12개로 규명한다. 요소를 5개 이상으로 정함으로써 가격만이 경쟁 요소라는 익숙한 가정에 이의를 제기해 이전에는 고려하지 않았던 요소들을 발견할 수 있다. 예를 들어 화학제품이나 플라스틱처럼 기초적인 B2B 산업에서 이러한 입장을 취할 때가 많다. 이러한 산업에서는 그들이 판매하는 것은 범용 제품이고 유일한 경쟁 요소는 가격이라고 인식한다. 실제 경쟁 요소에는 평가와 기술지원 서비스, 납품 소요 기간, 재고량 등이 포함되는데도 말이다. 한편 경쟁 요소를 12개 이하로 제한하면 경쟁 요소 목록을 지나치게 길게 작성하려는 팀원들에게 그 모든 요소가 아니라 주요 요소에만 집중하도록 할 수 있다. 목표는 큰 그림에 집중해 지나치게 단순화하지도, 세세한 부분에 빠져들지도 않게 하는 것이다. 영리를 추구하는 기업이라면 가격은 반드시 주요 경쟁 요소에 포

함되어야 한다.

- 주요 경쟁 요소는 제품, 서비스, 배송이라는 플랫폼과 관련될 수 있다. 따라서 목록을 제시할 때는 이 세 가지 플랫폼을 모두 생각하라. 예를 들어 터빈엔진 제조업체라면 주요 경쟁 요소에 고객의 자금 조달(서비스 요소), 엔진 출력(제품 요소), 주문 이행 속도(배송 요소)를 포함할 수 있다.
- 공급 측면의 전문기술 용어를 사용하지 말고 고객의 관점에서 주요 경쟁 요소를 표현할 수 있는 단어를 사용하라. 예를 들어 **메가헤르츠**라는 용어 대신에 **속도**라는 단어를 사용하라.

팀이 경쟁 요소를 논의하기 전에 각자 개별로 목록을 만들어보는 것이 좋다. 이런 식으로 시작하는 것은 다음 세 가지 이유 때문에 중요하다. 첫째, 구성원들을 억압해 그들의 생각을 충분히 반영하지 않은 목록이 나오는 집단순응 사고를 배제할 수 있기 때문이다. 자기검열 때문에 '아니면 어떡하지?'라는 마음이 생길 수 있다. 이것을 없애지 않으면 블루오션 추진 과제의 결론에 의심을 품을 수 있다. '내가 이런 말을 했더라면 결과가 변했을까? 나는 왜 거리낌 없이 말하지 못했을까?'라는 생각은 당신이 구성원들에게 바라는 모습이 아니다. 둘째, 팀원 모두에게 그들이 생각하는 산업의 경쟁 요소를 제시하도록 요구하기 위해서다. 당신은 이 문제를 두고 많이 생각해본 사람이 별로 없다는 사실을 알게 될 것이다. 비록 그들이 많은 생각을 했다고 여기면서 이 과정에 들어왔더라도 말이다. 이 문제에 답하는 것은 사실 쉽지 않은 일이다. 셋째, 각 구성원이 조직과 업계의 활동을 어떻게 해석하는지, 같은 요소를 확인하면서도 구성원마다 어떻게 다르게 해석하는지 (이에 대해서는 곧 설명하겠다)를 인식할 수 있기 때문이다. 사람들은 자기 일로 인해서 시야가 좁혀지는 경향이 있다. 이 과정은 편협한 시각을 타파하는 데 도움이 될 것이다.

일단 모든 팀원이 각자의 목록을 작성하면 이를 취합한다. 바로 이 시점에 각자가 제시한 요소의 목록을 살펴보고, 이를 칠판에 적어 다른 사람의 생각을 서로 알도록 한다. 어떤 요소가 한 번 이상 언급되면 팀원 대다수가 확인하고 동의한 요소가 무엇인지를 알 수 있도록 그 옆에 표시를 해두라.

이 시점에서 각각 제시한 요소 중에서 대략 50~60퍼센트는 겹친다는 사실이 발견될 것이다. 또 때로는 팀원들이 연간 전략 계획을 막 마친 상황인데도 자기는 이 목록을 작성하는 데 시간이 오래 걸렸다고 하는 등 팀원들의 다양한 이야기도 듣게 될 것이다. "우리가 경쟁 요소의 범위를 확인하고 동의하는 것이 이렇게 어렵다면, 어떻게 우리가 진실성 있게 실행할 분명한 전략을 가질 수 있을까?" 또는 "이제 나는 우리가 왜 거기에 도달하지 못했는지 이유를 알았다. 우리는 우리가 어디로 가고 있는지를 몰랐다." 이 과정에서 팀원들은 다양한 사실을 알게 될 것이다. 이러한 통찰의 결과, 팀원들이 그들의 전략을 더 심도 있게 생각할 필요가 있음을 깨닫는다.

이제 일치된 의견이 없는 요소에 집중해 토론을 진행한다. 팀원들에게 왜 그 요소를 제시했는지 논리적으로 설명하도록 요구하면, 산업에 대해 동료들이 통찰하는 다양한 방식을 인식하게 된다. 그리고 산업에 존재하지만 간과했던 요소 또한 재발견하는 기회가 된다. 이 단계에서 팀은 규명된 요소들 중 20~30퍼센트는 팀원들이 서로 다른 이름을 붙였더라도 실제로는 비슷한 논점을 향하는 것을 알게 된다. 또 불과 한두 명이 확인했던 요소지만, 이를 제안한 사람의 설명을 듣고 논의하면서 주요 요소로 인정받을 수 있는 뜻밖의 요소도 찾게 된다.

수평축에 나타낼 주요 경쟁 요소를 확인할 때는 조직의 관점이 아니라 구매자의 관점에서 이 요소들을 표현해야 한다는 사실을 기억해야 한다. 예를 들어 **뛰어난 인력** 혹은 **최첨단 IT**라는 요소는 흔히 주요 경쟁 요소와 혼동하지만, 이는 조직의 요소에 해당한다. 실제로 조직의 강점일 수도 있지만, **할 수만 있다면** 구매자의 마음에 가닿는 요소가 되도록 다른 식으로 표현할 필요가 있다. 구매자가 보지 못하거나 경험하지 못하는 요소들은 삭제해야 한다. 예를 들어 뛰어난 인력이 고객을 위해 무엇을 생산하는가를 의미한다면 **고객 대응성**이 될 수 있다. 마찬가지로 최첨단 IT가 **사용의 편의성**을 의미한다면 이 역시 표현을 그렇게 바꿀 수 있다. 팀이 제품·서비스와 주요 경쟁 요소를 공급자가 아니라 고객의 관점에서 표현하도록 지속적으로 설득하는 것이 중요하다.

마찬가지로 팀원들은 때로는 **브랜드**를 주요 경쟁 요소로 인식한다. 그러나 많은 경우에 조직의 브랜드는 전략 프로파일 그 자체, 즉 조직이 구매자/제공자에게 제공하는 것을 그대로 보여준다. 애플의 제품·서비스가 강력하기 때문에(최첨단이고, 신뢰할 만하고, 사용하기 쉽고, 멋지다) 애플의 브랜드도 강력하다. 구글의 제품이 엄청나게 효과가 있기 때문에(신속하고, 사용하기 쉽고, 신뢰할 만한 결과를 제공한다) 구글의 브랜드도 강력하다. 간단히 말해서 브랜드는 당신이 하는 것이 낳은 결과물이지 따로 떨어져 있는 독립적인 요소가 아니다. 브랜드를 넘어서려면 고객들로부터 브랜드를 매력적이게 만드는 무엇을 얻는지를 물어보라. 예를 들어 페덱스_{Fedex}라는 브랜드는 무엇을 말해주는가? 그것은 신뢰, 신속, 마음의 평화 등을 전해준다. 브랜드가 전해준다고 믿는 가치의 근원을 밝히려면 팀원들에게 자기 조직의 제품·서비스를 고객이 구매하는 세 가지 중요한 이유가 무엇일지 생각하도록 권장하라.

비교 대상이 될 만한 주요 참여자를 결정한다

일단 당신의 팀이 주요한 경쟁 요소 목록을 좁혔다면 최고의 참여자를 선정해야 한다. 이는 최고의 참여자와 비교해 자신의 제품·서비스를 표시하기 위한 것이다. 대개 업계 선도자가 최고 참여자다. 업계 선도자의 전략 프로파일은 다른 기업들의 벤치마킹 대상으로, 경쟁의 기준이 되기 때문이다. 당신이 업계 선도자라면 업계 2위 기업을 경쟁사로 선택하라. '우리 외에 가장 나은 참여자만을 표시한다면, 현재의 전략 캔버스가 산업을 어떻게 묘사할 수 있는가?' 이렇게 의문을 제기할 수도 있다. 우리는 펩시와 코카콜라 혹은 소더비_{Sotheby's}(골동품, 희귀본, 미술품 등을 취급하는 영국의 경매업자—옮긴이)와 크리스티_{Christie's}(영국의 미술품 경매상—옮긴이)를 생각해보라고 말하고 싶다. 혹은 주요 투자은행, 고급 패션 브랜드, 회계법인, 주립대학의 전략 프로파일이 어떻게 생겼는지를 생각해보라.

　이러한 산업의 참여자들은 당연히 이들 간에는 차이가 있다고 주장할 것이고, 틀림없이 차이가 있다. 그러나 구매자(혹은 기부자)의 관점에서 보는 큰 그림에서 이들의 전략 프로파일은 모두 상당히 비슷하다. 시장 선도자의 전략 프로파일을 들여다보면 업계에 만연한, 나아가 이미 많이 닮아 있는 다른 기업들의 전략 프로파일을 알 수 있다. 뿐만 아니라 업계 최고 수준에 있는 기업의 전략 프로파일은 산업을 정의하는 표준이다.

전략 캔버스에 또 다른 참여자의 전략 프로파일을 표시하는 것이 타당하다고 팀원들이 생각한다면, 그렇게 해도 좋다. 그러나 전략 캔버스가 혼란스럽게 보이거나 구매자들이 느끼는 사소한 차이가 크게 보이지 않도록 전략 프로파일을 세 개 이상 표시하는 것은 강력히 만류하고 싶다. 예를 들어 3초 만에 시속 100마일까지 가속하는 자동차와 15초가 걸리는 자동차는 자동차 제조업체나 소수의 자동차광에게는 중요한 문제다. 그러나 보통의 자동차 소유주들은 이러한 차이를 (기술자에게는 미안한 이야기지만) 중요하게 고려하지 않는다. 구매자의 관점에서 큰 그림을 포착해야 한다는 사실을 기억해야 한다. 공급자 관점에서 비교적 작은 틈새시장에 호소하기 위한 기술적인 차이를 포착하려는 것이 아니다.

간혹 최고의 참여자를 하나 이상 표시하는 것이 정말 의미 있는 특별한 상황이 있다. 이러한 상황은 대체로 조직이 두 개의 서로 다른 전략 집단 혹은 대체 산업에 의해 제공되는 시장에서 활동할 때 발생한다. 예를 들어 그룹 세브의 크리스티안 그룹이 이끄는 블루오션 팀이 블루오션 시프트 여정을 떠날 때, 이 팀은 가정용 전기 감자튀김 조리기의 전략 프로파일을 업계 최고의 전통적인 경쟁자인 글로벌 가전회사뿐만 아니라, 새로운 종류의 경쟁자로서 최고의 유통 브랜드의 전략 프로파일도 비교해 표시했다. 대규모 유통 브랜드들이 시장에서 힘을 얻자, 그룹 팀은 이들을 현재의 전략 캔버스에 포함시켜야 할 만큼 중요하다고 생각했기 때문이다.

우리가 중저가 호텔 산업의 한 회사와 함께 일할 때, 이 조직은 구매자의 관점에서 적절한 두 가지 전략 집단인 별 하나짜리 호텔과 별 두 개짜리 호텔의 시장 선도자와 비교해 자신의 전략 프로파일을 표시했다. 또 다른 조직의 팀원들은 시장 선도자의 전략 프로파일이 대표성이 있지만, 산업의 논리에 도전해 빠르게 성장하는 신규 진입자가 등장했다는 사실에 동의했다. 이 신규 진입자는 아직은 산업을 지배하지는 않았지만 곧 그렇게 할 것만 같았다. 그래서 이 팀은 시장 선도자와 신규 진입자의 전략 프로파일을 자신의 전략 프로파일과 함께 표시해야 한다고 주장했다. 이는 전략적으로 매우 의미가 있다.

당신의 제품·서비스와 업계 최고 참여자의 제품·서비스를
주요 경쟁 요소에 따라 평가한다

이제 당신의 사업이나 제품·서비스의 각 요소에 대한 제공 수준을 비교해 평가할 차례다. 두 개의 전략 프로파일 혹은 전략 집단을 표시하기로 결정했다면, 이들 모두의 제공 수준을 평가한다. 여기서는 설명을 단순하게 하기 위해 자기 외의 전략 프로파일을 하나만 더 표시하겠다.

아주 낮을 때는 1점, 보통일 때는 3점, 아주 높을 때는 5점을 부여하는 리커트 척도Likert-type scale(혹은 이를 변형한 척도)를 사용해 각 요소에 대한 당신의 제공 수준을 평가하고, 비교 대상이 되는 참여자가 같은 요소에 제공하는 수준을 평가한다. 이러한 접근 방식은 평점이 아주 높거나 아주 낮을 때 현실을 신속하게 확인할 수 있기 때문에 가장 효과적인 방법이다. 그들 자신과 업계 최고 참여자가 각 요소에서 어느 지점에 위치하고 있는가, 왜 그렇게 생각하는가에 대해 서로 이의를 제기하면서 활발한 토론이 벌어진다. 이러한 토론을 거쳐 팀원들은 과거에 그들이 때로는 제품을 조율하는 서로 다른 심리적 기준을 가지고 있었고, 그래서 서로 이야기가 엇갈렸었다는 점을 깨닫는다. 결과적으로 연간 전략 계획이 큰 그림에 관한 것이기보다는 성과 목표를 달성하기 위한 전술에 관한 것일 때가 더 많았다는 것 또한 알게 되었다. 이는 팀원들의 마음을 더욱 열게 하는 또 다른 **깨달음**의 순간이다.

가격을 표시할 때는 절대가격(구매자들이 보는 가격표에 나온 가격)을 사용해야 한다. 수직축에서 높은 가격이 높은 위치에, 낮은 가격이 낮은 위치에 있어야 한다. 당연한 듯 들리겠지만 팀은 때로는 이 말을 잘못 이해하고 수직축에서 낮은 가격을 높은 위치에, 높은 가격을 낮은 위치에 표시한다. 왜 그럴까? 가격이 가치를 의미한다고 잘못 해석하기 때문이다. 그러나 가격은 가치가 아니다. 가격은 그냥 가격이다. 낮은 가격에 형편없는 제품·서비스를 제공하는 것이 높은 가치를 의미하지 않듯, 높은 가격에 훌륭한 제품·서비스를 제공하는 것이 낮은 가치를 의미하지도 않는다.

팀원들은 이 단계에서 각 경쟁 요소마다 가중치를 두어야 하는 것은 아닌지 묻기도 한다. 가중치를 둘 필요는 없다. 그렇게 하면 잘못된 것에 집중하게 되기 때문이다. 현재의 전략 캔버스를 그리는 목적은 산업이 현재 경쟁하고 투자하는 요소, 구매자들이 각각의 요소에서 받는 제공 수준을 최대한 객관적으로 기록하기 위함이다. 이번 단계의 목표는 주관적인 평가가 아니라 객관적인 평가를 제공하는 것이다. 즉 각 요소에 대한 지분을 절대적으로 많거나 적게 청구하는가, 혹은 제공하거나 집중하는 것이 많거나 적은가, 이에 따라 투자하는가 등을 살펴보는 단계다. 후반부에 팀원들이 시장을 직접 파악하는 과정에서 가치 판단 또한 깊이 살펴보고 현재 존재하는 것에서 앞으로 존재할 수 있는 것으로 옮겨갈 것이다.

현재의 전략 캔버스를 그린다

당신의 조직과 업계 최고 참여자의 '현재의' 전략 프로파일을 표시할 차례다. 수평축에서 가격을 첫 번째 경쟁 요소로 나타내는 것부터 시작해야 한다. 그렇게 해야 가치가 무엇을 의미하는지 명확해진다. 가치는 구매자가 지불하고 교환하는 것이다. 수평축에서 가격 오른쪽으로 나열한 모든 것이 구매자들이 얻는 것이다. 이런 식으로 전략 캔버스를 살펴보면 구매자들이 그들이 지불하는 가격으로 무엇을 얻는지 쉽게 알 수 있다.

다음으로 수평축을 따라 주요 경쟁 요소들을 표시한다. 완성된 현재의 전략 캔버스의 제공 수준이 '낮다 – 높다 – 낮다 – 높다 – 낮다 – 높다'처럼 지그재그 모양의 스파게티 볼처럼 표시되면, 산업의 현재 상황을 파악하고 의논하기가 상당히 어렵다. 이러한 모양을 피하려면 비숫한 평가를 받은 주요 경쟁 요소들을 나란히 정렬해 표시해야 한다.

일단 이 작업을 마치고 나면 팀이 각 주요 요소에 부여한 제공 수준 점수를 표시하고, 점들을 연결한다. 여기에다 업계 최고 참여자의 전략 프로파일을 얹어 현재의 전략 캔버스를 그려낼 수 있다. 마지막으로 팀원들은 그들의 현재의 전략 프로파일을 자세히 살펴보고는 자신의 제품·서비스를 나타낼 강렬한 태그라인을 제시할 수 있는지 생각해봐야 한다. 태그라인을 만들고 나서는 팀이 만든 것이 자칫 광고 슬로건은 아닌지 확인한다. 광고 슬로건은 이 전략과 실제로 의미 있게 연결되지 않는다. 태그라인은 알리고자 하는 전략 프로파일을 진실성 있게 반영해야 한다. 자신들 현재의 전략 프로파일이 업계 최고 참여자의 모양과 유사하다면 팀원들은 강렬한 태그라인, 진실성을 갖고서 울림이 큰 태그라인을 제시하려고 애를 쓸 것이다.

전략 캔버스를 그리면서
무엇을 기대할 수 있는가

전략 캔버스를 그리면서 어떤 통찰을 얻고 그 과정이 어떻게 진행되는지 미국의 한 단체급식 업체의 사례를 통해 살펴보자. 이 회사를 '스쿨푸드'라고 부르자. 이 회사의 수익은 일정 기간 동안 성장세를 멈추었고, 다른 두 주요 참여자들이 이 산업을 지배하고 있다. 이번 경우에는 CEO가 프로젝트를 맡고 블루오션 팀장이 되기로 했다.

이 팀은 그들의 경쟁 요소들을 논의하고는 두 개의 지배적인 경쟁

업체와 비교해 전략 프로파일을 그려보았다. 팀원들은 두 경쟁 업체의 지배력이 워낙 막강하여 자기 회사가 어느 한 기업에만 집중할 여유가 없다고 생각했다. 그러나 이런 생각이 잘못되었다는 것이 곧 드러났다. 이 팀은 두 경쟁 업체의 전략 프로파일이 하나로 수렴할 뿐만 아니라 그들 자신의 전략 프로파일도 두 회사와 엇비슷하다는 것을 확인했다. 세 회사의 전략 프로파일은 재정적 책무_financial accountability_, 관리 서비스의 질, 입찰 과정의 투명성 등의 모든 경쟁 차원에서 유사한 모양을 보였다. 오직 한 가지 차이라면 두 경쟁 업체의 CEO는 지명도가 있지만, 스쿨푸드 CEO에게는 대단한 사명감이 있다는 것이었다. 팀원들은 이를 특징적인 주요 경쟁 요소로 간주하고 전략 캔버스에 포함시키고 싶어 했다. 블루오션 전문가가 이를 캐물었다. "고객들 중에서 여러분이 사명감에 가치를 둔다는 사실을 아는 사람이 있나요?" 팀원은 마지못해 "고객들은 모릅니다. 그러나 저는 그것이 매우 중요하다고 생각합니다."라고 대답했다. 이 팀은 고민과 토론을 거쳐 다음과 같은 결론을 내렸다. "우리는 사명감을 갖고 있다는 사실을 스스로 자랑스럽게 생각한다. 그러나 고객들은 이를 전혀 알지 못한다."

블루오션 전문가가 물었다 "경쟁 업체들이 음식, 서비스의 질, 분위기 측면에서 무엇을 제공하고 있는지를 압니까?" 팀원 모두가 무표정한 얼굴로 침묵했다. 마침내 한 팀원이 답했다. "모릅니다. 그들이 무엇을 제공하는지, 우리 고객들이 우리의 제품·서비스와 그들의 제품·서비스를 비교해 어떤 평가를 내리고 있는지 정말 모르겠습니다." 그다음으로는 더욱 깊이 파고드는 질문이 이어졌다. "여러분의 경쟁 요소로서 음식의 질 혹은 다양성을 왜 인식하지 못했습니까? 여러분은 결국 급식업체 아닙니까?" 모두 흥미를 느끼면서도 창피해했다. 어느 팀원이 "저는 우리가 학교 경영진에게 만족할 만한 최선의 예산안을 제시하면서 운영권을 따내는 데만 집중했다고 생각합니다."라고 말했다.

"다른 경우에도 여러분은 항상 비즈니스에서는 관계 형성이 중요하다고 자주 언급했습니다. 그런데 전략 캔버스에는 왜 이것이 나오지 않습니까?" 팀원들은 서로 쳐다보기만 했다. 사업본부장이 나서서 답했다. "우리는 항상 관계를 개발하고 유지하는 데 많은 노력을 기울였습니다. 그러나 당신도 알다시피 이것이 실제로 고객에게 가치를 더해주지는 않습니다."

다른 팀원이 맞장구를 쳤다. "이 산업은 주로 최저가로 적절한 서비스를 제공하는 경쟁을 합니다. 그러나 이것은 전체 그림의 절반에 불과합니다. 그렇지 않습니까?" 또 다른 팀원이 덧붙였다. "그 점에 대해 깊이 생각해보면 우리 업계에서 경쟁하는 요소는 계약과 관련된 가격, 입찰에서 비용의 투명성, 포괄적인 가격 정책이라고 할 수 있습니다. 이것은 고객에게 최선의 거래를 제공하는 것이지만 최종 사용자에게 최선의 음식을 제공하는 것이라고는 말할 수 없습니다."

스쿨푸드의 블루오션 팀은 45분에 걸친 토론을 마치고는 자신들이 모방 사업을 하고 있다는 사실을 깨달았다. 고객들은 그들의 제품·서비스가 경쟁자의 것과 어떻게 다른지 모른다. 그들은 지명도가 낮은 상황에서 회사의 성장이 왜 일정 기간 동안 멈추었는지 이제 충분히 알게 되었다. 그들은 자신의 제품·서비스가 음식이라는 측면에서 경쟁자들의 것과 어떻게 비교되고 있는지 전혀 인식하지 못하고 있었다. 그리고 실제 고객(음식을 먹는 학생들)에게는 별 가치가 없는 요소를 두고 경쟁했다. 이것은 희소식이었다. 산업 전체가 4기통 엔진을 두고 경쟁하고 있었다. 팀원들 눈 앞에 블루오션을 창출할 수 있는 폭넓은 기회의 공간이 펼쳐졌다. 이제 그들 모두 8기통 엔진을 향한 의지와 열정을 공유했다. 그들은 출발할 생각에 마음이 들떴다.

전략적 시사점에 대해
공동의 이해를 형성한다

이제 당신이 완성한 전략 캔버스를 가지고 전략적 의미를 파악할 때가 되었다. 우선 팀원 모두에게 전략 캔버스를 그리면서 얻은 주요 통찰을 적어보게 한다. 집단 토론을 시작하려면 각 구성원들의 통찰을 공유해야 한다고 말한다. 고민과 생각을 정리하고 자신에게 아주 분명하게 와닿는 것을 구체화하도록 하는 과정은 블루오션 시프트를 성공적으로 추진하는 데 핵심이라 할 자신감과 주인의식 형성에 중요한 역할을 한다. 집단 토론이 진행되는 동안 일어나게 될 일에 대한 기대를 미리 분명하게 설정하는 것은 모두가 깊이 생각하도록 장려하기 위한 분위기를 만드는 동시에 이것이 공정한 절차라는 생각을 강화한다.

　팀원 각자가 통찰을 공유하고 나면 당신은 집단적인 전략적 통찰을 충분히 인식하도록 자유롭게 질문하면서 모든 사람의 의견을 깊이 생각하려고 할 것이다. 여기에는 자세히 조사해야 할 몇 가지 영역이 있다. 우리 제품·서비스의 전략 프로파일의 기본 모양이 업계 최고 참여자의 것과 비슷한가 아니면 그것과 다른 모양인가? 우리의 전략 프로파일은 진실성이 있는 강렬한 태그라인을 가질 만한 자격이 되는가? 아니면 우리의 전략 프로파일은 '우리가 열심히 노력하지만 경쟁 업체와는 별다른 것이 없습니다'라는 식으로 다소 정직하다는 것을 확인시켜주는가? 완성된 현재의 전략 캔버스를 본 잠재 고객은 우리의 팬이 되어 우리의 제품·서비스를 구매하게 될 것인가 아니면 무관심하게 반응할까? 그리고 투자자들이 이를 본다면 기대 성장률을 보고 더 많이 투자하게 될까? (당신의 조직이 강력한 전략을 가지고 있을 때) 전략 캔버스는 투자를 유치하고 구매자들에게 왜 당신을 좋아해야만 하는지를 객관적으로 보여주기 위해 사용하는 강력한 도구다.

전략 캔버스를 그리는 과정에서 드러난 중요한 통찰을 잃지 않으려면, 팀장은 이 과정 전반에서 합의 혹은 이견이 얼마나 많이 발생했는지 깊이 살펴봐야 한다. 팀원들이 주요 경쟁 요소의 목록, 상대적인 제공 수준, 업계 최고 참여자를 선택하는 과정에서 의견 차이를 보이면 다음과 같은 질문을 던져 그 의미를 따져본다. "모두가 수용하는 분명한 전략적 비전 없이 어떻게 시장에서 지속적으로 제품을 판매할 수 있는가?", "우리가 제공하는 것에 대해 조직으로서 일치된 의견이 없는데도 어떻게 고객들이 우리의 제품·서비스를 구매하도록 설득할 수 있는가?", "우리의 전략에 우리끼리도 이렇게 이견이 있는데, 어떻게 일관적인 투자를 결정할 수 있는가?"

만약 브랜드가 이미 잘 알려졌고 지금까지는 산업을 지배했지만 수익이 감소하고 기대 성장률이 악화되고 있으며 최고의 인재를 유치할 능력도 약화되는 회사에 속해 있다면 다음 두 가지 사항에 유의해야 한다. 이 같은 상황에서 우리는 이러한 추세가 얼마나 심각한지, 얼마나 오래갈 것인지 혼란스러워하면서 이를 강하게 부인하는 모습을 자주 보아왔다. 그러므로 다음 두 가지 사항에 유의해 전략 캔버스를 살펴볼 필요가 있다. 이런 경우에는 당신의 현재의 전략 프로파일이 블루오션을 항해할 때의 특징과는 정반대의 것을 나타낸다. 즉 주요 경쟁 요소는 덜 제공하면서 브랜드 자체에 값을 매겨 제품·서비스에 경쟁 업체보다 더 높은 가격을 청구하는 아이러니한 상황이 드러난다(이는 대개 당신이 평판에만 의지해 자만하거나, 이제는 당신보다 사업을 더 잘하는 경쟁 업체가 등장하는 현상들이 복합적으로 작용하기 때문이다). 또 당신의 현재의 전략 캔버스는 당신의 전략 프로파일이 원가와 함께 본질적으로 모방 사업이 되었다는 사실을 보여준다. 이는 당신이 다양한 경쟁 요소 전반에 투자를 많이 했기 때문이다.

한편 갑자기 등장한 신규 진입자가 당신과는 달리 관심을 집중시키는 전략 프로파일과 강렬한 태그라인을 가진 경우도 있을 것이다. 지금 상황이 이 두 가지 시나리오 중에 하나라면, 이런 질문을 던져 팀원들을 자극해야 한다. "점진적인 개선은 시간을 벌어준다. 그러나 그렇게 해서 우리가 견실하고도 수익성이 좋은 성장을 할 수 있는가? 이것이 정말 우리가 비용을 절감하면서 우리의 제품·서비스가 경쟁에서 빠져나와 돋보이도록 할 수 있는가?" 그리고 침묵하라. 이 질문이 충분히 이해되도록 하고, 팀원들의 반응이 나올 때까지 기다려라.

현재의 전략 캔버스가 당신 조직의 전략 프로파일이 모방 사업이거나 경쟁자에 비해 열등하다는 사실을 보여준다면, 이는 블루오션 시프트를 추진해야 할 필요성을 강조하는 강력한 수단이 된다. 그러나 여기서 멈춰서는 안 된다. 가득 찬 컵에는 물을 더 이상 담을 수 없다는 격언이 있다. 마찬가지로 사람들은 다 안다고 느낄 때는 갈증을 느끼지 않는다. 결과적으로 배우려는 여지를 제한하는 것이다. 목표는 팀원들이 블루오션 시프트의 필요성을 인식하고, 그들의 정신적 컵이 가득 차지 않았다는 것을 깨닫고 세상을 새롭게 보고 싶다는 갈증을 느끼도록 하는 것이다. 이것이 새로운 아이디어에 마음을 열고 블루오션 시프트를 추진하게 하는 것의 핵심이다.

학습자들에게 자신감을 심어주기 위해 이 과정에서 팀원들이 한 발언의 개요를 작성해 이번 단계에서 발견한 사실들을 부각시킨다. 이 목적에 잘 부합하는 종류의 발언으로는 다음과 같은 것들이 있다.

- "우리의 주요 경쟁 요소를 확인하는 것은 생각보다 어렵다. 전략 캔버스를 그리기 전에는 쉬워 보였지만, 큰 그림을 제대로 파악하고 구매자의 시각에서 산업을 보는 사람은 거의 없다."
- "우리와 이 업계의 다른 모든 참여자는 동일한 경쟁 요소들을 반사적으로 받아들이고 있고, 그들이 우리의 경쟁자라는 이유만으로 그들이 구매자 가치를 제공한다고 생각하는 경향이 있다. 그러나 이것은 사실이 아니었다. 그저 우리는 기존 경쟁 조건에 대해 어떤 문제도 제기하지 않았고 아무런 의심 없이 따르기만 했다."
- "우리의 전략은 수동적이고 경쟁에 휘둘리는 경향이 있다."
- "이 산업의 모든 참여자의 전략 프로파일을 그려보면 고객의 눈에는 미미한 차이만 있을 뿐, 우리를 포함한 주요 경쟁자의 전략 프로파일은 별로 다르지 않을 것이다."

- "우리의 제품·서비스가 가진 모순은 이 제품·서비스를 지원하는 다른 경쟁 요소는 무시하면서 어느 한 경쟁 요소에 집중하는 것이라고 생각한다. 예를 들어 온라인 매장을 아름답게 꾸미겠다고 많은 투자를 하면서 화면 로딩 속도에는 투자하지 않는다."
- "우리가 제공하는 수준과 가격에는 전략적 불일치가 존재한다. 기본적으로 우리는 더 받고 덜 제공한다."

계속
나아간다

이제 이 팀은 현재의 전략 캔버스를 작성하고는 현재 상황, 업계에 만연한 가정, 기존 참여자들의 전략이 비슷해진, 소위 경쟁적 수렴competitive convergence의 정도를 포착하는 한 쪽짜리 그림을 확보했다. 팀원들은 변화가 있어야 한다는 당연한 말을 듣기보다는 변화의 필요성을 스스로 발견했다. 변화의 필요성을 확인했기 때문에 변화를 인정한다. 완성된 전략 캔버스는 블루오션 시프트가 마땅히 있어야 하는지 혹은 그렇지 않은지에 대해 설득력 있고 객관적인 근거가 될 뿐 아니라, 새로운 아이디어를 평가하기 위한 훌륭한 기준선을 제공한다.

스쿨푸드 사례에서 살펴봤듯, 때로는 경영진 중 한 사람을 블루오션 팀의 팀장으로 기용할 수 있다. 이는 확실히 커다란 장점이 있지만 항상 가능하지는 않다. 그렇기 때문에 이번 과정 전반에서 얻은 통찰을 경영진에게 계속 보고해야 한다. 그래야만 명확한 기대를 설정하고 그들의 기대를 관리할 수 있다.

첫 번째 단계를 마쳤을 때와 마찬가지로 조사 결과와 현재의 전략 캔버스를 통하여 배운 바를 전체 조직이 공유하려면, 팀원들이 자신의 영역으로 돌아가도록 하는 것이 중요하다. 팀원들은 자신의 영역에서 임원이든 동료든 모든 사람에게 전략 캔버스를 그리는 과정에서 일어난 이야기를 자세히 전달해야 한다. 여기에는 현재 상황에 대한 그들의 이해가 어떻게, 왜 바뀌었는지, 현재의 전략 캔버스가 무엇을 보여주는지, 이 팀의 전체 토론에서 무엇을 밝혔는지에 대한 설명도 포함되어야 한다. 이는 조직 구성원들에게서 이 과정에 대한 지원을 얻어내고 그들이 이 과정을 당연시하도록 한다. 이것이 실행을 가능케 하는 비결이자, 모두가 배운 바를 대대적으로 알리는 기회, 또 공동의 언어를 형성하는 계기가 된다. 그리고 조직이 직면한 현재 상황의 전략적 현실에 대한 일치된 그림을 공유할 수 있다. 나아가 대부분의 직원이 조직에 관한 전략적 대화에 참여한 적이 별로 없기 때문에, 이 과정은 사람들이 중요하다고 느끼는 지점에서 포용의 문화를 창출한다.

다음 단계로 넘어갈 차례다. 다음 장에서는 현재의 산업 혹은 목표로 하는 산업이 제품·서비스에 대한 수요를 제한하고 잠재 고객을 차단하여 숨겨진 문제점을 발생시키는 방식을 발견하게 될 것이다. 블루오션 시프트 과정에서 문제점과 경계는 제약이 아니다. 전략이 펼쳐지는 현장을 바꾸는 확실한 기회들이다. 이제 이를 살펴보자.

BLUE OCEAN SHIFT

제3단계

어디에
도달할 수 있는지를
상상해본다

제8장

산업의 규모를 제한하는
숨겨진 문제점을 발견한다

현재의 전략 캔버스를 손에 쥐면 산업의 현재 상황에 대한 큰 그림을 모두가 볼 수 있다. 이것은 팀원들에게 합의된 기준선을 제공하여 그 위에 새로운 아이디어를 펼칠 수 있게 한다. 이제 우리의 목표는 큰 그림으로 얻는 산업의 기본 가정과 경계가 동시에 산업의 매력과 규모를 제한하는 '문제점'pain point이 된다는 것을 인식하는 일이다.

문제점의 의미는 이름 그대로다. 사업 혹은 제품·서비스에서 구매자들이 알게 모르게 참아야 하는 여러 측면으로서, 효용을 감소시키거나 불편을 일으켜 비고객들이 다른 대안으로 눈을 돌리게 만드는 것을 가리킨다. 효용이 구매자에게 제품·서비스가 제공하는 만족을 나타낸다면, 이러한 효용을 가로막는 정반대 상황(산업이 구매자에게 부과하는 불편함 혹은 문제점)을 말한다. 블루오션 시프트 추진 과정에서 (대체로 숨어 있는) 문제점은 제약이 아니다. 문제점은 전략이 펼쳐지는 현장을 바꾸는 엄청난 기회다. 그러나 대부분의 산업에서는 구매자들이 문제점을 불가피한 요소로 인식하고 이에 무감해지면서 문제점을 제대로 보지 못한다.

미국의 와인 산업을 예로 들어보자. 미국은 1인당 주류 소비량이 비교적 높은 나라지만, 와인을 마시는 사람은 많지 않다. 미국에서 와인 판매량은 전체 주류 판매량에서 겨우 15퍼센트 정도를 차지한다. 왜 그럴까? 와인 양조장이 수천 개나 있고, 와인 종류만도 수백 개가 되며, 난해한 상표만도 수만 개 되는데, 그중에서 무엇을 골라야 하는지를 생각해보면 금방 답이 나온다. 게다가 당신이 와인오프너가 없는 80 퍼센트에 달하는 미국 소비자 중 한 사람이라면 와인 병을 따는 것도 쉽지 않다. 또 손님들 앞에서 잘못 고른 와인이나 제대로 보관을 하지 못한 와인을 내놓는 것도 민망한 일이다.

우리는 산업에서 구매자의 효용을 가로막고 산업의 매력을 떨어뜨리는 관행을 한눈에 파악하는 구매자 효용성 지도buyer utility map를 개발했다. 이 도구는 산업(심지어는 경쟁이 치열한 산업)이 현재의 구매자와 잠재적인 구매자에게 문제점을 초래해 수요를 제한하는 방식을 이해하는 기반을 제공한다. 팀원들이 이 지도를 가지고 작업을 하면, 블루오션 기회가 존재하고 그들이 이러한 기회를 창출하는 데 필요한 자원을 가지고 있다는 사실을 객관적으로 인식하게 될 것이다.

팀원들이 이러한 견해를 실제로 내면화하는 것이 중요하다. 바로 이

시점에서 팀원들은 보통 두 종류의 강력한 감정을 경험하기 때문이다. 현재의 전략 캔버스를 작성한 후, 팀원들은 현재 상황을 유지하거나 약간 변경하는 정도로는 조직이 견실하고도 수익성이 좋은 성장 경로에 올라서지 못할 것이라는 사실을 이해했을 것이다. 치열한 경쟁에서 빠져나와 블루오션으로 들어서려면 이와는 다른 무언가를 해야 한다. 이러한 느낌과 함께, 근원적이면서도 차마 꺼내지 못하는 질문이 또 하나 나온다. '블루오션 기회가 존재한다면 무엇 때문에 산업의 모든 참여자들이 이를 놓쳤는가?' 이 때문에 그들이 실제로 블루오션을 창출할 수 있는가에 관해 계속 자기 회의 또는 의구심을 갖는다.

팀장은 이러한 의구심을 무시해서는 **안 된다.** 이러한 의구심이 존재하지 않는 것처럼 여기는 것은 문제를 방치하고 곪게 하는 것과 같다. 그리고 블루오션 여정에서 작은 장애물에도(실제로 장애물이 있기 마련이다) 팀의 자신감이 쉽게 흔들릴 수가 있다. 이러한 의구심을 인정은 하면서도 이를 얼렁뚱땅 넘기려고 하는 것도 효과가 없기는 마찬가지다. 의구심은 다시 떠오르기 마련이다. 그러므로 이러한 대응 대신에 당신은 의구심의 싹을 잘라버리고 팀원들이 자신의 능력과 창의성을 계속 발견해 집단적인 자신감을 형성하도록 해야 한다.

어떻게 하면 될까? 팀은 이미 그들 산업의 현재의 전략 캔버스를 그리는 작업으로 직접적인 발견의 과정을 경험하기 시작했다. 이제 이를 심화할 기회를 가질 것이다. 업계가 개척하지 못한, 좀 더 적절하게 말하자면 산업이 스스로에게 부과한 경계와 일련의 가정에서 기회를 창출하는 방법을 탐색할 것이다. 이는 직관에 반하는 것처럼 보일 수 있다. 그러나 팀은 자신의 업계에서 마치 '진리'처럼 자리잡은 요소들에 대한 깊은 이해를 얻음으로써, 산업의 문제 때문에 이탈한 고객이 누구인지, 생각지도 못했던 비고객은 어떤 사람들이 있는지 발견하게 된다. 구매자 효용성 지도는 이러한 통찰을 얻는 것을 돕기 위해 개발된 도구다.

구매자
효용성 지도

구매자 효용성 지도는 팀원들이 (자신의 산업을 포함해) 거의 모든 산업에 해결해야 할 심각한 문제가 있다는 사실을 인식하는 데 도움을 준다. 이 지도는 구매자들이 어떤 산업의 제품·서비스를 사용하면서 얻는 다양한 경험을 요약한다. 이렇게 함으로써 해결해야 할 문제점을 발견하면서 업계에서 제기하지 않았던 문제를 보여주고, 역으로 이러한 문제를 다루기 위한 대단히 효용성이 큰 해결책을 찾게 해준다. 이는 경쟁에서 빠져나와 시장 규모를 확대할 숨은 기회를 창출하면서, 산업이 구매자들에게 효용을 제공하는 다양한 방법뿐 아니라, 효용을 가로막는 지점을 확인하도록 해준다. 이제 이것이 어떻게 작동하는지 지도의 범위를 자세히 살펴보자.

여섯 단계의 구매자 경험 주기: 이 지도는 구매자 경험의 전체 범위를 요약하는 것으로 시작한다. 이는 업계에서 일반적으로 상정하는 범위보다 항상 더 넓다. 〈그림 8-1〉의 수평축에서 알 수 있듯, 고객의 경험

여섯 단계의 구매자 경험 주기

	구매	배달	사용	보완	유지	처분
고객 생산성						
단순성						
편의성						
위험 감소						
재미와 이미지						
환경 친화성						

여섯 가지의 구매자 효용 수단

은 대체로 한 사이클을 순차적인 여섯 단계로 구분할 수 있다. 구매, 배달, 사용, 보완(제품·서비스가 작동하는 데 필요한 다른 제품·서비스), 유지, 처분이다. 각 단계에는 다양하고도 구체적인 경험이 포함된다. 예를 들어 소매점이라면 구매는 매장에 도착해 원하는 것을 찾아서 계산하는 것을 포함한다. 이 여섯 단계는 때로는 산업의 특성에 맞게 변형될 수도 있다. 예를 들어 당신이 다시 한 번 와인 산업의 고객이라고 생각해보자. 당신의 구매자 경험 주기는 탐색(종류, 동반 음식, 지역 등)→구매→냉각→병 따기/나누기→마시기→병 처분이라는 단계를 따를 것이다.

흥미로운 사실은 많은 산업에서 구매자 경험 주기의 한두 단계에 집중하고 나머지 단계의 숨은 모든 기회를 간과한다는 것이다. 이처럼 제한된 합리성bounded rationality이 때로는 산업의 참여자들 눈에는 띄지 않는 문제점을 만들어낸다. 문제점이 발생하는 이유는 단순하다. 그들이 이를 문제라고 생각하지 않고 있기 때문이다. 구매자 효용성 지도를 사용하면 구매자 경험 주기의 모든 단계를 확인함으로써 구매자 가치를 훼손하면서도 업계에서 의심 없이 받아들여지는 가정이 무엇인지 통찰할 수 있다.

여섯 가지의 구매자 효용 수단: 구매자 효용성 지도는 조직이 구매자에게 더 많은 효용을 제공하기 위해 사용할 수 있는(혹은 사용하지 않을 수 있는) 주요 수단을 보여준다. 이 지도의 수평축에는 여섯 단계의 구매자 경험 주기가 표시되어 있고, 수직축에는 여섯 가지의 구매자 효용 수단이 표시되어 있다. 이로써 36개의 잠재적인 '효용 공간'이 그려진다. 수직축의 '단순성', '재미와 이미지', '환경 친화성'의 경우에는 이러한 수단이 제공하는 효용이 분명하다. 사업, 제품·서비스가 고객에게 금전적, 물리적, 평판적으로 가해지는 '위험을 줄일 수 있다'는 효용이라는 것도 상당히 타당하다. 그리고 구하고 쓰기 쉬운 제품·서비스는 '편의성'이라는 효용을 제공한다. 가장 흔히 사용되는 수단은 제품이 구매자 경험 주기의 각 단계에서 시간, 노력, 돈을 절약함으로써 고객의 요구를 얼마나 효과적으로 충족시키는가를 포착하는 '고객 생산성'이다. 흥미롭게도 산업이 수평축의 여섯 단계 중 작은 일부에만 집중하듯, 여섯 가지 효용 수단 중에서도 전체 집합이 제공하는 광범위한 기회를 간과하면서 작은 부분집합에만 집중한다.

당신의 산업 혹은 목표로 하는 산업은 이 36개의 공간 중 어디에 노력을 집중하고 있는가? 레드오션 산업의 경영진은 주로 한정된 몇 개에만 집중하고 나머지는 사실상 블루오션의 가능성을 열어둔 채로 방치한다. 예상하지 못한 문제점이 바로 그곳에 존재한다. 뒤에서 살펴보겠지만 제1장에서 설명한 그룹 세브의 크리스티안 그룹 팀은 유럽의 전기 감자튀김 조리기 산업의 구매자 효용성 지도를 채우면서 문제점을 찾아냈다. 이것은 이상한 일이 아니다. 자신이 개척할 수 있는 효용 공간의 범위, 즉 그들이 현재 얼마나 좁은 범위에만 집중하고 있는지를 깨닫고 있는 업계나 조직은 소수에 불과하다. 그리고 사람들에게 (아무런 도움이 없이) 새로운 효용이 창출될 수 있는지를 생각해보라고 주문하는 것은 그들의 시야를 확장하는 데 별 도움이 되지 않는다.

그들의 산업이 몇 안 되는 공간에만 집중하고 있는 것을 **알 때**, 그리고 개척할 효용 공간의 범위를 **알고서** 이를 지목할 수 있을 때, 비로소 숨어 있는 가치가 어디에 있는지를 그들이 실제로 **아는** 것이라 할 수 있다. 이는 킴벌리-클라크 브라질에서 블루오션 팀이 구매자 효용성 지도를 화장실 휴지에 적용했을 때 일어난 일이었다. 모두가 처음에는 마음속으로 '화장실 휴지처럼 단순한 제품에 무엇을 할 수 있단 말인가?'라고 의심했다. 모두가 이 산업은 범용화되어 있는 레드오션이라는 사실을 알기 때문이었다. 그들은 화장실 휴지를 경쟁 업체보다 원가 면에서 효율적으로 생산하는 것 외에 할 수 있는 것은 생각하지 못했다. 그러나 당신이 앞으로 보게 되듯, 구매자 효용성 지도는 그들이 이 산업에서 블루오션을 창출하기 위해 개척할 수 있는 광대한 미

구매	배달	사용	보완	유지	처분
고객 생산성		각 단계에서 고객 생산성에 가장 큰 장애물은 무엇인가? 이러한 장애물이 발생하는 가장 중요한 원인은 무엇인가?			
단순성		각 단계에서 단순성에 가장 큰 장애물은 무엇인가? 이러한 장애물이 발생하는 가장 중요한 원인은 무엇인가?			
편의성		각 단계에서 편의성에 가장 큰 장애물은 무엇인가? 이러한 장애물이 발생하는 가장 중요한 원인은 무엇인가?			
위험 감소		각 단계에서 위험 감소에 가장 큰 장애물은 무엇인가? 이러한 장애물이 발생하는 가장 중요한 원인은 무엇인가?			
재미와 이미지		각 단계에서 재미와 이미지에 가장 큰 장애물은 무엇인가? 이러한 장애물이 발생하는 가장 중요한 원인은 무엇인가?			
환경 친화성		각 단계에서 환경 친화성에 가장 큰 장애물은 무엇인가? 이러한 장애물이 발생하는 가장 중요한 원인은 무엇인가?			

개발의 효용 공간을 발견하는 데 도움을 주었다.

구매자 효용성 지도는 이러한 문제점이 정확하게 무엇이고 이 지도 어디에 숨어 있는지를 자세하고도 분명하게 살펴볼 수 있도록, 모든 가능성을 체계적으로 생각하기 위한 간단하고도 구조적인 방법을 제공한다. 〈도표 8-1〉이 보여주듯 팀원들은 각 효용 수단의 가장 큰 장애물과 구매자 경험 주기의 각 단계에서 이러한 장애물을 발생시키는 요인을 생각하라는 지침을 받게 된다. 또 과거에는 어느 누구도 보지 못했거나, 참여자들이 지금 벌어지는 게임에서 서로 경쟁하는 데만 집

중한 나머지 알면서도 무시했던 문제점을 발견하면서 **깨달음**을 얻게
된다.

구매자 효용성 지도를
작성하자

제품·서비스에 대한 구매자 효용성 지도를 어떻게 작성해야 할까? 이
제부터 자세히 이야기해보자.

구매자 경험 주기를 가지고 시작한다

우선 팀원들에게 〈그림 8-1〉에 제시된 구매자 경험 주기의 양식을 보
여주면서 팀원 모두가 여기 담긴 내용을 확실히 알도록 한다. 관련 자
료와 양식을 www.blueoceanshift.com/ExerciseTemplates에서
다운로드 받아 사용할 수 있다. 이것을 기준으로 팀원들에게 구매자
입장이 되어 구매에서 처분에 이르는 과정 전체의 경험을 생각해보도
록 한다. 많은 산업의 구매자 경험 주기는 일반적으로 이 그림에 나오
는 포괄적인 양식을 따르지만, 각 사업이나 제품·서비스에 맞게 이를
변형할 수 있다. 예를 들어 전체 단계 중에서 일부를 바꿀 수도 있고,
산업의 구체적인 특성을 반영해 단계를 보태거나 뺄 수도 있다. 예를
들어 PC 산업의 경우 구매자의 전형적인 경험에는 배달과 사용 사이
에 설치라는 단계가 포함된다.

다음으로 팀원들에게 주기의 각 단계에서 경험하는 구체적인 활동을 규명하도록 한다. 팀원 모두가 제품의 수명 전반에 걸쳐 구매자가 실제로 무엇을 경험하는지 풍부하고도 완전하게 이해해야 한다. 예를 들어 PC 산업에서 말하는 설치에는 크고 단단하게 포장된 박스에서 PC를 꺼내고, 설치 안내문을 읽고 이해하고, 전선을 부속장치에 연결하고, 가구 밑으로 기어들어 가고(이 순간에 우리는 머리가 부딪힐 때가 많다), PC를 전원에 연결하고, 박스와 보호용 포장재를 버리는 것이 포함된다.

구매자 효용 수단을 탐색한다

구매자 경험 주기 전체가 채워졌다면 여섯 가지 구매자 효용 수단으로 넘어갈 수 있다. 팀장은 각 구매자 효용 수단이 무엇을 의미하는가를 팀원 모두가 이해할 수 있도록 〈도표 8-2〉에 나오는 개괄적인 개념을 게시한다. 그러고는 각 단계별로 순차적으로 넘어가면서 〈도표 8-1〉에 나오듯 각 단계마다 두 가지 질문을 제기한다. 즉 "이번 단계에서 [여기에 '고객 생산성' 같은 효용 수단을 한 가지씩 집어넣는다]에 가장 큰 장애물은 무엇인가?", "이러한 장애물이 발생하는 가장 중요한 원인은 무엇인가?" 이 두 질문은 같은 문제를 다루고 있지만 두 가지 관점에서 탐색할 수 있게 해 풍부한 대답이 도출되도록 한다.

이러한 통찰이 얼마나 효과적일 수 있는지 멕시코 가구 업계의 한 회사 사례를 살펴보자. 예로부터 이 업계에서 배달이라고 하면 신제품 가구를 구매자의 집 안으로 들이는 일을 가리킨다. 그런데 멕시코시

각 구매자 효용 수단의 의미를 명확히 이해하고 참조하기 바란다.

고객 생산성: 구매자의 요구를 충족시키는 과정에서 효율성과 관련이 있는 것(시간, 노력, 돈을 적게 사용한다).

단순성: 복잡한 일 혹은 정신적으로 성가신 일을 제거하거나 줄이는 것.

편의성: 원하는 것을 언제 어디서든 구할 수 있는 상황. 예를 들어 연중무휴, 24시간영업.

위험 감소: 금전적, 물리적, 감정적, 평판에 가해지는 위험을 줄인다.

재미와 이미지: 제품 · 서비스가 전하는 유 · 무형의 외모, 느낌, 태도, 스타일.

환경 친화성: 이 효용 수단은 환경 문제에 관한 것이다. 당신의 제품 · 서비스는 환경 친화적인가? 구매자들은 당신의 조직에 환경 친화적이라는 유력한 평판이 있기 때문에 당신의 제품 · 서비스를 선호하는가?

티에서는 건물 로비에 둔다는 의미였다. 그러나 이 팀은 구매자의 관점에서 배달의 의미를 구체화하면서 이러한 개념이 얼마나 좁은 것이었는지, 나아가 이 업계가 자신도 모르게 부과했던 문제점이 무엇인지를 금방 깨달았다. 구매자를 위한 배달은 가구를 건물 로비에 내려놓는 것뿐만 아니라 이를 로비에서 집 안으로 옮겨놓는 것도 포함된다. 많은 팀원은 사람들이 피곤한 몸으로 퇴근해서 가족이나 친구와 함께 새 가구를 집으로 힘겹게 옮길 때의 끔찍했던 경험을 털어놓았다고 말했다. 가구 업계의 임원들은 고객들이 신제품 가구로 잘 꾸며진 새 방을 얻을 수 있으면 문제는 사라진다고 생각했다.

이렇게 생각하는 것은 이상하지 않다. 우리 중 대다수가 보험회사와의 거래에는 속임수가 따르고, 자동차에 연료를 넣는 것은 짜증이 나고, 병에 든 물은 옮기거나 저장하기가 힘들고, 다림질을 할 때는 크고 불편하며 보관하기도 힘든 다리미판이 필요하다는 것을 당연하게 생각하지 않는가? 구매자 경험 주기의 각 단계에서 나타나는 효용의 장애물을 구체화하면서, 시장을 잘 안다고 자부하던 경영진조차도 간과했던 부분이 있음을 알게 된다.

구매자 효용성 지도를 채운다

효용의 장애물이 나타나면, 문제점이 드러나는 각 공간에 '×' 표시를 한다. 〈그림 8-2〉는 그룹 세브의 블루오션 팀이 가정용 전기 감자튀김 조리기를 위해 작성한 구매자 효용성 지도다. 지도를 보면서 ×를 표시를 한 이유를 말풍선이나 다른 종이를 사용하여 기재한다. 이 팀이 여기서 얻은 통찰을 놓쳐서는 안 되므로, 각 문제점의 이면에 도사린 원인을 분류하는 것은 중요하다.

　마지막으로 업계가 현재 집중하고 있는 효용 공간에 'ㅇ' 표시를 한다. 산업이 살짝 발을 걸친 공간에조차 ㅇ 표시를 해서 지도를 ㅇ로 뒤덮어 그려서는 안 된다. 이 작업을 효율적으로 수행하려면 팀원들이 산업의 핵심 효용을 추출하도록 해야 한다. 다시 한 번 말하지만 목표는 큰 그림을 그리는 것이다. 기준선이 필요하다면 현재의 전략 캔버스로 되돌아가자. 산업이 구매자의 관점에서 기본적으로 무엇을 제공하는가를 되짚어보면서 구매자가 당신의 제품·서비스를 사용할 때 경험하는 핵심적인 효용을 요약한다.

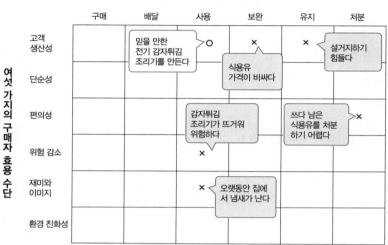

예를 들어 그룹 세브의 크리스티안 그룹 팀은 치열한 경쟁에도 불구하고 이 업계가 서른여섯 가지의 잠재적 효용 공간에서 오직 한 가지, 즉 사용에서의 생산성에만 집중해 합리적인 가격대로 믿을 만하게 작동하는 전기 감자튀김 조리기를 만들고 있다는 사실을 확인했다. 〈그림 8-2〉에 ○로 표시된 부분이다.

팀이 지도를 작성할 때 당신은 팀원들에게 현재의 부정적인 면이 미래의 전략에 긍정적인 면이 될 수 있다는 점을 분명히 알려야 한다.

그들이 규명한 문제점이 구매자의 관점을 반영해야 한다는 사실도 알려야 한다. 산업의 부정적인 면을 발견할 때 조직 구성원들은 불편을 느끼거나 방어적이 될 수 있기 때문이다. 이때 당신의 역할은 이러한 문제점 이면에 잠재된 기회가 있음을 주지시키는 것이다. 이 지도가 보여주듯 당신 조직과 산업이 집중해온 것은 과거에는 성공하기에 충분했었다는 사실을 그들에게 알린다. 핵심은 과거를 되돌아봐서도, 누군가를 비난해서도 안 된다는 것이다. 중요한 것은 멋진 미래를 함께 만드는 것이고 문제점의 발견이 바로 그 강력한 실마리를 제공한다는 것이다.

지도를 작성하는 이번 단계에서 마지막으로 주목할 것이 한 가지 있다. 때로는 지도 작성을 마치고 나서 한두 사람이 결과에 의문을 제기할 수도 있다. 그리고 이후에 전개될 블루오션 시프트 과정에서 고객이나 비고객을 만나 대화를 나누고 추가적인 통찰을 얻어 진행을 변경할 수도 있다. 이를테면 구매자 효용성을 확인하는 초기에는 발견하지 못했던 일들이 드러나거나 의미가 있는 것으로 밝혀지거나 반대로 확인한 사항들이 생각보다 중요하지 않다고 밝혀지는 것이다. 그러나 이 시점에서 결과의 정확성에 우려를 표명하는 팀원들에게 이런 질문을 함으로써 필요한 조치를 취해야 한다.

"부정확하다고 생각하는 부분이 얼마나 되는가? 100퍼센트인가? 20~25퍼센트인가?"

우리의 경험에 따르면 부정확하다고 제기되는 부분은 가장 낮은 퍼센트일 것이다. 이는 당신에게 이런 결과가 갖는 강점을 강조할 기회를 제공한다. 이 팀이 확인한 효용의 장애물 중 20~25퍼센트가 부정확하거나 불완전하다고 하더라도, 이번 단계에서 밝혀진 나머지 75퍼센트는 유효하다는 뜻이기 때문이다. 간단히 말하자면 효용 장애물은 여전히 존재하고 이를 통해 전략이 펼쳐지는 현장을 재정의할 기회를 보여준다. 그다음에 팀원들에게 이번 과제가 이 단계 이후로도 계속 진행되면서 고객과 비고객을 체계적으로 만나고, 자신의 통찰에 타당성을 부여하며, 오류를 입증하거나 시장을 새로운 방식으로 바라보는 방법을 배울 수 있다는 확신을 부여한다. 이처럼 정직하고도 직접적인 대화는 팀원들의 불안을 해소하고 집단적인 자신감을 강화한다. 예를 들어 그룹 세브의 경우에는 〈그림 8-2〉에 나오는 문제점을 확인했을 뿐만 아니라 이 과정의 다음 단계에서 비고객들이 감자튀김의 고칼로리 때문에 이 제품을 외면했다는, 눈에 띄지 않았던 업계의 다른 중요한 문제점을 발견할 수 있었다.

한 가지 덧붙여 이야기하자면 지나친 분석을 하는 조직에서 지금 말한 우려가 자주 나타나는 것을 보았다. 이런 조직에서는 데이터가 사람들이 행동을 취하도록 지원하는 데 사용되지 않고, 오히려 현재 상황에서 빠져나오려는 행동을 지연시키거나 심지어는 무효로 만드는 데 사용된다. 이런 현상이 벌어진다면 이는 당신이 이 과정을 진행하면서 주목해야 할 중요한 신호다. 세분화된 단계에 따라 천천히 전진하면서 거리를 두고 큰 그림을 보는 것과 함께, 또 다른 도움이 필요하다는 사실을 의미하기 때문이다.

당신이 보는 것이
구매자가 보고 경험하는 것인가

이제 구매자 효용성 지도를 가지고 토론을 시작할 때다. 현재의 전략 캔버스에서 얻은 통찰과 구매자 효용성 지도에서 얻은 통찰을 나란히 놓는다. 팀원들에게 자신이 배운 것과 현재의 전략 캔버스에서 나온 결론의 개요부터 설명하도록 한다. 필요하다면 팀원들에게 실마리를 제공한다. 경쟁이 치열한가? 산업 참여자들의 전략 프로파일은 서로 닮아 있는가? 장래에 수익성이 좋은 성장의 여지가 제한되어 있는가? 경쟁에서 빠져나올 기회를 찾기가 어려운가? 이러한 질문에 대해 와닿는 생각을 기록하면 팀원들이 현재의 전략 캔버스에서 얻는 교훈을 자기 것으로 만드는 또 다른 기회가 된다.

다음으로는 완성된 구매자 효용성 지도로 넘어가서 질문한다. 반면에 우리가 함께 작성한 이 지도는 무엇을 보여주는가? 구매자들의 경험 전반에 걸쳐서 산업은 알게 모르게 그들에게 문제점을 주고 있는가? 이러한 문제점이 현재 고객들이 우리 산업의 제품·서비스를 사용하는 것을 제한하게 하는가? 기존 고객이 이탈해 이러한 효용의 장애물을 제거한 조직을 옹호하고 그들의 제품·서비스를 더 많이 사용하는가? 이러한 효용 장애물이 다른 사람들(비고객)이 우리 산업과 거래하는 것을 위축시키거나 이를 위협할 수 있는가? 우리 산업은 36개 효용 공간 중에서 실제로 몇 개에 집중하고 있는가? 어느 경영자는 마지막 질문에 이렇게 대답했다. "[지도에서 두 개의 효용 공간을 지적하면서] 우리는 여기에 있습니다. [손으로는 지도 나머지 부분의 모든 ×

를 쓸어내리면서] 이렇게 많이 있는데도 말입니다." 바로 이 순간에 팀원들이 블루오션을 창출할 진정한 가능성을 처음으로 인식하게 된다.

지금의 토론이 시사하듯 자기 제품·서비스에 대한 구매자 효용성 지도를 작성하면 팀원들은 레드오션이 피할 수 없는 것이 아니라는 사실, 이처럼 단 하나의 분석 도구를 적용해 새로운 기회 공간을 찾을 수 있다는 사실을 깨닫는다. 그러나 경영진이 시장 현실이나 구매자 경험과 오랫동안 단절되어 있던 조직에서는 이 지도를 작성하는 작업이 힘든 일이 될 수도 있다. 실제로 구매자 효용성 지도를 무심하게 바라보는 여러 업계에서 이 작업을 진행할 때 구매자가 경험하는 장애물을 이해하는 것을 어려워했다.

어떤 경우에는 조직이 그들의 산업과 너무 가까워 문제가 되기도 한다. 어떠한 성가신 일이 존재하는지를 보지 못하고, 또 다른 경우에는 참여자가 가진 역사적으로 특별한 지위 탓에 구매자의 경험과 그들 자신이 만든 효용의 장애물에 집중해야 할 이유를 가지지 못한다. 또 조직 자체가 무의식적으로 경영진의 눈에 장밋빛 안경을 씌우고 그들이 산업을 보고 경험하는 방식과 보통 사람들이 산업을 보고 경험하는 방식에 큰 괴리가 생기게 하는 경우도 있다. 예를 들어 미국의 3대 자동차 메이커 중 한 곳에서는 경영진이 일하는 동안 그들이 타고 다니는 자동차를 직원들이 체계적으로 관리한다고 알려져 있다. 직원들은 필요한 모든 정비와 수리를 책임지고, 연료와 각종 오일을 채우며, 세차까지 한다. 그리고 대리점에서는 경영진이 방문한다는 연락을 미리 받고는 레드카펫을 깔아놓는다. 자동차의 구매, 소유, 유지에 따르는 성가신 일 혹은 자동차가 고장 나서 수리하기까지 기다리고 수

리비를 지불하는 일을 경험할 필요가 없다면, 그리고 대리점이 더없이 친절하고 활발하다면, 당연히 기업이나 산업이 부과한 문제점을 알지 못할 것이다.

앞서 예를 든 상황 중 하나가 발생하면 우리는 더 이상 진행하지 말라고 대응한다. 돌아오는 대답이 빈약하거나 확신이 없거나 알맹이가 없다면 혹은 팀원들 간에 깊은 수준의 동의가 없다면, 당신은 다른 방침을 세워야 한다. 팀원 모두가 일어나 밖으로 나가서 보통 사람들이 구매자 경험 주기 전반에 걸쳐 당신의 제품·서비스를 어떻게 경험하는지 자신의 눈으로 보도록 해야 한다. 엄청나게 많은 조직이 그들의 구매자의 전체적인 경험과 이 과정에서 맞닥뜨리는 모든 문제점을 놀라울 정도로 제대로 알지 못한다. 바로 이러한 이유 때문에 보는 것이 믿는 것이고, 당신은 당신의 눈과 귀를 결코 남에게 맡겨서는 안 된다. 우리는 이 사실을 몇 번이고 반복해서 강조한다. 사실, 아주 잘하는 조직들도 추가적인 학습을 목적으로 이렇게 하기도 한다.

이제 이러한 과정이 어떻게 작동하는지, 이러한 과정을 실행하면서 어떻게 사람들이 잘못을 깨닫는지를 확인하기 위해 다음을 살펴보자.

구매자의 눈으로
보는 법을 배운다

춥고 눈이 오는 늦겨울 아침, 미국의 어느 대형 약국 체인의 고위급 임원들이 구매자 효용성 지도를 그리려고 호텔 회의실에 모였다. 이 회사는 엄청나게 성장해왔다. 이러한 성장은 주로 약국을 인수한 데서 비롯되었다. 시장 규모가 2,500억 달러에 달하는 미국 의약품 시장에서 경쟁 회사도 이러한 선례를 따르고 있었다.

오전 8시, 팀장이 입을 연다.

"좋습니다. 지원자가 필요합니다." 고위급 임원 아홉 명이 약간은 걱정스러운 표정으로 팀장을 쳐다보았다. "지원자가 필요합니다." 사람들이 찌푸린 표정으로 고개를 돌렸다. 드디어 IT 부서장이 나섰다. "좋습니다. 제가 지원하겠습니다."

팀장이 이렇게 말한다. "당신은 아주 아픕니다. 생명이 위태로운 질병은 아니지만 심각한 질병입니다. 귀앓이와 목앓이를 하고, 심한 유행성 감기에 걸렸습니다. 어떻게 하시겠습니까?"

임원들이 하나같이 대답했다. "일하러 가야죠!"

"좋습니다. 당신이 고약한 인후염에 걸렸다고 합시다. 아마도 연쇄상구균 감염인 듯합니다. 당신의 생산성은 어떻습니까?"

임원들이 다시 한 번 만장일치로 대답한다. "엄청나게 떨어지겠죠."

"동료들은 당신을 보면서 어떤 생각을 할 것 같습니까?"

임원들이 "불편하겠죠. 병에 걸려서 옮길 수도 있으니까요."라고 말했다.

"맞습니다. 그래서 우리의 생산성은 떨어지고, 우리는 우리 직원들에게 병을 옮길 수도 있습니다. 그리고 우리 중에서 가장 흔한 질병에 걸렸을 때 어느 누구도 우리 약국을 이용하지 않습니다. 고맙게도 다른 사람들이 이용하지요."

팀장이 말한다. "자, 하루를 처음부터 다시 시작합시다. (부사장인 IT

부서장을 가리키면서) 당신 집으로 가세요. 잠자리로 돌아가세요. 인후염의 고통을 억지로 참아내려고 하지는 마세요. 우리도 당신과 함께 당신 집으로 가겠습니다. 자, 이제 갑시다."

팀원들이 도시 중서부에서 외곽으로 32킬로미터 정도 떨어진 IT 부서장 집으로 가 그의 침대 주변에 모였다. 그들은 구매자의 경험을 담기 위해 비디오카메라를 준비했다.

오전 9시 30분.

"이제 회사로 가지 말고, 의사한테 가세요. 당신은 패혈성 인두염을 앓고 있을 수도 있습니다. 당신은 다른 사람에게 바이러스를 옮기기를 원치 않습니다. 그렇죠?"

IT 부서장은 의사에게 전화했다. 이때가 오전 9시 30분이었다. 가장 빨리 만날 수 있는 시각이 11시 30분이라고 한다. 모두가 마냥 기다린다. 비디오카메라는 계속 돌아간다. IT 부서장은 자리에 누워 있으라는 말을 듣는다. 그는 겨우 전화로 대화하거나 이메일을 보낼 수 있다(바람직하다면 그가 패혈성 인두염 환자를 연기하며 말을 겨우하는 시늉을 한다).

오전 10시 30분.

도로 사정이 괜찮으면 병원까지 30분 조금 넘게 걸리지만, 눈이 와서 가다 서다 반복했기 때문에 45분이 걸렸다. 열 명 모두가 사람들로 가득 찬 대기실에서 서성였다. 대기실이 아니라 응급실 같은 기분이 들었다. 아이들이 콜록콜록 기침을 하고, 어른들이 휴지로 콧물을 훔치며 훌쩍거렸다. 몇몇 아이는 토를 했다. 30분을 기다려서야(약속이 계속 뒤로 밀리고 있었다), 이 팀은 의사가 있는 진료실로 들어갔다.

오전 11시 45분.

간호사가 환자의 체중과 신장을 쟀다. 그는 앉아서 속옷만 남기고 전부 벗어야 했다. 어처구니없는 것은 그렇다 치더라도, 화장실에서 꽉 끼는 하얀 팬티인지 짧은 바지인지 모를 차림으로 나온 IT 부서장을 고위급 임원 모두가 안쓰럽게 여겼다.

오후 12시 15분.

(특히 면으로 된 내의를 입고서 진찰대에 앉아 있는 IT 부서장에게는) 영원할 것 같은 순간이 지나고, 의사가 등장했다. 그는 환자의 혈압을 재고, 반사신경을 검사하고, 식습관을 묻고, 과체중인지를 확인하고, 술을 얼마나 마시는지, 심지어는 아이를 가질 생각이 있는지도 묻는다. 아주 거슬리는 질문들이었다.

목구멍에 면봉을 넣어 표본을 채취하고 몇 분을 더 기다리고 간호사에게서 결과를 받고 나서야, 팀원들이 하던 일은 모두 끝이 났다. 이 시점에서 팀원들은 몇 시간에 걸친 구매자 경험 주기를 실제로 체험했다. 물론 IT 부서장이 가짜 환자이기 때문에 의사가 아무런 약도 처방하지 않았지만 팀원들은 그 자리에서 의사가 항생제와 진통제를 처방한 것으로 가정했다. 그래서 팀원들은 차를 타고 약국으로 갔다. IT 부서장은 대부분의 사람들과 마찬가지로 집에서 가장 가까운 약국을 골랐다.

그들은 또다시 45분 동안 운전을 하고서 대형 매장에 도착했다. 그들은 미국 교외의 많은 약국에서처럼 넓은 주차 공간을 확인했다. 그러나 매장 문을 열자, 마치 식료품점에 들어온 것만 같았다. 껌, 장난감, 잡지, 음료수, 기저귀 코너를 통과해 45미터쯤 더 들어가서야 드디어 약국이 눈에 들어왔다. 팀원들은 조제대로 가서 처방전을 건네고는, 고객들이 기다려야 한다는 것을 깨달았다. 기다리는 시간은 평균 15분이었다. 이 자리가 불편한 사람에게는 아주 긴 시간으로 느껴질 만했다. 특히 무릎에 아이를 앉힌 사람에게는 말이다.

이것이 동료들에게 인두염을 옮기지 않으려고 올바른 행동을 한 사람의 구매자 경험 주기였다.

오후 3시 30분.

팀원들은 다시 호텔 회의실에 모였다. 이제 그들은 비교적 쉽게 구매자 경험 주기를 작성할 수 있었다. 그날 그들이 경험한 효용 장애물을 평가하기 시작하면서, 고위급 임원들은 놀라움을 금치 못했다. 누군가 무심코 말했다. "세상에 어떤 사람이 하루를 이런 식으로 보내려고 할까? 그냥 아프고 마는 게 훨씬 더 편해요. 문제점이 너무 많은 걸요." 또 다른 사람이 맞장구를 쳤다. "우리가 경험한 모든 성가신 일을 겪지 않으려고 쓸데없이 고생하는 사람들을 생각해봐요. 오늘 아침에 우리는 아픈 상태로 일하러 가야 한다고 농담까지 했잖아요. 생산성이 떨어지고, 동료 직원들이 싫어하는데도 말입니다. 우리조차도 흔하고 심각하지만 생명에는 지장이 없는 질병에 걸렸을 때 우리의 산업을 이용하지 않으려고 해요!" 침묵이 흘렀다. 다음으로 이러한 문제점을 제거하고 경쟁에서 빠져나와 새로운 수요를 열 수 있다는 가능성이 보이면서부터 에너지가 넘쳤다.

"약국에 의사를 두면 어떨까요?" 누군가가 제안했다. 다른 사람이 대답했다. "그건 비용이 너무 많이 들어요.", "의료 행위 자격이 있는 간호사를 두면 어떨까요? 비용이 3분이 1이면 돼요. 그들은 우리가 간단하게 치료할 수 있는 흔한 질병에 대해서는 처방전을 쓸 수 있어요.", "진료실로 들어가서 '의사'를 보고 나오는 데 겨우 몇 분이면 충분해요. 이제 장시간에 걸친 지루함과 고통은 사라질 겁니다.", "매출이 증대될 겁니다.", "사람들이 좋아할 겁니다." 조용한 미소가 흘렀다. 팀원들이 으쓱해하기 시작했다. 레드오션과의 결별과 블루오션의 가능성이 그들 앞에 열리기 시작하면서, 방 안에는 흥분된 분위기가 감돌았다.

현장 조사의 최우선 원칙,
구매자가 경험하는 것을 경험한다

위의 예에서 알 수 있듯 이번 단계에서 통찰이 부족할 때는 이를 직접 발견하기 위해 현장으로 들어가는 것 외에 달리 대안이 없다. 부족한 것을 채우겠다고 마케팅 팀을 불러 구매자 경험 주기를 보여주거나 연구보고서를 보여줘도 아무 효과가 없을 것이다. 지름길은 없다. 자기 눈과 귀를 남에게, 심지어 부하 직원에게 맡기는 것은 매우 위험하다. 그렇게 하면 팀원들은 아무것도 배우지 못하고, 배우는 것이 있더라도 (사람들의 마음속에 좀처럼 각인되지 않는 데이터처럼) 사람들에게 아무런 감동을 줄 수 없다.

  현장으로 가면 팀원들이 구매자 경험 주기 전반에 걸쳐 구매자가 직면하는 어려움을 꼼꼼하게 기록하면서, 가능하다면 평범한 구매자의 역할을 가정하거나, 기존 구매자의 직장 환경이나 집에서 관찰하라고 강력하게 권한다. 포커스그룹을 여는 것과 이 과정을 혼동하지 말아야 한다. 포커스그룹은 인위적인 토론회다. 포커스그룹은 제품·서비스를 점진적으로 개선할 방법에 대한 의견을 모으는 데는 도움이 된다. 그러나 당신과 당신의 팀이 원하고, 현장에 가야만 얻을 수 있는 풍부한 통찰이나 확신은 제공하지 않는다.

매장에서 구매자를 관찰하는 팀만이 산업이 지금까지 보지 못했던 문제점을 통찰할 수 있다. 이러한 깨달음은 자신의 제품·서비스가 어떻게 설명되고, 보관되고, 설치되고, 사용되고, 처분되는가를 관찰한 팀만 얻을 수 있다. 당신이 구매자들이 경험하는 고충을 기록으로 남기려면 팀원들에게 그들이 보고 경험한 것들을 사진으로 찍거나 비디오카메라에 담으라고 요구해야 할 것이다.

우리는 처음에는 현장으로 나가길 다소 꺼리는 팀들을 자주 봤다. 심지어 팀원 중에서는 그렇게 해서 도대체 무엇을 배울 수 있는지 묻는 이도 있었다. 그러나 우리는 현장으로 나간 것을 다행으로 생각하지 않은 팀은 한 번도 본 적이 없다. 구매자 경험을 하고 그들이 직면한 효용의 장애물을 현실에 기반을 두고 온몸으로 겪기 때문이다. 이렇게 얻은 지식에는 대단한 가치가 있다.

결국 블루오션 시프트 실행에 가장 큰 장애물은 고위급 임원들이 될 수 있다. 그들이 이 계획을 승인했더라도 말이다. 그들은 그들 산업의 제품·서비스 구매자와 사용자가 일상적으로 직면하는 불편한 과정과 고충을 알지 못한다. 그들 또한 레드오션에 갇혀 있다는 사실을 깨닫고 블루오션으로 나아가려는 열망을 가질 수는 있지만, 실제 전략의 관점에서 이것이 무엇을 의미하는지 모르는 경우도 많다. 그러므로 블루오션 팀이 하는 일에 자신감을 갖고 추진하려면 당신은 '결코 놀랍지 않은 원칙'을 따라야 한다. 모든 단계에서 팀이 찾아낸 바를 고위급 임원에게 직접 보고하는 것이다. 불필요한 과정이라고 말할지도 모르지만 아니다, 필요하다. 그저 필요한 것 이상이다. 반드시 필요하다. 임원들이 가질 수 있는 사소한 의혹도 조기에 발견할 수 있고 이를 처음부터 다룰 수 있기 때문이다.

고위급 임원들이 블루오션 팀이 찾아낸 바를 무시하는 경우에는 의혹을 품은 사람이 평범한 구매자들이 경험하는 문제점을 직접 볼 수 있도록 해야 한다. 이렇게 하면 임원들은 반드시 크게 영향을 받는다. 이 경험은 그들의 생각을 바꿀 뿐만 아니라 이번 과제에 대한 믿음까지도 환기한다. 그들의 지위와 적극적인 참여는 블루오션 과정의 모든 단계에서 동원이 어떻게 이루어지는가를 보여주는 또 하나의 사례를 제공하면서, 이번 과제에 대한 조직 전체의 지지를 이끄는 놀라운 역할을 한다.

구매자 효용성 지도를 평가하고, 집단적인 자신감을 형성하며, 고위급 임원들이 그 결과를 보고 받고 나면 이제 이 팀은 다음 과제로 넘어갈 준비가 되었다. 완전히 새로운 수요를 창출하고 경제적 파이의 규모를 키우기 위해 그들이 밝혀낼 수 있는 비고객의 세 계층을 이해하는 것이다.

제9장

비고객의 오션을
발견한다

지난 25년 동안에 기업은 '고객이 우선'이라는 주문에 빠져 있었다. 블루오션 전략가들의 주문은 '비고객이 우선'이다. 블루오션 시프트를 추진하는 목표는 기존 고객을 얻고자 경쟁하는 것이 아니라 새로운 수요를 창출하고 산업을 키우는 것임을 명심해야 한다. 그러려면 비고객을 위한 새로운 효용을 밝혀내야 한다. 그럼에도 자신의 비고객이 누구인지, 그들이 왜 비고객으로 남아 있는지를 제대로 이해하는 조직은 별로 없다.

이는 우리에게 다음과 같은 과제를 제시한다. 당신의 비고객이 누구인지, 그들은 왜 당신 산업의 제품·서비스를 이용하지 않는지를 정확하게 이해해야 한다. 구매자 효용성 지도는 이 팀에 업계가 기존 고객에게 부과하고 비고객들의 등을 돌리게 하는 문제점과 효용 장애물에 대한 초기적 통찰을 제공한다. 그 결과 당신의 시야가 넓어지기 시작할 테고, 수요의 전체적인 전망을 볼 수 있을 것이다. 이렇게 하면 경영진이 흔히 제기하는 두 가지 질문에 대한 통찰을 얻을 수 있을 것이다. "비고객이라는 개념은 우리 산업에 적합한가?", "우리가 강렬한 블루오션 제품·서비스를 가지고, 얼마나 많은 신규 수요를 창출할 수 있는가?" 경영진은 이번 단계를 살펴보고 나서는 수요를 결코 예전과 같은 방식으로 바라보지 않을 것이다.

스퀘어Square와 마스터카드, 비자, 아메리칸익스프레스 간의 관계를 생각해보자. 이 세 카드사는 모두 세계 100대 브랜드에 속한다. 이들은 세계를 무대로 강력한 브랜드 인지도를 갖고 있고 자금이 풍부하다. 그리고 기본적으로는 같은 고객 집단(기존의 업체들과 그들의 고객)의 지갑을 더 많이 차지하려고 치열한 경쟁을 벌이고 있다. 이러한 현상은 이 세 회사의 카드 발행량에서 가장 많은 비중을 차지하는 미국에서 특히 두드러졌다. 미국의 성인 중 약 75퍼센트가 이미 하나 이상의 카드를 가지고 있다.

특히 2008년 세계 금융위기 이후 금리와 수수료에 대한 엄격한 규제를 생각하면 미국의 신용카드 시장이 이미 포화상태에 달해 수익성 증대는 기대할 수 없는 것으로 보였다. 그러나 정말 그랬을까? 스퀘어는 그렇게 보지 않았다. 트위터의 공동 창업자인 잭 도시Jack Dorsey와 짐 매켈비Jim McKelvey가 2009년 창업한 스퀘어는 신용카드 시장에서 비고객의 오션을 보았다.

그렇다, 미국인들은 신용카드를 가지고 있다. 그리고 중간 이상 규모의 자영업자라면 거의 모두 신용카드를 받아준다. 그러나 미국인들은 피자 배달원, 정원사, 집으로 방문한 전기 기술자, 피아노 교사, 바닷가의 아이스크림 장수를 상대로 신용카드를 사용하지는 않는다. 베이비시터나 가사 도우미를 상대로 수고비를 지불하거나 친구에게 빌린 50달러를 갚을 때도 신용카드나 직불카드를 사용하지 않는다. 이처럼 개인 간에 현금이나 수표 거래를 하는 모든 사람이 신용카드와 직불카드 산업의 비고객에 해당한다. 농산물을 직접 판매하는 농부, 푸드트럭이나 특정 기간에만 문을 여는 가게처럼 신규 사업체와 소규모 자영업자도 마찬가지다.

2,700만 개에 달하는 미국의 소규모 사업체 중에서 약 55퍼센트가 신용카드를 받지 않는다. 어느 연구 결과에 따르면 고객 중 55퍼센트 이상은 소규모 사업체에서도 신용카드를 사용할 수 있기를 원한다. 또 다른 연구 결과를 보면 현금 외에 다른 지불 방법이 있을 때 사람들은 더 많이 지출하는 경향이 있다고 한다. 그리고 이는 소규모 자영업체들이 성장하는 데 도움이 된다. 다시 말해 수많은 창업가, 소규모 자영업자, 신생 기업이 고객에게 신용카드나 직불카드로 지불할 수 있는 선택권을 제공하지 않았다. 그렇게만 하면 크게 도움이 되는데도 말이다. 그리고 개인 간에 주로 현금이나 수표를 주고받는 거래도 많은데, 이들도 신용카드나 직불카드를 사용하면 무척 편리할 것이다. 바로 이들이 2009년에 스퀘어가 간파하고 모바일 결제 시스템으로 신속하게 획득한 비고객의 오션이었다. 스퀘어는 개인, 소규모 자영업체, 심지어는 대기업이 사용하기에 간편하고 작은 플라스틱 장치인 스퀘어 리더기를 무료로 아이폰, 안드로이드, 아이패드에 부착해 신용카드나 직

불카드를 받을 수 있도록 했다. 오늘날 많은 후발업체들이 참여해 스퀘어와 마찬가지로 지속적으로 증대하는 비고객의 오션을 열고 있다. 이제 이 산업은 진화를 거듭하고 있다.

스퀘어, 코믹릴리프, 세일즈포스닷컴을 비롯한 많은 기업이 이해했듯, 비고객의 우주는 존재할 뿐만 아니라 바로 이곳에 광범위한 성장의 기회가 있다. 그럼에도 많은 조직이 자기 산업의 기존 고객에만 집중하기 때문에 이처럼 좁은 테두리 너머를 보지 못한다. 냉정하게 말하자면, 이미 당신의 테두리에 발을 들인 기존 고객과 이야기하는 것은 너무 쉽다. 그리고 물론 그들의 의견은 중요하다. 그러나 당신이 성장하려면 당신 산업으로 새로운 사람들을 데려와야 한다.

비고객의
세 계층

우리는 조직이 시야를 확장하는 데 도움을 주고자 비고객의 세 계층을 정의하고 규명하는 〈그림 9-1〉과 같은 프레임워크를 개발했다. 이 세 계층은 새로운 수요를 열기 위해 비고객의 오션을 시각화할 수 있도록 순차적으로 더욱 넓어지는 렌즈를 제공한다. 그런데 우리는 비고객의 개념이 매력적이기는 하지만, 이러한 체계적인 프레임워크 없이 분석하고 이해하며 (그리하여) 잠재된 수요를 포착하기에 '비고객'은 너무 포괄적인 표현이라는 것을 깨달았다. 이러한 맥락에서 우리는 블루오션 시프트를 추진하는 데 중요한 두 가지 공식을 제시할 것이다. 이

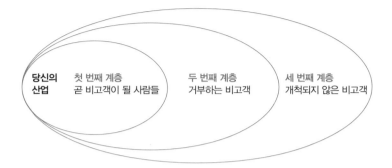

첫 번째 계층의 '곧 비고객이 될' 사람들은 당신 산업의 가장자리에 있으면서, 이탈할 순간을 기다리고 있다.

두 번째 계층의 '거부하는' 비고객들은 당신의 산업을 고려했으나 의식적으로 채택하지 않기로 결정한다.

세 번째 계층의 '개척되지 않은' 비고객들은 언뜻 보기에 멀리 떨어진 시장에 있다.

공식은 당신 조직의 성장 역량과 더욱더 관련이 있을 것이다.

일반 관행과는 다른, 이 공식의 모습은 다음과 같다.

총 잠재 수요 ≠ 기존 산업 고객

총 잠재 수요 = 기존 산업 고객 + 첫 번째 비고객 + 두 번째 비고객

+ 세 번째 비고객

이제 이 세 가지 계층의 개념과 이 계층이 서로 어떻게 다른지, 때로는 이러한 계층이 왜 대부분의 조직이 생각하는 것보다 산업에 더 가

까운 위치에 존재하는지 그 이유를 살펴보기로 하자.

첫 번째 계층의 비고객은 모두가 현재는 당신 산업에 있지만 곧 비고객으로 돌아설 수 있는 사람들이다. 이 구매자들은 자신이 원해서가 아니라 이용할 수 밖에 없는 상황 때문에 당신 산업의 제품·서비스를 이용한다. 이들은 현재 시장의 제품·서비스를 마지못해 최소한으로 이용한다. 더 나은 무언가를 찾고 있거나 그것이 나타나기를 기다리고 있기 때문이다. 이들은 훨씬 더 나은 대안을 발견하면 적극적으로 이탈할 것이다. 이러한 의미에서 이들은 당신 시장의 가장자리에 자리잡고 있다.

미국의 신용카드 산업을 생각해보자. 중소 자영업자 중에서 많은 사람이 마지못해 신용카드와 직불카드를 받는다. 그들은 고객이 카드로 지불하기를 원한다는 사실을 알기 때문에 어쩔 수 없이 돈을 들여 신용카드 단말기를 설치하고, 거래를 처리하는 데 수반되는 수수료를 납부하고, 때로는 (특히 수수료를 협상하기 위한 교섭력이 없는 사람들은) 그들에게 부과되는 숨겨진 비용까지도 부담한다. 이러한 비고객들은 현재의 시스템보다 더 편리하고 덜 성가시고 비용이 덜 드는 대안이 등장한다면 당장 그것을 받아들일 의지가 있다.

당신이 원해서, 자랑스러워서 혹은 경험을 즐기기 위해서가 아니라 그저 이용해야 하기 때문에 사용하고 있는 제품·서비스가 얼마나 많은지 잠시 생각해보라. 그리고 멋진 대안이 나타난다면 이탈할 것인지 아닌지 생각해보라. 대다수의 사람들과 같이 이탈할 것이라 결론 내렸다면 당신은 첫 번째 계층의 비고객이다. 이 첫 번째 계층의 비고객은 지켜내기 어려울 뿐만 아니라 문제점을 해소시킬 대안이 나타나면 새로운 대안을 사용하는 비율과 빈도가 급증할 것이다. 그러면 당신 산업의 첫 번째 계층의 비고객은 누구일까?

두 번째 계층의 비고객은 거부하는 비고객들인데, 이들은 당신 산업의 제품·서비스를 고려했지만 거부한 사람이나 조직이다. 왜냐하면 다른 산업에서 제공하는 것들이 그들의 요구를 더 잘 충족시키거나 당신 산업의 제품·서비스가 아예 그들이 구매하기에는 너무 비싸기 때문이다. 신용카드와 직불카드 산업에서 두 번째 계층의 비고객들은 신용카드와 직불카드를 받으려고 했지만 결국 그렇게 하지 않기를 결정한 모든 새로운 사업체, 영세 사업체, 자영업자들이다. 그들은 신용카드와 직불카드를 받으면 고객 편의성이 늘어날 것을 알지만 연매출이 얼마 되지 않거나, 사업이 아직 자리를 잡지 않았거나 혹은 돈을 들여 신용카드 단말기를 설치하는 데 따르는 복잡한 문제 때문에 신용카드 결제를 거부한 것이다. 이런 수많은 업체들에게는 현금과 수표가 유일한 결제 수단인 것이다.

이번에도 당신이 얼마나 자주 두 번째 계층의 비고객이 되는지를 생각해보라. 예를 들어 당신은 최근에 벽지 사용의 장단점(페인트의 대안)을 고민하고 거실에 페인트칠을 하기로 결정한 적이 있는가? 그렇다면 당신은 벽지 산업의 두 번째 계층의 비고객이다. 혹은 당신의 경영진이 새로 이사 가는 사옥에 목조 바닥을 깔기로 했다가 석조 바닥을 사용하기로 결정한 적이 있는가? 그렇다면 당신의 조직은 목조 바닥재 산업의 두 번째 계층의 비고객이다. 보다시피 두 번째 계층의 비고객이 되는 것은 이렇게나 쉬운 일이다. 많은 사람, 많은 조직이 가정하고 상상하고 체계적으로 생각하는 것보다 훨씬 더 자주 일어난다.

그렇지만 두 번째 계층의 비고객들이 거부했던 산업에 얼마나 가까이 있는지를 생각해보라. 그들이 당신 산업의 장단점을 깊이 생각해보았다는 간단한 사실 자체가 그들이 잠재적 고객이 될 수도 있다는 것을 말해준다. 당신은 누가 당신 산업에서 두 번째 계층의 비고객인지를 아는가? 그리고 그들이 당신의 제품을 고려했다가 무엇 때문에 거부했는지를 아는가?

세 번째 계층의 비고객은 산업의 기존 고객과는 가장 멀리 떨어져 있다. 보통은 이처럼 개척되지 않은 비고객은 산업의 참여자들이 잠재 고객 또는 목표 고객으로 고려한 적이 전혀 없는 이들이다. 이들의 요구와 관련된 사업 기회는 다른 산업에 속한다고 여기기 때문이다. 신용카드 산업으로 돌아가보자. 스퀘어가 등장하기 전까지 이 산업은 항상 신용카드 거래량의 절반이 장사하는 사람들에게서 온다고 생각했다. 현금이나 수표를 사용하는 개인 간 거래는 다른 산업에 속한다고 여겨져 제외되었고 개척되지 않았다. 매장에 설치하는 신용카드·직불카드 결제 시스템을 누가 가정에 설치하려고 하겠는가? 그런데도 우리 중 대다수는 누군가에게 돈을 주려고 지갑을 열었다가 현금이 바닥났다는 사실을 깨닫고서 현금 대신 신용카드를 사용하고 싶었을 때가 반드시 있었다. 그러나 그럴 수가 없어 우리는 어떻게 했는가? 마지못해 근처에 있는 현금지급기를 찾아 급히 달려갔다. 이들이 바로 스퀘어가 간단하고, 사용하고 휴대하기도 쉬우며 사용할 때만 수수료를 지불하는 스퀘어 리더기를 가지고 개척한 세 번째 계층의 비고객이다.

당신은 스퀘어처럼 누가 당신 산업의 세 번째 계층의 비고객인지를 아는가? 이러한 계층에 대해 깊이 생각해본 적이 있는가? 이제 그렇게 해야 한다. 이들이 조직이 개척할 수 있는 가장 커다란 비고객의 보고寶庫가 될 수 있기 때문이다. 그러나 한 가지 유의해야 할 것이 있다. '다른 모든 이들'을 세 번째 계층의 비고객이라고 잘못 생각해서는 안 된다. 그들은 당신 산업이 제공하는 것을 사용하고 싶거나 당신 산업으로부터 도움을 받을 수도 있지만, 당신 산업이 이러한 가능성을 열어주지 못함으로 인해 아예 고려조차 하지 않았던 사람이나 조직이다.

업계 내
비고객의 세 계층을 규명한다

블루오션 팀에 비고객의 세 계층이라는 분석 프레임워크를 소개했을 때, 그들이 보이는 자연스러운 첫 번째 반응은 이러한 비고객 개념이 그들 산업에 적용되는지를 묻는 것이다. 새로운 산업에서 활동하거나 그곳으로 진입하려고 하는 조직에서는 대체로 경영진이 이 개념을 쉽게 이해한다. 이러한 상황에서는 대부분의 팀이 처음에는 각 계층에서 누가 주요 비고객의 범주에 있는지 파악하는 데는 어려움을 겪지만, 비교적 빨리 이러한 분석 틀을 활용한다. MP3 플레이어를 예로 들어보자. 애플이 아이팟을 처음 설계하고 있을 때, MP3 플레이어의 비고객 수는 엄청나게 많았고 업계 내 기존 고객의 수를 훨씬 능가하는 숫자였다.

단지 새로운 산업에서만이 아니라 모든 산업에는 비고객이 많이 존재한다. 오케스트라와 박물관을 생각해보라. 비고객이 많은가? 확실히 그렇다. 신용카드는 어떤가? 스퀘어가 비고객이 얼마나 많이 있는지를 뚜렷하게 보여주었다. CRM 소프트웨어는 어떤가? 세일즈포스닷컴을 생각해보라. 항공 부문은 어떤가? 사우스웨스트 항공사가 등장하기 전까지 미국 항공 산업을 생각해보라. 커피는 어떤가? 스타벅스가 이 산업을 키운 것은 말할 것도 없다. 예를 들자면 끝이 없다.

　이번 훈련의 목적(그리고 당신이 목표로 해야 하는 것)은 비고객의 세 계층에 대한 논의를 이론적인 개념에서 실용적인 현실로 끌어오는 것이다. 다음에서 비고객의 세 계층을 확인하면서 차근차근 시도해보자.

기본 개념을 가지고 시작한다

〈표 9-1〉을 이용하여 비고객의 세 가지 계층에 대한 개념을 제시하는 것부터 시작한다. 팀원들의 깊이 있는 이해를 위해 그리고 이러한 계층들이 다양한 산업에 어떻게 적용되는가를 보여주기 위해 자신의 산업 이외 사례 몇 가지를 보여주도록 한다. 〈표 9-1〉은 몇 가지 레드오션 산업의 비고객의 세 계층을 보여준다. 여기에는 앞에서 설명했던 신용·직불카드 산업, 영국의 자선모금 산업, 외국어 번역 산업, 오케스트라 산업이 나와 있다. 팀원들에게 다음과 같이 질문한다. "이 레드오션 산업들이 모두 비고객의 오션을 가지고 있다면, 우리 산업에서도 이와 같은 일이 벌어질 수 있는가?", "우리가 광각렌즈로 좀 더 큰 시야를 가진다면 우리의 비고객을 볼 수 있을까?" 이러한 질문들은 팀원들이 이들 산업의 비고객에 관한 통찰과 자기 산업의 비고객에 대한 통

	비고객의 첫 번째 계층	비고객의 두 번째 계층	비고객의 세 번째 계층
신용 · 직불 카드 산업	신용카드와 직불카드를 마지못해 받는 중소 자영업자들	신용카드와 직불카드를 받지 않는 새로운 사업체, 영세 사업체, 자영업자들	다른 개인에게 지불해야 할 개인
영국의 자선모금 산업	해마다 기부금 납부 권유에 지친 나이든 부자들	기부금이 정말 대의를 위해 제대로 쓰이고 있는지 의문을 갖고서 기부하지 않기로 결정한 젊은 전문직 종사자	어린이, 기부 자체를 생각해본 적이 없는 저소득층
외국어 번역 산업	번역에 따르는 시간과 비용에 좌절하고, 웹사이트 광고문, 안내서, 제품 설명서를 포함한 영업 자료 번역물의 오역에 실망한 대기업	인터넷 시대에 거의 모든 국가의 국민들이 잠재 고객이기는 하지만, 대다수의 언어에 대해 번역 서비스를 이용하지 않는 중소기업	전 세계 모든 언어권에서 훨씬 더 두터운 고객 기반을 열 수 있지만, 번역 서비스를 이용하는 것을 전혀 생각지도 않았던 블로거 혹은 소기업
오케스트라 산업	계절마다 혹은 2~3년에 한 번 콘서트에 참석하지만 자신이 원해서가 아니라 참석해야 하기 때문에 콘서트에 참석하는 개인	콘서트에 참석할 경제적 여유는 있지만 따분하거나 시대에 뒤떨어지거나 허세를 부린다는 생각이 들어 참석하지 않는 개인	클래식에 대한 지식이 없어서 콘서트에 참석할 생각을 전혀 해보지 않거나 클래식 음악이 엘리트 계층에나 필요할 뿐 일반인에게는 필요하지 않다고 생각하는 개인

찰 간의 관계를 명확하게 살피는 데 도움이 된다. 이 사례들을 논의하고 질문에 답하면서, 비고객의 세 계층의 의미와 관련성이 충분히 이해되기 시작할 것이다. 이때가 바로 팀원들이 정신을 바짝 차리는 순간이다. 이때 팀원들의 감정은 '아니지, 이건 우리 산업에 정말 적용되

지 않아'라는 부정에서 '이게 우리 산업에도 적용될 수 있을까? 그럴지도 모르지'라는 놀라움으로 바뀐다.

당신의 산업과 제품·서비스로 옮겨간다

당신의 산업에 비고객이 많을 것이라는 사실을 깨닫는다고 해서 누가 비고객인지를 당장 명백하게 알 수는 없다. 따라서 당신의 팀에 지금 당장 비고객을 규명하도록 요구하기보다는 당신의 산업이 현재 제공하는 것을 누가 구매하고 사용하는지에 대한 논의부터 시작해야 한다. 팀원(그리고 조직의 직원) 모두가 이러한 정보에는 이미 훌륭한 감각을 가지고 있을 것이다. 또 이러한 정보는 대체로 상당히 자세할 정도로 얻을 수 있다. 따라서 블루오션 팀이 전체 수요를 그려내기 위한 훌륭한 기준점을 제공한다. 그러나 목표는 마케팅 담당자들처럼 기존 시장 내에서 나타나는 인구 통계상의 미세한 차이를 깊이 분석하는 것은 아니다. 오히려 목표는 나이, 성별, 소득, 가족 구성(혹은 B2B 사업체라면 조직 규모) 같은 주요 변수가 산업의 기존 고객을 합리적으로 예측하는 변수인지를 확인하는 것이다. 예를 들어 닌텐도 위$_{Wii}$가 등장하기 전에는 비디오게임의 주요 고객은 인구 통계적으로 14~26세의 젊은 남성들이었다. 마찬가지로 코믹릴리프가 등장하기 전까지 영국의 자선모금 산업의 주요 고객 집단은 교육 수준이 높은 나이든 부자들이었다. 세일즈포스닷컴이 등장하기 전까지 CRM 소프트웨어의 주요 고객 집단은 《포천》 500대 기업과 1,000대 기업이었다.

비디오게임기를 구매하는 젊은 남자들 중에서 백인, 흑인, 라틴계 비중이 얼마나 되는지와 같은 세세한 부분에 빠져들거나 거기서 헤매지 않도록 하면서 큰 그림에 집중하는 것이 중요하다. 이와 같은 논의와 분석은 제품·서비스를 더 세련되게 만들지는 몰라도, 팀원들이 산업의 현재 고객의 주요 특징을 나타내는 윤곽을 보지 못하게 한다. 우리가 경험하기로는 고객을 세세하게 분석했던 조직들이 큰 그림과 커다란 고객 집단을 한데 묶는 공통점을 보지 못한 경우가 너무나도 많았다.

팀원들이 기존 고객의 몇몇 집단을 규명했다면, 전부는 아니더라도 기존 고객의 대다수를 포함하는 더욱 광범위한 범주를 파악할 수 있는지를 알아보도록 팀원들에게 제안한다. 이 시점에서는 일반적으로 마케팅 부서가 잘하는 것, 즉 기존 고객 세그먼트 전반에 나타나는 차이를 정교하게 이해하기 위한 세세한 분석은 지양한다. 목표는 거시적인 윤곽과 기존 고객을 결합하는 공통점을 더욱 깊이 이해하는 것이다. 즉, 나무와 함께 숲을 보는 것이다.

당신의 산업에서 비고객의 세 계층을 규명한다

이제 현재의 고객에서 비고객으로 시선을 돌려보자. 팀원들에게 비고객의 세 계층을 보여주는 〈그림 9-1〉을 지침 삼아, 누가 각 계층에서 비고객이 될 수 있는지를 생각하고 적도록 한다. 관련 자료와 양식을 www.blueoceanshift.com/ExerciseTemplates에서 무료로 다운로드 받아 사용할 수 있다. 다음과 같은 질문을 던져보자.

1. 누가 우리 산업의 가장자리에 자리를 잡고서 우리의 제품·서비스를 마지못해 혹은 최소한도로 사용하는가?
2. 누가 우리 산업을 고려하면서도 다른 산업의 제품·서비스로 자신의 요구를 충족시키면서(혹은 전혀 충족시키지 못하면서) 우리 산업을 의식적으로 거부하는가?
3. 누가 우리 산업이 제공하는 효용으로부터 분명한 혜택을 얻을 수 있음에도, 우리 산업이 관계가 없어 보이거나 금전적으로 부담이 된다는 이유로 구매를 생각조차 하지 않는가?

많은 사람이 비고객이라는 이슈를 체계적으로 생각해야 하는 질문은 처음 받아볼 것이다. 우리가 경험하기로는 조직에 비고객에 관해 생각하도록 요구하면, 주로 산업 전체의 비고객이 아니라 경쟁자의 고객을 비고객이라고 생각한다. 그러고는 이렇게 묻는다. '우리 경쟁자의 고객은 누구인가? 그리고 어떻게 하면 우리가 경쟁자의 제품·서비스를 이용하는 고객들 중에서 더 많은 사람을 유치할 수 있을까?' 그러나 블루오션의 관점에서 보는 비고객은 그런 의미가 아니다. 이번 단계에서 중요한 것은 비고객에 대해 깊이 생각하고, 결정적으로는 현재 산업의 경계 너머에 존재하는 폭넓은 기회를 얼마나 알지 못했고, 생각하지 않았는가를 팀원들 스스로 발견하도록 만드는 것이다.

조직은 종종 마음 편하게 대규모 시장조사를 외부 기관에 의뢰한다. 따라서 바로 이 시점에서 "시장조사를 전문가에게 의뢰하면 누가 비고객의 세 계층인지 구체적으로 알 수 있지 않습니까?"라고 누군가 우리에게 질문하는 것도 그다지 놀랄 일이 아니다. 블루오션 시프트 과정은 블루오션 팀이 현장에서 얻는 직접적인 발견에 기반을 둔다는 사실을 상기해야 한다. 여기서 목표는 팀의 직접적인 학습과 그들이 현장에서 직접 본 것에 대한 자신감을 극대화하는 것이다. 직접적인 발견과 함께 팀이 갖는 자신감이 조직 전체로 확산될 때, 여기서 도출된 전략을 강력하게 추진할 수 있을 것이다.

팀원들은 이번 훈련에서 그들 스스로 다양한 비고객 집단을 찾아내고 사고 범위가 확장된다는 사실에 놀랄 것이다. 지금까지 자신들의 전략적 시각이 기존 집단에 얼마나 철저하게 집중했는지 알게 된다는 점도 중요하다. 처음부터 보고서를 의뢰해 떠먹여주는 답을 얻으면 무엇을 모르는지 그리고 실제로는 이해하지도 알지도 못하고 큰일이 벌어졌는데도 얼마나 자주 "이해했어. 알았어. 큰일 아니야."라고 쉽게 결론을 내리는지를 좀처럼 깨닫지 못한다. 또 스스로 얻으려고 애쓰지 않으면 배운 것의 가치를 좀처럼 인정하지 않는다. 자신이 아는 것(그리고 모르는 것)을 직접 발견하도록 하는 것은 배운 것을 자기 것으로 만들고 그 가치를 인정하도록 하는 데 매우 중요하다.

팀원 각자가 비고객 집단을 작성한 후에는 누가 어떤 계층의 비고객인지, 그 이유는 무엇인지 각자의 생각을 공유한다. 여기서 목적은 팀 전체가 각 계층에서 주요 비고객 집단으로 판단하는 사람 혹은 조직을 규명하고 선별하는 것이다. 자신의 생각을 동료들 앞에서 공유해야 하기 때문에 팀원들이 불편하게 생각할 수도 있음을 명심해야 한다. 그러나 약간의 불편함은 팀원들이 현재 이해하고 있는 범위가 확장된다는 의미이기 때문에 좋은 것이다. 팀원 각자가 비고객의 세 계층에 대한 생각에 기여할 때 이를 기록해 팀원 전체에게 알려야 한다. 같은 시장 현실을 팀원 각자가 어떻게 바라보고 있는지 차이점과 공통점을 인식하면서, 모두가 (그 자체가 매우 놀라운) 팀 전체의 생각을 알게 된다.

팀원들은 자신의 선택과 그 이면에 있는 사고 과정을 공유하고 논의하면서 누가 각 계층의 비고객에 잠재적으로 속하는지 깊이 이해하기 시작한다. 현재 정의되는 산업의 경계 너머에 있는 개척되지 않은 수요의 기회가 존재한다는 믿음도 마찬가지로 깊어지기 시작한다. 일반적으로 팀원들은 각자의 추론이 갖는 타당성을 논의하면서, 고객 집단 중 상당수를 지우고 서로 다른 종류의 고객 집단들을 합치면서 각 계층에서 누가 주요 비고객 집단인지 팀원들 간에 상당히 일치된 합의를 이룬다. 이와 함께 산업의 전체적인 수요 전망에 대한 이해도 명확해지기 시작한다.

새로운 수요 전망의 개략적인 규모를 결정한다

이제 블루오션 팀은 재구성된 제품·서비스가 잠재적으로 열어줄 새로운 수요에 대한 감을 잡아가는 작업을 할 수 있게 되었다. 구글의 시대에는 방대한 산업 정보를 '쉽고 간단히' 온라인으로 검색할 수 있다. 팀을 나눠 각 비고객 집단의 개략적인 규모에 대한 기본 통계를 구글에서 검색하게 한다. 이들 집단의 상대적인 비중은 어느 정도인가? 1인당 지출(B2B 참여자라면 조직당 지출)에 근거한 각 비고객 집단의 잠재 수요 규모는 어느 정도인가? 각 팀이 비고객의 세 계층 집단을 대상으로 이 질문에 답을 얻는다.

여기서 목표는 각 계층의 구체적인 숫자를 정확히 결정하는 것이 아니다. 각 계층이 조직에 잠재적으로 얼마나 중요할지 개괄적인 이해를 얻는 것이다. 예를 들어 어떤 비고객 집단이 현재 규모가 작고 한 자릿수로만 증가한다면, 이는 이 계층이 가까운 미래에도 여전히 규모가 작을 것이라는 뜻이다. 반면에 어떤 비고객 집단이, 예를 들어 연 30퍼센트의 속도를 유지하면서 상당히 일관되게 증가하고 있다면, 이 집단은 지금은 규모가 작더라도 머지않아 의미 있는 비고객의 원천이 될 잠재력이 있다고 합리적으로 추론할 수 있다.

이번 단계가 끝날 때까지 팀원들이 각 계층에서 주요 비고객 집단이 누구인지, 이 계층의 상대적인 잠재 수요의 규모를 두고 얼마나 자주 의견 일치를 보는지에 놀라움을 금치 못할 것이다. 물론, 이 과정의 다음 단계에서 내용이 수정될 수도 있다. 예를 들어 세 계층 전반에 걸친 상대적인 잠재 수요가 변할 수도 있고, 새로운 비고객 집단이 확인될 수도 있다. 그럼에도 이러한 통찰은 이 팀이 새로운 수요를 창출할 분명한 여지가 있고, 이들 산업의 전통적인 경계 너머로 펼쳐진 수요에 대한 이해가 많이 부족했다는 사실을 알게 해준다. 이번 단계의 위력은 여기서 얻은 통찰과 자신감뿐만 아니라 팀원들이 이러한 통찰을 자기 것으로 만드는 속도에도 있다. 보통은 반나절 혹은 하루면 충분하다.

비고객의 세 계층을 도출하는 과정이 제품·서비스의 잠재 수요에 대한 팀의 이해를 어떻게 바꿔놓을 수 있는지를 확인하기 위해 교육자 집단의 사례를 살펴보자.

잠재적인 학생의 오션을
발견한다

미국의 한 4년제 사립 대학교(CU라고 부르자)는 아주 힘든 과제에 직면해 있다. 학생들이 주로 소득 분포에서 하위 25퍼센트에 해당하는 가정에서 대학에 진학한 첫 세대로 이루어져 있기 때문에, CU에는 중요한 사명이 있다. 그러나 CU의 재적률이 감소하고 운영비는 증가하고 있다. 이제 총장은 이러한 국면을 전환하고 싶을 뿐만 아니라 CU를 키워서 젊은 학생들을 위한 모범 대학으로 만들고 싶다.

교수와 교직원으로 구성된 CU 블루오션 팀은 이제 막 구매자 효용성 지도 작성을 마쳤다. 팀장이 이를 요약하면서 이렇게 말했다. "우리 산업은 시대에 뒤떨어지거나 잘못 인식되거나 잘못된 가정들 때문에 문제점이 많이 있습니다." 팀원 중 한 사람이 덧붙였다. "맞습니다! 우리는 양질의 교육을 제공한다고 믿었습니다. 그 속에 우리의 마음이 담겼다고 생각했기 때문에 우리는 더 많이 일했습니다. 그만큼 수업료도 높게 책정되어 있습니다. 그러나 이 모든 것이 실제로는 중요하지 않습니다. 교육의 질은 학생들이 학교로부터 무엇을 얻는가 또는 무엇을 할 수 있는가에 달려 있습니다. 그리고 경쟁은 점점 더 치열해지고 있습니다."

팀장이 이야기를 계속했다. "문제는 현재 우리 학생들을 조사해서 결과를 얻는다면, 그것이 블루오션을 창출하고 경쟁으로 가득 찬 곳에서 빠져나오는 데 필요한 답을 줄 것인가에 있습니다." 팀원들은 학생들이 다른 수준의 기숙사 시설, 활기찬 캠퍼스, 좋은 교수진, 다양한 강

248

좌, 음식이 잘 나오는 학생 식당 등을 요구할 것으로 보인다는 데 금방 동의했다. 팀장이 내린 결론은 이러했다. "학생들에게 무엇을 원하는지 물어서 해결책을 찾으려고 해서는 훨씬 더 높은 비용에 기껏해야 점진적인 성과만을 얻을 것이라는 사실입니다. 그렇게 하면 우리는 발전하지 못할 것입니다. 우리가 발전하려면 시장 밖으로 그리고 우리의 비고객에게로 눈길을 돌려야 합니다. 우리는 누가 우리의 고객인지를 압니다. 그러나 우리의 비고객은 과연 누구입니까? 어쩌면 우리의 궁극적인 목표가 무엇인지부터 먼저 살펴보면 답을 찾을 수 있을 것 같습니다."

열띤 토론 후 이 팀은 그들의 목표가 어디에 있는지 일치된 결론에 도달했다. 학생들의 경제적 전망, 자신감, 성공하기 위한 능력이라는 측면에서 그들의 삶에 커다란 변화를 제공하는 것이다. 팀장이 말했다. "정말 그렇다면, 우리 모두가 진심으로 그렇다고 믿는다면, 이 결론을 토대로 우리의 비고객의 세 계층이 과연 누구인지 더 구체적으로 알아봅시다."

어떤 교수는 이렇게 말했다. "CU에 다니는 똑똑한 학생들이 첫 번째 계층의 비고객입니다. 지금 이 학생들은 수업이나 친구들에게서 충분한 자극을 받지 못합니다. 그들은 지적으로 좀 더 나은 자극을 받기 위해 다른 학교로 옮기고 싶어 합니다."

또 다른 사람은 이렇게 말했다. "재정 지원, 학자금 대출, 무상 장학금을 통해 학교에 다니는 학생들이 훨씬 더 많습니다. 그러나 3학년이 되어 이러한 추가적인 지원이 중단되면, 그들은 학교를 떠납니다. 그리고 우리 학교나 여느 학교도 이럴 때 도움이 되는 근로 장학생 프로그램을 제대로 갖추고 있지 않습니다. 게다가 우리 스스로도 학생과 학부모의 부담을 덜기 위해 수업료를 획기적으로 줄이는 방안을 강구하고 있지 않습니다. 기본적으로 우리는 적은 자원으로 표준적인 4년제 사립 대학교가 제공하는 모든 것을 제공하려고 합니다. 따라서 비용은 높은데 교육의 질은 그저 그렇습니다. 우리 학생들이 자신의 삶에서 큰 변화를 이루기 위해 CU에 요구하는 것들이 일반적인 대학교가 제공하는 것인지조차도 분명하지 않습니다." 침묵이 흘렀다.

첫 번째 계층의 비고객에 대한 논의가 서서히 끝나가고 모두가 충분히 알아들었다는 생각이 들면서, 팀장은 두 번째 계층의 비고객으로 넘어갔다. "4년제 사립 대학교를 거부하는 비고객은 누구일까요?"

누군가가 말했다. "두 번째 계층은 엄청나게 많습니다. 우리 같은 사립대가 아니라 주립대를 가기로 한 학생들 모두가 해당됩니다." 모두가 고개를 끄덕였다. 비고객 수요 전망은 커지고 있었다.

대화는 여기서 중단되지 않았다. 어떤 교수가 물었다. "2년제 대학교를 선택한 학생들은 어떻습니까? 그들도 또 다른 두 번째 계층의 대규모 비고객 집단입니다. 그들은 4년제 대학을 원했지만 결국 2년제 대학을 선택했습니다. 직업 전망과 개인의 삶을 생각하면 좀 더 실용적인 선택이기도 하고, 그러한 환경에서 성공할 수 있을 것이라는 자신감이기도 하며 단지 가정 형편이 어려워서이기도 합니다. 이유야 어찌되었든, 두 번째 계층의 비고객은 여전히 거대합니다."

방 안에 모인 사람들 모두가 분석이나 토론을 하지 않고도 두 번째 계층의 비고객이 기존 시장보다 잠재 수요가 더 많다는 데에 뜻을 같이 했다.

팀장은 세 번째 계층에 대한 논의로 넘어갔다. 이들은 고등교육의 궁극적인 목표로부터 혜택을 볼 수 있지만, 이러한 교육 서비스를 선택하려는 생각을 전혀 해보지 않았다. 팀장이 물었다. "이런 사람들 중에 누가 떠오릅니까?" 잠시 지나서 누군가가 차분한 목소리로 대답했다. "이러한 비고객들은 우리 학생들의 동년배로서 인생에서 아주 다른 길을 선택한 사람들입니다. CU 학생들 중에는 유치원부터 고등학교까지 교육 프로그램이 취약한 공립학교 출신들이 많습니다. 경제적으로 어려운 지역의 학생들은 대체로 대학 교육을 생각하지 않습니다. 부유한 지역에 사는 동년배들에게는 인생에 필요한 상담이 늘 제공되지만, 이들에게는 좀처럼 제공되지 않습니다. 그러나 이들에게도 대학 교육이 가난에서 벗어가기 위한 가장 강력한 경로가 될 수 있습니다."

어디서 이러한 비고객을 찾을 수 있을까? 팀원들은 많은 아이디어를 내놓았다. "군인.", "육체노동자.", "선교사.", "가게 점원.", "어쩌면 창업가도?" 팀원들은 이 계층의 비고객이 가장 많을 것이라는 데 동의했다. 팀장이 물었다. "가까이에 있는 우리의 경쟁자들을 봅시다. 그들은 비고객층을 세 계층으로 나누어서 이해하려고 합니까?" 팀원들은 "아니요, 전혀 그렇지 않습니다."라고 대답했다. "대학교가 모두 같아 보이는 이유가 바로 여기에 있습니다." 방 안에는 일상적인 고객 기반을 뛰어넘어 문제를 바라보려는 열의가 가득했다. 팀원들은 빨리 시작하고 싶은 마음에 조바심이 났다.

비고객의 세 계층이 갖는
전략적 시사점을 이해한다

이번 작업의 전반적인 의미를 논의하기 전에, 팀원들에게 다시 한 번 개별적으로 생각을 정리하고 자신에게 분명하게 와닿는 것을 적도록 한다. 그리고 블루오션 시프트 과정의 모든 단계에서와 마찬가지로 모든 사안을 검토하고, 토론에 집단적인 주인의식을 갖도록 팀원 각자에게 그들이 기록한 통찰을 공유하도록 한다. 이렇게 함으로써 팀원 중에서 가장 표현력이 뛰어난 사람의 생각에, 조심스럽고 말수가 적지만 통찰이 날카로운 사람의 생각이 압도되거나 가려지지 않도록 한다. 당신이 팀원들의 주장을 조율하기 전에도, 팀원들이 평소에 자신이 가졌던 주요 생각을 기록하고 말하게 하는 것만으로도 내면화된 배움에 깊이를 더할 수 있다.

우리는 여러 팀과 함께 일하면서, 집단 토론을 구성할 때 몇 가지 체계적인 질문을 던지면 이러한 토론을 활발해진다는 사실을 확인했다.

- 우리는 무엇을 배웠는가? 우리 산업 혹은 목표로 하는 산업에서 누가 첫 번째, 두 번째, 세 번째 계층의 비고객인가?
- 산업의 기존 고객과 비교해 각 계층의 비고객의 개략적인 규모는 얼마나 되는가?
- 비고객의 세 계층 모두가 규모가 작아서 블루오션을 창출할 여지가 별로 없음을 말해주는가? 아니면 이들 중 하나, 둘 혹은 모두가 잠재 수요의 규모 측면에서 주목할 만한가?

- 존재한다면, 어떤 계층이 제품·서비스를 재구성해 개척할 수 있는 가장 큰 비고객의 집단을 보유하고 있는가?
- 구매자 효용성 지도에 나오는 효용 장애물과 이 비고객의 세 계층 중에서 연관성을 발견했는가?
- 이러한 효용 장애물 때문에 그 비고객 계층이 궁극적인 목적을 실현하기 위해 다른 산업을 이용하는가?
- 그렇다면 우리는 그 비고객 계층을 고객으로 전환하기 위한 전략적 움직임을 체계적으로 개발해 그 집단을 개척할 수 있는가?

팀원들은 알아낸 바를 검토하면서 산업의 비고객을 비고객으로 남아 있게 만드는 장애물 혹은 사고방식을 열심히 조사했다. 그들은 "산업의 제품·서비스가 무엇을 놓치고 있는가? 우리가 그것을 포함시키면 새로운 수요를 열게 될까?"라고 물어볼 수도 있다. 이것은 자신이 배운 것을 다음 단계로 가져가기 위해 그들이 지적으로 몰입하고 있다는 신호다. 여기서 당신은 그들에게 바로 이것을 이 과정의 다음 단계에서 하게 된다는 사실을 정확하게 알려야 한다. 이는 이러한 주제가 일으키는 에너지가 고양되면 이 팀이 무엇이 달라질지에 대한 가설을 세우도록 하는 것을 의미한다. 동시에 그들에게 지금은 이것이 가설에 불과하다는 사실을 상기시키면서 말이다. 이는 블루오션 제품·서비스를 개발하는 것은 그저 회의실에서 하는 브레인스토밍이 아니라 현실에 기반을 둔 생생한 현장 연구와 구조적인 방법을 요구한다는 것을 분명히 하고, 동시에 그 과정에서 팀원들의 목소리가 실린다는 점을 재차 확인시킨다. 팀원들은 일반적으로 이렇게 상기시켜주는 것을 굉장히 존중한다.

　광범위한 산업의 여건과 이용 가능한 수요의 기회를 논의하면서, 팀은 기존 고객이나 사용자를 위한 시장과 비고객의 세 계층을 위한 시장의 상대적인 비중을 보다 명확하게 이해할 것이다. 잠재 수요에 대한 그들의 인식은 그렇게 기존 산업 고객에서 훨씬 더 넓은 전체 수요 전망으로 옮겨갈 것이다.

강력하게
마무리한다

당신은 이번 단계가 끝날 무렵에는 모두가 이해한 내용이 동일하도록 그리고 팀원들이 주요 교훈을 자기 것으로 만들고 또 다른 기회를 갖도록 팀이 지금까지 해온 일의 개요를 설명해야 한다.

　구체적으로 말하자면, 우선 팀원들에게 현재의 전략 캔버스라는 도구를 적용하면서 산업의 현재 상황, 산업이 경쟁하는 요소, 조직의 현재 전략 프로파일과 경쟁자의 현재 전략 프로파일이 수렴하는 정도를 분명히 이해할 수 있었다는 사실을 상기시킨다(이러한 수렴은 조직을 레드오션에 빠뜨릴 것이다). 다음 단계에서는 구매자 효용성 지도를 적용하면서 산업이 현재 경쟁하는 효용 공간의 부분집합, 산업이 부과하는 문제점과 위협점을 보여주었다. 이 문제점과 위협점 때문에 기존 고객은 잠재적으로 사용을 제한당하고 비고객은 등을 돌렸다. 이 팀은 이렇게 조직이 정해놓고 따를 수 있는, 쉽게 달성할 만한 목표를 확인함으로써 이미 혜택을 입었다. 비록 조직이 더 진전시키기로 결정하지 않았더라도 말이다. 마지막으로 비고객의 세 계층 프레임워크를 적용해 제품·서비스를 재구성하면 열 수 있는 잠재적인 새로운 수요를 충분히 이해했다. 한때는 팀과 산업의 눈에 보이지 않던 비고객이 이제 모습을 드러냈다.

이 시점에서 대개 팀의 자신감과 역량이 한 단계 상승한다. 팀원들은 이렇게 생각하기 시작한다. '그렇다, 레드오션에서 빠져나오는 길이 있다. 그리고 아마도 블루오션을 창출할 수 있는 진정한 기회가 있다.' 팀원들이 팀장이나 경영진의 지시가 있을 때까지 기다리지 않고서 다음 단계로 넘어가려고 하면서, 팀의 활력은 눈에 띄게 달라졌을 것이다. 이는 당신이 성취하고자 한 정서적 상태이면서 우리를 다음 단계로 안내하는 힘이다. 다음 단계에서는 관점을 넓히고 가능한 것을 상상해보는 데서 현실적이고 실용적인 블루오션 대안을 창출하는 내용으로 시프트한다. 여기서 팀은 새로운 수요를 열고 새로운 시장을 창출하기 위해 시장의 경계를 재구성하는 여섯 가지 체계적인 방법을 탐구할 것이다. 이제 시작하자.

BLUE OCEAN SHIFT

그곳에
도달하는
방법을 찾는다

제10장

시장의 경계를
체계적으로 재구성한다

어떻게 하면 새로운 가치-비용의 경계를 열 수 있을
까? 그러기 위해 어떻게 시장의 경계를 재구성하고 기회가 어디에 존
재하는지 새롭게 논의할 수 있을까? 모든 조직(심지어 가장 혁신적인 조
직도 마찬가지다)은 언젠가는 이러한 질문에 직면할 것이다. 당신이 블
루오션 시프트 추진 과제를 시작한다면 당신의 블루오션 팀은 지금
이 순간, 이 질문에 대한 답을 찾을 준비를 해야 할 것이다.

팀원들은 블루오션 시프트 과정과 도구들이 이전까지 보지 못했던
것을 어떤 식으로 보게 해주고, 집단적인 자신감을 형성하며, 새로운
수준의 인식과 개방적인 태도를 갖게 해주는지를 함께 일하는 과정을
통해서 온몸으로 깨달았다. 이 과정에 참여하는 것이 어떤 식으로 시

장에 대한 이해를 넓히고, 이 과정에 대한 헌신을 증대시키는지 또한 이해했다. 그들은 해당 산업이 빠져 있는 레드오션에서 벗어나야 할 필요성을 분명히 인식했을 것이다. 벤치마킹과 경쟁자를 물리치는 데만 집중하는 것이 어떤 식으로 아직 개발되지 않은 풍부한 기회 공간을 보지 못하게 하는지, 그리고 그 규모를 제한하는 문제점을 창출하는지를 이해했다. 지금과는 다르게 생각하고 현재의 구매자뿐만 아니라 비고객들에게 훨씬 더 많은 가치를 제공함으로써 개척할 수 있는 새로운 수요의 가능성 또한 확인했다. 그러므로 이제 전망을 넓히고 앞으로 존재할 수 있는 것을 생각만 하는 데서 그치지 않고, 현실적이고 실용적인 블루오션 대안을 창출하는 것으로 옮겨갈 준비가 되었다.

이를 위해 우리는 신비적 요소를 제거하고, 다른 사람들이 경쟁자로 가득 찬 레드오션만을 보는 곳에서도 기회를 포착하는 작업을 체계화할 수 있도록 여섯 가지 경로 프레임워크_{six paths framework}를 개발했다. 이번 단계에서 팀원들은 전략이 펼쳐지는 현장을 바꾸는 실천적인 통찰을 얻기 위해, 시장으로 바로 들어가 직접 궂은일을 하면서 현실에 기반을 둔 현장 연구를 수행한다. 그러나 단순히 현장으로 나가는 것만으로는 충분하지 않다. 다른 대답을 원한다면, 다르게 질문하고 다른 사람들의 이야기를 들어야 한다. 좋은 질문을 해야 통찰력 있는 대답을 들을 수 있다. 일반적인 질문을 던지면 당신을 레드오션에 정박시키는 일반적인 대답을 얻을 것이다. 신선하고 혁신적인 방식으로 생각하게 만들 질문을 던지면, 새로운 시장을 창출하는 통찰을 얻을 것이다. 여섯 가지 경로는 질문의 내용과 대상을 다르게 함으로써 당신이 시장을 새로운 방식으로 바라보도록 안내할 것이다.

자동차를 타고 수천 번 지나다닌 일방통행로가 있다면 당신은 그 길을 완전히 외우고 있을 것이다. 같은 길을 반대 방향으로 걸어서 가 보라. 정신이 번쩍 들 것이다. 전에는 결코 본 적이 없는 집과 어느 집 마당의 키 큰 나무가 눈에 들어올 것이다. 혹은 자동차를 타고 다닐 때 는 시야에 들어오지 않았던 멀리 떨어져 있는 호수의 놀랄 만큼 아름 다운 광경이 눈에 들어올 것이다. 이것이 바로 여섯 가지 경로가 하는 일이다. 이 경로들은 당신이 새로운 방향으로 길을 가면서, 항상 그곳 에 있었지만 당신의 시야에 들어오지 않았던 새로운 것들을 보는 방법 을 알려준다. 그리고 우리 앞에 계속 있었지만 지금까지 보지 못했던 새로운 것들을 보면서 경외심을 갖게 되듯 사람들은 여섯 가지 경로 로부터 도움을 받아 같은 현실을 다르게 보고 블루오션 기회를 발견 하는 법을 배우며 깨달음을 얻는다.

이러한 분석 도구는 어떻게 개발되었을까? 우리는 시장의 경계를 재구성해 상업적으로 매력적인 블루오션을 창출하는 전략적 움직임 들을 분석하면서, 이 여섯 개의 체계적인 패턴이 다양한 산업에서 나 타나는 것을 확인했다. 새로운 시장을 창출하는 다른 방법이 없다는 의미는 물론 아니다. 그러나 우리는 다양한 산업 부문의 조직과 밀접 하게 일하고 조언자 역할을 하면서 이러한 프레임워크가 얼마나 효과 적인지를 직접 목격했다.

여섯 가지 경로 프레임워크,
이것은 어떻게 새로운 가치-비용의 경계를 여는가

대부분의 조직은 전략을 개발할 때 유사한 패턴을 따른다. 우선 자신의 산업을 분석하는 것으로 시작한다. 새로운 경쟁자가 들어왔는가? 수요가 변함이 없는가, 증가하는가 아니면 감소하는가? 원재료 가격이 상승하는가? 다음으로 산업에서 시장을 향한 비슷한 전략과 접근 방식을 추구하는 기업이나 조직, 즉 특정 전략 집단의 참여자에 집중한다. 예를 들어 고급 호텔은 다른 고급 호텔이 무엇을 꾀하고 있는가를 평가할 것이다. 반면 중저가 호텔은 다른 중저가 호텔을 상대로 같은 평가를 할 것이다. 그러나 고급 호텔과 중저가 호텔은 서로 다른 전략 집단에서 활동하기 때문에 상대방에게 많은 관심을 기울이지 않는다. 따라서 전략 렌즈는 다시 한 번 좁혀진다. 현재 자신과 경쟁자의 고객은 누구인가, 이러한 고객의 특별한 요구를 어떻게 하면 가장 잘 충족시킬 것인가에 집중한다. 따라서 중저가 호텔은 부자에게 많은 관심을 기울이지 않고, 고급 호텔은 중하위 소득 계층의 사람들에게 관심을 기울이지 않는다. 그다지 놀라운 일은 아니나, 그러면서도 이 두 종류의 호텔들은 최고의 호텔이 되고자 노력할 것이다. 다시 말해 그들은 산업이 오랫동안 정의한 것에 따라 제품·서비스의 범위를 정의할 것이다. 이와 함께 그들 전략 집단의 관례에 부합하는 특징에 집중할 것이다. 중저가 호텔이라면 기능적인 저가의 객실을 제공하는 것을, 고급 호텔이라면 이미지와 위상을 제고하는 세련되고 우아한 시설에 우선순위를 둘 것이다. 마지막으로 그들은 환경과 안전 같은 외적인 영향력에 관심을 기울일 것이다. 이러한 영향력은 산업에 영향을 미치기 때문에 조직은 여기에 적응해야 한다.

　결국 산업, 전략 집단, 구매자 집단, 제품·서비스의 범위, 제품·서비스 매력의 특징, 시간, 이 여섯 가지 관습적인 경계에 기초해 경영진은 전략을 펼칠 현장을 결정하고, 기회의 범위를 제한하는 경향이 있다. 비영리기관의 경영자, 정부의 의사결정자, 창업가, 심지어는 시내 노점상과 전문 분야의 회사도 대체로 마찬가지다.

　이러한 경계들은 무엇이 되어야 하는지 정의하는 것이 아니다. 단지 무엇인지를 정의할 뿐이다. 이 경계들 중 어느 것도 진리가 아니다. 모두가 인간의 마음이 낳은 산물이다. 그렇기 때문에 바뀔 수 있다. 그러나 시간이 지나면서 이러한 사실은 잊힌다. 사람들은 이 경계를 영원한 진리로 받아들인다. 이러한 경계가 조직 스스로를 가두는 새장이 되었다. 이 모든 게 개별 조직에 의해 창출되었는데도 말이다. 사람들과 개별 조직이 경계를 창출했듯이 경계를 바꿀 수도 있다. 그들이 다른 방식으로 생각할 준비가 **되어 있다면** 말이다. 〈그림 10-1〉에 나오는 여섯 가지 경로 프레임은 당신이 시장을 바라보는 시각을 바꾸고 새로운 가치-비용의 경계를 제공할 여섯 가지 체계적인 방법을 제공한다. 각 경로마다 제시된 프레임은 산업 스스로 부과한 경계에 갇히지 않고 경계 너머로 바라보면서 타당성 있는 블루오션 기회를 발견할 방법을 설명한다. 또 이 프레임에는 당신이 각 경로를 따라가면서 무엇을 보고 들어야 하는지에 대한 노련한 충고가 담겨 있다. 이제 여섯 가지 경로를 차례대로 살펴보자.

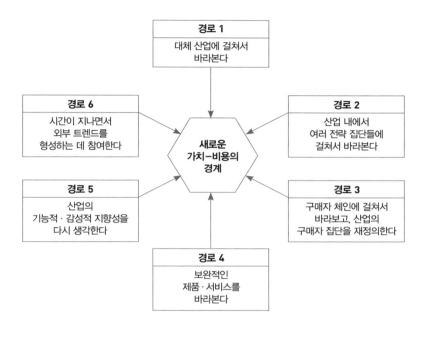

경로 1: 대체 산업에 걸쳐서 바라본다

레드오션 렌즈:
산업의 경쟁자에 집중한다.

블루오션 렌즈:
대체 산업에 걸쳐서 바라본다.

조직은 자기 산업 내에서도 경쟁하지만, 대체 제품이나 서비스를 제공하는 산업과도 경쟁한다. 구매자들은 명시적으로든 암묵적으로든 대체 산업과 비교해 결정하곤 한다. 깔끔하고 주름 없는 셔츠를 입으려고 피곤한데도 집에서 직접 다림질을 할 것인가, 세탁소에 맡길 것인가, 주름이 생기지 않는 소재로 만든 셔츠만을 구매할 것인가? 뉴욕에서 워싱턴DC로 가고자 할 때 비행기를 탈 것인가, 기차를 탈 것인가, 직접 운전해서 갈 것인가, 버스를 탈 것인가? 이러한 사고 과정은 소비자에게는 직관적인 것이다. 그럼에도 대다수 기관의 고정된 전략적 시각은 스스로를 레드오션에 가두면서 기존 산업에서의 경쟁자를 넘어서는 데만 집중하게 만든다. 새로운 가치-비용의 경계를 열려면 대체 산업에 걸쳐서 바라보고 구매자들이 다른 산업이 아니라 바로 그 산업을 선택하는 이유를 이해해야 한다.

경로 1의 목표는 당신의 제품·서비스가 해결하고 있는 문제나 요구가 무엇인지 확인하고, 비고객이 같은 문제를 처리하거나 같은 요구를 충족하기 위해 사용하는 다른 해결 방안, 다른 산업의 명단을 만드는 것이다. 여기서 집중해야 할 것은 자기 산업 내의 대안(예를 들어 다른 항공사가 아니라 이 항공사를 선택하는 이유)이 아니다. 같은 기능을 제공하거나, 같은 문제를 해결하지만 형태는 다른 대체 산업에 집중해야 한다. 바로 그 산업을 선택하게 만드는 가치의 결정적인 원천은 무엇이며 이러한 가치를 훼손하는 것은 무엇인가?

당신이 참여하고 있거나 앞으로 참여하려는 산업에는 여러 대체 산업이 있을 것이다. 그중 수요의 보고가 가장 큰 산업에 집중해야 한다. 이곳의 비고객이 대규모의 잠재적인 신규 구매자가 되는 열쇠를 쥐고 있다. 당신이 만나기를 원하는 상대가 바로 그들이다.

적절한 대체 산업을 확인했다면 사람들에게 다른 산업이 아니라 그 산업을 선택한 이유를 물어봐야 한다. 이러한 질문을 해야 논의의 방향이 산업이 경쟁하고 있는 요소(구매자들에게 익숙하고 조직들이 점진적인 개선만을 하려고 하는 요소)에서 벗어나 가치를 결정적으로 창출 또는 훼손하는 요소로 넘어간다. 이런 식으로 질문하면 구매자는 산업의 일부가 아니라 산업의 존재 그 자체와 규모를 정당화하는 근본적인 효용을 보여줄 것이다.

많은 팀이 금세 발견하는 사실이 있다. 대체 산업이 경쟁하는 요소가 상당히 많은데도 불구하고 사람들은 주로 한 가지 요소로 그 산업을 이용하겠다고 결정한다는 점이다. 예를 들어 사람들은 왜 집안일을 하려고 철물점에 가는 대신 전기 기술자를 부르는가 혹은 그 반대의 선택을 하는가? 무엇보다도 두 가지 요소가 작용해 전기 기술자를 부르게 된다. 전기 기술자들이 전문성이 있고 자신은 직접 집안일을 할 시간이 없기 때문이다. 철물점에 직접 간다면 그 요소는 단 한 가지, 바로 비용이다. 여기서 목표는 잠재적인 성공 기회가 있는 새로운 시장을 개척하는 것이다. 그러기 위해서는 구매자들이 당신 산업의 제품·서비스가 아니라 다른 산업의 제품·서비스를 선택하게 만드는 요소를 깊이 살펴보고, 이처럼 결정적인 요소를 결합하는 방법을 찾고, 다른 모든 것은 감소 또는 제거해 잠재적인 구매자들이 가치를 두는 것에 정확하게 집중해야 한다.

사람들에게 왜 여러 산업에 걸쳐서 거래하는가를 묻는 것과 대체 산업은 서로 어떻게 다른가를 묻는 것은 전혀 다른 질문이라는 사실을 명심해야 한다. 후자와 같은 질문은 확실히 여러 요소를 담고 있어 '영리하고' 차별점이 있는 질문일지도 모르지만, 그 많은 요소에 담긴 가치는 별 의미가 없을 수도 있다. '영리한 아이디어'로 주의를 분산시키지 않으려면 사람들이 당신의 산업과 대체 산업을 선택하거나 선택하지 않는 원인에 집중해야 한다. 그들의 대답은 차별화와 저비용을 동시에 달성하는 블루오션 제품·서비스를 개발하기 위해 창출 또는 제거해야 할 결정적인 가치 요소가 무엇인지 신호를 보낼 것이다. 〈도표 10-1〉은 경로 1에서의 실행 순서를 보여준다.

〈도표 10-1〉 경로 1의 실행 순서

1. 산업의 제품·서비스 혹은 목표로 하는 산업의 제품·서비스가 구매자의 관점에서 해결하거나 다루어야 하는 주요 문제와 요구를 규명한다.

2. 어떤 대체 산업들이 구매자들의 같은 문제를 해결하거나 비슷한 요구를 다루는가를 질문한다. 여기서 우리는 역할극을 하면서 질문하라고 권한다. "내가 구매자라면, 우리 산업의 제품·서비스를 이용하기로 결정하기 전에 다른 어떤 대체 산업을 고려할 것인가?" 이는 공급의 관점에서 수요의 관점으로 생각을 옮기도록 돕는다.

3. 이러한 대체 산업들 중에서 어떤 것이 가장 커다란 고객의 풀을 가지고 있는가? 여기에 집중하고 각 대체 산업의 구매자들을 면담한다.

4. 구매자들이 무엇을 자신이 거부한 산업의 주요 부정적인 측면으로 보는지, 무엇을 자신이 선택한 대체 산업의 주요 긍정적인 측면으로 보는지를 포함해, 왜 그들이 당신의 산업 혹은 목표로 하는 산업, 대체 산업에 걸쳐서 거래하는지를 조사한다.

5. 여기서 얻은 주요 통찰들을 기록한다. 다음의 사이트에서 자료를 무료로 다운로드 받을 수 있다. www.blueoceanshift.com/ExerciseTemplates

경로 2: 자기 산업 내에서 여러 전략 집단에 걸쳐서 바라본다

레드오션 렌즈: 전략 집단 내에서 당신의 경쟁적인 지위에 집중한다		블루오션 렌즈: 당신의 산업 혹은 목표로 하는 산업 내에서 여러 전략 집단에 걸쳐서 바라본다.

대부분의 기업은 자신의 전략 집단 혹은 세분화된 시장 내에서 자신의 지위를 향상하기 위해 경쟁자를 앞서가는 데 집중한다. 예를 들어 호텔 산업에서는 5성급 호텔은 다른 5성급 호텔을 능가하는 데 집중하고, 3성급 호텔은 다른 3성급 호텔을 능가하는 데 집중한다. 그러나 이 때문에 그들은 레드오션에서 계속 헤엄치게 된다. 블루오션 시프트의 핵심은 한 전략 집단에서 다른 전략 집단으로 이동하면서 거래하는 구매자들의 결정이 어떤 요소에 의해 좌우되는지를 이해하는 것이다. 전략 집단들끼리 경쟁하는 요소의 범위와 구매자들이 어느 한 전략 집단이 아니라 다른 전략 집단을 선택하게 만드는 몇 안 되는 결정적인 요소들을 구분해야 한다. 여기서 또다시 집중해야 하는 것은 구매자들이 왜 어느 한 조직이 아니라 다른 조직을 선택하는가가 아니라, 그들이 왜 여러 전략 집단에 걸쳐 이동하면서 거래하는가에 있다. 이를 이해하면 당신의 전략 집단에 해당하는 고객들이 여러 전략 집단에 걸쳐서 선택을 할 때 그들의 결정을 이해할 수 있다. 당신이 고객뿐만 아니라 비고객에게도 영향을 주는 결정적인 요소들을 이해하고 나면, 다른 모든 것은 감소/제거하고 바로 이 결정적인 요소들을 강조하게 될 것이다.

대기업과 보험회사에 직원 건강관리 서비스를 제공하는 B2B 건강관리 산업을 예로 들어보자. 헬스미디어는 레드오션에서 파산을 눈앞에 두고 있었다. 2006년에 새로 부임한 CEO 테드 다코는 회사를 안정시키기 위해 직원을 85명에서 18명으로 줄이고, 블루오션 접근 방식을 적용해 4년간 매출액 목표를 500만 달러에서 1억 달러로 늘려 잡았다. 당시 이 산업에는 두 종류의 전략 집단이 있었다. 하나는 심각한 질병을 가진 환자들을 대상으로 질병 관리 전화 상담을 제공하는 집단, 다른 하나는 웹엠디WebMD처럼 일반적인 디지털콘텐츠를 제공하는 집단이었다.

헬스미디어는 무엇 때문에 구매자들이 이러한 여러 전략 집단에 걸쳐 거래하는가를 조사했다. 그리고 모든 경쟁 요소에도 불구하고 구매자들은 효율성이 높다는 단 하나의 가장 중요한 이유 때문에 전화 상담을 하는 반면, 비용이 적게 든다는 이유로 디지털콘텐츠를 사용한다는 사실을 확인했다. 본질적으로 전화 상담에서 경쟁하는 기업들은 주로 건강 문제가 심각한 사람들을 대상으로 전문화된 상담을 함으로써, 비용이 많이 들더라도 높은 효율성을 제공하면서 전통적인 차별화 전략을 따르고 있었다. 이에 반해 디지털콘텐츠에서 경쟁하는 기업들은 효율성은 낮더라도 저가에 일반적인 건강 정보를 제공하는 전통적인 저비용 전략을 따르고 있었다. 이러한 상충관계는 고객사 직원들이 두 전략 집단의 서비스 모두를 사용하는 것을 제한하면서 비고객의 오션을 창출했다.

전화 상담이 건강 문제가 심각한 사람들에게 집중되자 이를 이용하는 직원은 많지 않았다. 직원들은 주로 고혈압, 높은 콜레스테롤 수치,

스트레스, 우울증, 불면증, 폭식 같은 만성적인 건강 문제로 상담을 원했기 때문이다. 뿐만 아니라 전화 상담에 비용이 많이 든다는 사실은 기업들이 이를 광범위하게 제공할 수가 없다는 의미이기도 했다. 반면, 디지털콘텐츠는 포괄적이어서 효율성이 낮은 탓에 직원들의 참여율을 끌어올리기에는 부족했다.

헬스미디어는 두 전략 집단 중 어느 하나에서 경쟁하기보다는 이 상충관계를 깨는 데 주력했다. 그 결과 이 산업에서 디지털 헬스코칭이라는 새로운 시장을 창출해 새로운 가치-비용의 경계를 열었다. 디지털콘텐츠의 저비용에 사람들이 대화식 온라인 설문으로 작성한 문제에 적합한 건강 계획을 디지털 방식으로 찾아주는 고효율성을 결합한 것이다. 헬스미디어의 가장 좋은 점은 사람들이 직면한 가장 흔한 건강 문제에 디지털 헬스코칭을 제공한다는 점이다. 그래서 이 서비스는 거의 모든 직원에게 의미가 있다. 결과적으로 저가이면서도 고효율인 디지털 헬스코칭을 많은 직원에게 제공할 수 있게 됨으로써 훨씬 더 많은 가치를 창출했다. 헬스미디어는 블루오션을 창출한 지 불과 2년 만에 존슨앤드존슨이 1억 8,500만 달러에 인수할 정도로 매력적인 기업이었다. 이는 헬스미디어가 야심차게 수립했던 4년간 매출 목표 1억 달러보다 훨씬 더 많은 금액이었다.

이번 경로에서는 규모가 가장 큰 전략 집단 두 곳을 선정해 조사해야 한다. 우리는 고객을 가장 많이 확보하고 있는 전략 집단과 (이와는 다른 전략 집단이라면) 수익성과 성장세가 두드러지는 전략 집단에 주목할 것을 권한다. 규모가 작지만 빠르게 성장하는 전략 집단이 있다면, 이 전략 집단에도 주목해야 한다.

조직이 이번 경로를 조사하고서 얻는 가장 혼하면서도 놀라운 깨달음은 최근에 그들의 산업에 얼마나 많은 전략 집단이 등장했는가 그리고 주요 참여자들이 한때 그들의 산업을 독점했던 보수파에 얼마나 많이 집중하고 있는가였다. 텔레비전(리얼리티 프로그램, 넷플릭스부터 아마존에 이르기까지 새로운 제작자들)에서 출판(자가출판, 전통적인 출판사, 전자책), 음악(전통적인 레코드 회사, 유튜브 스타, 아이돌 스타의 리메이크), 자동차(테슬라, 전기자동차, 자율주행차)에 이르기까지, 어떤 산업에서든 소비자가 선택할 수 있는 제품·서비스는 폭발적으로 증가했다. 따라서 산업 내의 전략 집단을 펼쳐놓는 것만으로도 깨달음을 얻는다. 가치는 이미 얻은 것이다.

이번 경로는 이해하고 적용하기가 비교적 쉽다. 그러나 여러 부서로 세분화된 대규모 조직은 숲을 보기가 어려울 수도 있다. 이들은 경쟁하는 제품·서비스에서 나타나는 약간의 차이에 근거해 엄청나게 많은 집단을 나열하는 경향이 있다. 이들은 수시로 세분화 함정에 빠져든다. 이런 상황이 발생할 경우에는 한 걸음 물러나 팀원들이 규명한 수많은 집단을 하나의 덩어리로 만드는 전략적 공통점을 찾도록 해야 한다. 예를 들어 건강관리 산업의 경우에는 일부 전화상담 기업들이 웰니스wellness(웰빙 Well-Being과 행복Happiness 또는 웰빙과 피트니스Fitness의 합성어—옮긴이)에 집중하지만, 다른 전화상담 기업들은 행동 건강에 집중하고, 또 다른 기업은 질병 관리에 집중한다. 그러나 헬스미디어는 한 걸음 물러서서, 이 모든 기업들이 본질적으로는 세 가지 가장 중요한 전략적 공통점을 갖는 것을 확인했다. 전화 상담에 집중하고, 고비용이고, 만성적이지 않은 심각한 건강 문제를 다룬다는 것이다. 헬스미디어는 서로 다른 시장 세그먼트에 속한 기업들을 한데 묶는 특징적인 윤곽을 이해함으로써 세세한 차이에 집중력을 빼앗기지 않았다. 다른 모든 경로에서와 마찬가지로 이번 경로에서 중요한 것은 헬스미디어가 그랬듯이 세세한 부분에 빠지지 말고, 서로 다른 전략 집단을 구분하는 결정적인 가치와 개략적인 비용을 확인하는 것이다. 〈도표 10-2〉는 경로 2에서의 실행 순서를 보여준다.

〈도표 10-2〉 경로 2의 실행 순서

1. 당신의 산업과 당신이 목표로 하는 산업의 전략 집단을 규명한다.
2. 규모가 가장 큰 두 개의 전략 집단에 집중한다.
3. 각 집단의 구매자들과 면담한다. 구매자들이 어느 한 전략 집단과 거래하다가 다른 전략 집단과 거래하는 이유를 조사한다. 각 전략 집단의 구매자들이 다른 전략 집단을 선택하지 않고 해당 전략 집단을 선택한 특징적인 요소를 확인하는 데 집중한다. 같은 구매자들에게 그들이 거부한 전략 집단의 부정적인 주요 요소 혹은 흥미를 잃게 만드는 주요 요소가 무엇인지를 물어본다.
4. 여기서 얻은 주요 통찰들을 기록한다. 특히 구매자들이 그들의 결정을 설명하며 제시하는 이유를 구체적으로 기록한다.

경로 3: 구매자들 체인에 걸쳐서 바라본다

레드오션 렌즈:
산업의 기존 구매자 집단에 더 나은 것을 제공하는 데 집중한다.

블루오션 렌즈:
구매자들 체인에 걸쳐서 바라보고 산업의 구매자 집단을 재정의한다.

대부분의 산업에서 정의하는 목표 고객은 대체로 한 가지로 수렴한다. 그러나 실제 구매 결정에는 직접적으로든 간접적으로든 일련의 구매자들이 관련된다. 즉 제품·서비스를 사용하는 사람, 그 값을 지불하는 사람 그리고 때로 구매하려는 결정(혹은 구매하지 않으려는 결정)에 차이를 일으킬 만큼 영향력을 행사하는 사람이 관련된다. 10대 소녀들이 입는 옷이라면 구매자 혹은 지불자는 주로 부모들이고, 사용자는 10대 소녀 자신, 영향력을 행사하는 사람은 걸그룹이 될 것이다.

이 구매자 체인이 누구인지 생각하면서 의사결정 과정에 잠재적으로 영향력을 행사할 만한 사람이 누구인지 고려할 필요가 있다. 특히 소매업자들은 복잡한 구매 결정에서 흔히 '목표 삼지 않은'untargeted 구매자 집단의 좋은 예가 된다. 컴퓨터, 스테레오 장치, 와인, 가구 등을 생각해보라. 사람들은 이런 제품의 구매를 결정할 때 고심한다. 이러한 제품을 판매하는 대다수 기업들은 상대방 기업, 최종 사용자, 가격을 지불하는 사람에게 노력을 집중한다. 그러나 그들의 제품을 판매하는 소매업자에 대해서는 그다지 창의적으로 생각하지 않는다. 결과적으로 소매점 직원들은 많은 사람에게 어느 한 제품을 구매하도록 설득하기 쉬운 위치에 있음에도 불구하고 비교적 무심하게 행동한다. 그들은 따분한 지식을 제공하고, 열의가 없고, 특정 제품을 산다고 특별히 뭘 더 챙겨주지도 않는다. 소매점 직원들이 당신의 제품·서비스의 대변인이 되도록 그들에게 훨씬 더 많은 혁신적인 가치를 제공한다면 어떻게 될까? 당신의 제품이 날개 돋친 듯 팔리지 않을까?

이 구매자 체인이 중첩될 수도 있지만 이들이 선호하는 가치는 제각기 다르다. 제7장에서 살펴봤던 학교 급식업체를 생각해보자. 돈을 지불하는 사람의 주요 목표는 최선의 조건과 가격을 얻어내는 것이다. 반면에 사용자인 학생들이 가장 가치를 두는 것은 맛있는 점심을 먹는 것이다. 산업의 기존 구매자 집단에 더 나은 것을 제공하는 것에서 산업이 전통적으로 무시해온 다른 집단으로 관심을 옮기는 것은, 효용의 숨은 원천을 찾아내고 새로운 시장을 열기 위한 열쇠가 된다.

당신이 여느 점포, 슈퍼마켓, 사무실에서 보는 형광등을 생각해보라. 필립스 일렉트로닉스는 블루오션을 창출하기 위해 집중해야 할 대상을 이 산업의 레드오션 타깃(기업에서 돈을 지불하는 사람)에서 중요한 영향력을 행사하는 집단인 최고재무책임자CFO로 변경했다. 필립스는 CFO들과 이야기를 나누면서 기업에서 돈을 지불하는 사람은 형광등 가격에만 관심을 두지만, 이는 구매의 총비용 중 일부에 불과하다는 사실을 발견했다. 형광등은 수은 함유량이 높아 처분 비용이 훨씬 더 많이 들기 때문이다. 돈을 지불하는 사람은 이런 비용을 전혀 보지 못했지만, CFO들은 보고 있었다. 필립스는 쓰레기 처리장으로 가져갈 필요 없이 그냥 버려도 돼서 기업의 처분 비용을 100퍼센트 절감할 수 있는 환경 친화적인 형광등을 개발해야 한다는 통찰을 얻었다. 그러고 나서 가격과 마진이 높지만 총비용은 낮은 필립스의 환경 친화적인 형광등을 구매하도록 CFO들에게 설명하기만 하면 되었다.

'목표로 삼지 않은' 구매자 집단의 사람들과 면담할 때는 그들이 자연스러운 여건 속에서 면담을 해야 한다. 예를 들어 소매업자가 구매자 집단이라면 가게, 진열 문제, 소매점 직원 문제, 고객의 동선과 소매점 직원과의 대화 방식, 계산에 필요한 속도를 알기 위해 매장에서 면담해야 한다. 이렇게 하면 소매업자가 설명할 수가 없거나 심지어 깨닫지 못하고 있는 것들을 직접 확인할 수 있다는 장점이 있다. 때로는 내부인 자신보다 신선한 눈으로 관찰하는 외부인이 문제, 기회, 잠재적인 해결 방안을 훨씬 더 잘 볼 수 있다. 〈도표 10-3〉은 경로 3에서의 실행 순서를 보여준다.

〈도표 10-3〉 경로 3의 실행 순서

1. 당신의 산업 혹은 목표로 하는 산업의 구매자 체인(사용자, 지불하는 사람, 영향력을 행사하는 사람)을 확인한다.
2. 당신의 산업 혹은 목표로 하는 산업이 현재 집중하고 있는 주요 구매자 집단을 확인한다. 그다음에는 당신이 집중해야 할 대상을 이 산업이 주로 무시하는 사람들에게로 변경한다.
3. '목표로 하지 않았던' 구매자 집단의 구매자들과 면담한다. 그들이 정의하는 가치를 조사한다. 산업이 현재 그들에게 부과하고 있는 가장 큰 효용 장애물과 비용을 깊이 살펴본다.
4. 각 '목표로 하지 않았던' 구매자 집단에서 얻은 통찰을 기록하고, 비슷한 답변들을 유형별로 분류한다.

경로 4: 보완적인 제품 · 서비스를 바라본다

레드오션 렌즈: 당신의 산업이 정의한 제품 · 서비스의 가치를 극대화하는 데 집중한다.		블루오션 렌즈: 당신의 제품 · 서비스의 가치를 향상 혹은 손상시키는 보완할 만한 제품 · 서비스를 파악하기 위해 구매자들이 모색하는 종합적인 해결 방안을 바라본다.

외부와 단절된 상태에서 사용되는 제품·서비스는 드물다. 대부분 다른 제품·서비스가 가치에 영향을 끼친다. 그러나 대부분의 산업에서 경쟁자들은 자기 산업의 제품·서비스에 대한 전통적인 경계 안에서 그 가치를 극대화하는 데 노력을 집중한다. 가치 혁신을 위한 열쇠는 구매자들이 제품·서비스를 선택할 때 모색하는 종합적인 해결 방안을 정의하고, 이러한 해결 방안 전반에 걸친 문제점과 위협점을 제거하는 데 있다. 당신의 제품·서비스를 사용하기 전, 사용하는 동안, 사용한 후에 어떤 일이 발생하는가를 살펴보는 것으로 간단하게 이를 파악할 수 있다.

당신은 구매자들이 원하고 추구하는 종합적인 해결 방안에 대한 이해를 확장함으로써 숨겨진 가치의 새로운 원천을 발견할 수 있다. 영국의 전기주전자 산업을 살펴보자. 전기주전자는 영국인들이 오후에 차를 즐기는 데 꼭 필요한 물건이다. 하지만 확실히 이윤이 미미하고 성장 여력이 없는 레드오션에 해당했다. 이 산업에서는 많은 기업이 가격과 디자인을 두고 경쟁했다. 그러나 필립스는 달랐다. 그들은 구매자의 전체적인 경험을 이해하는 데 집중했다. 필립스는 이 과정에서 차를 즐기는 영국인들이 직면한 핵심 문제는 주전자 자체와는 아무런 관련이 없다는 사실을 발견했다. 그들에겐 수돗물에 포함된 석회 찌꺼기가 골칫거리였다. 영국인들에게는 금방 끓인 차를 마시기 전에 그 속에 떠 있는 석회 찌꺼기를 숟가락으로 떠내는 것이 중요한 일이었다. 주전자 회사들은 이 문제를 전혀 고민하지 않았다. 자기 회사의 제품과는 무관하다고 생각했기 때문이다. 그러나 필립스는 구매자의 경험 전반을 살펴보고 구매자들이 요구하는 제품·서비스의 전체 범위를 생각함으로써 이러한 효용 장애물을 발견했다. 그리고 교체 가능한 숯 필터를 부착해 차를 따를 때 석회 찌꺼기가 딸려들어가지 않는 찻주전자를 내놓았다. 그 결과 필립스의 찻주전자는 저성장 산업을 빠르게 성장하는 산업으로 바꾸어놓았고, 기준 소매가격을 올려놓았으며, 교체용 숯 필터 재주문을 발생시켜 새로운 매출 흐름을 일으켰다.

이 사례에서 알 수 있듯 제품·서비스의 사용 전, 사용 중, 사용 후 과정에 어떤 일이 발생하는가를 직접 보기 위해 사용자를 만나는 것은 중요하다. 이렇게 할 때만이 전체 맥락을 경험할 수 있고 말로 표현되지 않는 사용상의 단계와 문제의 범위를 알 수 있기 때문이다. 전기 주전자를 가지고 무엇을 하는지 질문하면 사람들은 이렇게 대답할 것이다. 전원에 연결하고, 스위치를 켜고, 물을 끓이고, 컵에 따르고, 마신다. 그러나 필립스가 가정을 방문해 찻주전자를 어떻게 사용하는지 살펴보자 석회 찌꺼기 문제가 발견되었다. 사용자의 관점에서 보자면 석회 찌꺼기는 주전자와는 아무런 관련이 없었다. 따라서 그들은 이 문제를 말해줄 생각을 전혀 못했다. 어떤 이들은 석회 찌꺼기를 걸러내는 작업에 너무나도 익숙한 나머지 자기가 그런 일을 하는지조차 의식하지 못했다. 여기서 얻을 교훈은 제품·서비스에 대해 질문을 하면 제품·서비스에만 집중하는 경향이 있다는 것이다. 결과적으로 그들의 대답은 산업이 현재 하고 있는 것에서 좀처럼 벗어나지 못한다.

사용자를 방문할 때 중요한 것은 그들의 가정, 사무실, 공장에 머무르면서 질문 세례를 퍼붓는 것이 아니다. 실제로 제품이나 서비스를 사용하는 모습을 관찰해야 한다. 이렇게 해야만 그들이 말로 표현하지 않고 당연하게 받아들이는 가정이 무엇이고 그에 따라 어떻게 행동하는지를 밝혀낼 수 있다. 여기서 당신은 당신의 제품·서비스를 사용하기 위한 욕구를 일으키는 과정 및 환경을 관찰하고 싶을 것이다. 불편한 점은 없는가? 이러한 요구나 욕구를 해결하는 데 과하게 많은 비용이 들어 당신의 제품·서비스에 대한 수요를 위협하고 억제하는가? 고객이 당신의 제품을 사용하기 전에는 어떤 일이 일어났는가? 그것을 사용하는 동안에 혹은 사용하는 주변에서 어떤 일이 일어났는가? 사용한 이후에는 어떤 일이 일어났는가?

제8장에서 살펴봤던 구매자 효용성 지도는 산업의 좁은 한계에 갇혀 있지 않도록 하는 구조를 제공하기 때문에, 이번 단계에서 관찰한 결과를 생각하는 유용한 도구를 제공한다. 통찰력 있게 관찰하고 말로 표현되지 않은 숨은 가치를 보는 방법은 이해와 학습이 쉬운 기술은 아니다. 그러나 당신은 여섯 가지 구매자 효용 수단과 여섯 단계의 구매자 경험 주기라는 관점으로 생각함으로써, 더욱 광범위하고 통찰력이 있게 관찰할 준비가 되어 있다. 주요 목적은 모든 효용 장애물을 발견하는 것이다. 전기주전자의 석회 찌꺼기이든, 영화를 보러 가려는 부모에게 베이비시터를 구하는 일이든, 비행기를 타기 위해 공항까지 가는 것이든, 가정용 복사기에 쓸 종이 묶음을 뜯는 것이든, 당신의 산업이 현재 정의하고 있는 것과는 아무런 관련이 없더라도 말이다.

또 당신은 가장 규모가 큰 비고객층을 조사해야 한다. 예를 들어 남아프리카공화국 시장으로 진입하려는 TV 제조업체에서는 농촌 거주자들과 대화를 나누다 TV 구매를 가로막는 주요 장애물이 텔레비전 그 자체와는 무관함을 발견했다. 장애물은 전체 인구 중 소수만이 전기를 사용할 수 있다는 점이었다. 이때 텔레비전과 함께 자동차 배터리를 판매하면서 새로운 수요의 오션을 열 수 있었다. 이러한 종류의 통찰은 비고객들이 직면한 문제를 면담을 통해 직접 관찰해야만 얻을 수 있다. 〈도표 10-4〉는 경로 4에서의 실행 순서를 보여준다.

1. 당신의 제품·서비스가 사용되기 전, 사용되는 동안, 사용된 이후 어떤 일이 발생하는가를 확인함으로써 그것이 실제 사용되는 상황을 살펴본다.
2. 구매자들이 당신의 제품·서비스를 실제로 사용할 때 그들을 관찰한다. 여기서 얻은 통찰을 기록할 때는 통찰을 유형별로 분류해 관찰된 효용 장애물의 빈도 혹은 중요도의 패턴을 만든다.
3. 구매자 효용성 지도와 비고객이라는 분석 도구를 관찰에 사용한다.
4. 여기서 얻은 모든 통찰을 기록한다.

경로 5: 산업의 기능적·감성적 지향성을 다시 생각한다

레드오션 렌즈:
당신 산업의 기능적·감성적 지향성 내에서 가격 대비 성능을 개선하는 데 집중한다.

블루오션 렌즈:
당신의 산업 혹은 목표로 하는 산업의 기능적·감성적 지향성을 다시 생각한다.

산업 혹은 전략 집단에서 경쟁은 제품·서비스의 범위뿐 아니라 그것이 지닌 매력을 두고도 발생한다. 일부 산업과 전략 집단은 가격과 기능을 가지고 경쟁한다. 그들의 매력은 기능에 있다. 또 다른 산업과 전략 집단은 긍정적인 감성을 창출하기 위해 경쟁한다. 그들의 매력은 감성에 있다. 제품·서비스의 매력의 기반을 어느 한 곳에서 다른 곳으로 변경함으로써 혹은 매력의 원천을 혼합함으로써 새로운 가치-비용의 경계를 열 수 있다.

이러한 기회를 발견하려면 먼저 당신 산업의 지향성을 분명히 해두어야 한다. 이 작업은 쉬운 편이다. 예를 들어 최고급 패션 상품에는 아름다움과 지성을 목표로 하는 분명한 감성적인 지향성이 있다. 그러나 산업의 참여자들이 산업의 지향성에 너무 익숙해져서 이제는 그것을 더 이상 보지 못하고 그저 당연하게 여기는 경우도 있다. 이를 명확하게 이해하려면, 고객과 비고객에게 당신 산업의 제품·서비스에 대해 그들의 입으로 설명하도록 해보라. 이렇게 하면 이 산업의 매력이 기능적인 것인지 감성적인 것인지, 이러한 형용사가 우리 산업에 무엇을 의미하는지 현실에 기반을 둔 이해를 얻을 수 있다.

법률자문 산업을 예로 들어보자. 우리가 고객들에게 물으니 이 산업의 지향성은 기능적이라는 답이 대부분이었다. 이 산업은 긍정적인 감성을 창출하는 데 목표를 두지 않고 있다. 그러나 여기서 **기능적**이라는 말은 무엇을 의미하는가? 임무를 해냈다는 뜻이다. 그 이상도 이하도 아니다. 그러나 이와 동시에 법률 산업이 기능적으로 임무를 해내는 방식 때문에 많은 사람이 이 산업에 부정적인 감성을 갖고 있다. 가장 많이 나오는 대답 세 가지는 다음과 같았다. 두려움을 갖게 하고 (법조문을 어느 누가 읽을 수 있겠는가?), 복잡하고, 너무 비싸다(어느 산업이 분 단위로 시간을 재고 15분 단위로 반올림하여 요금을 청구하는가?) 이제 법률자문 산업의 지향성이 긍정적인 감성을 갖도록 변한다면 이 산업의 문이 열릴지 그 가능성을 생각해보자. 법률 상품이나 서비스가 구매자들을 따뜻하게 맞이하고 단순하며 시간 대신 제공되는 가치에 따라 가격이 매겨진다면 어떨까? 우리가 볼 때는 상당히 희소식이다.

혹은 슈퍼마켓 산업을 생각해보자. 여기서도 기능적인 면이 먼저 떠오른다. 당장 떠오르는 세 가지 특징은 불편함, 필요악, 비효율성이다(길게 줄을 서야 하고, 생선·육류 등의 매장에서 서비스가 느리게 제공된다). 슈퍼마켓이 이러한 지향성을 긍정적인 감성으로 바꾸면 어떻게 될까? 즐거운 외출, 멋지고 아주 빠르게 움직이는 모습을 생각해보라. 이것이 바로 이번 경로의 핵심이다. 즉 당신 산업의 지향성을 변경함으로써 당신의 산업을 재고하는 것이다. 이는 당신의 제품·서비스를 완전히 새로운 방식으로 바라보는 수문을 여는 것이다.

고객과 비고객이 어떤 산업에 가진 전반적인 생각을 살펴보려면, 우선 기능성과 감성 중 어떤 것이 그 산업과 더 잘 어울린다고 생각하는지 물어본다. 그리고 왜 그렇게 생각하는지를 3~5개의 형용사 혹은 특징으로 말해달라고 한다. 이 대답에서 산업의 어떤 면이 그들이 가진 인상을 만들고 강화했는지를 파악할 수 있다. 그리고 이것을 더욱 구체화하면서 당신의 산업이 어떻게 경쟁하는지, 사람들이 보는 방식과 당신이 보는 방식이 크게 다르다는 것을 알게 된다. 그리고 질문을 바꿔 면담 대상자(그리고 팀원들)에게 당신의 산업에서 반대가 되는 특징은 무엇인지 물어본다. 이는 산업의 매력을 바꾸는 방법에 대한 통찰을 제공할 것이다. 이것은 많은 팀이 상당히 즐겁게 적용하는 경로다. 〈도표 10-5〉는 경로 5에서의 실행 순서를 보여준다.

1. 산업의 현재 지향성을 확인한다. 산업이 주로 기능적인가 혹은 감성적인가?

2. 고객/비고객이 당신의 산업 혹은 목표로 하는 산업의 특징을 어떻게 규정하는지 들어본다. 그들이 산업을 기능적/감성적이라고 보는 가장 중요한 특징을 조사한다.

3. 그들의 답변 전반에 걸쳐서 공통점을 찾고, 비슷한 답변들을 유형별로 분류한다.

4. 당신이 지향을 바꾼다면 제품·서비스가 어떤 모습을 하고 있을지 조사한다.

5. 여기서 얻은 모든 통찰을 기록한다.

경로 6: 시간 경과에 따른 외부 트렌드를 형성하는 데 참여한다

레드오션 렌즈:
외부 트렌드가 발생하면, 이에 적응하는 데 집중한다.

블루오션 렌즈:
당신의 산업 혹은 목표로 하는 산업에 결정적인 영향을 미치는 외부 트렌드를 형성하는 데 참여한다.

트렌드는 시간을 두고 모든 산업에 영향을 미친다. 이제는 기업체, 비영리기관, 정부기관 모두 외부의 힘의 영향을 받지 않는 곳이 없다. 소셜미디어의 등장, 점점 심각해져가는 비만 위기, 글로벌 환경 운동, 선진국에서 나타나는 고령화 현상을 생각해보라.

많은 기업이 외부 트렌드를 스스로 예상하고, 또 사건이 전개되는 흐름을 관측하고 이에 대응하여 행동의 보조를 맞춘다. 그러나 트렌드 자체를 추정하는 정도로는 새로운 가치-비용의 경계를 열기 위한 통찰을 좀처럼 얻기 힘들다. 이와 달리 트렌드가 고객이 가치를 두는 것을 어떻게 변화시킬까, 시간이 지나면서 기업의 사업 모델에 어떻게 영향을 미칠까를 살펴보면 통찰을 얻을 수 있다. 예를 들어 넷플릭스는 인터넷 기반 브로드밴드가 폭발적으로 증가하는 것을 보고, 이제 곧 장편영화의 신속한 실시간 스트리밍이 도약 단계에 이를 것이라고 예상했다. 넷플릭스는 영화를 즉석에서 시청하는 기쁨을 느끼도록 해주었고 시청하는 방법에서도 유연성을 더해주었다. 당신은 그때그때 기분에 따라 보고 싶은 것을 넷플릭스에서 볼 수 있다. 이는 편리함과 용이함을 의미했다. 이제는 DVD를 미리 주문할 필요도 없고, DVD가 도착할 때까지 기다릴 필요도 없으며, 다시 돌려보낼 필요도 없다. 다시 말해 넷플릭스의 초기 사업 모델이 필요 없게 되었다. 이러한 통찰은 넷플릭스가 수요를 관찰함으로써 구매자를 위해 훨씬 더 많은 가치를 창출하고, 자신을 위해 새로운 블루오션을 창출하도록 영감을 주었다. 넷플릭스 같은 기업은 (현재 시장이 제공하는 가치에서 미래에 제공할 수 있는 가치에 이르기까지) 시간을 가로질러 바라봄으로써 자신의 미래를 더욱 적극적으로 형성했고, 새로운 가치-비용의 경계를 여는 위치를 거머쥘 수 있었다.

이번 마지막 경로의 목표는 조직이 외부 트렌드에 적응하는 것을 뛰어넘어 트렌드를 형성하는 데 참여하도록 돕는 것이다. 그러나 어떤 트렌드에 집중해야 하는지를 아는 것이 중요하다. 적절한 질문을 하는 것 또한 중요하다. 따라서 먼저 분명히 해두어야 할 것은 어떤 트렌드가 당신의 산업에 결정적으로 영향을 미치는가를 인식하는 것이다. 어떤 트렌드가 다른 산업 혹은 사회에 커다란 영향을 미친다는 사실이 당신의 산업에도 반드시 관련된다는 의미는 아니다. 예를 들어 어느 조직의 블루오션 팀이 이전과는 상당히 다른 요구를 가진 밀레니얼 세대Millennial Generation(1980년부터 2000년 사이에 태어난 세대—옮긴이)의 영향력을 인식했다고 하자. 실제로 이러한 트렌드는 많은 산업에 엄청난 영향을 미친다. 그러나 일정한 기간 안에는 은퇴자를 위한 부동산 산업에는 아무런 의미가 없다. 보편의 세상이 아니라 당신 산업에 각 트렌드가 갖는 의미를 이해하고 구체적으로 열거하는 것이 상당히 중요하다.

한편 기회를 극대화하고 위험을 극소화하기 위해 모든 트렌드를 기반으로 삼을 수는 없다. 관련이 있더라도 말이다. 여기서 우리는 두 가지 질문을 던질 수 있다. 트렌드는 반전되지 않는 것인가? 그리고 분명한 궤적을 따라 흘러가는가? 예를 들어 석유 가격은 많은 산업에 결정적인 영향을 미친다. 그리고 석유 가격이 여러 달 동안 폭락했다면 주목할 만한 트렌드라 할 수 있다. 그러나 유가가 6~12개월 내에 다시 상승할 것이라는 합리적인 예상이 가능하고 산업의 전문가들도 이 가정에 동의한다면, 이 트렌드를 기반으로 삼는 것은 현명하지 않다. 즉 석유 가격처럼 불확실성이 매우 높거나 쉽게 반전되는 트렌드를 기반에 두고 블루오션 과제를 추진하는 것은 매우 위험한 일이다.

이 세 가지 기준(산업과 연관성이 있고, 쉽게 반전되지 않고, 분명한 궤적을 따른다)을 모두 충족하는 트렌드를 찾았다면, 다음으로 이런 질문이 가능하다. 이 트렌드에 논리적인 결론이 있다면, 이 트렌드는 우리가 구매자들에게 전할 수 있는 가치에 어떤 영향을 미치는가? 그리고 우리의 산업과 조직에 어떤 의미가 있는가? 예를 들어 그룹 세브가 가정용 전기 감자튀김 조리기에 이번 경로를 적용했을 때, 비만도가 증가하고 건강식에 대한 관심이 커지는 트렌드가 뚜렷했다. 그러나 블루오션 팀은 고객 조사에서 이 제품의 기존 고객들은 갓 만든 감자튀김이란 고칼로리 고지방이라고 당연하게 받아들이고, 이러한 트렌드를 전혀 우려하지 않는다는 것을 파악했다. 그런데 비고객들을 대상으로 조사하자 튀기지 않은 감자튀김을 만듦으로써 새로운 수요의 오션을 발견할 기회를 분명히 볼 수 있었다.

결정적인 트렌드가 산업에 어떤 영향을 미칠 것인가에 대한 통찰은 때로는 그 트렌드에 영향을 받은 다른 산업을 살펴봄으로써 얻을 수 있다. 직거래, 규제 완화, 플랫폼의 등장은 많은 산업을 이미 휩쓸고 지나간 트렌드의 사례들이다. 그들의 경험은 당신의 조직에 가능한 것과 당신 산업에 존재하는 가치의 개념을 변화시킴으로써 이러한 트렌드를 어떻게 활용할 것인가에 대한 강렬한 통찰을 제공할 수 있다.

우리가 이번 경로에서 가장 많이 듣는 질문이 있다. "미래를 어느 정도로 멀리 바라보아야 하는가?" 이와 관련하여 우리는 이렇게 되묻는다. "당신의 조직은 구매자들에게 훨씬 더 많은 가치를 전하는 완전히 새로운 제품·서비스를 만들어서 출시하기까지 얼마나 오래 걸리나요?" 이 질문에 답해보면 결정적인 트렌드를 지렛대 삼아 도약하고 싶을 때 얼마나 멀리까지 내다봐야 하는지를 알게 될 것이다. 보통 3~5년을 내다보는 경우가 많다.

이번 경로의 가장 어려운 측면은 특정 트렌드가 산업의 현재 제품·서비스의 가치에 어떻게 영향을 미칠 것인지, 미래의 제품·서비스에 관해서는 무엇을 고려해야 하는지 분명히 이해하는 것이다. 이번 경로 자체는 개념적으로는 이해하기 쉽지만, 그 해결 방안은 변화 가능한 요소의 목록을 처음부터 명확하게 제시하는 다른 경로와 달리 명백하지가 않다. 블루오션 팀은 이 문제를 다루기 위해 각 관련 트렌드들을 순서대로 살펴보고 이렇게 질문해야 한다. "이 트렌드가 계속된다면, 현재 제품·서비스에서 어떤 요소가 더 이상 의미가 없어지고 심지어 구매자 가치를 손상시키기 때문에 제거, 감소되어야 하는가?", "우리의 제품·서비스로 구매자들에게 훨씬 더 많은 가치를 전하려면 무엇을 창출, 증가시켜야 하는가?" 〈도표 10-6〉은 경로 6에서의 실행 순서를 보여준다.

〈도표 10-6〉 경로 6의 실행 순서

1. 당신의 산업 혹은 목표로 하는 산업에 결정적인 영향을 끼치는 트렌드 3~5개를 규명한다. 온라인으로 추가 조사를 해도 좋다.
2. 이러한 트렌드가 당신의 산업과 관련성이 있는지를 논의하고 평가한다. 당신의 산업 혹은 목표로 하는 산업에 결정적인 영향을 미치는 것으로 여겨지는 트렌드에 집중한다.
3. 각 트렌드가 반전되지 않는 정도를 논의하고 평가한다.
4. 각 트렌드가 분명한 궤적을 따라 변하는지를 논의하고 평가한다.
5. 당신의 산업에 결정적인 영향을 미치고, 반전되지 않고, 분명한 궤적을 따라 변하는 모든 트렌드의 의미를 열거한다. 각 트렌드가 구매자들이 가치를 두는 것을 어떻게 변화시킬 것인가, 이것들이 시간이 지나면서 당신의 사업 모델에 어떻게 영향을 미치는가를 구체적으로 서술한다.
6. 여기서 얻은 모든 통찰을 기록한다.

여섯 가지 경로 프레임워크를
적용한다

운동선수들은 고통 없이는 얻는 것도 없다는 말을 자주 떠올린다. 여섯 가지 경로 프레임워크를 사용하는 것도 마찬가지이다. 성과는 놀랍고도 때로는 계시적이다. 그러나 명심해야 한다. 이러한 성과를 창출하는 데는 다양한 일대일 면담, 현장 조사 관찰처럼 상당한 시간과 노력이 필요하다. 이 작업이 블루오션 시프트 여정에서 가장 많은 시간을 잡아먹는 부분이다. 동시에 팀원들이 (조직 내부, 외부를 불문하고) 다른 누군가에게 위임할 수 없는 부분이기도 하다. 눈과 귀를 남에게 맡길 수는 없기 때문이다. 이번 경로에서 얻는 통찰들은 팀원 자신의 현장조사에서 나오는 것이기 때문에 팀원들에게 권한을 부여하고 확신을 심는다. 따라서 이 과정을 피하려고 해서는 안 된다. 이 과정을 회피한다면 과제의 기반을 약화하고, 전체 과제의 목표라 할 성공적인 수행의 가능성뿐만 아니라 당신 자신의 역할과 얻을 수 있는 통찰을 축소하는 결과를 낳게 된다. 이제 이번 단계가 실제로 어떻게 전개되는지 살펴보자.

큰 그림을 가지고 시작한다

이번 단계의 목표는 큰 그림을 유지하는 것이라고 설명하고 시작한다. 산업의 경계를 재구성하고 새로운 가치-비용의 경계를 여는 단서를 제공할 통찰을 얻는 것이 목표다. 그러나 팀원들은 아직은 최종적인 답을 확보하지 못했다. 여섯 가지 경로는 그들이 찾아야 할 통찰의 유형을 안내할 것이다.

이렇게 상기시켜주는 것은 중요하다. 팀원들이 당장 답을 찾는 것이 목표라고 생각한다면, 답이 나타나지 않을 때 쉽게 낙담하고 요구의 무게에 짓눌릴 것이다. 이 과정은 대다수 조직이 전략을 개발할 때 하는 업무와는 크게 다르다는 점을 명심해야 한다. 시장을 대면하고 몸이 얼어붙거나 용기를 잃는다면 영감을 얻으려고 하거나 호기심을 갖기보다는 요식 행위처럼 취급하기 십상이다. 따라서 당신은 이 과정을 재미있게 만들 필요가 있고 모두에게 지금은 탐정이 되어 단서를 찾는 때라는 사실을 알려야 한다. 팀원들이 다소 불편함을 느낄 수도 있다. 하지만 불편함을 느끼는 것이 당연하다는 말로 그들을 안심시켜야 한다.

팀을 두 개의 하위 팀으로 분리한다

여섯 가지 경로 각각을 탐색하는 데는 시간이 걸린다. 모든 팀원이 경로를 다 탐색하려면 시간이 많이 걸리고, 다른 스케줄을 비워놓지 않고서는 쉽지 않은 일이다. 하위 팀이 각각 세 개 경로씩 탐색하면 진행이 훨씬 더 쉽다. 어느 하위 팀이 일을 더 잘하는지 건전한 의미의 경쟁을 일으켜 재미를 낳고 통찰의 질도 높인다. 또 이것은 과제가 공정하지 못하거나 팀원들의 일상 업무 때문에 실현 가능하지 않다는 불만을 줄인다. 하위 팀을 구성할 때는 이러한 생각을 팀원들에게 처음부터 설명한다. 이렇게 하면 그들에게 당신이 요청하는 것을 이해시킬 수 있다. 또 당신이 좋은 결과를 기대하고 이번 단계를 실현 가능하도록 하며 동기를 유발하고자 하위 팀을 구성했기 때문에 실질적인 조치를 취했다는 사실을 인정할 것이다. 침묵은 금이 아니다. 하위 팀을 구성한 배경을 설명하라.

팀원들에게 경로 프레임워크 전체를 보여준다

이제 팀원 모두에게 경로 프레임워크 전체를 보여주고 각 경로를 따라 하위 팀이 무엇을 탐색해야 하는지를 설명한다. 조직 내의 다른 사람들이 지금 무슨 일을 하고 있는지 물을 때, 모든 팀원이 똑똑하게 대답할 수 있을 만큼 개요를 잘 이해하는 것이 중요하다. "잘 모르겠습니다. 팀장이 말해주지 않았거든요."라는 말은 두려움과 걱정을 유발한다. 어떤 일을 하고 있는지를 알면 이러한 두려움과 걱정을 없앨 수 있다. 하위 팀 구성원들을 동등한 파트너로 인정하고 그들의 이해를 존중해준다면 감사해할 것이다. 결과적으로 팀원들이 자연스럽게 조직의 나머지 사람들에게 진행 상황을 계속 알리면서 두려움이 사라지고 적극적으로 헌신하게 된다.

이 과정이 어떻게 전개될지 설명한다

모든 사람이 여섯 가지 경로 전체가 지닌 논리를 알고 나면 하위 팀은 자신의 과제를 맡을 수 있다. 당신이 직접 팀별로 경로를 할당할 수도 있고, 더 바람직하게는 하위 팀들이 앞으로 작업하게 될 경로를 뽑기를 통해 임의로 선택하도록 할 수도 있다. 하위 팀들 스스로 자신의 경로를 선택하면 이 과정이 공정하다고 생각한다. 하위 팀 팀원들은 어느 경로를 먼저 공략하고 그다음 경로로 옮겨갈지 뜻을 모아야 한다.

각 하위 팀 팀원들은 할당된 경로를 어떻게 탐색할지 계획을 수립하고, 하나씩 시작한다. 각 경로의 논리와 관련하여 〈도표 10-1〉~〈도표 10-6〉에 나오는 실행 순서들을 점검하는 것부터 출발한다. 이 작업을 효과적으로 수행하는 데 도움이 필요하면 관련 자료와 양식을 www.blueoceanshift.com/ExerciseTemplates에서 무료로 다운로드 받아 사용할 수 있다. 여기 나오는 양식들은 하위 팀 팀원들이 현장으로 나가서 비고객과 고객을 면담할 때 어떤 질문이 적절한지 방향을 제시할 것이다. 또 이 양식들은 실행 결과로 얻은 통찰을 의미 있는 방식으로 구성하는 데도 도움이 될 것이다.

팀원들은 각 경로를 개별적으로 탐색한다. 그리고 통찰을 종합하기 위해 모인다. 다음으로는 나중에 하나의 팀으로서 도출할 더 넓은 범위의 통찰을 모으기 위해 또다시 개별적으로 일한다. 이러한 순서는 개별적인 작업에서 나온 독립적인 통찰을 풍부하게 나열하는 동시에, 팀원들이 통찰 전반에 걸쳐 주요 패턴을 발견하고 흥미로운 이상 현상을 확인하기 위해 협력할 수 있도록 한다.

예를 들어 경로 1의 경우, 하위 팀 팀원들이 먼저 자기만의 주요 대체 산업 목록을 만들 것이고, 그런 후에 이 경로에서 주어진 기준에 근거해 탐색해야 할 가장 적절한 산업이 무엇인지 팀에서 논의하고 합의할 것이다. 그다음으로 팀원 각자가 고객과 비고객을 개별적으로 면담하고 여기서 찾아낸 사실들을 취합하기 위해 모일 것이다. 이런 식으로 집단 사고를 배제하고 공동의 지혜를 형성한다. 이 작업 패턴은 다른 다섯 경로에도 똑같이 적용된다.

작업 계획의 한 부분으로서 하위 팀은 현장에서 면담하고 관찰해야 할 비고객과 고객을 명확히 해야 한다. 하위 팀 팀원들이 같은 사람을 면담하고 관찰해서는 안 된다. 예를 들어 경로 1에서, 하위 팀이 분석하기로 한 대체 산업이 장거리 항공이라고 가정해보자. 되도록 다양한 항공사의 고객들을 만나야 하기 때문에 하위 팀 팀원 중에서 누가 어느 항공사의 고객을 만날지 미리 정해야 한다(이들은 이 산업의 사실상 비고객들이다).

현장조사를 할 때는 사진을 찍고, 비디오카메라에 담고, 매장을 직접 방문한다. 다시 말해 현장을 제대로 담아야 한다. 예를 들어 장거리 항공의 경우 우리는 공항에 가서 장거리 항공편을 이용하기 위해 탑승수속을 마친 사람, 또 탑승 수속을 담당하는 항공사 직원들과 직접 대화하라고 권한다. 즉 당신이 비교하고 있는 다른 모든 대체 산업이 아니라 장거리 항공을 선택한 이유를 사람들로부터 직접 들어볼 것을 권한다. 탐정처럼 생각하라. 즐겁게 일하면서 당면한 과제에 계속 집중하라.

하위 팀 팀원들이 각 경로마다 몇 명을 면담하면 좋을까? 대체로 10~12명이 적당하다. 이렇게 해야 많이 배우고 영감을 얻을 수 있다. 새로운 스킬을 배운 것이기 때문에 하위 팀이 공략하는 첫 번째 경로의 첫 면담이 가장 힘들다. 따라서 이때 팀원들이 위축되지 않도록 독려해야 한다. 주어진 경로에서 면담이 끝나고 각 팀원이 면담 결과를 공유하기 위해 모인다. 이때 면담 대상자들이 전하는 몇 가지 특이한 대답, 몇 가지 주제들을 듣게 된다. 이는 나중에 유용한 것으로 입증되기도 한다. 그러므로 이 이상치outlier를 웃어넘기지 말고 기록해야 한다. 대규모 조사로 고객을 이해하는 데 익숙한 사람이라면 여섯 가지 경로로 면담하는 것이 어색하게 느껴지고, 심지어 처음에는 예민해질 수도 있다. 그런 이들에게는 당신이 고맙게 생각한다는 것을 알리고 계속 수고해달라고 부탁하라. 우리는 거의 모든 사람이 이러한 현장조사를 통해 배우면서 금방 활력을 얻고 경외심을 갖는 것을 확인했다.

여기서 최대한 많은 통찰을 얻으려면 팀원들이 상대방을 설득하려고 해서는 안 된다. 항상 겸손한 자세로 관찰하고 취재하고 질문해야 한다. 고객, 비고객이 질문에 정직하게 대답하기 시작할 때는 항상 열린 마음을 가져야 하고 방어적인 자세를 취해서는 안 된다. 부정적인 대답이 돌아오면 더 많은 것을 알기 위해 더 깊이 파고들어야 한다. 팀원들에게 부정적인 대답은 기회가 변장한 모습으로 나타난 것임을 강조한다. 팀원들은 부정적인 대답의 내용과 왜 그런 대답이 나오는지를 확실히 조사해야 한다. 팀원들에게 그들이 만나 관찰하고 면담해 얻은 모든 통찰과 대답을 실시간으로 기록해야 한다는 것을 강조한다. 시간이 지나면 기억이 희미해지기 때문이다. 목적은 새로운 눈으로 세상을 보는 것이다. 겉으로 보기에 아무리 작아 보이는 관찰이라도 이것들이 모여서 나중에는 블루오션을 창출하는 커다란 통찰이 될 수 있다. 그러므로 어떠한 관찰이라도 사소하게 취급해서는 안 된다. 필립스가 영국의 수돗물에 들어 있는 석회 찌꺼기를 발견하고, 작아 보이지만 반복적으로 관찰된 이 사실에서부터 교체가 가능한 숯 필터를 만들어 블루오션을 창출한 사례를 생각해보라.

경로1, 2, 3에서 면담하고 관찰해야 할 대상은 관련 비고객 집단(각 대체 산업, 전략 집단, 구매자 집단에서의 비고객 집단)을 나타낸다. 경로 4, 5, 6에서는 하위 팀들이 제3단계(제9장)에서 확인했던 가장 커다란 비고객 계층에 속한 사람들을 면담해야 한다. 몇 개의 계층을 선택할지는 계층의 상대적인 규모에 달려 있다. 어느 한 계층이 다른 두 계층보다 훨씬 더 클 때는 이 계층에만 집중할 것을 권한다.

다음 장에서는 무엇을 다룰 것인가

생생한 시장 탐색을 마치고 나면 팀은 이제 가치가 어떻게 혁신적인 방법으로 열릴 수 있는가에 대한 새롭고도 풍부한 통찰로 무장하게 될 것이다. 현장에서 터득해 영감을 받은 팀원들은 방금 경험한 새로운 사고방식으로부터 지적으로 활력이 충만한 상태가 될 것이다. 이제 제4단계의 두 번째 부분으로 넘어가자. 다음 장에서는 축적한 통찰을 구체적이고도 대안적인 블루오션 움직임을 창출하는 데 어떻게 사용할지 보여줄 것이다. 여기서 우리는 가치와 비용의 상충관계를 깨뜨리고 새로운 가치-비용의 경계를 여는 열쇠가 될 제거$_{eliminate}$-감소$_{reduce}$-증가$_{raise}$-창출$_{create}$ 그리드$_{Grid}$를 도입할 것이다. 계속 전진하자.

제11장

대안적 블루오션 기회를
개발한다

　여섯 가지 경로에서 시장조사를 마친 블루오션 팀
은 몸은 피곤한 상태지만 마음은 한껏 고양되어 있다. 산업이 오랫동
안 경쟁해온 요소들은 지나칠 정도로 많이 전달되었거나 이제는 더 이
상 적절하지 않아 보인다. 전략 집단 전반에 걸쳐서 널리 퍼져 있는 명
확한 공통점이 드러나면서, 오랫동안 당연하게 여겨온 시장 세분화
에 대해서도 이제는 문제가 제기되었다. 산업이 결코 주의를 기울이지
않아온 보완 제품·서비스가 이제는 혁신적인 가치를 여는 데 잠재적
인 강력한 수단으로 여겨지게 되었다. 그 결과, 활력과 권한을 부여 받
은 듯한 분위기가 팀 내에, 조직 전반에 흐를 것이다.
　주목할 만한 것은 사람들이 블루오션 팀의 회의에 참여하는 태도에서 나타난다. 그들은 이번 블루오션 추진 과정이 무엇을 보여주는가를 논의하면서 보고서와 사실을 인용하기보다는 스토리를 전달한다. 스토리에는 자기만의 색채, 이름, 장소가 있다. 그리고 조직 내의 다른 사람들이 산업의 관행을 되돌아보면서 질문하게 만들며 구체적인 관찰 결과로 찾아낸 사실들은 큰 관심을 이끌어낸다.

이제 팀이 얻은 관찰과 통찰을 블루오션 전략 대안 개발로 응축시킬 시점이다. 우리는 이를 위해 '네 가지 액션 프레임워크'를 제시한다. 이는 시장조사로 찾아낸 사실을 차별화와 저비용을 동시에 추구할 수 있는 구체적이고 실천 가능한 전략적 대안으로 전환하는 도구이다.

네 가지
액션 프레임워크

〈그림 11-1〉에서 알 수 있듯 네 가지 액션 프레임워크는 네 가지 주요 질문에 바탕을 둔다. 이 질문들은 당신이 차별화와 저비용의 상충관계를 깨고 블루오션 움직임에 도달할 수 있도록 산업의 전략적 논리와 사업 모델에 문제를 제기하는 데 도움을 준다. 이제 질문들을 신속하게 살펴보자.

산업이 당연하게 여기는 요소 중에서 어떤 요소를 제거해야 하는가: 당신의 산업이 오랫동안 경쟁해왔지만 당신의 팀이 여섯 가지 경로로 현장에서 시장 탐색한 결과, 부적절하다고 확인된 요소들을 제거할지 고

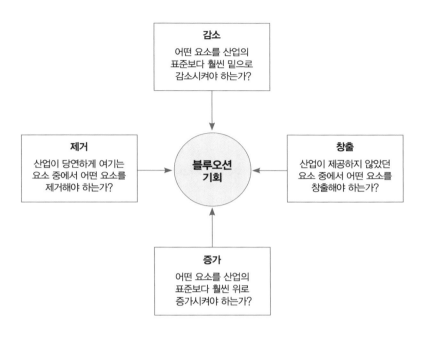

려하는 질문이다. 이 요소들은 더 이상 가치를 더해주지 않거나 심지어는 감소시키더라도 업계의 오랜 관행이었기 때문에 문제가 제기되는 경우가 거의 없다. 또 조직들이 서로 벤치마킹에만 집중한 나머지, 구매자들이 가치를 두는 것에서 나타나는 근본적인 변화를 따르지 않고 이를 인식조차 하지 못한 경우도 있다. 이 요소들은 얻는 것은 없이 조직의 원가 구조를 차지하고 있기 때문에 이를 제거함으로써 엄청난 원가 절감 효과를 얻을 수 있다.

어떤 요소를 산업의 표준보다 훨씬 밑으로 감소시켜야 하는가: 제품·서비스가 경쟁에서 뒤처지지 않고 승리하려는 목적에서 과도하게 설계된 것은 아닌지 결정하는 질문이다. 조직이 고객에게 과하게 제공하는 탓에 얻는 것도 없이 원가 구조만 상승시키는 요소가 있다. 이러한 요소들을 감소시킴으로써 당신의 원가 구조는 더욱 낮아질 수 있다.

어떤 요소를 산업의 표준보다 훨씬 위로 증가시켜야 하는가: 구매자들이 타협할 수밖에 없는 것들을 찾아내 이를 해결하는 질문이다. 이러한 타협은 보통 구매자들이 표준적인 제품·서비스가 제공하는 것보다 더 많은 가치를 원한다는 사실을 인식하지 못하는 탓에 발생한다. 그러나 이러한 인식이 절대적인 표준으로 자리잡고 있기 때문에 어느 누구도 여기에 이의를 제기할 생각을 하지 않는다.

산업이 제공하지 않았던 요소 중에서 어떤 요소를 창출해야 하는가: 이 마지막 질문은 당신이 구매자를 위해 완전히 새로운 종류의 가치를 제공하고 과거의 비고객을 고객으로 전환시킴으로써 새로운 수요를 창출하도록 한다.

제거와 감소에 해당하는 앞의 두 질문은 경쟁자와 비교해 당신의 원가 구조를 낮추는 방법에 관한 통찰을 제공한다. 반면 증가와 창출에 해당하는 뒤의 두 질문은 당신이 구매자 가치를 훨씬 더 많이 만들도록 한다. 여기서는 특히 **제거**와 **창출**에 해당하는 행동이 중요하다. 이 두 가지는 주로 기존 경쟁 요소의 수준을 **감소**, **증가**시켜 더 많은 가치를 전하고자 하는 전통적인 가치 극대화 행동을 뛰어넘도록 하기 때문이다. **감소**와 **증가**에 집중하면 더 높은 **정도**의 구매자 가치를 만들 수 있고, 기존 산업 공간에서 경쟁우위를 가질 수도 있다. 그러나 이렇게 해서는 경쟁에 관한 기존 원칙들을 무의미한 것으로 만들 수는 없다. 이러한 원칙들이 다른 모든 조직이 경쟁하고 있는 주요 요소를 변화시키지는 않기 때문이다. 새로운 가치-비용의 경계를 열고 경쟁을 무의미한 것으로 만들려면 기존 요소를 제거하고 **새로운 요소**를 창출해 새로운 종류의 구매자 가치를 제공해야 한다.

우리는 블루오션 팀이 차별화와 저비용을 동시에 추구할 수 있도록, 네 가지 액션 프레임워크를 보완하는 제거-감소-증가-창출 그리드(이하 'ERRC 그리드')를 만들었다. 이 두 가지 도구로 현장에서 얻은 통찰과 관찰한 바를 블루오션 시프트를 추진하기 위한 구체적인 전략적 움직임으로 옮길 수 있다. ERRC 그리드는 이 팀이 네 가지 액션 모두가 아니라 그중 일부에만 집중할 때 발생할 여백을 보여줌으로써 문제를 시각적으로 알리며 경고 신호를 보낸다.

기업은 어떻게
블루오션 움직임을 개발하는가

시티즌M 호텔의 공동 설립자 마이클 레비는 "레드오션이 있다면 호텔 산업이 바로 거기에 해당할 것이다. 호텔 산업은 레드오션 중의 레드오션이다."라고 말했다. 4성급 호텔은 5성급 호텔이 제공하는 것의 약 5분의 4를 제공한다. 3성급 호텔은 4성급 호텔의 4분의 3을 제공한다. 별 하나짜리 호텔은 2성급 호텔의 2분의 1을 제공한다. 즉 이들 모두가 본질적으로는 같은 요소들을 두고 경쟁한다. 이러한 요소들을 조금 더 제공하거나 조금 덜 제공할 뿐이다. 레비는 이런 현실을 이렇게 지적했다. "호텔 산업에서는 사람들이 벽의 색상을 변경하거나 베개 위에 놓인 초콜릿 종류를 바꾸면 혁신을 이룩한 것으로 생각한다." 레비와 공동 설립자이자 주요 투자자 겸 CEO인 라탄 차드하Rattan Chadha는 2007년에 이 같은 현실에 맞서기로 했다. 출장이든 주말 쇼핑 나들이든 또 새로운 장소에 대한 탐험이든, 점점 증가하는 여행객들, 즉 이동하는 시민mobile citizens의 마음을 사로잡을, 새로운 가치-비용의 경계를 여는 사업을 시작했다. 호텔 산업에 새로 뛰어든 이 두 창업가는 새로운 종류의 호텔 체인으로 블루오션을 창출하고 싶었다.

레비, 차드하와 그 팀원들은 사람들이 3성급 호텔이나 고급 호텔을 주로 찾는다는 사실을 확인했다. 그들은 이 두 전략 집단에 걸쳐서 블루오션 기회가 존재한다는 사실을 간파하고(경로 2) 이 여행객들이 3성급 호텔보다 고급 호텔을 선호하거나, 그 반대를 선호하는 이유를 알고 싶었다. 그리고 이러한 이유를 알게 된 후 그들에게서 다양한 통찰이 나오기 시작했다.

여기서 그들과 여행객들이 나눈 대화를 잠깐 들어보자.

"당신이 별 세 개짜리 호텔이 아니라 별 다섯 개짜리 호텔을 선택한 이유가 궁금합니다. 가격 때문인가요?"

"가격이라고요? 그렇지 않습니다. 세상에 어느 누가 돈을 더 많이 내는 걸 좋아하겠습니까?"

"그러면 벨보이나 도어맨 때문입니까? 5성급 호텔이 훨씬 더 친절하긴 하죠."

"그렇기는 하겠죠. 하지만 그게 제가 3성급보다 5성급 호텔을 더 선호하는 이유는 아닙니다. 대체로 벨보이가 짐을 옮기는 데 시간이 아주 많이 걸립니다. 저라면 항상 팁을 줘야 한다는 의무감도 있구요. 그래도 짐이 많으면 벨보이가 확실히 도움이 됩니다. 그러나 저는 숙련된 여행자라 짐이 별로 없습니다. 편하기도 하고 간단하기도 해서 제가 직접 짐을 옮깁니다. 도어맨도 마찬가집니다. 그들이 있어서 좋기는 합니다. 그러나 제가 도어맨 때문에 5성급 호텔을 선택하는 것은 아닙니다."

"그러면, 프런트데스크가 한 가지 요소가 됩니까?"

"그렇지는 않습니다. 별 다섯 개짜리 호텔에서도 보통은 기다려야 합니다. 그리고 그다음 체크인할 때 체크인하는 직원이 나를 판단하고 있다는 기분이 들기도 합니다. 저는 그런 게 싫습니다."

"안내원은 어떻습니까? 그들이 당신의 결정에 영향을 미칩니까?"

"아닙니다. 저는 구글 지도하고 레스토랑 앱, 여행 앱만 있으면 안내원한테 묻지 않고 제가 알아서 더 빠르고 쉽게 찾아갑니다. 게다가 요즘에는 안내원들도 이런 도구를 이용하지 않나요?"

"그러면 레스토랑 때문에 별 세 개짜리 호텔보다 다섯 개짜리 호텔을 더 선호합니까?"

"아닙니다. 5성급 호텔에 그런 레스토랑이 있어서 좋기는 하죠. 그러나 그런 호텔은 위치가 아주 좋기 때문에 저는 밖에 나가서 식사를 합니다."

"그래서 위치가 중요합니까?"

"네, 그렇습니다. 숙소를 결정할 때는 위치가 아주 중요합니다. 5성급 호텔은 보통 제가 찾는 아주 좋은 자리에 있죠."

"룸서비스는 어떻습니까?"

"룸서비스는 비싸고 느립니다. 저는 꼭 필요할 때에만 이용합니다."

"인터넷과 전화는 어떻습니까?"

"그게 제가 아주 불쾌하게 생각하는 부분입니다. 고급 호텔에 머물기 위해 이미 많은 돈을 냈는데도 대다수가 인터넷과 전화에 엄청나게 비싼 요금을 청구하면서 바가지를 씌웁니다."

"저한테 중요한 것은 방의 크기가 아닙니다. 침대, 시트, 샤워 시설이 좋아야 하고 조용해야 합니다. 제발 수압에도 신경을 써주시길!"

"3성급 호텔에 거부감을 갖는 가장 큰 이유는 뭔가요?"

"감동시킬 만한 것이 없어요. 획일적이고 평범해요. 호화롭고, 아름답고, 고급스러운 느낌이 바로 제가 5성급 호텔을 선택하는 이유라는 생각이 들어요."

간단히 말해 호텔 산업끼리 경쟁하고 자체적으로 등급을 매기는 모든 요소에도 불구하고, 여행을 자주 다니는 사람들이 3성급 대신 5성급 호텔을 이용하기로 결심하는 데 **결정적으로** 작용하는 요소는 세 가지로 나타났다. 거기서 경험하는 더 높은 단계의 고급스럽고 아름다운 느낌, 쾌적한 수면 환경, 최상의 위치였다.

블루오션 팀은 사람들이 왜 5성급이 아니라 3성급 호텔을 이용하는지도 조사했다. 가격이 가장 흔한 요소로 드러났다. 그리고 5성급 호텔이 격식을 지나치게 중시하고 과시적이라는 것을 확인했다. "그곳은 분위기가 너무 딱딱해요. 옷차림이나 행동에 신경을 써야 합니다.

저에게는 너무 고상한 기분이 들고 제대로 쉴 수가 없어요."

이러한 통찰을 분명한 액션과 구체적인 전략으로 전환하기 위해 이 팀은 각 통찰을 제거, 감소, 증가, 창출이라는 구체적인 요소로 전환하는 작업을 시작했다. 그리고 몇 가지 흥미로운 패턴을 깨달았다. 예를 들어 5성급 호텔을 찾는 고객이나 3성급 호텔을 찾는 고객 모두 호텔을 결정할 때 프런트데스크, 안내원, 벨보이, 도어맨을 중요하지 않게 생각한다. 이 팀은 프런트데스크는 고객들에게 가치를 전하지 않음을 깨달았다. 프런트데스크는 호텔의 편의를 위해 존재한다. 바로 그곳에서 고객을 등록하고 결제를 진행한다. 마찬가지로 대체로 별 짐 없이 움직이는 여행객들에게는 벨보이가 불필요한 존재 혹은 귀찮은 존재로 여겨진다. 이 여행객들은 길을 찾거나 레스토랑, 관광지를 찾아가는 것을 혼자 해결할 수 있기 때문에 안내원도 별로 필요하지 않다.

이 팀은 이렇게 추론했다. '우리는 이 요소들을 **제거**할 수 있다. 그렇게 우리의 원가 구조를 낮추더라도, 5성급 또는 3성급 호텔을 이용하는 여행객들에게는 별 영향을 미치지 않을 것이다.'

사람들이 객실에서 오랫동안 머무는 경우가 드물기 때문에 객실 크기는 가치에 커다란 영향을 미치지 않으면서 **감소**시킬 수 있다. 팀원들은 당연히 객실이 작으면 같은 건물에 객실이 더 많아지고, 따라서 수익도 더 많아질 것이라는 생각을 떠올렸다. 그들은 깨달았다. '고급스러움이란 방의 크기가 아니라 쾌적한 수면 환경을 의미한다. 공간을 확보하는 데 드는 많은 비용을 생각하면, 객실을 작게 설계함으로써 엄청난 비용 절감 효과를 누릴 수 있다. 대신에 킹사이즈 침대, 고급 린넨, 훌륭한 방음 시설, 보송한 대형 타올, 멋진 샤워 시설을 갖춤으로써 수면 환경의 질을 **증가**시키면 객실당 비용을 산업의 평균보다 훨씬 더 낮추면서도 고객에게 기쁨을 전할 수 있다.'

계속해서 그들이 얻어낸 통찰을 해석하면서 그들은 **창출**할 수 있는 새로운 종류의 가치를 인식했다. '프런트데스크를 제거하고 셀프 체크인 단말기를 설치하면 고객들이 줄을 서지 않고도 체크인을 할 수 있지 않을까? 단말기 옆에는 정해진 말만 하는 프런트데스크 직원 대신 여러 가지 일 처리가 가능한 '앰배서더'~ambassador~를 배치해 단말기 작동법 등을 친절하게 설명하면 어떨까?'

'프런트데스크, 안내원, 벨보이를 두지 않는다면, 전통적인 로비가 왜 필요할까? 텅 빈 공간은 낭비 아닌가? 대신에 공용 공간을 창조할 수 있지 않을까? 그곳에서는 고객들이 하루 중 언제라도 집에서처럼 자유롭게 먹고 마시며 사람들을 만나고 일하고 놀 수 있다. 이 공간이 편하게 느껴지고 놀랍도록 아름답게 꾸며진다면 아름다움과 영감을 위해 고급 호텔을 찾는 사람들의 요구는 호텔에 들어오는 순간부터 충족될 것이고, 격식과 허세가 덜한 3성급 호텔을 찾는 사람들의 요구도 마찬가지로 충족될 것이다.'

〈그림 11-2〉는 이 팀이 조사한 결과를 보여준다.

2008년 시티즌M은 암스테르담의 스키폴 공항에 첫 번째 호텔을 개장해 여행객 대상의 저렴한 가격대의 고급 호텔이라는 새로운 가치-비용의 경계를 열었다. 시티즌M은 얼마 안 가 런던, 파리, 뉴욕 같은 주요 도시에도 호텔을 개장했다. 다음과 같은 사실을 생각해보라. 시티즌M이 개장한 호텔들은 접객 산업에서 고객 등급 최고를 받았고, '멋진'~fabulous~ '최고'~superb~ 범주에서 5성급 호텔들과 이름을 나란히 했다.

제거	증가
• 프런트데스크와 안내원 서비스 • 벨보이와 도어맨 • 풀서비스를 제공하는 레스토랑과 룸서비스 • 로비	• 수면 환경: 대형 침대, 고급 린넨, 조용한 분위기, 샤워 시설(수압) • 최상의 위치 • 무료 영화, 인터넷 전화, 무료 고속 인터넷, 고객이 전자제품을 쉽게 사용할 수 있는 많은 전기 플러그
감소	창출
• 객실 종류 • 객실 크기 • 고급 호텔 대비 가격	• 1~3분 동안 셀프 체크인할 수 있는 단말기 • 고객이 사용할 수 있는 바(bar)와 식료품 저장실, 맥 컴퓨터를 갖춘 하루 중 언제라도 이용할 수 있는 공용 공간 • 친절하고 무엇이든 할 수 있다는 자세를 갖추고 동시에 여러 가지 일을 처리하는 앰배서더(정해진 말한 하는 직원이 아님)

그럼에도 이 호텔은 3성급 호텔 고객들이 이용하기에 부담스럽지 않은 가격대를 제시했다. 그 결과 객실 이용률은 평균 90퍼센트에 달한다. 비용 면에서 시티즌M 호텔의 객실당 총비용은 4성급 호텔 평균보다 40퍼센트 더 낮고, 인건비는 업계 평균보다 50퍼센트 더 낮다. 시티즌M은 모든 전통적인 참여자보다 실적이 뛰어나서 평방미터당 수익성이 최고급 호텔의 두 배에 달한다. 현재 시티즌M 호텔은 전 세계 주요 도시로 사업을 확장하고 있다. '스타일리시, 최첨단, 저렴', '하룻밤 사이의 혁명', '종교의 한 형태', 언론이 시티즌M 호텔이 이룩한 블루오션 움직임에 쏟아낸 찬사들이다.

블루오션 전략적 대안을
만든다

시티즌M 사례는 여섯 가지 경로 중 하나, 이 경우에는 경로 2(여러 전략 집단에 걸쳐서 바라본다)에서 나온 통찰과 관찰이 어떻게 블루오션 움직임의 기반을 형성하는 분명하고도 구체적인 행동으로 전환되는지를 보여준다. 시티즌M은 신생 기업이기 때문에 공동 설립자 두 명을 포함해 소수의 직원들이 블루오션 움직임의 개발에 관여했다. 하위 팀으로 나누어 여섯 가지 경로로 시장 탐색을 마친 조직이라면, 주어진 경로에서 현장 조사를 했던 팀원들이 바로 그에 상응하는 조치를 개발해야 한다. 각 경로를 움직임으로 전환하는 과정은 어느 경로나 동일하므로, 우리는 이 과정이 특정 경로에 어떻게 적용되는지를 보여주는 사례로 계속해서 시티즌M을 다룰 것이다. 이 과정과 관련된 실행 단계들을 나열하면서 설명을 단순화하기 위해 하위 팀이라는 표현을 사용하지 않고, 그냥 팀이라고만 언급할 것이다. 이제 이러한 실행 단계들이 어떻게 전개되는지를 살펴보자.

경로에서 밝혀진 주요 통찰을 추출한다

우선 어느 경로를 탐색하면서 밝혀낸 주요 통찰을 분명히 해둔다. 팀원들은 현장 조사로 얻은 모든 답변과 관찰 내용을 담은 양식을 주의 깊게 읽고 검토해야 한다. 주어진 경로에서 양식에 기재한 답변들을 아직 유형별로 분류하지 않았다면 이제는 이 작업을 할 때가 되었다.

팀원들이 답변을 정리할 때는 긍정과 부정에서 가장 많이 인용되는 요소들에 특별히 주의를 기울여야 한다. 이들이 핵심 요소가 될 것이다. 다음으로 팀원들은 각 요소를 구성하는 성분들을 간단하고도 설득력 있게 서술하여 이 요소들이 실제로 무엇을 의미하는지를 생각해야 한다. 예를 들어 시티즌M 호텔의 경우, 팀원들은 객실의 품질을 말할 때는 여행객들이 가장 많이 언급한 요소가 수면 환경이라는 사실을 알게 되었다. 그리고 수면 환경에서 정확하게 무엇이 중요한지를 확인하면서 **수면 환경**을 구체적으로 '침대 사이즈, 시트와 타올의 품질, 조용한 분위기(혹은 방음 시설), 샤워실 수압'이라고 정의할 수 있었다. 무엇이 두드러진 요소이고 여기에 무엇이 포함되는지 정확한 합의에 이르러야 한다. 그래야 팀원들이 동일선상에서 결과를 두고 이야기할 수 있고, 나중에 실천에 옮길 수 있으며, 비용 측면에서도 비교적 구체적인 요소에 근거를 두고 통찰할 수 있다.

당신이 블루오션 대안blue ocean option을 창출하기 위해 작업하게 될 첫 번째 경로가 대체로 가장 어렵다. 답변을 실제 틀을 갖춘 요소로 전환하는 작업이 이전까지 요구 받아온 방식과 다르기 때문이다. 결과적으로 걱정이 쌓이고, 팀원들은 자기가 일을 제대로 할 수 있는지 예단하기 시작한다. 이럴 때는 그것이 자연스러운 현상이고, 이번 경로에서 함께 일하면서 팀원들과 성과를 공유하고 서로 배우고, 앞으로는 잘하고 있는 자신을 발견하게 될 것이라는 말로 안심시켜야 한다.

어느 요소를 제거, 감소, 증가, 창출할지 깊이 살펴본다

당신이 확인했던 요소들을 제거, 감소, 증가, 창출할지 결정해야 한다. 결론을 체계화하는 데 네 가지 액션 프레임워크와 ERRC 그리드를 이용한다. 관련 자료는 www.blueoceanshift.com/ExerciseTemplates 에서 무료로 다운로드 받아 사용할 수 있다.

　네 가지 액션 프레임워크를 적용해 ERRC 그리드를 완성하는 방법을 충분히 이해하기 위해 시티즌M 호텔 사례로 돌아가보자. 여행객들에게는 위치와 쾌적한 수면 환경이 5성급 호텔을 선택하는 결정적인 이유이기 때문에 시티즌M 팀은 이 두 요소를 크게 **증가**시키는 것이 중요하다고 판단했다. 또 3성급 호텔을 선택하는 이유는 가격이 저렴하다는 점이기 때문에 이 팀은 고급 호텔보다 현저하게 **감소**시킨 소매가격을 제시할 필요가 있다고 판단했다. 어느 전략 집단의 고객도 프런트데스크 경험에 가치를 부여하지 않았기 때문에 프런트데스크는 **제거**하기로 결정했다. 이러한 결정으로부터 고객들이 열쇠를 받아 바로 객실로 갈 수 있도록 셀프 체크인 단말기를 **새로 도입**하려는 통찰이 나왔다. 은행 창구 앞에 줄을 설 필요가 없는 ATM처럼 이렇게 하면 고객이 시간을 절약할 수 있다. 지금까지 ERRC 그리드를 완성하기 위해 탐색하는 과정을 어떻게 진행하는지를 간략히 설명했다.

　여섯 가지 경로 프레임워크의 각 경로별 ERRC 그리드를 완성할 때는 실행이 가능하고, 비용 측면에서도 비교적 용이한 **구체적인** 요소를 다루는 데 집중해야 한다. 예를 들어 사람들은 흔히 '불편함'을 제거해야 할 주요 요소로 나열한다. 그러나 불편함은 구체적인 요소가 아니고 어떻게 제거해야 하는지를 나타내지도 않는다. 따라서 '구매자의 불편함을 제거하기 위해 정확하게 어떠한 행동을 취해야 하는가, 어떠한 것들을 바꿔야 하는가?'라는 질문을 던짐으로써 팀원들이 더욱 구체적으로 생각하도록 독려해야 한다. 마찬가지로 사람들이 창출해야 할 주요 요소로 언급하는 '편리함' 또한 무엇을 어떻게 해야 하는지 아무것도 알려주지 않는다. 여기에서도 당신은 구매자를 위한 편리함을 창조하려면 구체적으로 어떠한 행동을 취해야 하는가를 조사해야 한다. 전략적 움직임의 결과물이라 할 바람직한 성과와는 달리 행동과 투자를 설명하는 구체적인 요소들의 차이를 이해하는 것은 중요하다. ERRC 그리드에는 성과가 아니라 구체적인 요소를 적어야 한다. 그렇게 하면서 당신이 증가시키고 창출하는 요소들을 어떻게 비용을 줄이면서 창의적으로 전달할 수 있을지 생각해보라. 가치를 증가시키면서 비용을 줄이는 것을 염두에 두어야 한다.

팀원들은 다시 현장으로 가서 전에 면담한 사람과 더 이야기를 나누고 싶어 할 수도 있다. 좀 더 자세한 설명을 듣고 무엇을 제거, 감소, 증가, 창출해야 할지에 대한 자신의 생각을 시험하기 위해서 말이다. 팀원들이 필요성을 느낀다면 그것도 좋은 방법이다. 그러나 그 기간을 1개월로 제한해 팀 전체가 지나친 분석 상태에 빠지지 않도록 해야 한다.

차별화와 저비용을 동시에 추구하는지 확인한다

가치 혁신을 통해 차별화와 저비용을 동시에 추구하는 것은 새로운 가치-비용의 경계를 열고, 따라서 블루오션 시프트를 추진하는 중요한 열쇠다. 그러나 새로운 것을 찾아내는 과제를 추진하는 집단들이 실제로는 주로 증가와 창출에만 집중하는 경향이 자주 확인된다. 그렇게 하면 블루오션 움직임이 아니라 잠재적인 비용이 많이 드는 레드오션 차별화를 반영한 제품·서비스를 낳는다. 이를 방지하려면 팀원들에게 증가와 창출뿐만 아니라 제거와 감소에도 많은 노력을 쏟아 붓도록 상기시켜야 한다. 실행의 관점에서 보자면 ERRC 그리드에서 증가, 창출 영역뿐 아니라 제거, 감소 영역에도 구체적인 요소들이 보이도록 주문해야 한다는 의미다.

어떤 팀은 제거, 감소할 만한 것이 없다고 주장하기도 한다. 그렇다면 다시 한 번 그들에게 너무 익숙해서 당연하게 여기지만 이제는 더이상 가치를 발생시키지 않는 요소, 구매자에게 지나치게 제공되는 요소를 더 생각해보라고 요구해야 한다. 그들에게 영감을 주기 위해 호텔 산업이 오랫동안 신성불가침의 영역으로 여겨왔던 것을 제거하고 감소시킨 시티즌M 사례와 후원 상담, 보조금 유치, 연중 내내하는 기부 권유 등을 제거하고 감소시킨 코믹릴리프 사례를 설명하라. 그들의 생각을 자극하려면 질문을 뒤집어서 이렇게 물어보라. "우리 산업이 하는 가장 어리석은 것은 무엇인가?" 그리고 그 부분에 집중하도록 하라. 때로는 바로 이 순간에 새로운 깨달음을 얻기 시작한다.

또 조직에 새롭다는 이유로 전체 산업에서는 새롭지 않은 것을 창출에 해당하는 요소라고 생각하는 함정에 빠지기도 한다. 그들이 집중하고 있는 산업이나 시장에서 새로운 요소(산업의 전통적인 경계를 뛰어넘는 요소들)만이 창출에 해당된다는 사실을 상기해야 한다. 예를 들어 유럽의 대형 에너지 기업의 팀은 주유소에 화장실을 청결하게 유지하고 음식을 즐겁게 선택해 구매할 수 있는 요소를 창출 사분면에 두었다. 이 두 요소는 이제까지 제대로 해오지 않은 이 회사한테는 새로운 것이었지만 업계에서는 전혀 새롭지 않은 것이었다.

블루오션 대안을 도출한다

이제 이 팀은 각 경로마다 완성된 ERRC 그리드를 바탕으로 제품·서비스의 '미래의'$_{to-be}$ 전략 캔버스를 그릴 준비가 되었다. 미래의 전략 캔버스는 주어진 경로에 대해 블루오션 대안이 어떻게 기존의 레드오션 현실에서 빠져나오도록 하는가를 보여준다. 현재의 전략 캔버스(제7장 참조)를 그릴 때와 마찬가지로, 미래의 전략 캔버스는 완성된 ERRC 그리드에 나오는 주요 요소들에 등급을 매기는 것부터 시작한다. 제거에 기재된 모든 요소에는 0점을 매긴다. 다른 요소에는 앞에서와 마찬가지로 5점 만점 리커트 척도(혹은 이를 변형한 척도)를 사용한다. 이전과 같이, 가격과 관련해서는 비싸면 '높음', 싸면 '낮음'으로 표시한다.

다음으로는 수평축을 따라 모든 요소를 표시한다. 당신이 제안한 새로운 움직임의 전략 프로파일이 쉽게 인식되어 전달될 수 있도록 가격을 먼저 표시하고, 다음으로 당신이 제거하려는 요소를 표시하고, 감소/증가/창출하려는 요소 순서로 표시한다. 이렇게 해야 읽고 이해하기 쉬운 전략 프로파일이 나온다. 마지막으로 당신이 제안한 새로운 움직임의 전략 프로파일과 경쟁자의 전략 프로파일을 함께 펼쳐놓도록 한다.

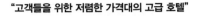
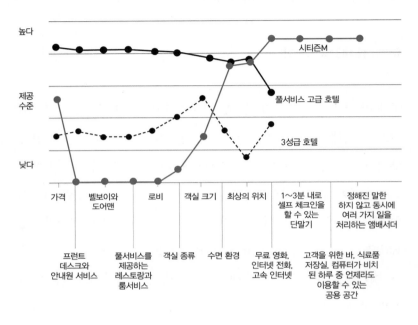

"고객들을 위한 저렴한 가격대의 고급 호텔"

블루오션 움직임에는 꼭 필요하지 않은 부가 기능이나 화려하고 반짝이는 아이디어는 덧붙이지 않는다. 실제 블루오션 움직임이 완성되면 너무 단순명료한 나머지 상식처럼 보이기도 한다. 팀원들에게 이러한 사실을 상기시켜 단순한 아이디어의 위력을 의심하지 않도록 해야한다. 그래야 블루오션의 잠재력을 심각하게 저하시키는 복잡하고 교묘한 이질적인 요소들을 포함하는 것을 방지할 수 있다.

〈그림 11-3〉은 시티즌M의 블루오션 움직임의 전략 프로파일을 경

쟁자의 것과 비교한 것이다. 그림에서 볼 수 있듯 시티즌M의 전략 프로파일은 경쟁자의 전략 프로파일에서 벗어나 주의를 끈다. 또 이 회사의 제품·서비스를 사실 그대로 묘사하는 '고객들을 위한 저렴한 가격대의 고급 호텔'이라는 강렬한 태그라인이 드러나며, 이는 블루오션 제품·서비스에 대한 초기 시금석의 요건을 충족한다.

　이제 당신의 블루오션 대안에 대한 전략 프로파일을 그리고 태그라인을 개발할 차례다. 태그라인은 전략 프로파일을 사실 그대로 묘사해야 하고 구매자의 관점에서 강렬한 것이어야 한다. 둘 중 하나만을 갖추는 것으로는 충분하지 않다. 강렬한 태그라인을 개발하려면 제품·서비스가 고객에게 훨씬 많은 가치를 창출해야 한다. 그리고 이러한 사실을 가장 잘 전달할 방법을 철저하게 살펴봐야 한다. 태그라인을 개발할 때는 사람들의 마음을 끌지만 의미가 없는 문구를 만드는 함정에 빠져들지 않는 것이 중요하다. 그러려면 제품·서비스의 분명한 혜택을 강조하고 당장 시장에 먹힐 만한 방식으로 제품·서비스의 핵심을 알리기 위해 팀의 노력을 배가해야 한다.

제품·서비스의 경제적 효익을 요약해 서술한다

대부분의 산업은 원가를 자신의 가치사슬 전반에 걸쳐 배분하는 방법을 잘 알고 있다. 예를 들어 항공 산업은 공항 이용료, 연료비, 인건비, 유지비, 식자재비, 마케팅비, 로열티 프로그램 등에 소요되는 각 비용을 훤히 꿰고 있다. 마찬가지로 마이클 레비 같은 호텔 산업 전문가도 고급 호텔과 3성급 호텔의 토지, 객실, 직원, 풀서비스 레스토랑 등에 소요되는 각 비용을 잘 안다.

시티즌M 팀은 각 비용에 근거해 호텔의 기존 특징들을 제거하고 감소시킴으로써 비용이 얼마나 절약되는지 대략적으로 계산해보았다. 셀프 체크인 단말기와 공용 공간처럼 고급 호텔과 3성급 호텔이 제공하지 않지만 시티즌M이 창출할 예정인 특징에서 추가로 발생하는 비용 규모를 알기 위해, 호텔 산업 외부를 살펴보았다. 절약되는 비용과 추가되는 비용을 가감해 제품·서비스의 경제적 효익economic benefit을 개괄적으로 산출했다. 여기서 목표는 여행객들에게는 훨씬 더 많은 가치로 만족을 제공하고, 조직에는 상당한 이익을 창출하는 것이다.

시티즌M의 경우처럼, 팀은 이 단계에서 개략적이나마 그들이 제시하는 제품·서비스의 경제적 효익의 예비 지표를 제공해 사업의 타당성을 뒷받침해야 한다. 그러면 최종 선택된 블루오션 제품·서비스는 그 경제적 효익에 조직 내에서 활용 가능한 운영상의 전문 지식으로 살을 붙여 매력적인 사업 모델로 변모한다.

실행의 결과물은 두 가지다. 하나는 핵심을 강력하게 전달하는 강렬한 태그라인을 가진 미래의 전략 캔버스다. 그리고 하나는 구매자 가치를 더 많이 창출하기 위해 차별화를 추구하면서 비용은 어떻게 낮출지를 강조하는 완성된 ERRC 그리드다. 이로써 수익과 성장 같은 경제적 효익에 대한 개략적인 지표가 개발된다.

이번 과정은 여섯 가지 경로마다 각각 완성된다. 우리는 일반적으로 여섯 가지 중 두세 개 경로들이 새로운 가치-비용의 경계를 여는 더욱 강렬하고도 설득력 있는 통찰을 전해준다는 사실을 확인했다. 나머지 한두 경로는 제거와 창출을 위한 설득력 있는 요소를 보여주지만, 새로운 가치-비용의 경계를 열기에는 통찰이 부족할 것이다. 이런 일이 발생해도 놀랄 필요가 없다. 이는 흔한 현상이고 이 과정을 끝까지 하라는 말이기도 하다. 왜 그럴까? 우선 이는 모든 이에게 엄청난 학습을 제공했다. 더구나 다른 경로와 비교해 '약해 보이는' 경로에서 나온 통찰이 나중에 가서는 쉽게 달성할 만한 목표가 될 수도 있다. 따라서 이 과정을 피하려고 하다가 학습 기회를 놓쳐서는 안 된다.

마지막 단계로
가보자

당신은 실행 가능한 대안으로 블루오션 기회를 창출했다. 이제 블루오션 시프트 여정의 최종 단계로 넘어갈 준비가 되었다. 마지막 단계에서는 블루오션 움직임을 선택하고, 이에 대한 시장성 테스트를 신속하게 실시하며, 그 시장 잠재력을 극대화하기 위해 이를 강화하고 정교화하는 방법을 배울 것이다. 마지막 단계는 선택된 블루오션 움직임을 큰 그림의 사업 모델로 공식화하여 본격적으로 시작하는 것이다. 당신이 만든 움직임은 구매자에게뿐 아니라 조직에도 상당한 가치를 제공할 것이다.

이제 팀의 에너지가 들끓는다. 팀원들은 그들이 창출한 것에 자부심을 가지면서도, 직접적인 탐색으로 도출한 블루오션 움직임에 대한 객관적인 피드백과 시장의 판단을 들어야 하기에 당연히 긴장도 된다.

BLUE OCEAN SHIFT

제5단계

실행한다

제12장

블루오션 움직임을 선택하고
시장성 테스트를 실시한다

이제 당신은 블루오션 움직임을 선택할 준비가 되어 있다. 이 팀은 여섯 개에 달하는 잠재적으로 실현 가능한 블루오션 기회를 개발했다. 그리고 이 각 기회는 한 쪽짜리 미래의 전략 캔버스로 그려져 있다. 또 이 팀은 각 기회마다 제품·서비스를 사실 그대로 묘사하고 시장에 호소하는 강렬한 태그라인도 개발했다. 그리고 ERRC 그리드와 각 전략 선택이 제공하는 경제적 편익을 요약한 한 쪽짜리 문서도 작성했다. 기본적으로 이러한 자료들은 각 대안이 어떻게 구매자(비영리기구의 경우에는 기부자, 정부기관의 경우에는 일반 대중)를 위한 가치를 훨씬 더 많이 제공하고, 조직에게는 승리를 가져다주는가를 보여준다.

그런데 어떤 전략을 추진할지를 어떻게 선택해야 할까? 눈이 번쩍 뜨일 만큼 효과적이지만 많은 압박이 가해지는 블루오션 품평회blue ocean fair를 개최하는 것도 좋다. 바로 이 자리에서 어느 것이 새로운 가치-비용의 경계를 열기 위해 앞으로 추진해야 할 최선의 전략인지 그리고 그것의 어떤 측면이 더 정교하게 다듬어져야 하는지 결정된다. 이 자리에서 투명한 피드백과 조율이 가능하도록 팀이 개발한 전략적 대안을 공개한다.

우리가 여러 조직과 함께 일하면서 만난 팀원 중에는 경영진이 지나치게 보수적인 탓에 혁신 아이디어가 나와도 이를 옹호하지도 심각하게 고려하지도 않는다고 하소연한 경우가 있었다. 또 그들의 아이디어를 아무리 설득해도 투자자들이 관심을 갖지 않는다고 똑같은 불만의 목소리를 내는 창업가들도 있었다. 우리는 그들이 거부당한 혁신 아이디어의 사례를 듣고는 두 가지 공통적인 문제를 확인했다. 한 가지 문제는 아이디어가 복잡하고 앞뒤가 맞지 않는 언어로 표현되어 장점을 판단하기가 불가능하다는 데 있었다. 또 한 가지 문제는 겉으로는 좋아 보이지만 차별화 자체를 위한 차별화여서 실제로는 고객에게 더 많은 가치를 제공하지 않거나 견실한 수익을 보장하지 않는 것이었다. 투자자와 경영진이 이 아이디어에서 관심이 멀어진 것도 당연한 일이었다.

이에 반하여 블루오션 품평회에서 아이디어를 발표했을 때에 이러한 문제에 부딪히는 경우를 우리는 한번도 본 적이 없다. 예외 없이 처음 등장하는 코멘트는 '제공되는 것을 전문적이고 쉽게 설명하고 있는가? 구매자 효용과 조직에 도움되는 바를 명쾌하게 제시하고 있는가?'

등이었다.

이제 블루오션 품평회가 어떻게 진행되는지를 살펴보자.

블루오션 품평회의
흐름

블루오션 품평회에는 조직의 고위 간부들과 블루오션 팀의 모든 팀원을 소집한다. 이 자리에는 누가 있어야 하는가? 여기에는 주요 사업부의 부서장과 마케팅, 제조, 인사, 재무, IT, 물류 부서의 부서장들도 참석해야 한다. 이 임원들은 실행이 결정되면 특별한 지원을 제공하는 일뿐 아니라 자기 직무 분야 안에 있는 장애물을 제거하는 일까지 요청받는다. 따라서 그들에게 지적으로나 감정적으로 합당한 존중을 표현해야 하고, 당신이 발표하는 블루오션 대안의 전체 범위를 그들이 확실히 이해하도록 해야 한다. 블루오션 품평회에 이처럼 사내에서 존경받는 대표 인물들과 영향력 있는 부서장을 소집함으로써 왜 블루오션 시프트가 절실하게 요구되는가에 관한 직접적인 지식, 그리고 중요하게는 최종적으로 결정된 조치의 장점을 전파할 고위 사절단이 자연스럽게 구성된다.

또 품평회에 고객들과 새로운 시장에 들어오기를 바라는 비고객들도 초청할 수 있다. 예를 들어 당신이 새로운 유형의 B2B 고성능 병원 장비에 대한 블루오션 대안을 검토하고 있다고 하자. 당신은 현재 주요 구매자와 사용자(이 산업은 상당히 통합되어 있어 대체로 소수의 집단으로 이루어져 있다)는 물론 현재는 이러한 장비를 사용하고 있지 않은 소규모 병원의 일부 잠재 고객을 포함시키기를 원한다. 마찬가지로 당신의 성공이 더 넓은 생태계의 진입에 달려 있을 때는 주요 공급업체나 생태계 파트너를 참석시키는 것이 현명하다. 이들은 이 팀이 여섯 가지 경로로 시장 탐색을 하는 동안에 주로 만난 사람들이면서, 이번 논의에 시장 피드백을 실시간으로 전해줄 또 하나의 계층이다. 마찬가지 이유로 산업의 전망을 자연스럽고도 넓게 개관할 산업 애널리스트 같은 사람도 초청할 수도 있다.

이미 자리를 잡은 대규모 조직과 달리 인재의 폭과 깊이가 부족한 신생 조직이나 자영업체라면 블루오션 팀과 그 사령탑이 내부 참여자로만 구성될 때가 많다. 이런 경우에는 관련된 외부 인사들을 초청하는 것이 특히 중요하다.

이번 품평회는 이 팀이 만든 모든 전략적 대안을 발표하는 것으로 시작된다(이제부터 설명을 단순화하기 위해 이 팀이 모두 여섯 개의 전략적 대안을 품평회에 가져왔다고 하자). 발표가 끝나고 나면 팀원들은 회의실 내부에 임의로 설치한 여섯 군데 장소로 흩어진다. 각 장소에는 ERRC 그리드, 조직의 경제적 효익, 미래의 전략 캔버스 중 한 가지 버전이 담긴 대형 포스터가 있다. 참석자들은 각 장소를 돌아다니면서 팀원들에게 추가 설명을 요청하고, 의견과 제안을 공유하고 문제가 될 만한 사항을 제기한다. 마지막으로 참가자들은 스티커나 포스트잇을 사용해 가장 매력적이라고 생각되는 내용에 투표한다.

투표가 끝나면 팀장은 참석자들에게 특정 전략에 찬성 혹은 반대하는 이유를 물어 또 하나의 피드백을 더한다. 블루오션 대안에 포스트

잇이나 스티커가 쌓이는 것(혹은 쌓이지 않는 것)을 보고, 의견을 직접 청취하는 것만으로도 매력 없는 아이디어를 버리고 강력한 지지를 얻는 아이디어를 모으는 데 도움이 된다.

블루오션 팀의 팀원들을 제외하고 모든 참석자가 투표하고 나면, 조직의 경영진이 최종 결정을 내린다. 때로는 경영진이 선택한 대안이 가장 많은 표를 얻은 것과 다를 수도 있다. 이런 경우에 경영진은 자신의 선택 이유를 확실하고 명백하게 제시해야 한다(이것은 어떠한 경우라도 지켜져야 한다). 블루오션 추진 과정에서 자리 잡은 공정한 절차를 강화하고 모두가 결과에 헌신하도록 하려면 분명하고도 설득력 있는 설명이 반드시 필요하다.

블루오션 품평회를
개최한다

성공적인 블루오션 품평회를 개최하기 위한 지침은 아래와 같다.

산업의 레드오션 현실과 블루오션 시프트를 추진해야 할 필요성을
개관하는 것으로 시작한다

산업이 직면한 레드오션, 따라서 블루오션 시프트가 절실한 이유를 보여주는 현재의 전략 캔버스를 발표하는 것으로 시작한다. 다음으로 고객이 경험하는 문제점을 알려주는 구매자 효용성 지도 그리고 그 결과 숨어 있는 가치를 밝힐 유력한 기회, 즉 산업이 현재 인식하지 못하고 있는 새로운 수요를 창출하기 위해 이용해야 할 비고객의 세 계층을 보여준다. 이는 참석자들에게 필요한 배경 지식을 전하고 모두가 같은 내용을 이해하도록 해준다.

고위 임원들이 품평회를 시작할 때부터 마칠 때까지 계속 참석하는 것이 중요하다. 그들의 헌신적인 참여가 없으면 블루오션 팀의 팀원들과 그 밖의 다른 모든 사람이 임원들이 이 과제를 중요하지 않게 여긴다고 받아들이거나, 이것을 끝까지 밀어붙이려는 의지가 별로 없다고 받아들일 것이다. 그리고 이들이 품평회에 자주 빠지면 블루오션 팀의 사기는 당연히 떨어질 것이다. 팀원들은 지금 이 자리에 오기까지 엄청나게 많은 일을 했고, 여기에 정당한 자부심도 가지고 있다. 무엇보다도 이 자리는 이들이 빛을 발하는 순간이다. 이들은 처음 가졌던 의혹과 불안에도 불구하고 자신들이 만들어낸 바를 보여주고 있다. 조직의 리더라면 팀원들이 마땅히 받아야 할 존중의 마음을 드러내 표현해야 한다. 그리고 이를 실행하기 위한 최선의 방법은 품평회에 참석해 열심히 듣는 것이다. 이는 이 과제가 진지하게 다루어지고 있다는 강력한 신호를 조직 전체에 보내는 것이다. 모두에게 이 과제를 대충 하려고 하지 말고 실행에 헌신하도록 강조하는 것이다. 그런데 처음부터 끝까지 자리를 지켜야 하는 가장 중요한 이유는 사실은 바로 이것이다. 최고경영자가 앞으로 추진해야 할 최선의 블루오션 움직임을 결정할 수 있을 만큼 충분한 내용을 배우는 유일한 방법이 바로 이 자리이기 때문이다.

팀원들이 블루오션 전략 대안을 직접 발표한다

각 블루오션 대안에 대한 발표는 이를 개발한 팀원에게 맡겨야 한다. 발표 시간은 5분을 넘지 않도록 한다. 시간을 엄격하게 제한해야 한다. 어떠한 전략이라도 5분 넘게 설명하면 지나치게 복잡해지거나, 충분히 검토하기 어렵거나, 지나치게 평범해지기 때문이다. 이처럼 시간을 엄격하게 지켜야 한다는 사실을 인식하면 발표를 준비하면서 각 대안에서 나오는 제품·서비스와 사업 사례를 충분히 생각하고 정교하게 다듬는 데 도움이 될 것이다.

팀원 모두가 동일한 발표 양식을 사용하는 것이 중요하다. 그러지 않으면 품평회가 진행되는 짧은 시간 동안 투표와 비교를 제대로 진행하기 아주 어려워진다. 발표 양식을 통일하는 다양한 방법이 있지만 우리는 다음과 같은 내용과 흐름이 목적에 잘 부합하는 것을 확인했다.

- **제품·서비스를 설명한다:** 사업이나 제품·서비스의 태그라인을 제시하는 것부터 시작한다. 이는 중요 항목 위주로 간결하게 서술한다. 이렇게 하면 이해하기 매우 쉬워져 참석자들이 제품·서비스의 요점과 설득력을 금방 파악한다.
- **미래의 전략 캔버스를 제시한다:** 미래의 전략 캔버스는 이 팀이 제안한 블루오션 제품·서비스의 전략 프로파일과 산업의 현재의 전략 프로파일을 보여줘야 한다. 이렇게 하면 참석자들이 이 팀이 제안한 움직임이 현재의 업계 관행과 얼마나 다른지, 이로부터 얼마나 이탈하는지, 구매자를 위한 가치를 얼마나 더 많이

전달하는지를 정확하게 알 수 있다. 또 제품·서비스의 원가를 줄이기 위해 무엇을 감소시키고 제거했는지, 구매자에게 훨씬 더 많은 가치를 전하기 위해 무엇을 증가시키고 창출했는지를 강조한다. 이렇게 함으로써 제품·서비스가 경쟁자들이 이미 제공하고 있는 요소들보다 그저 조금 더 제공하는 것이 아니라 주목할 만한 차별점이 있음을 즉각 보여준다.

- **ERRC 그리드를 제시한다:** 블루오션 대안으로 제거, 감소, 증가, 창출하는 요소들을 요약한다. 이 팀이 미래의 전략 캔버스를 만들면서 각 요소들을 구체적이고도 실천 가능한 관점에서 설명하는 어려운 작업을 했기 때문에(제11장을 보라), 이러한 요약은 제품·서비스가 현재의 업계 관행으로부터 얼마나 벗어나는지, 얼마나 더 많은 가치를 창출하고 비용을 줄일 수 있는지를 다시 한 번 확인시켜줄 것이다. 이미 존재하는 조직에서는 ERRC 그리드를 보여주는 것이 사람들에게 이번 블루오션 대안이 조직의 현재 사업 모델과 크게 다르며 향후 많은 노력이 요구될 것임을 알려줄 것이다.

- **구매자(비영리기구라면 기부자, 정부기관이라면 일반 대중)를 위한 혜택을 요약한다:** 제품·서비스의 혜택이 이미 분명하게 드러났더라도, (새로운 제품·서비스에 매력을 느낄 만한 비고객을 포함해) 구매자에게 전하는 가치를 간단하게 요약하는 것이 좋다. 예를 들어 시티즌M 호텔의 경우라면 '고객들은 3성급 호텔의 가격으로 5성급 호텔의 위치, 수면 환경, 빠른 인터넷 환경, 과시적이지 않으면서도 고급스러운 경험을 누릴 수 있다'라는 식으로

요약할 수 있다.

- **조직이 얻게 될 경제적 효익을 요약한다:** 가치사슬 전반에 비용을 배분하는 업계 일반의 방식에 따라, 제거하고 감소시킨 요소에서 발생하는 비용 절감 규모를 판단한다. 그리고 증가시키고 창출한 요소에서 발생하는 추가적인 비용을 요약한다. 제11장에서 설명했듯 이러한 작업은 블루오션 대안이 조직에 주는 경제적 효익의 개략적인 지표를 제공한다.

여기서 제안한 전략적 움직임이 어쩌면 정부 규제 같은 심각한 외부 환경의 장애물에 직면할 수도 있다면, 발표할 때 그 사실을 적시해야 한다. 이러한 의견이 첨부되면 대안적 선택에 대한 평가는 더욱 완벽해진다. 품평회에 참석한 사람 중에 비슷한 난관을 극복한 사람이 있을 수도 있고, 다른 산업에서 이를 극복했던 사람을 알게 될 수도 있다. 우리가 경험하기로는 잠재적인 어려움을 적극적으로 드러내면 해결 방안을 신속하게 찾는 길이 열릴 때가 많았다.

다음 발표로 넘어가기 전에 참석자들이 발표 내용에 대한 생각을 정리해 메모지에 기록하도록 5분 정도 시간을 준다. 품평회에서 제공되는 요약 자료와 함께 이 메모지 양식은 www.blueoceanshift.com/ExerciseTemplates에서 무료로 다운로드 받아 사용할 수 있다. 이렇게 하면 당신이 각 대안마다 사람들의 머릿속에서 당장 떠오르는 직관적인 반응을 포착하고, 참석자 모두가 발표 내용을 경청하도록 하는 데 도움이 될 것이다.

참석자에게 모든 장소를 들러보고 투표할 것을 요청한다

모든 발표가 끝나면 참석자들이 직접 돌아다니면서 각 블루오션 대안에 대해 숙고하고 질문하며 제안하고, 또 각 대안의 경제적 효익과 구매자 입장에서의 매력도를 이해하고 평가하도록 장려한다. 블루오션 대안을 개발한 팀원 중 한 사람이 각 장소에 자리를 잡고 질문에 대답한다. 참석자들의 피드백을 바로 그 순간에 확실히 포착한다.

다음으로 참석자들에게 선호하는 전략적 대안의 호감도에 따라 스티커나 포스트잇을 한 장 또는 여러 장을 부착하도록 요청한다. 스티커를 몇 장까지 배부할지 정해진 규칙은 없지만 우리가 경험하기로는 3~5장이 적절했다.

한편 참석자들이 서로의 선택에 영향을 끼치지는 않을지 우려된다면 포스터나 플립차트를 내거는 대신 대안 목록을 배부하고 거기에 스티커를 붙이도록 요청할 수 있다. 나중에 종이를 회수해 부착된 스티커로 각 전략 대안이 받은 표를 확인해 상황판으로 옮기면 된다.

피드백과 학습을 최대한 많이 추구한다

투표가 끝나면, 사람들의 생각이 금방 드러난다(거의 열지도 Heat Map처럼 보일 것이다). 이제부터 참석자들과 함께 집중적인 토론을 하면서 훨씬 더 많은 피드백을 얻어야 한다. 토론을 시작하는 방법은 여러 가지가 있다. 우리는 각 블루오션 대안마다 거기에 왜 투표했는지 혹은 투표하지 않았는지 이유를 묻는 것이 이러한 목적에 잘 부합하는 것을 확인했다. "구체적으로 무엇이 당신의 마음을 사로잡았습니까?", "무엇이 당신의 마음을 멀어지게 했습니까?", "단점은 무엇입니까?", "블루오션 대안의 가치 제안 혹은 수익 제안 측면에서 무엇을 강화해야 합니까?" 어느 한 전략 캔버스가 압도적으로 많은 표를 얻었다면 사람들이 무엇에 그처럼 열광했는지를 물어보라. 마찬가지로 어떤 전략 캔버스가 표를 거의(혹은 전혀) 얻지 못했다면 무엇 때문에 표를 주지 않았는지를 물어보라. "훨씬 더 나은 다른 대안이 있는가? 아니면 대안이 구매자에게 전하는 가치 혹은 경제적 효익 면에서 문제가 있거나 흥미를 잃게 만드는 무엇인가가 있는가?" 사람들이 자기 논리(바람직한 요소, 바람직하지 못한 요소, 의심스러운 요소)를 설명할 때 꼼꼼하게 기록한다.

참석자의 반응을 시간을 두고 깊이 살펴보는 것은 어떤 대안을 택해야 하는지를 결정하는 점에서뿐만 아니라 블루오션 제품·서비스의 수준을 한 단계 더 끌어올리기 때문에 상당히 중요하다. 또 어떤 경우에는 사람들의 마음을 사로잡은 것은 실제 전략 프로파일이 아니라 태그라인이었다는 사실을 알 수 있다. 블루오션 대안이 말하는 것을 실천하기 위해 이 팀이 무엇을 잘했는지, 무엇을 변경해야 하는지 많은 것을 알려주는 과정이다.

외부 인사들이 참석했다면 조직의 고위 간부들이 전략적 움직임을 결정하고 다듬는 과정에서 그들의 피드백을 자세히 살필 것이라고 말해준다.

어떤 블루오션 대안을 추진할지 결정한다

이제 경영진이 어떤 대안을 추진할지, 중요한 결정을 해야 할 때가 되었다. 대체로 경영진은 고유의 집단적인 조율 과정과 의사결정의 방법을 가지고 있다. 그러나 우리는 경영진 전체가 각 대안에 대한 생각을 공유하고, 설명이 필요하거나 개선의 여지가 있는 부분을 지적하면서 각자의 평가에 관하여 논의할 때 의사결정 과정이 가장 잘 작동하는 것을 보았다. 여기서 경영진이 살펴봐야 할 몇 가지 중요한 질문을 소개한다.

- 우리가 들은 피드백에 근거해 미래의 전략 캔버스에 나오는 요소들을 수정 또는 조정해야 하는가?
- 중요한 요소지만 놓쳤던 요소, 즉 포함되었더라면 구매자에게 전하는 제품·서비스의 매력을 배가시킬 만한 요소가 발표나 토론 과정에서 드러났는가?
- 제품·서비스에서 비용을 낮추고 가치와 비용의 상충관계를 깨뜨릴 만한 요소들이 충분히 제거되거나 감소되었는가?
- 제품·서비스의 경제적 효익을 강화하도록 증가 또는 창출하기로 제안한 요소들을 전달하면서 비용을 줄일 만한 방법이 있는가?
- 이 대안을 실행하기 위해 어떻게 조직 역량을 향상시켜야 하는가? 조직이 이러한 격차를 저비용으로, 효과적으로 좁힐 수 있는 좋은 방법이 있는가?

경영진은 가장 강력한 블루오션 대안 목록을 간략하게 작성하고, 시장 잠재력이 가장 크다고 생각되는 것을 결정해야 한다. 이 작업을 하면서 품평회 참석자들의 투표 결과와 의견을 신중하게 검토해야 한다. 이 과정에서 경영진은 때로는 보완적이고도 중복되는 두 가지 제품·서비스를 하나의 일체화된 제품·서비스로 통합할 기회를 보기도 한다.

일단 결정에 이르고 나면 경영진은 협의한 내용과 품평회에서 나온 의견에 근거해 개선이 필요한 사항을 블루오션 팀과 품평회에 참석한 조직의 다른 구성원들에게 알린다. 경영진이 그들의 결정을 뒷받침하기 위해 블루오션 팀에 적절하고도 구체적인 논리를 제공하는 것이 얼마나 중요한지는 아무리 강조해도 지나침이 없다.

이러한 결정은 보통 모든 참석자가 투표한 결과와 아주 비슷하기 때문에 경영진의 결정에 당황하는 경우는 거의 없다. 경영진이 두 개의 제품·서비스를 통합해 하나로 하도록 제안한다면 처음에는 놀랄 수도 있겠지만 경영진이 여기 담긴 논리를 설명하고 팀원들과 질의응답을 하고 나면, 경영진의 전략적 논리를 곧 이해한다. 때로는 품평회에서 가장 인기 있었던 전략이 채택되지 않는 경우도 있다. 감정에 호소해 표를 얻은 경우 이런 결과가 나오기도 한다. 제품·서비스가 오직 다르다는 이유만으로 실제보다 더 나아 보였으나, 막상 들여다보면 구매자에게 훨씬 더 많은 가치를 전하기보다는 단순히 창의적이라는 데 근거했음이 분명하게 드러난다. 기술 주도형 기업들이 종종 이러한 함정에 빠진다.

글로벌 소비재 기업의
블루오션 품평회

블루오션 품평회는 실제로 어떤 식으로 진행될까? 이제 킴벌리-클라크 브라질(이하 'KCB')이 라틴아메리카의 화장실 휴지라는 거대 시장에서 블루오션 시프트를 추진하기 시작했을 때 어떤 일이 일어났는지를 살펴보자. 엄청나게 범용화되고 경쟁이 치열한 산업, 15억 달러가 넘는 규모의 브라질 휴지 시장보다 더 심한 레드오션도 보기 드물었다. 이 시장에는 50개가 넘는 경쟁 기업이 200개 넘는 브랜드를 생산하고 있었다. 화장실 휴지처럼 간단하고 기초적인 제품을 가지고 무엇을 할 수 있단 말인가? KCB는 그 방법을 찾으려고 했다.

　브라질 지사의 경영진, 화장실 휴지 제조 부문의 라틴아메리카 리더십 팀, KCB 생산라인의 모든 간부진이 블루오션 품평회를 위해 모였다. 상파울루의 한 호텔, 현대적이고 냉방 시설이 잘 된 대연회장이었다. 이 품평회의 목적은 수익성이 뛰어나고 최고의 성장 잠재력을 지닌 강력한 블루오션 움직임을 선택하는 것이었다. 이를 효과적으로 실행하기 위해 조직 간부들의 협력과 헌신을 이끌어내는 것 또한 목적이었다. 화장실 휴지가 관심의 대상이었기 때문에 그 자리에 모인 모든 사람이 구매자가 된 경험이 있었다. 다시 말해 모두가 고객이었다. 블루오션 팀이 인원수를 세어보니 참석자는 100명에 가까웠다. 그리고 외부 이사회 이사 두 명도 참석해 이번 행사에 대한 관심을 높이고 블루오션 팀을 더욱 긴장하게 만들었다.

　사람들의 호기심과 기대는 높았다. 블루오션 팀의 팀원들은 대연회장 앞자리에 앉았다. KCB의 CEO로서 라틴아메리카 전역에서 화장실 휴지 사업 부문의 리더인 주앙 다마토 Joao Damato가 참석자 모두에게 환영의 인사를 전했다. 그는 시장이 얼마나 극심하게 범용화되었는지, 특히 소매업자들이 (브랜드가 있는데도 불구하고) 범용화된 제품에 영향력을 행사하는 것을 감안하면 이 시장에서 두각을 나타내 만족할 만한 이윤을 내는 것이 얼마나 어려운지를 상기시키며 상황을 간단하게 설명했다. 그러고는 그 자리에 모인 모든 사람에게 이번 블루오션 추진 과제의 목적을 알려주었다. 그것은 KCB가 수익성 좋은 성장을 달성하기 위해 힘차게 도약하는 것이었다.

블루오션 팀장은 현재 이 산업의 레드오션 현실을 좀 더 자세히 개관했다. 그리고 블루오션 시프트 과정의 개요와 함께 3개월 전에 출범한 블루오션 팀이 맡은 과제의 추진 경과를 설명했다. 이 산업의 현재의 전략 캔버스가 대형 스크린에 펼쳐지고 구매자 효용성 지도에 문제점이 드러나자 청중들이 웅성거리기 시작했다. 첫 번째 계층의 비고객 중에서 상당수가 갖는 좌절감은 다음과 같은 말에 함축되어 있었다. "화장실 휴지를 선택하려면 수학 학위가 있어야 한다. 선택 대상이 너무 많은데, 실상 눈에 띄는 것이 없다."

다음으로 블루오션 팀은 그들이 개발한 블루오션 대안을 씩씩하면서도 때로는 유쾌하게 선전했다. 저스트 원 허그 Just a Hug에서 퍼니 페이퍼 Funny Paper에 이르기까지 여섯 개의 전략 대안이 발표되자 "와!" 하는 탄성이 터져 나왔다. 발표가 끝날 때마다 박수소리는 점점 커져만 갔다. 발표가 진행되는 동안, 참석자들은 각 전략 대안의 개선 방안 아이디어뿐 아니라 각 제품·서비스에 대한 피드백을 얻고자 주최 측이 준비한 종이에 메모를 했다.

여섯 개에 이르는 전략 대안을 모두 발표하고 나서, 팀장이 회의실 주변에 여섯 개의 임의의 장소가 설치되어 있고 각 장소마다 제품의 미래의 전략 캔버스, ERRC 그리드, 각 전략 대안이 구매자에게 전하는 가치와 KCB에 전하는 경제적 효익에 대한 요약 자료가 전시되어 있다고 공지했다. 각 제품·서비스의 견본을 개략적으로 만드는 작업은 블루오션 팀이 직접 맡았다. 팀원들은 참석자들에게 스티커를 나누어주고는 가장 높이 평가하는 전략적 대안에 최대 두 표까지 줄 수 있다고 말했다. 사람들은 자리에서 일어나 주변을 둘러보고, 질문을 하고, 의견을 전하고, 포스트잇에 자기 생각을 적어 플립차트에 붙였다. 그리고 각 투표장소마다 배치된 팀원에게 피드백을 전하고, 표를 주고, 커피를 마시고, 자리로 돌아왔다. 그리고 때로는 표를 바꾸거나 팀원에게 가서 또 다른 의견을 주고받기도 했다. 한두 시간 동안, 참석자 100명 모두가 피드백을 전하고 팀원들과 깊은 대화를 나누었다.

가장 높은 평가를 받은 전략적 대안이 수많은 스티커를 통해 확인되자 팀원들은 숨 쉴 틈 없이 의견을 주고받았다.

"여보게, 크라우디오, 축하하네. 자네가 표를 가장 많이 받았네."

"고맙습니다. 그렇지만 저는 아이디어를 발표한 것에 불과합니다. 실제로는 우리 모두가 한 것입니다. 특히 마리오의 공이 큽니다. 저는 이 대안이 생산라인에 미치는 변화에 관해 많은 질문을 받았습니다. 제가 이 문제를 세르지오에게 물어볼 수 있어 다행이었고, 세르지오는 제가 가진 의문을 해결해주었습니다.

"우리가 해결하지 못하는 기술적인 문제는 없어. 우리가 항상 고민하는 것은 기술적인 측면이 아니라 혁신적인 가치를 창출하는 제품·서비스를 만드는 것이지."

"저는 여기서 12년 동안 근무하면서 임원들과 이처럼 많은 이야기를 나눠본 적이 없고, 이처럼 훌륭한 조언을 많이 받아본 적이 없습니다. 솔직히 오늘이 이 회사에 근무하면서 느끼는 최고의 날입니다."

투표가 끝나고 플립차트는 이사회 이사, 임원, 사업부문 팀장들이 논의하는 별도의 회의실로 옮겨졌다. 그들은 커다란 회의실 테이블에 둘러앉았고 정면에는 차트가 걸려 있었다. 블루오션 팀의 팀원들이 배석해 회의 내용을 주의 깊게 들으면서 필요한 경우에는 논점을 분명히 하고 해결된 쟁점들을 기록했다. 그 밖의 사람들은 밖에서 전화를 하고, 이메일을 확인하고, 커피를 마시고 있었다.

CEO가 회의를 시작했다. "블루오션 팀이 아주 대단한 일을 했습니다. 지금까지 타 제품과 다르다는 것을 보여주기 위한 시도를 별 성과 없이 다 해봤다고 생각했었는데, 이번에 여러분들은 확실히 다르게 만드는 방법에 관하여 많은 아이디어를 내놓았습니다." 그는 옆에 있는 임원들을 보면서 발언을 계속했다. "여섯 가지 아이디어 중에서 다른 네 가지 아이디어보다 표를 훨씬 더 많이 얻은 아이디어가 두 가지 있었습니다. 여기에 이 두 가지 아이디어에 대한 장점뿐 아니라 여러분의 우려 또한 듣고 싶습니다. 특히 어떻게 하면 우리가 구매자들을 위해 훨씬 더 많은 가치를 창출하고, 더 높은 수익과 성장을 달성하면서도 사업의 위험을 낮출 수 있을지, 여러분의 지혜를 모아주셨으면 합니다. 또 다른 블루오션 대안에서 가치와 마진을 높일 수 있는 측면이 있다고 생각하시면, 이 점도 말씀해주시기 바랍니다."

회의는 표를 가장 많이 얻은 저스트 원 허그에 집중했다. 저스트 원 허그는 양은 그대로 두고 휴지롤을 납작하게 눌러 부피를 확 줄인 것이다. 이름처럼 휴지롤을 손으로 감싸 안고 눌러주면 둥근 휴지 모양이 되어 사용하기 편리하다. 운반하기 쉽도록 포장재에는 단순하지만 견고한 플라스틱 손잡이를 달았다.

한 임원이 말했다. "브라질 사람들은 슈퍼마켓에 갈 때 대중교통을 이용하거나 걸어서 갑니다. 그리고 대형 마트까지 가려면 먼 거리를 이동해야 합니다. 이럴 때 화장실 휴지를 들고 다니는 건 악몽과도 같습니다. 지금까지 이 문제는 산업의 레이더를 그럭저럭 피해왔습니다."

또 다른 임원이 맞장구를 쳤다. "브라질 사람들은 한 손으로는 아이 손을 잡고, 다른 손으로는 식료품 봉지를 들고 갑니다. 커다란 화장실 휴지 더미는 팔로 불안하게 감싸 안고서 말입니다. 자, 보세요. 이것은 우리 모두가 잘 알고 있는 사실입니다. 브라질 사람들은 매주 이런 경험을 합니다. 이것이 바로 우리가 결코 생각하지 못했던 저소득층이 이용하는 시장의 현실입니다."

사업부문 팀장 중 한 사람은 덧붙였다. "제가 경험하기로 그보다 더한 것은 사람들이 휴지를 집으로 가져오고 나서도 보관하는 데 어려움을 겪는다는 사실입니다. 휴지를 구매할 때는 며칠에 한 번씩 휴지를 사러 가게로 달려가지 않기 위해 대량으로 구매합니다. 그렇지만 소형 아파트 벽장에 쌓아 두기에는 공간이 너무 좁습니다. 저스트 원 허그는 이 문제를 해결합니다. 업계에서는 화장실 휴지에 엠보싱을 하거나 향기를 집어넣거나 품질을 낮춘 외겹 휴지를 제공하는 데만 집중해왔습니다. 어느 누구도 이처럼 현실적인 문제를 다루지 않았습니다. 브라질 사람 대다수가 가격만을 보고 휴지를 구매하는 것도 놀라운 일이 아닙니다. 이 산업은 살림이 넉넉하지 않은 사람들에게 달리 생각하게끔 할 아무것도 제공하지 않았거든요."

또 다른 임원이 힘줘 말했다. "게다가 저스트 원 허그의 크기가 현저하게 작다는 것 말고도 독특한 포장과 운반용 손잡이로도 모든 사람에게 차별성을 금방 부각시킬 수 있습니다. 화장실 휴지의 오션에서 이러한 차별성은 사람들이 선택하는 데 들이는 시간과 고민을 덜어줍니다."

또 다른 관리자가 덧붙였다. "지난주에 저는 한 무역 잡지에서 이탈리아에서 중고 진공포장기가 저가에 팔리고 있다는 것을 봤습니다. 우리가 결정을 신속하게 하면 그 기계를 구매할 수 있을 겁니다. 그러면 비용을 훨씬 더 절감할 수 있어서, 마진이 증가하고 사업의 위험을 줄일 수 있습니다."

법무 담당 임원이 말했다. "좋은 생각입니다. 저는 사무실로 복귀하는대로 당장 특허 관련해서 확인을 하겠습니다. 블루오션 팀에서 확인했다고도 하는데, 저는 어느 누구도 우리 아이디어를 쉽게 모방할 수 없도록 했으면 합니다. 이 아이디어는 간단합니다. 하지만 대단히 창의적입니다. 저는 몹시 흥분됩니다."

제품개발 담당 임원이 화제를 다른 블루오션 대안으로 돌렸다. "좋은 아이디어로 말하자면, 에코(득표 수 3위의 전략 선택)의 환경 친화적인 요소와 저스트 원 허그를 결합하는 것도 괜찮지 않습니까? 저스트 원 허그가 제품의 사이즈를 줄이고 운송의 효율성을 획기적으로 높이면 환경적인 요소를 강하게 부각시킬 수 있습니다. 저스트 원 허그의 매력적인 가치에 에코 섬유를 더하면 앞으로도 계속 지속 가능성 문제에 직면할 소매업자들에게 대단한 영향력을 발휘할 수 있습니다. 물론 제품 사이즈가 작아지면 창고 공간을 덜 차지하기 때문에 보관비용이 줄어듭니다."

공급 체인 담당 임원이 웃으며 말했다. "제가 할 말을 대신 하셨군요."

의사결정자들은 한 사람씩 우려되는 사항과 통찰을 전하면서 지원을 약속했다. 팀원들은 이들의 말을 모두 받아 적었다. 팀원들은 자신들이 제안한 아이디어가 이 자리에서 채택되면, 품평회를 위해 만든 시제품으로 거리에서 3주간 시장성 테스트를 하고 이 새로운 제품을 위해 이미 개발하고 있는 비즈니스 사례에 살을 붙일 예정이었다.

90분에 걸친 토론이 결실을 맺고 나서 의사결정자들은 다리를 쭉 뻗었다. 이번 기회에 호텔 안팎에서 여러 모임을 가지려고 했던 다른 참석자들은 공지를 기대하고 다시 모여들었다. CEO가 저스트 원 허그와 에코 섬유를 결합한 것을 추진하기로 했다는 결정을 알렸다. 그는 결정의 이유를 설명하고 블루오션 팀에 주어지는 지침을 간략하게 요약했다. 이후로 20분 동안 많은 참석자가 개인적인 지원을 약속하고 몇 가지 우려되는 사항과 함께 이를 해결하기 위한 아이디어도 제시했다. 그리고 수익과 성장 잠재력을 높이기 위한 또 다른 의견도 말해주었다.

블루오션 팀의 팀원들이 품평회장을 정리하며 플립차트 종이를 둥글게 말고 시제품을 챙길 때 CEO가 다가와 마치 친한 축구 클럽 회원들처럼 옹기종기 붙어 모였다. CEO는 팀원들에게 3개월도 안 되는 기간 동안 기존 시장에 대한 통찰을 분명하게 보여주고, 새로운 아이

디어를 단 1초도 지루하지 않게 전해줘 깊이 감사하다는 말을 여러 번
전했다.

시장성 테스트를
신속하게 실시한다

KCB 블루오션 팀은 품평회를 마치고 상파울루의 번화가 중 한 곳에
서 임의로 고른 210명을 부스로 안내해 저스트 원 허그 시제품을 보
여주면서 면담을 실시하고 피드백을 요청했다. 이 팀은 이미 블루오
션 대안을 개발하는 과정에서 많은 사람을 상대로 현장 조사를 실시
했었다. 이번에는 실제 시제품으로 시장성 테스트를 신속하게 실시해
이 제품의 강점을 확인하고 필요한 수정 사항을 발견했다. 대량 판매
시장에서 제품의 대단한 잠재력 또한 평가할 수 있었다. 실제로 면담
자 중 80퍼센트가 이를 구매할 의향이 있다고 밝혔다. KCB는 이 시장
성 테스트 결과를 바탕으로 브라질 동북 지역에서 이 제품을 소규모로
판매하기 시작했다.

　시험 판매는 상파울루에서 실시한 시장성 테스트에서 나온 긍정적
인 반응을 재확인해 타당성을 입증하고, 제품의 대량 판매 시장에서의
잠재력을 평가하기 위한 것이었다. 이 팀은 이처럼 시장성 테스트를
신속하게 실시해 블루오션 움직임을 정교하게 다듬고, 저스트 원 허그
가 왜 화장실 휴지의 레드오션에서 새로운 가치-비용의 경계를 여는
지 구매자와 소매업자의 가슴에 선명한 이미지를 남기려고 했다.

이탈리아에서 새로운 포장기를 들여오고 나서 몇 달이 지난 2009년, KCB는 주요 브랜드인 네베Neve를 이용해 저스트 원 허그의 상표명을 네베 나투랄리 콤팩토Neve Naturali Compacto로 명명했다. 이 휴지롤은 일반 휴지롤과 규격은 동일하나 사이즈가 작아서 운반하고 보관하기가 쉬웠다. 이는 매장에 가면 쉽게 확인할 수 있었다. 가격도 비싸지 않아서 전에는 시장에서 가격만 보고 구매하던 구매자들을 포함해 모든 시장 세그먼트에서 수요가 넘쳐나기 시작했다. 게다가 지속 가능하고 재활용이 가능한 섬유로 만들었기 때문에 환경 친화적이라는 평가도 들을 수 있었다.

KCB의 비용을 보면 압축형 휴지는 수송비가 15퍼센트가 절감되었다. 이는 브라질의 넓은 면적을 생각하면 특별한 의미가 있었다. 포장재에 소요되는 비용은 19퍼센트가 절감되었고 손상으로 반품되는 제품도 감소했다. 이 모든 요인이 이 산업에서 전례가 없는 수준인 매출총이익이 20퍼센트를 넘는 데 기여했다.

이 제품은 구매자에게 상당한 가치를, KCB에 높은 마진을 창출한 것과는 별도로, 소매업자(이번 경우에는 월마트)에게도 매력적으로 다가왔다. 소매업자들은 네베 나투랄리 콤팩토가 탄소 발자국carbon footprint(한 개인·가정·기업이 일정한 기간 동안 일상 활동 중에 대기 속으로 배출하는 이산화탄소의 양을 재는 단위—옮긴이)을 크게 낮추고 포장을 축소하며 환경 친화적인 섬유를 사용하기 때문에, 이것을 환경 친화적인 제품으로 등재할 수 있는 특별한 기회로 여겼다. KCB는 신제품이 나오고 몇 달 지나서 월마트를 위한 '최고의 지속 가능한 공급자'로 선정되었다. 이것은 대단한 영예이자 업적임에 틀림없었다(나중에는 전 세계 킴벌리-클라크에서 가장 지속 가능한 제품이 되었다). 이에 못지 않게 중요한 사실은, 네베 나투랄리 콤팩토가 구매자에게 전하는 가치와 지속 가능성 측면에서 엄청난 발전을 이룩한 덕에 KCB는 소매업자를 상대로 교섭력이 높아지게 되었다.

이 제품이 새로운 가치-비용의 경계를 열어젖히자, KCB는 자사의 화장실 휴지 제품 전체가 훨씬 더 많은 가치를 제공하도록 스콧_{Scott}을 포함한 모든 주요 브랜드에서 '콤팩토' 형태를 양산했다. 블루오션 콤팩토 형태는 2009년에 품평회를 거쳐서 처음 출시되어 브라질에서는 산업의 표준으로 자리 잡았고, 결국 이를 모방하는 추종자가 들어오기는 했지만 KCB의 스타 제품이 되었다.

KCB가 그랬듯 채택된 블루오션 제품·서비스의 시제품으로 잠재적인 구매자들을 대상으로 시장성 테스트를 **신속하게** 실시하는 것이 중요하다. 그래야 구매자(경우에 따라서는 일반 대중이나 기부자)와 공급자들을 대상으로 제품의 포지션을 선정하기 위한 가장 바람직한 방법을 알게 해줄 뿐만 아니라 수정이 필요한 추가 사항도 깨닫게 된다. 여기서 **신속**이라는 표현이 중요하다. 블루오션 제품·서비스에 대한 시장성 테스트는 품평회가 끝나고 최대한 짧고도 구체적인 시일 내에 진행되어야 한다는 뜻이다. 왜 그럴까? 품평회는 추진력을 일으킨다. 시장성 테스트를 너무 늦게 시작하거나 너무 오래 진행하느라 이러한 추진력을 잃어서는 안 된다. 당신이 지체하면 할수록 블루오션 팀과 당신 조직의 기술자들이 복잡하고 비용이 많이 드는 시제품을 만들려고 할 것이다. 이렇게 하면 제품의 핵심 아이디어를 시험하는 데 별 보탬은 되지 않고, 복잡하기만 한 시제품이 만들어진다.

제품을 출시하기 위한
블루오션 움직임의 마지막 활동을 진행한다

블루오션 품평회가 주는 가장 인상적이고도 소중한 깨달음은 자신과 타인의 창의성과 가치에 대한 사람들의 인식에 커다란 변화가 생긴다는 것이다. 경영진들은 그들의 직원들이 내놓은 아이디어가 이렇게나 창의적이라는 데서 놀라움을 금치 못하곤 한다. 그들의 입에서는 다른 사람들 귀에 들리지 않을 정도로 작은 목소리로 "우리 직원들이 이처럼 똑똑하단 말인가?"라는 말이 수시로 나왔다. 진심으로 하는 말이었다. 마찬가지로 팀원들도 자신의 창의적 능력에 놀라고 만다. 이런 감정은 "내가 산업의 경계를 뛰어넘어서 생각할 수 있을 것이라고는 전혀 예상하지 못했어." 혹은 "내가 이처럼 창의적인 사람이라고는 생각지도 못했어." 혹은 단순히 "내가 이것을 할 수 있었다니!"라는 말로 고스란히 전달되었다. 이러한 감정과 함께 자신감은 커져만 갔고 서로 존중하고 감사하는 마음이 샘솟았다. 이 순간은 조직문화에도 심대한 영향을 끼치는 분수령이 되었다. 팀원들과 참석자들이 자기 부서로 돌아가 보고 듣고 배운 것을 공유하면서 그들이 전하는 말의 신뢰성과 힘이 다른 사람들의 마음속에도 고스란히 전해진다. 이것은 효과적인 실행을 위한 기반을 조성하면서 블루오션 시프트 과정의 진정성에 모든 사람의 신뢰가 쌓이는 데 커다란 도움이 된다.

이제 당신의 블루오션 움직임은 실행에 옮길 준비가 되었다. 경영진은 어떤 대안을 추진할지 결정을 마쳤다. 블루오션 팀은 선택된 제품·서비스의 시장 잠재력을 확인하고 이를 더욱 강화하고 정교하게 다듬기 위해 시장성 테스트를 신속하게 실시했다. 이제 이 팀은 수익을 극대화하고 위험을 극소화하는 방식으로 이 움직임을 공식화할 준비가 되어 있다. 이제 새로운 제품·서비스의 사업 모델이 구매자에게 훨씬 더 많은 가치를 제공하고 당신 조직에 최고의 경제적 효익을 제공하려면 마지막 단계를 어떻게 전개해야 하는지를 살펴보자.

제13장

블루오션 움직임을
완성하고 착수한다

당신의 블루오션 움직임을 선택하고 예상되는 시장 잠재력을 확인하고 나면, 이제 사업 모델을 공식화할 때가 되었다. 목표는 큰 그림을 설계하는 것이다. 이는 블루오션 움직임이 가치와 비용 측면에서 어떻게 상호작용해 당신에게는 견실하고도 수익성이 좋은 성장을, 구매자에게는 훨씬 더 많은 가치를 전달하는가를 보여주는 경제 논리를 말한다. 이러한 사업 모델이 있어야 수익을 창출하기 위하여 개별 운영 과제들이 어떻게 조화를 이루어야 하는지를 인식할 수 있다. 또 이 움직임이 실현되는 동안에 훌륭한 로드맵 역할을 할 것이다. 큰 그림의 사업 모델을 갖고 있으면 블루오션 움직임은 완성된 것이고 사업 착수를 위한 준비가 된 것이다.

이러한 목적을 달성하기 위해 블루오션 팀은 경영진으로부터 위임을 받아 조직 전체에서 운영상 필요한 전문 지식을 가진 사람들을 데려와야 한다. 그리고 그들이 파트타임이 아니라 풀타임으로 근무하도록 하여 필요한 역량을 확보한다. 이 단계에서 지침이 되는 것은 미래의 전략 캔버스다. 이는 무엇을 제거, 감소, 증가, 창출해야 하는가에 대한 분명한 그림을 제공할 뿐만 아니라, 조직이 새로운 가치-비용의 경계를 열기 위해 달성해야 할 가격을 제시한다. 지침이 있으면 사람들은 이행해야 할 것, 책임져야 할 것을 중심으로 협력한다. 또 이를 낮은 비용으로 달성할 방법을 창의적으로 모색한다.

지금까지와 마찬가지로 공정한 절차는 여기서도 적용된다. 당신은 광범위한 조직에 이번 과정의 각 단계에서 나오는 중요한 최신 정보들을 계속 알림으로써 모든 사람에게 상황을 신속하게 이해시키고 협력과 헌신의 분위기를 조성했다. 마찬가지로 이제 당신이 데리고 올 모든 사람에게도 공정한 절차를 계속 행사해야 한다.

큰 그림의 사업 모델을
공식화한다

블루오션 팀은 블루오션 움직임을 창출하면서 네 가지 액션 프레임워크를 적용했다. 그 단계에서 큰 그림의 사업 모델을 공식화하는 데 필요한 기본적인 작업의 상당 부분을 이미 수행했다. 한편으로 구매자에게 가치를 거의 전하지 못하거나 심지어는 하락시키기 때문에 제거하거나 감소시켜야 하는 요소를 가지고 산업이 현재 경쟁하고 투자하고 있음을 확인했다. 이러한 결정은 비용이 아니라 구매자 가치를 근거로 하지만, 우리가 경험하기로는 제거, 감소 대상으로 확인된 대부분이 조직의 원가 구조를 (때로는 상당히 많이) 낮추고 운영상으로도 확실한 영향을 끼치는 것으로 나타났다. 이와 함께 구매자 관점에서 훨씬 더 많은 가치를 제공하기 때문에 산업이 증가, 창출해야 하지만 현재 적게 제공하거나 제공하지 않는 요소 또한 확인했다. 이러한 요소들도 거의 항상 운영상으로 직접적인 의미를 가질 뿐만 아니라 비용상으로도 의미를 갖는다. 바로 이 지점에서만 증가, 창출해야 하는 요소가 대체로 조직의 원가 구조를 높이게 된다.

제11장에서 설명한 저렴한 가격대의 고급 호텔, 시티즌M의 사례를 다시 살펴보자. 이 호텔은 객실 이용률이 90퍼센트에 달하고 5성급 호텔과 비슷한 고객 만족 등급을 받았다. 이 호텔의 블루오션 제품·서비스는 여행객들이 중요하게 생각하지 않는 프런트데스크, 전통적인 로비, 벨보이, 도어맨, 안내원, 룸서비스, 심지어 풀서비스 레스토랑처럼 비용이 많이 드는 요소들을 제거했다. 그 결과 시티즌M은 호텔에 필요한 직원 수를 줄여(비슷한 200~400객실 규모의 다른 호텔에 비해 직원 수가 절반도 안 된다) 전체 인건비를 줄였다. 전통적인 로비와 레스토랑을 제거하고 객실 크기를 50퍼센트까지 줄여 건물에 소요되는 비용도 상당히 줄었다. 시티즌M은 조리실을 설치·유지하는 데 소요되는 비용뿐 아니라 전문적인 조리실 자체를 위한 공간을 제거했기 때문에 고객의 눈에 띄는 공간에서만 비용이 감소한 것이 아니다. 더구나 시티즌M은 객실 종류를 한 가지 표준 형태로 줄임으로써, 객실 설계와

건축을 효율적으로 진행했을 뿐만 아니라 (나중에 살펴볼 예정이지만) 저비용에 높은 가치를 제공하는 혁신적인 건축 공법을 사용했다.

이와 함께 시티즌M은 증가시켜야 할 세 가지 요소를 확인했다. 객실의 수면 환경(대형 침대, 고급 린넨, 고급 타올, 훌륭한 방음 시설, 수압), 최상의 위치, 고객들을 위한 접속성 편의(무료 고속 와이파이, 무료 영화, 인터넷 전화를 말하는데, 이는 많은 고객이 원하는 것들이지만 실제로 이를 제공하는 데 드는 비용은 얼마 되지 않는다)였다. 그리고 시티즌M은 창출해야 할 세 가지 요소도 확인했다. 간단하게 셀프 체크인 할 수 있는 단말기, 하루 중 언제라도 이용할 수 있는 판매대와 식료품 저장실을 갖춘 독특하고도 멋진 공용 공간, 멀티태스킹이 가능한 앰배서더였다. 마지막으로 이 팀은 이러한 경험을 3성급 호텔과 같은 가격에 제공하기로 했다. 결과적으로 3성급 호텔과 5성급 호텔을 이용한 여행객들을 대량으로 유치할 잠재력을 지닌 제품·서비스가 나왔다.

큰 그림의 사업 모델을 공식화하는 다음 단계는 성공에 필요한 목표 이윤을 결정하는 것이다. 가장 좋은 방법은 업계 관행에서 합당하다고 생각하는 것보다 더 공격적인 이윤 마진을 가지고 시작하는 것이다. 그리고 나서 팀이 규명한 전략적 가격에서 목표 이윤을 뺌으로써 목표 원가를 도출한다.

목표로 하는 이윤을 공격적으로 잡을수록 목표로 하는 원가도 공격적이 될 것이다. 공격적인 이윤과 원가를 충족시키도록 자극하면 사람들은 기존 관행을 뛰어넘어 생각하고 운영 전반에서 혁신을 꾀하고자 최선의 노력을 기울인다. 구매자들이 이제 더 이상 가치를 두지 않는 요소를 가지고 업계가 경쟁할 때, 표준적인 산업 운영 관행에는 원가를 낮출 수 있는 신선한 사고와 혁신의 여지가 엄청나게 많이 존재한다. 따라서 처음에는 공격적으로 잡은 목표 이윤과 원가에 사람들이 저항하더라도, 우리는 이를 고수하라고 권한다. 그들은 약간의 격려만 있어도 자신에게 주어진 과제를 혁신적이고도 높은 가치와 저비용의 방식으로 수행하고자 분투하고, 때로는 놀라운 성과를 보여줄 것이다.

가격이 정해지는 방식 중 더 익숙한 것은 원가에 바람직한 이윤을 더해서 가격이 정해지는 '원가 가산 가격 결정'cost-plus pricing이다. 그러나 여기서 목표 원가는 목표 가격에서 출발해 원가를 결정하는price-minus costing 방식에 기반을 둔다. 우리 경험에 따르면, 블루오션 움직임에 목표 원가를 적용하지 않고 사업 모델을 설정하는 조직은 결국 설정된 전략적 가격으로 이윤을 내기에는 원가가 너무 높다는 사실을 알게 된다. 그 결과 이들은 제품·서비스 가격을 높게 잡거나 제공하고자 했던 가치를 낮게 잡아야 했다. 이 두 가지 경우는 모두 의도한 움직임을 하지 못하게 하여 조직을 다시 레드오션으로 떠민다. 우리가 배운 교훈은 다음과 같은 것이다. 당신의 미래의 전략 캔버스는 타협의 대상이 아니다. 타협할 수 있는 것은 어떻게 사업 모델을 만들 것인가이다.

도전적인 목표 원가는 어떻게 달성하는가

블루오션 움직임에서 비용을 낮추기 위해 제거나 감소를 활용하는 것 이외에도 몇 가지 방법이 있다. 마법의 공식이 있는 것은 아니다. 사업 모델을 공식화하면서 조직이 블루오션 움직임을 실현하는 데 필요한 저비용을 달성할 수 있도록 탐색해야 할 몇 가지 질문이 있다. "누구와 협력 관계를 맺어야 하는가?", "어떻게 하면 운영을 효율적이고 혁신적으로 할 수 있는가?", "어떻게 하면 사람들의 긍정적인 에너지와 기여를 증대시킬 수 있는가?" 이제 이를 하나씩 살펴보자.

누구와 협력 관계를 맺어야 하는가

시장에 새로운 아이디어를 도입하려는 많은 조직에서 운영의 모든 측면을 독자적으로 실행하려는 잘못된 생각을 갖고 있다. 제품·서비스를 새로운 역량을 개발하기 위한 일종의 플랫폼으로 간주하기 때문에 이러한 생각이 나타난다. 이런 생각은 단순히 일을 항상 그런 방식으로 해왔기 때문에 나온 것이고, 어느 누구도 이러한 접근 방식에 문제를 제기하지 않는다. 당신이 모든 것을 처리하면 통제력이야 더 많이 갖겠지만, 당신에게 익숙하지 않은 사업 모델의 영역에서 이미 당신보다 더 숙련되고 효율적으로 움직이는 조직과 협력 관계를 맺을 때보다 시간과 비용이 더 많이 소요될 것이다. (다른 선택보다 빠르고 비용이 적게 든다면 소규모 인수를 추진하는 것을 포함해) 다른 기업과 파트너 관계를 맺으면, 그들이 보유한 전문 지식과 규모의 경제를 활용함으로써 시간과 비용을 줄일 수 있고 역량 격차를 금방 좁힐 수 있다.

예를 들어 시티즌M은 아웃소싱을 통해 원가 구조를 창의적인 방식으로 크게 낮추고, 입증된 업체의 전문성에서 혜택을 얻음으로써 구매자 가치를 증진할 수 있는 두 개의 중요한 분야(음식, 하우스키핑)를 알아냈다. 시티즌M은 레스토랑과 룸서비스를 제거하기로 결정했지만, 공용 공간에서는 몸에 좋고 신선하고도 가벼운 식사를 제공하기로 했다. 그러나 요식업은 쉽지 않은 일이다. 신선한 재료를 준비해야 하고 일정한 공간을 차지한다. 식재료가 변질되기도 하고 음식물 쓰레기도 많이 나온다. 부엌도 있어야 하고 훌륭한 요리사도 찾아야 한다. 그리고 마이클 레비가 말했듯이 "이 모든 노력과 비용에도 불구하고 수준 높은 음식을 만드는 호텔은 별로 없다."

시티즌M은 각 호텔마다 몇 블록 이내에 있는 출장요식업체와 협력 관계를 맺는 식으로 이러한 딜레마에서 빠져나왔다. 시티즌M은 이렇게 하여 가장 신선한 음식(신선한 스시, 샐러드, 맛있고 몸에 좋은 샌드위치)만을 조달했다. 요식업체의 입증된 전문성과 구매 능력을 활용해 비용을 낮추고 양질의 제품을 제공할 수 있었다. 또 시티즌M은 하우스키핑 업무와 린넨 조달도 외부 회사와 협력 관계를 맺었다. 그러나 이게 전부가 아니다. 시티즌M의 협력사들은 온갖 종류의 객실 비품과 청소용품을 주문하고 이를 자기 회사 창고에 보관했다. 시티즌M의 블루오션 움직임은 레스토랑과 룸서비스를 제거함과 동시에 이러한 협력으로 물품 구매와 수령, 호텔 내의 창고까지도 제거하는 특별한 혜택을 제공했다. 이로써 시티즌M은 더 많은 객실 공간을 확보하고 운영비를 크게 낮췄다.

미국의 소매점 체인 와와는 연간 고객 수만도 6억 명이 넘고, 여섯 개 주에 700개 넘는 점포를 보유하고 있으며, 연간 매출이 100억 달러에 근접하고 있다. 와와도 협력 관계를 맺은 경험이 풍부하다. 와와에 너무나도 열광한 나머지 제러미 플로치Jeremy Plauche 같은 고객은 팔에 와와 로고를 새겨 넣기도 했다. 와와의 경영관리팀은 와와를 블루오션 기업으로 생각했지만, 2009년 당시 CEO 하워드 스토켈은 와와가 레드오션으로 흘러가고 있는 것을 보았다. 세계 금융위기 이후로 경제가 어려워졌고, 경쟁 기업들은 와와를 따라잡고 있었다. 스토켈과 그가 이끄는 경영진은 점점 다가오는 레드오션을 피하기로 결심하고 새로운 가치-비용의 경계를 열기 위한 블루오션 접근 방식을 적용하기로 했다. 당시 와와의 블루오션은 한 지붕 아래에 편의점, 주요소, 음식점이라는 세 가지 사업의 교차점을 완성해 탁월한 고객 서비스를 제공하는 방식으로 창출되었다. 결과는 숫자로 분명하게 나타났다. 와와는 편의점이라고 할 수는 없지만, 점포 매출액이 편의점인 세븐 일레븐의 평균 매출액과 비교해 세 배가 넘었다.

스토켈과 경영진이 블루오션 도구를 가지고 '블루오션 전략 계획'을 만들면서, 식품 서비스가 이 회사의 전반적인 제품·서비스와 연관성은 적지만 가장 수익성이 좋고 높은 성장 잠재력이 있는 것을 확인했다. 스토켈은 당시를 회상하면서 이렇게 말했다. "우리가 자동차 연료를 판매하면, 사람들은 우리가 좋은 음식점은 될 수가 없다고 생각했습니다." 경영진은 블루오션 시프트를 추진하기 시작하면서 이러한 인식을 완전히 바꾸는 것을 목표로 정했다. 경영진은 와와가 질 좋고 신선하며 건강에도 좋은 음식을 최선의 가격에 판매해 훨씬 더 많은 가치를 창출하는 것을 목표로 했다. 이는 와와의 역할을 음식도 판매하는 편의점 겸 주유소에서 주요소와 편의점의 기능도 하는 선도적인 퀵서비스 레스토랑으로 변모시켰다.

이를 위해 와와는 완전히 새로운 방식을 생각해야 했다. 구매자를 위한 최선의 가격으로 어떤 음식을 제공해야 하는가, 음식이 어느 정도로 신선하고 몸에 좋아야 하는가, 입맛을 자극해 손님을 끌어들이려면 음식을 어떻게 전시해야 하는가, 어떻게 하면 선택을 쉽게 하고 음식을 신속하게 준비하는가. 이제 와와는 신선하게 구운 빵, 케일과 퀴노아 같은 신선한 샐러드, 건강식 랩 샌드위치와 수프, 신선한 재료로 주문 즉시 만드는 샌드위치, 사람들이 너바나라고 부르는 커피 등을 제공한다. 이처럼 새로운 생각으로 와와의 전체적인 서비스 질이 높아졌고 음식 매출도 급증했다. 블루오션 시프트의 영향력은 숫자로도 잘 나타난다. 오늘날 와와의 점포당 음식 매출은 맥도날드의 점포당 매출을 앞선다. 그러나 와와가 대단한 것은 경영진이 새로운 음식과 음료수를 제공하기 위해 사업 모델을 설정한 방법에 있었다. 이 방법으로 와와는 이윤과 원가의 공격적인 목표를 동시에 달성했다.

와와는 매장 테이블과 드라이브스루처럼 다른 퀵서비스 레스토랑이 제공하는 다양한 것들을 제거했다. 그리고 핵심적으로 운영방식의 극적인 변화를 통해 저비용과 효율성 증가를 동시에 이루었다. 와와는 식자재 물류를 선도하는 맥레인McLane Company과 협력 관계를 맺었고, 신선도 유지에 적합한 채널을 구축해 식자재 공급 체인 전체를 외부에 위탁했다. 와와는 갓 구운 빵은 여러 제빵업체에 위탁하고, 신선도를 유지해야 하는 모든 음식은 테일러팜스Taylor Farms와 세이프웨이그룹Safeway Group에 위탁했다. 와와는 날마다 모든 매장에 신선한 식자재를 공급하기 위해 크로스도킹Cross Docking(창고에 입고되는 상품을 보관하는 것이 아니라, 곧바로 매장에 배송하는 물류 시스템을 말한다—옮긴이) 유통 시설을 갖춘 펜스케코퍼레이션Penske Corporation과도 협력 관계를 맺고, 식자재 협력업체들이 생산한 상하기 쉬운 음식을 이곳으로 배송하도록 했다. 와와는 이 중 어떤 작업도 직접 하지 않는다. 와와가 관여하는 일은 믿을 만하고 신선한 식자재가 공급되도록 소수의 직원들이 협력업체와 연락을 주고받으며 품질 관리를 하는 것에 한정되어 있다.

스토켈은 이렇게 말했다. "우리는 블루오션 접근 방식을 적용함으로써, 고객들을 위해 품질, 가치, 편의성, 음식 제공이라는 측면에서 커다란 발전을 이루고, 이와 동시에 와와 전체의 편의성과 서비스의 질이 향상되는 것을 확인할 수 있었습니다. 그러나 우리는 이것을 실현하는 데 필요한 조리 시설도 없고 업계가 알아주는 세계적인 수준의 전문성도 없습니다. 우리는 우리의 블루오션 제품을 손상시키지 않고서 혹은 사내에서 이러한 전문성을 개발하기 위해 비용이 많이 소요되는 시도를 하지 않고서, 우리의 비전을 신속하게 저비용으로 실현하려고 최고의 업체와 협력 관계를 맺었습니다." 현재 와와의 CEO인 크리스 게이센즈는 또한 이렇게 말했다. "현재 와와의 매출에서 신선식품과 음료가 40퍼센트를 넘게 차지합니다. 우리는 전통적인 편의점에서 자동차 연료를 함께 판매하는 레스토랑으로 발전했습니다. 이제 우리를 어느 범주에 포함시켜야 할지 아주 어렵게 되었습니다."

어떻게 하면 효율적이면서 혁신적으로 운영할 수 있는가

이 질문 속에는 구매자 가치를 희생시키지 않고도 원가를 낮추는 다양한 가능성이 들어 있다. 이러한 가능성을 발견하기 위해 뒤따르는 질문에는 다음과 같은 것들이 있다. "관행에 얽매이지 않고 원재료를 덜 비싼 것으로 대체할 수 있는가?", "고비용 저부가가치를 낳은 활동·시설을 제거하거나 저비용의 효율적인 활동·시설로 대체할 수 있는가?", "우리 제품을 제공하는 곳을 저비용의 건물로 옮길 수 있는가?", "생산 과정에서 부분·단계의 숫자를 줄일 수 있는가?", "업계의 경쟁자들이 수공으로 만드는 제품을 공장에서 제조할 수 있는가?", "원가 절감을 위해 사용할 수 있는 규격화된 기술이 있는가? 혹은 디지털화할 수 있는 활동이 있는가?" 예를 들어 이라크 청소년 오케스트라NYOI는 이러한 질문을 하고는 유튜브로 오디션을 실시하고, 프로젝트 관리에 스카이프를 이용하는 식으로 이 문제를 훌륭하게 해결했다. 이 창의적인 혁신은 이라크에서 직접 만나 이 과제들을 처리하려고 할 때 발생하는 비용과 이동해야 하는 끔찍한 문제를 제거했다. 뿐만 아니라 이 과정에서 소셜미디어로 오케스트라의 존재를 알렸다.

마찬가지로 시티즌M의 블루오션 팀 또한 위의 질문들을 깊이 생각하고는 건설비를 대폭 절감하고 객실의 품질을 향상할 혁신적인 방법을 찾아냈다. 호텔 산업에서는 건설비가 비용에서 가장 많은 부분을 차지한다. 시티즌M은 블루오션 움직임으로 한 종류의 객실만을 계획했다. 이 팀은 다른 업계에서 제품 표준화를 달성하는 방법을 반영해 호텔 객실을 표준화하고자 했다. 이런 식으로 계획이 잡히면서 답이 분명하게 나왔다. 표준화된 제품은 손으로 만들어지는 경우가 거의 없고 공장에서 만들어진다. 그리하여 이 팀은 시티즌M의 객실을 전통적인 건축 방식을 사용하지 않고 대량으로 제조할 수 있는가를 질문했다. 답은 완전히 가능하다는 것이었다. 모듈식 제조는 빠른 속도, 고품질, 일관성 그리고 가장 중요하게는 최적화된 방음 시설, 가치공학을 적용한 배선이 가능하면서도 훨씬 더 적은 비용으로 객실을 건설하는 것이 가능하다. 비록 시티즌M이 전통적인 건축 방식을 사용해 저층 호텔을 짓기는 했지만, 객실만큼은 공장식으로 제조했다. 그리고 시티즌M의 블루오션 움직임으로 객실 크기가 상당히 축소되었기 때문에 조립 전 부품의 형태로 도착한 객실을 그저 쌓아놓았다가 짜맞추기만 하면 되었다. 이러한 혁신으로 시티즌M은 객실 건설비를 4성급 호텔의 건설비 평균 대비 35퍼센트나 절감했고, 총 건설 기간도 다른 3성급 호텔과 고급 호텔 대비 35~50퍼센트나 단축했다.

시티즌M은 콜센터와 전화 예약을 폐지하고 간단하고 신속한 온라인 예약 시스템으로 이를 대체해 비용을 더욱 낮췄다. 이제는 여행객의 상당수가 기술에 정통하고 온라인으로 일을 처리하는 데 익숙하다. 다른 한편으로는 호텔 콜센터와 전화 예약은 상당히 짜증이 난다. 용건에 따라 어떤 버튼을 누르라고 자세히 설명하는 긴 메시지가 나오고, 예약 버튼을 누르고 나서도 접수원이 전화를 받을 때까지 한참이나 광고나 끝없이 흘러나오는 따분한 음악을 들으며 기다려야 한다. 어느 누가 이런 일을 좋아하겠는가?

어떻게 하면 사람들의 긍정적인 에너지와 기여를 증대시킬 수 있는가

당신의 브랜드의 얼굴이자 궁극적으로는 블루오션의 진실성에서 많은 부분을 결정하는 사람이 있다. 기업이라면 고객, 비영리기구라면 기부자, 정부기관이라면 일반 시민과 직접 대면하는 사람이다. 고객과 직접 대면하는 사람 덕분에 고객들은 발길을 멈추고, 웃고, 몇 번이고 또 방문하겠다는 생각을 한다. 이들은 고객들에게 그런 긍정적인 경험을 선사하기 위해 매일같이 부단히 애쓰는 사람들이다. 그런데도 이 사람들은 종종 위계에서 가장 낮은 곳에 있는 사람처럼 여겨지고 취급된다. 당신이 진지한 자세로 진실한 제품·서비스를 창출하고 사업모델의 원가를 낮추고자 한다면 이들이 그런 식으로 대우받아서는 안 된다. 최전선에서 근무하는 사람들의 에너지가 고양되면 생산성도 높아지고, 이직률이 낮아지며, 일을 더 열심히 하려는 의지가 샘솟는다. 당신은 이들을 대할 때 인간다움을 기꺼이 수용하는 과정을 따름으로써 이를 실현할 수 있다. 제4장에서 설명했듯 이러한 인본주의적 과정이 최전선에서 근무하는 당신의 사람들에게 자신이 똑똑하고 완벽하기 때문이 아니라, 기여할 만한 무엇인가를 가지고 있고 변화를 원하기 때문에 인간으로서 존중받고 인정받는다는 기분을 갖게 한다. 이러한 인본주의적 접근 방식은 블루오션 움직임을 마무리하면서 살펴봐야 할 매우 효과적인 방법이다. 이것이 고객과 직접 대면하는 직원들을 대상으로 어떻게 실천에 옮겨지는가를 살펴보자.

예를 들어 시티즌M, 와와, NYOI는 모두 그들의 사업 모델을 공식화할 때 이 접근 방식을 실천에 옮겼다. 비용이 들지 않는 한 가지 공통점은 이들이 직원들에게 부여하는 직함에서 나타났다. 이것에는 직원들에게 일종의 자존감을 전하고자 하는 배려가 담겨 있다. 시티즌M에서는 프런트데스크 직원, 벨보이, 도어맨도 아니고 앰배서더(사절)라고 불린다. 와와에서 고객과 직접 대면하는 2만 2,000명에 달하는 직원들은 편의점 점원도 아니고 델리 직원도 아니며 창고 직원도 아니다. 이들 모두가 동료를 의미하는 '어소시에이트'associate라고 불린다.

NYOI의 연주자들은 음악가일뿐 아니라 '문화 외교관'cultural diplomat, '평화를 만드는 사람'peace maker이 되었다. 이 모든 직함은 그저 일을 처리하는 것보다 더 높은 책임, 품위, 목적을 의미했다. 이것이 개인의 사명감과 자부심에 미치는 영향력을 한번 생각해보라.

　직함이 전하는 존중의 메시지는 리더들이 사업 모델을 설정하면서 기업의 계층 구조에서 고객과 직접 대면하는 사람들을 격상시키는 것으로 더욱 강화된다. 예를 들어 시티즌M에서는 호텔 직원들이 조직 피라미드의 상층부에 있고 경영진이 하층부에 있는 '역피라미드'가 문화의 중요한 부분이 되었다. 와와에서는 모든 임원이 매달 최소한 12~15개 매장을 방문해 어소시에이트와 매니저를 만나 이야기를 나눈다. 크리스마스에는 (산타 복장을 한) 임원들이 매장에 들러 어소시에이트들이 1년 365일 동안 고객들에게 친절하게 봉사한 데 감사의 마음을 전하는 오랜 전통이 있다. 임원들은 매장을 방문할 때마다 항상 어소시에이트들이 전하는 이야기를 경청하고 감사의 마음을 전하며 그들에게서 배우려고 한다. 그리고 그들과 매니저에게서 운영을 개선하기 위한 아이디어를 얻고, 고객에게 기쁨을 전한 이야기를 들으려고 한다. NYOI에서는 폴 맥앨린든이 오케스트라 단원들을 소집하고는 쿠르드어와 아랍어를 모두 할 줄 아는 이라크평화재단 직원의 도움을 받아 단원들에게 이 오케스트라가 무엇을 상징했으면 좋겠는가를 물어보았다. 단원들이 원하는 가치는 사랑, 헌신, 존중이었다. 우리는 맥앨린든이 그들의 오케스트라가 이러한 가치를 추구하고 있고 음악가뿐만 아니라 조국에 희망의 불빛이 되기 위한 사명을 지니고 있다는 사실을 보여주기에 이보다 더 좋은 방법은 없다고 생각한다.

고객과 직접 대면해 서비스를 제공하는 직원들에게 힘을 실어주는 것, 그들이 고객과 대화할 때 로봇처럼 말하도록 대본을 주는 대신 스스로 최선의 판단을 할 수 있도록 신뢰하는 것은 헌신과 에너지를 불어넣는 또 하나의 강력한 방법이다. 시티즌M과 와와가 직원을 고용하고 훈련하며 보상을 제공하는 방법을 생각해보라. 예를 들어 두 기업은 태도와 가치관을 보고 직원을 고용하고, 역량을 높이기 위해 훈련시킨다. 두 기업에 퍼져 있는 이러한 생각은 '기술은 우리가 가르치면 된다. 그러나 태도와 가치관은 우리가 바꾸기 어렵다'라는 말에 잘 드러난다. 그리고 실제로 기술은 집중적으로 가르칠 수 있다. 그러나 이보다 훨씬 더 중요한 것은 직원들이 브랜드가 상징하는 것이 무엇인지, 블루오션 움직임이 고객에게 전하는 약속이 무엇인지, 이러한 약속을 실천하는 데 자기 역할이 무엇인지를 깊이 인식하도록 하는 것이다.

하워드 스토켈는 이렇게 말했다. "나는 우리 어소시에이트들에게 이렇게 말했습니다. '당신들은 커피를 만들 수 있고, 계산을 할 수 있으며, 샌드위치를 만들 수 있습니다. 그러나 당신들이 와와에서 하는 진정한 일은 고객들이 하루를 더 잘 보내도록 도와주는 것입니다.' 이보다 더 높은 소명은 없습니다." 고객과 직접 대면하는 직원들은 일단 고용되고 나면 브랜드의 약속을 어떻게 실행하는가, 즉 고객과 진실하면서 활발하고도 인간적인 유대를 어떻게, 왜 가져야 하는가에 대해 스스로 이해하게 된다. 고객에게 "안녕하세요?"라고 말을 거는 것이든, 문을 열어주는 것이든, 슬픈 표정을 짓고 있는 사람에게 "안 좋은 일이 있으세요?"라고 물어보는 것이든, 그들은 각 상황에 제대로 대처하고 있는 것이다. 이처럼 브랜드의 약속을 실천하기 위한 책임의식은 강화되고, 이 회사들이 제공하는 보너스 정책과 함께 한 차례의 순환을 마치게 된다. 예를 들어 시티즌M에서는 임원이 아닌 앰배서더가 고객만족 100퍼센트를 실현하면 매월 그 30퍼센트의 보너스를 더 받을 수 있다(혹은 덜 받을 수도 있다). 시티즌M이 그 30퍼센트를 완전히 부담한다. 왜 그렇게 할까? 다양한 일은 실행하는 앰배서더가 실현한 별 다섯 개 등급의 고객 만족도가 지속적으로 유지되는 것을 보면 금방 알 수 있을 것이다.

와와는 참여자 규모로 보면 미국 내에서 10위권에 들어가는 종업원 지주 제도를 시행한다. 종업원들이 비공개 주식의 약 40퍼센트를 소유하고 있다. 그중에서도 임원이 아니라 어소시에이트와 매니저가 많은 부분을 소유한다. 백만장자가 되어 퇴직하는 어소시에이트들이 수십 명이나 된다. 그리고 이러한 이야기가 어소시에이트들에게 동기를 부여함에 따라 그들은 이 제도를 진지하게 받아들인다. 의미 있는 성과급 제도를 실시하고 태도를 보고 직원을 고용하며 고객과 직접 대면하는 직원들에게 기술과 (중요하게는) 브랜드의 약속을 내면화하는 교육을 실시한다. 또 직원들에게 특별한 서비스를 제공해 브랜드에 활력을 불어넣는 권한을 부여한다. 이 모든 것은 사람들에게 에너지를 주고, 책임의식이 강한 문화를 조성하며, 고객들에게는 진실하고도 기억에 오래 남을 만한 경험을 제공하고, 직원들의 이직률이 낮아지도록 한다. 이것이야말로 진정한 승리다. 이러한 조직은 고객을 보유하지 않는다. 이러한 조직은 언제나 기쁨을 주는 팬을 보유한다.

큰 그림을
그린다

큰 그림의 사업 모델을 보면 설정된 전략적 가격에서 견실하고 수익성 좋은 성장을 창출하기 위해 블루오션 움직임의 가치와 비용 측면이 어떻게 결합하는가를 알 수 있다. 〈그림 13-1〉은 시티즌M의 큰 그림의 사업 모델을 제시하고 그 구성 요소들이 어떻게 상호작용하는지 보여주는 그림이다. 그림에서 왼쪽은 목표 원가를 달성하기 위해 조직의 원가 구조가 작동하는 방식을 보여준다. 오른쪽은 구매자들이 새로운 제품·서비스를 구매해야 할 뚜렷한 이유와 여기에 값을 지불함으로써 무엇을 얻게 되는지를 나타낸다. 화살표는 기업의 수익성 있는 성장과 고객의 만족을 위해 모델 양쪽의 요소들이 어떻게 상호작용하는지를 보여준다.

   여기 나오는 시티즌M의 큰 그림의 사업 모델을 보면 견실하고도 수익성 좋은 성장을 얻는 방법을 쉽게 이해할 수 있다. 실제로 면적당 수익성을 기준으로 시티즌M의 수익성은 모든 전통적인 참여자보다 뛰어나고 최고급 호텔과 비교하면 두 배에 달한다. 이 큰 그림의 사업 모델을 활용하면 블루오션 움직임의 경제 논리를 하나의 그림으로 이해할 수 있고, 수익을 창출하기 위해 개별 운영 과제들을 직조하는 방법을 인식하게 될 것이다. 한편 큰 그림의 사업 모델은 운영 세칙과 움직임이 담긴 로드맵 역할을 한다. 즉 언제 어떤 일이 일어날지 알려주는 이정표 역할과 함께 각 기능의 목적이 무엇이고 실행 가능한 것은 무엇인지를 이 그림을 보고 이해할 수 있다.

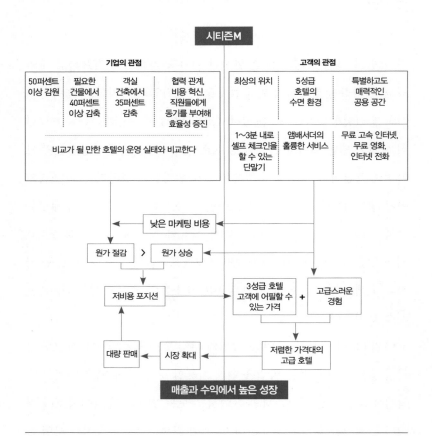

〈그림 13-1〉 시티즌M 호텔의 사업 모델이 작동하는 방식

시티즌M

기업의 관점

50퍼센트 이상 감원	필요한 건물에서 40퍼센트 이상 감축	객실 건축에서 35퍼센트 감축	협력 관계, 비용 혁신, 직원들에게 동기를 부여해 효율성 증진

비교가 될 만한 호텔의 운영 실태와 비교한다

고객의 관점

최상의 위치	5성급 호텔의 수면 환경	특별하고도 매력적인 공용 공간
1~3분 내로 셀프 체크인을 할 수 있는 단말기	앰배서더의 훌륭한 서비스	무료 고속 인터넷, 무료 영화, 인터넷 전화

낮은 마케팅 비용

원가 절감 > 원가 상승

저비용 포지션

3성급 호텔 고객에 어필할 수 있는 가격 + 고급스러운 경험

대량 판매 ← 시장 확대 ← 저렴한 가격대의 고급 호텔

매출과 수익에서 높은 성장

큰 그림의 사업 모델은 미래의 전략 캔버스와 함께 블루오션 움직임을 실제 제품·서비스로 전환할 때 모두가 하나의 종착역에 집중하도록 하고 초점을 흐리거나 방향을 딴 데로 돌리는 일이 없도록 해준다. 본질적으로 이 두 가지는 조직 전반에서 운영상의 세밀한 부분을 처리할 때 이들의 노력을 일치시키는 중요한 '의사결정의 여과' 기능을 한다.

블루오션 움직임을
착수하고 출시한다

가장 현명한 출시 전략은 작은 규모로 시작해 빠르게 확산하는 것이다. 아무리 강조해도 지나치지 않는 말이다. 예를 들어 애플은 매장을 한번에 300개씩 열지 않았다. 처음에 두 개를 만들어 새로운 제품·서비스가 실제로 출시될 때 필연적으로 드러나는 장애를 해결하는 데 노력을 집중했다. 그리고 얼마 지나지 않아 25개를 설치하고 그다음 이야기는 알고 있는 그대로다. 오늘날 전 세계 애플 매장은 490개가 넘는다.

마찬가지로 시티즌M은 2008년에 자신의 뒷마당인 암스테르담의 스키폴 공항 부근에 첫 번째 호텔을 지었다. 여기서 호텔이 어떻게 운영되고 있는가를 자세히 관찰, 분석하고는 필요한 조치를 취해 사업 모델을 보정했다. 고객이 호텔에 들어왔을 때 셀프 체크인 단말기는 최적의 장소에 설치되었는가, 왼쪽이나 오른쪽으로 조금 옮겨야 되는가? 단말기 스크린이 1~3분 내로 체크인이 가능하도록 쉽게 구성되어 있는가, 아니면 고객들이 어딘가에서 계속 혼란을 느끼고 있는가? 앰배서더는 고객 가까이에 있으면서 고객이 체크인할 때 블루오션 움직임이 요구하는 대로 따뜻한 인사말을 건네고 충분히 도와주는가, 아니면 어딘가에 부족한 점이 있는가? 공장식으로 제조한 객실은 어떠한가? 배선은 시제품에 적용된 가치공학에 따라 짜맞추기만 하면 되는가, 아니면 수정이 요구되는가? 방음 시설은 시방서대로 원하는 수준의 조용함을 달성했는가?

이러한 방식으로 시티즌M은 고객에게 가치가 전달되는 방식에서부터 이면의 운영과 사업 모델에 이르기까지, 어떠한 결함이 발생해도 금방 해결할 수 있었다. 오직 하나의 호텔만을 수정하면 되기 때문에 비용이 많이 들지 않았다. 시티즌M은 부분 수정이 성공적으로 마무리되자, 여기서 배운 교훈을 바탕으로 사업 모델의 타당성을 부여할 또 다른 기회를 제공하는 두 번째 호텔을 암스테르담 중심가에 개장했다. 시티즌M 경영진은 암스테르담 호텔이 처음부터 엄청난 성공을 거둬 이 호텔이 고객에게 훨씬 더 많은 가치를 제공하고 수익을 창출하는 강력한 엔진을 보유했다는 사실이 판명되자 자신감을 가지게 되었다. 이후로 시티즌M은 사업 규모를 키우면서 전 세계 주요 도시에 호텔을 개장하기 시작했다.

와와도 새로운 제품·서비스를 내놓을 때 이와 비슷하게 영리한 출시 전략을 활용했다. 와와는 제품·서비스의 강점과 사업 모델의 효과를 입증하기 위해 소수의 점포로 시작해 결함을 해결하고 이를 좀 더 많은 점포로 보냈다. 그러고 나서 속도를 올려 모든 점포에서 신속하게 출시했다. 이러한 출시 전략은 몇 가지 뚜렷한 장점이 있다. 우선 와와는 블루오션 제품·서비스와 사업 모델에는 거의 항상 개선하고 수정해야 하는 사항이 있다는 사실을 인정했다. 이렇게 전제하면 출시 후 문제가 발생해도 크게 흔들리지 않는다. 이렇게 말을 하는 것이다. "맞아, 우리는 금메달을 목표로 하고 있어. 하지만 우리는 처음 결함이 있을 때 용기를 잃거나 멈춰서서는 안 돼. 오히려 이런 결함을 예상해야 해. 계속 마음을 열어놓고 있어야 해. 용기를 잃거나 누군가를 탓하려고 해서는 안 돼. 이것을 소중한 학습의 기회로 여겨야 해. 그리고 이런 결함을 최대한 빨리 해결하려고 해야 해." 결함을 전제하는 접근 방식은 시장에서 재무적인 위험, 신용상의 위험과 함께 조직 구성원에게 나타나는 의욕 상실의 위험을 최소화한다.

우리는 조직이 이와는 반대의 접근 방식을 취했을 때, 즉 블루오션 움직임을 멀리까지 빠르게 전개하고 난 뒤에 결함을 발견했을 때 어떤 일이 일어나는지도 보았다. 이럴 때는 결함을 해결하고 수정 작업을 하는 데 훨씬 더 많은 비용이 들고 결국 좌절과 지탄에 이르게 된다. 이 움직임이 멀리까지 광범위하게 전개되었기 때문에, 때로는 언론이 신속하게 먹잇감을 낚아챈다. 어떤 것이 의도와 다르게 진행되면 언론은 지나치게 부정적인 견해를 재빨리 발표하고, 이 때문에 조직의 구성원들은 훨씬 더 크게 낙담한다. 안타깝게도 이런 일이 있고 나면 많은 조직이 두 손을 들고 이번 과제는 실패작이라고 말하며 물러난다. 결국 자존심은 상처를 입고 자금은 낭비되며 사람들은 의욕을 상실한다. 그리고 조직은 그들이 부딪힌 결함이 심각하지 않더라도 새로운 일에 재도전하기를 두려워한다. 착수의 규모가 클수록 결함은 엄청나게 크게 보인다.

우리는 당신이 블루오션 움직임을 착수하고 전개하는 과정을 브로드웨이의 차기 히트 작품을 만드는 것처럼 생각하기를 바란다. 당신은 블루오션 시프트 과정을 경험했고, 사람들이 좋아할 만한 매력적이고도 창의적인 줄거리를 가지고 등장했다. 사람들은 이 작품을 보고 싶어서 견딜 수가 없다고 말한다. 그리고 당신과 함께 일하면서 이 작품을 만든 사람들은 드디어 무대에 오른다는 생각에 가슴이 벅차 견딜 수가 없다. 더구나 당신은 큰 그림의 사업 모델을 가지고 일했기 때문에 무대 장치부터 조명, 의상, 음향에 이르기까지 무대 뒤에서 일어나는 모든 일을 이미 해결했다. 그렇다고 해서 연습을 하지 않는다거나 꼼꼼히 세부사항을 점검할 필요가 없다는 것은 아니다. 훌륭한 공연을 위해서는 먼저 결함을 예상해야 하고, 그다음에 이를 바로잡는 작은 수정 작업을 해야 한다. 연극 시사회가 끝나고 사람들이 "아직 좀더 연습해야겠어."라고 말할 때, 당신은 비난을 삼가고 주의 깊게 평가를 듣고 메모를 하며 대본의 진가를 보여주도록 매진해야 한다. 당신은 이 수정 작업이 탁월한 제품을 낳기까지의 자연스러운 과정이라는 것을 충분히 이해해야 한다.

이제 당신은 스스로의 블루오션 시프트를 추진할 준비가 되었다. 루오션 시프트를 처음부터 끝까지 추진하기 위한 도구, 프로세스, 마음가짐을 모두 갖췄다. 세상은 더 많은 블루오션을 원한다. 우리는 당신이 자신만의 블루오션을 창출하기를 진심으로 기원한다.

정부는 어떻게
블루오션 시프트를 하는가

전 세계 국가들은 예산의 제약과 국민들의 커져가는 요구에 직면해 있다. 이런 상황에서 블루오션 시프트는 기업, 비영리기구, 스타트업과 마찬가지로 정부에도 적용될 수 있다. 본 에필로그에서는 말레이시아 정부의 실행 사례를 토대로 정부 차원의 블루오션 시프트는 어떠한 내용으로, 어떤 과정을 거쳐서 광범위한 결과를 낼 수 있는가를 살펴보고자 한다.

새천년이 시작되면서 말레이시아는 갈림길에 서 있었다. 이른바 중진국 함정에 갇혀 있었던 것이다. 1970년대에는 말레이시아, 싱가포르, 한국, 타이완이 모두 비슷한 개발 수준에 있었지만, 이후로는 더 이상 그렇지 않았다. 그 사이에 다른 세 나라는 소득수준이 높은 국가가 되었으나 말레이시아만 도약하지 못하고 있었다. 말레이시아는 고품질의 제품을 생산하는 미국, 유럽, 일본 같은 선진국으로부터는 차별화 장벽에 직면했고 중국, 인도, 베트남, 인도네시아 같은 신흥국으로부터는 저비용 장벽에 직면했다.

말레이시아의 지도자들은 이 레드오션 함정에서 빠져나오기를 원했고, 블루오션 전략이 공공복지와 소득수준이 높은 국가로 이동하는 플랫폼을 제공할 것으로 생각했다. 말레이시아 수상과 부수상은 그들의 논리를 평가하고 타당성을 부여하기 위해 우리 두 저자를 초청했다. 그리고 비공식 소규모 집단 토론회부터 공공 부문과 민간 부문의 국가 지도자들이 함께 하는 사흘간의 특별연수회, 수상이 주재하는 공식 내각 회의에 이르기까지 다양한 이해관계 집단과의 토론회에 수차례 참석하도록 했다. 말레이시아 정부는 2년에 걸친 탐색과 조사를 마치고는 말레이시아의 경제·사회 부문에서 블루오션 시프트를 창출하기 위해 블루오션 전략의 이론과 도구를 적용하기로 결정했다.

이를 위해 말레이시아 정부는 2008년에 말레이시아 블루오션 전략 연구원MBOSI이라는 비영리 연구기관을 설립했다. 이듬해에는 말레이시아의 경찰청장 및 삼군총사령관을 포함한 최고위 공직자들과 민간 부문에서 선발된 지도자들이 매달 참석하는 국가블루오션전략회의NBOS Summit를 발족했다. 의제가 수상이나 부수상의 직접적인 관심을 요구하지 않을 때는 정부 수석 사무총장chief secretary이 NBOS 회의를 주재했다. MBOSI는 블루오션 시프트의 원칙과 과정이 적절하게 적용될 수 있도록 NBOS 회의를 처음부터 지원해오고 있다.

NBOS 회의는 2013년 1월까지 경제·사회 부문에서 50개 넘는 블루오션 시프트 과제를 착수했다. 이러한 과제에서 차별화는 국가의 경제와 사회에 훨씬 더 많은 가치를 제공하거나 커다란 영향을 일으키는 관점에서 정의되었고, 저비용은 정부 서비스를 제공할 때 비용을 절감한다는 관점에서 정의되었다. 공공 부문은 더디게 움직이는 것으로 악명이 높다. 그래서 실행 속도를 성공적인 시프트의 세 번째 평가 척도로 추가해 모든 NBOS 과제가 커다란 영향력, 저비용, 신속한 실행을 기본 원칙으로 삼도록 했다.

　　말레이시아 정부는 블루오션 과제들이 성공적으로 진행되고 그 규모와 범위가 빠르게 확대되자, 재정부 산하에 국가전략국National Strategy Unit을 신설해 MBOSI와의 긴밀한 협력 하에 이러한 과제들을 지원, 촉진, 감독하도록 했다. 2017년에 전국 수준으로 착수된 블루오션 과제는 100개가 넘었다.

국가의 블루오션 추진 과제는
어떻게 수립되고 실행되는가

국가 혁신 프로그램은 때로는 정부 조직에 깊이 뿌리 내린 부서 이기주의를 극복하지 못해서 실패한다. 정부 부서, 정부기관들은 주로 고립된 상태에서 일하면서 자원과 정보는 좀처럼 공유하지 않는다. 그 결과 주인의식은 결여되고 영역 다툼은 팽배하다. NBOS 회의는 이러한 부서 이기주의와 연방·주·시군 공직자를 갈라놓은 경계가 사라지지 않으면 블루오션은 창출될 수가 없다고 인식했다. NBOS 회의는 블루오션 시프트의 추진 도구와 프로세스를 가지고 서로 다른 부서와 직급에서 일하는 사람들이 협력하며 그들의 지식과 자원을 공유하도록 장려했다. 그렇게 함으로써 국가 지도자들이 국민을 위한 새로운 경제적·사회적 기회를 창출하고 포착하는 방법에 관한 시야를 넓히는 데 목표를 두었다.

NBOS 회의는 이를 위해 국가 혁신을 지원하기 위한 프리서밋Pre-Summit과 오프사이트Offsite라는 두 플랫폼을 만들었다. 이 과정은 긴급히 해결해야 할 국가적 쟁점에 관한 전략의 우선순위를 정하고, 이러한 쟁점을 처리하는 순서를 규정하는 NBOS 회의와 함께 시작한다. NBOS 회의 구성원들은 안보·치안 문제(범죄와 국제 테러 증가), 경제 문제(도시·농촌 개발, 혁신·기업가정신의 필요성, 인프라 확충, 청년 실업), 사회 문제와 공공복지 문제(여권 신장, 정부 서비스의 비효율성, 공중보건, 저가 주택, 야생동물 밀렵을 포함한 환경오염)에 이르기까지 다양한 문제를 논의한다. NBOS 회의는 약 세 시간 정도 진행되는데 이미 진행 중인 과제에 더해 추진해야 할 새로운 과제를 제시하는 것으로 끝맺는다. 그 후 프리서밋과 오프사이트, 두 지원 플랫폼이 이러한 과제들을 점차 구체화해나간다.

정부 수석 사무총장이 주재하는 프리서밋은 NBOS 회의에서 제기된 거시적인 지침으로부터 새로운 과제의 범위, 구성원, 전략 방향을 설정하고, 이를 충분한 설명과 함께 오프사이트 팀에 넘긴다. 프리서밋은 정부 부서, 정부기관 지도자들로 구성된다. 이들은 NBOS 회의 의제를 준비하고, 실행을 확실히 하며 이 과정에서 발생하는 부서 간, 기관 간 갈등을 해결하기 위해 처리 중인 과제의 진행 상황을 점검한다.

오프사이트는 블루오션 과제의 실행 임무를 담당하는 실무급 팀들로 구성된다. 각 팀 팀장들은 프리서밋의 구성원이기도 하다. 따라서 이 팀들은 프리서밋과 연동되어 움직인다. 이 팀들은 자세한 실행 로드맵을 개발한다. 이것은 팀원들이 분명한 일정을 따라 용이하게 실행할 수 있고, 책임질 수 있는 실천 과제를 설계하는 것을 의미한다. 팀원들은 회의가 열릴 때마다 현장의 현실에 관해 그들이 직접 발견한 것을 공유하고, 이에 따라 필요하다면 실행 로드맵을 수정할 권한을 갖는다.

정부 수석 사무총장과 그 보좌진들은 이 세 가지 NBOS 플랫폼 전체에 걸쳐서 국가 목표를 향한 이들의 노력을 조정하는 중책을 맡는다. 이러한 국가 개혁은 시작 시점부터 유능하고 의지력 있으며 헌신적인 사무총장들의 리더십 역할이 컸다. 이들이 국가를 레드오션에서 블루오션으로 바꾸는 데 기여한 사실은 아무리 강조해도 지나침이 없다.

모두가 전략 논의를 따르고 앞으로 가야 할 길과 해야 할 일에 대한 공동의 이해를 형성하려면, 세 개의 NBOS 플랫폼 전체에 걸친 공동의 언어가 반드시 필요하다. 전략 캔버스, 네 가지 액션 프레임워크, ERRC 그리드 같은 시각적 도구는 이러한 목적에 잘 부합한다. 예를 들어 〈그림 E-1〉처럼 강렬한 태그라인과 네 가지 액션 프레임워크가 포함된 한 쪽짜리 전략 캔버스를 살펴봄으로써, 모든 직급의 정부 공직자들과 유관 기관 직원들은 여기 나오는 조치가 실제로 새로운 가치-비용의 경계를 열 수 있는 시프트인지를 쉽게 알 수 있다. 〈그림 E-1〉은 제1장에서 설명한 공동체 갱생 프로그램CRP의 전략 캔버스와

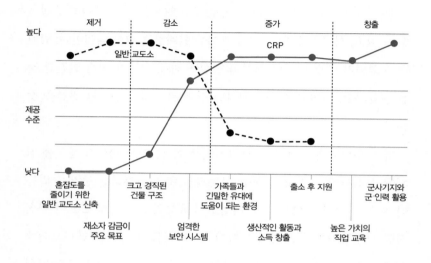

"감금이 아닌 재사회화를 통해 또 한 번의 기회라는 선물을 제공한다"

그 태그라인, NBOS 회의에서 제시된 네 가지 액션 프레임워크의 활용을 보여준다. 잠시 기억을 돕기 위해 말하자면, CRP는 말레이시아 교도소 재소자 중 많은 비중을 차지하는 경범죄자들의 갱생를 지원하기 위한 프로그램이다. 이 시프트 결과, 재범률은 크게 떨어졌고 재소자 가족들은 기뻐했으며 사회는 안전해졌다. 비용 측면에서 CRP 센터와 일반 교도소를 비교하면 건설비는 85퍼센트 저렴했고 운영비는 58퍼센트 절감되었다. 현재 CRP 센터는 첫 10년간 비용 절감과 사회적 편익 측면에서 10억 달러가 넘는 기여를 할 것으로 예상된다. 그러나 가장 커다란 선물은 CRP 센터 재소자들에게 희망, 자존감과 함께 사회의 건전한 구성원이 되기 위한 기술을 전수해 그들의 삶을 변화시킨 것이라 할 수 있다.

NBOS 플랫폼들은 과제를 수립하고 실행할 때 세 가지 주요 원칙을 따른다. 첫째, 어떠한 아이디어 혹은 제안이라도 고려 대상이 되려면 두 개 이상의 부처가 관여해 커다란 영향력, 저비용, 신속한 실행이라는 블루오션의 세 가지 기준을 충족하도록 설계되어야 한다. 둘째, 모든 토론과 의사결정에서 공정한 절차의 원칙(참여, 설명, 명확한 기대)이 준수되어야 한다. 셋째, 전략 캔버스, 네 가지 액션 프레임워크, ERRC 그리드 같은 시장 창출을 위한 도구가 적용되어야 하고, 이는 모든 토론과 보고서에 반영되어야 한다. MBOSI와 국가전략국은 이 과정 전반에 걸쳐서 중요한 지원 역할을 한다. NBOS 회의는 사람들의 자발적인 협력을 얻는 인간적인 접근 방식과 그들의 창의적인 능력을 형성하는 블루오션 도구를 채택하는 역할을 주도한다.

블루오션 여정은
어떻게 시작되었나

말레이시아의 블루오션 시프트는 2009년에 하나의 작은 과제에서 출발했다. 거리에는 오토바이를 탄 도둑들이 주로 여성 보행자를 상대로 가방을 잡아채 도망가는 날치기 범죄가 만연했다. 사람들은 거리에 더 많은 경찰을 배치하라고 요구했다. 경찰은 이 요구를 충족시키려고 최선을 다했지만, 순찰 업무를 맡을 훈련된 경찰관이 부족했다. 경찰은 빠른 시일 내에 모집 인원을 늘리기 위해 훈련 시설 확충을 제안했다. 그러나 세계 경제가 2008년 금융위기에서 빠져나오려고 분투하고 있고 정부 적자가 증가하는 상황에서 이러한 대안은 더 이상 논의 대상이 되지 않았다. 경찰은 나날이 범죄가 증가하는 레드오션에 빠져들었고 시민들은 좌절했다. 그리고 경쟁(범죄 요소)이 승리하고 있었다. 정부는 틀에 박힌 관행으로는 상황을 반전시킬 수 없다고 판단했다. 이제 블루오션 시프트가 절실해졌다.

NBOS 회의에서 이 문제를 논의하면서 왕립 말레이시아 경찰만으로는 이 문제를 해결하기란 불가능하다는 사실이 분명해졌다. 내무부와 행정처가 개입해야만 했다. NBOS 회의는 두 부처가 참여하는 통합 팀에 권한을 부여하고 다음 회의 때 전략 실행 계획을 내놓도록 했다. 이 팀은 현장의 현실을 깊이 이해하고 실행 가능한 블루오션 해결 방안을 창출하기 위해 프리서밋과 오프사이트 1차 회의를 주관했다.

이 팀은 훈련된 경찰관 중 상당수가 보고서 작성, 재고 관리, 문서 정리 같은 행정 업무에 투입되고 있는 것을 전국에서 확인했다. 공무원이라면 누구나 이런 업무를 처리한다. 따라서 어느 누구도 여기에 문제를 제기하지 않았다. 그러나 이 팀은 경찰 인력이 아니더라도 행정 업무를 잘 처리할 수 있고, 그러면 훈련된 경찰관들을 이 업무 대신 시민들이 그토록 원하는 순찰 업무에 투입할 수 있겠다고 생각했다. 또 이 팀은 팀원으로 있는 내무부와 행정부 직원들을 통해 행정 업무 분야에서는 업무 부담이 별로 없는 행정 인력이 많다는 사실도 알 수 있었다. 블루오션 기회는 행정 부서의 콜드스팟cold spots에 갇혀 능력을 제대로 발휘하지 못하는 유능한 행정 인력을 경찰서의 핫스팟hot spots으로 신속하게 재배치하는 데에 있었다. 이 팀은 이러한 움직임이 정부가 블루오션 시프트를 추진해 저비용과 신속한 실행, 커다란 영향력을 모두 발휘하는 출발점이 될 것이라고 생각했다.

당시에 이 팀은 시프트를 실행하기 위한 구체적인 전략을 입안할 준비가 되어 있었다. 모든 플랫폼 회의에서 공정한 절차가 이행되었다. 모든 유관 기관의 고위 공직자가 여기에 협력했으나 부서나 부처 경계를 넘어 인력을 재배치하는 일은 쉽지 않았다. 이것은 뿌리 깊은 영역 다툼을 일으키고 재배치 또는 동기부여와 관련된 문제를 수반하며 사람들의 인식과 행동에 광범위한 변화를 요구했다. 더구나 검찰총장실은 법적 경계를 넘어서 경찰과 행정 부서 간에 인력을 재배치하는 것이 기존의 원칙이나 규정을 위배하는 것은 아닌지 검토할 필요가 있었다. 그리고 이렇게 재배치한다면, 검찰총장실이 법의 테두리 안에서 문제를 처리할 방법을 찾아야 했다.

NBOS 회의는 이 모든 판단과 실행 과제를 듣고 나서 이 팀에 검찰총장실을 포함시키고, 제시된 접근 방식을 승인하며 새롭게 확대된 팀이 구체적인 단계를 가진 실천 계획을 입안해 발표하도록 했다. 이 시점에서 프리서밋과 오프사이트 플랫폼이 이 과제를 완결 짓기 위해 또다시 소집되었다. 확대된 팀은 6개월 이내에 결과를 보여야 했다. 위기의식을 조성하고 실행 속도를 높이는 혁신적인 접근 방식을 떠올릴 수 있도록, 별도 승인을 얻은 경우를 제외하고는 이처럼 힘든 일정이 이후에 전개된 모든 NBOS 프로젝트에 적용되었다. NBOS 회의의 모든 구성원에게는 사전에 명확한 기대가 제시되고 충분한 설명이 제공되었다.

이 팀은 NBOS 회의에 진행 과정을 매달 보고하고 피드백을 얻었다. 6개월 후, 내근 업무를 하던 훈련된 경찰관 7,400명이 도로 순찰 업무에 투입되었다. 그리고 이들이 하던 행정 업무를 맡기 위해 공무원 4,000명이 경찰서에 배치되었다. 이러한 전환 과정에서 효율성이 높아졌고 인원 감축과 예산 절감이 가능해졌다. 경찰관을 새로 모집해 훈련하고 순찰 업무에 투입하는 식의 기존의 레드오션 접근 방식과 비교하면, 부서 간 또는 부처 간 재배치로 정부는 수억 달러 예산을 절감했다. 안전한 거리를 조성한다는 목표는 즉각적인 효과를 거두었다. 2009년부터 2010년 말까지 날치기 범죄는 35퍼센트 줄었고, 이후로도 계속 감소했다.

사람들의 태도와 행동에서 나타나는 변화는 훨씬 더 커다란 수확이었다. 이때부터 다음과 같은 새로운 대화가 들리기 시작했다. 어느 경찰관이 자기가 하던 행정 업무를 넘겨받은 공무원을 돌아보면서 말한다. "나는 스물두 살에 경찰관이 됐습니다. 한 구역에서만 15년을 순찰하고는 드디어 에어컨이 잘 나오는 쾌적한 사무실에 앉아서 지내는 좋은 일자리를 얻었죠(여기서 말레이시아 날씨는 1년 내내 덥다는 사실을 기억하기 바란다). 하지만 당신이 오고 나서 나는 뜨거운 햇볕 아래에서 도로 순찰을 하러 다시 나가야 했습니다. 나는 이런 상황이 행복하지 않았습니다." 공무원은 경찰관을 바라보면서 이렇게 대답한다. "아. 그래서 제가 여기 처음 왔을 때 그렇게 차갑게 대하셨군요. 하지만 지금 그때와는 많이 달라졌어요. 협조적으로 바뀌셨지요. 왜 그렇죠?" 경찰관이 웃으면서 대답한다. "당신은 행정 업무를 정말 잘하시더군요. 놀라운 일은 아니죠. 당신이 늘 하던 일이니까요. 당신 업무에 만족했어요. 그런데 더 중요한 사실은요, 일단 경찰차를 몰고 다니니까 거리를 순찰하면서 내가 보호하고 도와줬던 사람들과 다시 만나는 재미를 그리워했다는 걸 깨달았어요. NBOS는 우리 두 사람을 연결해 우리가 좋아하고 잘하는 일을 하게 했어요." 이들만 이런 대화를 나눈 것이 아니다. 물론 개선의 여지는 여전히 존재하고 깊이 갈라놓은 부서 간 벽을 허무는 데는 시간과 인내가 필요할 것이다. 그러나 경찰관과 공무원이 국익을 위해 함께 일하면서 이처럼 긍정적인 대화를 나누는 모습을 많이 보게 되었다.

마찬가지로 군 장성 중 일부는 처음에는 CRP 과제에 군대가 개입하는 것을 꺼렸다. 그들은 이것이 외부 위협이나 침략으로부터 국가를 방어한다는 군대의 핵심 의무에 방해가 되지 않을지 우려했다. 그러나 그들은 몇 차례에 걸친 토론을 마치고는 만장일치로 CRP 과제를 추진하기로 결정했다. 우리가 살펴본 대로 이것은 대성공을 거두었다. 최근 열린 어느 NBOS 회의에서는 말레이시아 군에서 계급이 가장 높은 삼군총사령관이 그들의 블루오션 여정을 회상하면서 이렇게 말했다. "우리는 장족의 발전을 이뤘습니다. 그리고 지금 우리는 NBOS로 상징되는 변화를 진심으로 받아들이고 있습니다. 우리의 의무는 국가에 봉사하는 것입니다. 그리고 우리는 국가를 지키는 본연의 의무를 충실히 이행하면서 국가에 봉사하기 위한 새로운 방법을 찾았습니다." 지금 NBOS 산하에는 여섯 개의 CRP 센터가 있고, 이곳에서 1만 명의 재소자들을 사회로 복귀시켰다.

NBOS 이전까지 군경은 두 기관을 갈라놓은 경계를 전혀 넘지 않았다. 이제 상황이 변했다. 이제 두 기관이 국민 보호와 국가 건설을 공동의 의무로 간주하고 있음을 보여주는 다양한 증거가 나오고 있다. 예를 들어 군과 경찰은 범죄 온상 지역에서 공동 순찰을 시작했고, 군이 유휴 훈련 시설을 경찰과 공유하기 시작했다. 그 결과 경찰은 훈련된 경찰관들을 현장에 더욱 신속하게 배치했을 뿐만 아니라 훈련 시설을 신축할 필요가 사라져 비용을 엄청나게 절감했다. 어느 날 경찰청장은 삼군총사령관과 함께 NBOS 회의에 참석해 이런 제안을 했다. "군과 경찰은 행진 속도도 다르고 경례하는 방식도 다릅니다. 이제 합동 졸업식을 기획해서 우리가 국가를 위해 함께 일하는 방식에서 나타난 변화를 알리면 어떻겠습니까? 그러면 경찰간부 후보생들이 군 시설에서 훈련을 마치고 사관 후보생들과 나란히 졸업하게 됩니다. 이런 졸업식은 사상 최초일 겁니다." 2만 명 넘는 사람들이 이 역사적인 사건을 직접 목격하기 위해 그 자리를 찾았다. 그리고 변화의 기운을 확실하게 느꼈다.

블루오션
여정의 흐름

2009년 이후 말레이시아 정부는 100개 넘는 블루오션 움직임을 추진했다. 여기에는 재정, 교육, 농촌 개발, 농업, 도시 복지, 국방, 주택, 지방정부, 여성, 가정, 공동체 개발과 관련된 90개가 넘는 부서와 기관이 참여했다. 그들이 다뤄온 문제는 안보와 치안, 사회경제 개발에서 환경과 공공복지에까지 이른다. www.nbos.gov.my와 www.blueoceanshift.com/malaysia-nbos에서 이 블루오션 움직임의 자세한 내용을 확인할 수 있다. 지금까지 시민들 사이에 가장 커다란 반향을 일으킨 NBOS 과제는 도시와 농촌의 복지, 기업가정신, 청년들의 자원활동에 관련된 것들이었다. 이제 이 예들을 하나씩 간략히 살펴보자.

NBOS 회의는 2012년 6월 말레이시아의 주청사 소재지 중 한 곳인 말라카에 첫 번째 도시혁신센터Urban Transformation Center, UTC를 설치했다. 이후로 말레이시아 전역의 주요 도시에서 스무 개가 넘는 크고 작은 UTC가 문을 열었다. UTC는 한 지붕 아래에서 모든 정부 서비스를 제공하는 원스톱 사무소다. 주말에도 쉬지 않고, 매일 오전 8시 반에 문을 열고 오후 10시에 문을 닫는다. 이곳에서는 여권 갱신, 면허, 각종 인·허가, 기술교육 프로그램 등록, 건강 클리닉, 사회복지 프로그램, 각종 증명서 발급 등 **모든** 일을 처리한다. UTC가 인구 3,000만 명이 조금 넘는 말레이시아에서 큰 인기를 끌면서, 처음 몇 해 동안에 처리한 민원 업무만 해도 5,000만 건에 달했다. 사람들은 이곳에서 식료품을 구매할 수도 있고 헬스클럽 같은 오락시설을 사용할 수도 있으며 은행 업무를 볼 수도 있다. UTC는 이전까지 이용률이 낮았던 정부 건물을 활용하기 때문에 NBOS 회의가 이 제안을 승인하자마자 금방 실행에 옮겨졌다. 말라카에서는 첫 번째 UTC 건물이 불과 6주 만에 준비되었고, 그로부터 2주 후에 창구가 개설되었다. 정부 부처와 기관이 이제 더 이상 도시마다 사무소를 설치할 필요가 없어 UTC는 이후로 몇 년간 수십억 달러의 정부 예산을 절감할 수 있을 것이다. 국민들은 이제 더 이상 교통 혼잡에 시달리면서 여러 사무소를 방문할 필요가 없어 생활이 엄청나게 편리해졌다. 이 모델은 농촌 지역으로도 확대되었다. NBOS 회의는 200개 이상의 크고 작은 농촌개혁센터_{Rural Transformation Center}를 설치해 농촌 사람들에게 고소득을 위한 새로운 경제, 사회, 교육의 기회를 제공했다.

말레이시아 글로벌 혁신 · 창의성 센터_{Malaysian Global Innovation and Creativity Center, MaGIC}도 NBOS 회의가 낳은 또 하나의 산물이었다. MaGIC은 국내의 창업가를 지원하려는 목적에서 기업인, 금융기관, 특정 분야 전문가, 대학, 정부 공무원을 모아놓은 곳이다. 버락 오바마 당시 미국 대통령과 나집 라작_{Najib Razak} 말레이시아 수상에 의해 2014년 4월 MaGIC의 출범이 선언된 이후, 1만 5,000개 넘는 스타트업이 MaGIC의 지원을 받아 설립되었다. MaGIC은 말레이시아의 창업 생태계를 조정하고 사회 모든 분야의 사람들에게 블루오션 도구와 방법론을 교육해 이 생태계의 창의적 역량을 확충해 나간다. MaGIC 액셀러레이터 프로그램_{MaGIC Accelerator Program}은 동남아시아국가연합_{ASEAN}의 스타트업 커뮤니티를 만들어가고 있으며, 이미 동남아 최대의 규모가 되었다.

NBOS 회의가 '청년들을 위한 원말레이시아'_{1 Malaysia for Youth, iM4U}를 창설하기로 한 결정 역시 청년들의 자원활동에 대대적인 개혁을 일으키는 효과를 발휘했다. 2012년 시작된 이 과제는 청년들에게 자신감을 심고 국익을 위해 자신의 열정과 재능을 발휘하도록 함으로써 자원활동의 새로운 지평을 열었다. 회원 수가 300만 명에 달하는 iM4U는 동남아시아 최대의 청년 자원봉사활동 조직이 되었고 세계적으로도 규모가 가장 큰 조직에 속한다. 회원들은 자연재해 구호 활동을 지원하고, 보조교사로 활동하며, 빈민과 노인을 위한 자선활동을 하고, 지방과 지역의 공동체 활동을 수행하는 등 4,500개 이상의 국가적 · 국제적 프로젝트를 추진하고 있다. 이처럼 신선하고도 전례 없는 청년들의 활동은 지역 주민들에게 깊은 감명을 주었다. 청년들은 자신이 타인의 행복에 긍정적인 영향을 미칠 수 있다는 사실을 직접 체험했다. 이로써 정부는 예산을 절감했고, 청년들에게 자신감을 높이고 자신의 성취와 능력에 자부심을 갖도록 했다.

이러한 과제들은 사람들이 새로운 가치-비용의 경계를 열고자 협력하는 방식에서뿐만 아니라, 자신의 역할과 책임을 생각하고 이를 실천에 옮기는 방식에서 전환점이 되었다. 어느 NBOS 회의 석상에서 재무부 사무총장이 만면에 미소를 지으면서 이렇게 말했다. "저는 재무통입니다. 저는 UTC와 MaGIC 같은 과제를 지휘하면서 블루오션 방식으로 생각하고 행동하는 방법에 관해 많은 것을 배웠습니다. NBOS 팀원들과 저는 우리의 과제가 블루오션이어야 할 뿐만 아니라 우리의 생각도 변해야 한다는 것을 깨달았습니다. 저로서는 이것이 숫자에만 빠져드는 재무통을 뛰어넘어야 하는 것으로 이해합니다. 커다란 영향력을 발휘하면서 신속하게 저비용으로 국가 예산을 집행하려면 제가 블루오션 전략가가 될 필요가 있습니다."

NBOS 회의 중심의 국가혁신계획National Transformation Journey이 수상 주재로 출범한 2009년 이후, 말레이시아의 국민총소득GNI은 50퍼센트 가까이 증가했고, 200만 개 이상의 일자리가 창출되었다. 특히 신흥국과 개발도상국 정부를 비롯한 세계가 이를 주목하고 말레이시아 정부에 경험을 공유해줄 것을 요청했다. 말레이시아 지도자들은 이에 긍정적인 대답을 내놓고 2016년 8월 16일부터 18일까지 NBOS에 관한 국제회의를 개최했다.

쿠알라룸푸르 외곽에 위치한 말레이시아의 행정수도 푸트라자야에서 사흘간 열린 이 회의에는 45개 국가를 대표해 약 5,500명이 참석했다. 참석자 중에는 국가원수, 장관, 고위 공직자는 물론 유엔, 이슬람협력기구OIC, ASEAN, 영연방행정관리협회Commonwealth Association of Public Administration and Management 대표자들도 있었다.

정부 수석 사무총장이 NBOS 과제들의 개요를 설명하면서 회의 시작을 알렸다. 뒤이어 수상이 감동적인 기조연설을 했다. "우리가 옛 정책을 고수했더라면 말레이시아는 레드오션에서 헤엄치고 있었을 것입니다. 대신에 우리는 인식을 전환하여 지식, 창의성, 혁신, 즉 새로운 블루오션 기회를 바탕으로 하는 새로운 경제 모델을 창출해야 한다는 것을 알았습니다." 국가원수들로 구성된 패널에서는 태국 수상이 이어서 다음과 같이 말했다. "특히 경제가 불확실한 시기에는 국가가 경쟁에 기반을 둔 레드오션 전략으로 회귀하는 경향이 있습니다." 그러고서 그는 대표단을 향해 강조했다. "블루오션을 창출하기 위해 혁신에 매진할 것입니다."

개막 행사가 끝나고 회의는 다양한 세션으로 나뉘어 열렸다. NBOS 과제들이 국가 정책의 형성과 실행을 어떤 식으로 혁신했는가, 이러한 혁신이 관련된 사람들의 사고방식과 행동, 그들이 함께 일하는 방법, 국가의 사회와 경제 전망에 어떠한 영향을 미쳤는가에 대한 논의가 진행되었다. 내무장관 시절에 초기의 NBOS 과제를 주도한 적이 있는 말레이시아 국방장관은 자신의 생각을 이렇게 전했다. "NBOS

는 우리가 여러 정책들을 수시로 개편해야 하고, 항상 마음을 열고 서로 협력해야 한다는 사실을 일깨워줍니다." 어떠한 혁신 과제라도 처음 시작할 때가 가장 어렵다는 것을 생각하면 그의 말은 그의 기여만큼이나 울림이 상당히 컸다.

이번 회의에서는 NBOS 전시회도 기획되었다. 참석자들은 다양한 추진 과제들을 전시해놓은 부스를 방문해 이야기를 나눴다. 마지막 날에는 NBOS 과제가 어떻게 진행되었고 이것이 국민들의 삶에 어떠한 영향을 미쳤는지를 직접 체험할 수 있도록 참석자들을 위한 현지 방문 기회도 마련되었다. 게마스Gemas에 위치한 CRP 센터도 그중 하나였다. 방문자들은 재소자들이 새로운 소득 창출 기술을 배우는 모습을 보았고, 이들이 진정한 자부심을 가지고 자신의 작업과 실적에 관해 설명하는 것을 들었다.

말레이시아 부수상은 기조연설을 마치면서 이렇게 말했다. "혁신은 사람들이 새로운 방식으로 협력하고, 다르게 생각하고, 새로운 역할과 책임을 맡을 것을 요구합니다. 쉬운 일은 아니지만 보람 있는 일입니다. 우리는 NBOS 여정 전반에 걸쳐 국민을 위해 더 잘 봉사하고 그들에게 정말 중요한 것을 제공하기 위한 새로운 방법을 창출했습니다. NBOS는 국가 전체를 혁신하고 있습니다. 우리 앞에는 바로 블루오션이 있습니다."

현재 NBOS 회의에서는 참석자들이 과제를 '블루오셔닝'blue-oceaning 하고 그들의 작업을 '엔보싱'NBOSing 하는 것에 관해 자주 이야기한다. 말레이시아 수상은 최근 열린 NBOS 회의에 참석해 국가에 대한 자신의 비전을 발표하면서 이 작업의 중요성을 강조하며 이렇게 말했다.

"우리의 목표는 2050년까지 세계 20대 국가가 되는 것입니다. 이를 위해서는 우리의 블루오션 여정을 이어가야 합니다." 정부 수석 사무총장은 NBOS 활동을 활기차게 지휘하고 참가자들을 독려하며, 성과를 감독하고 결과를 알리는 데 한층 더 열심이다. 그는 최근에 공직자를 대상으로 하는 연설에서 이렇게 말했다. "물론 변화는 쉽지 않습니다. 그러나 우리가 NBOS를 통해 봤듯, 긍정적인 사고방식을 갖는다면 기적은 일어날 수 있습니다. NBOS는 국가를 혁신하기 위한 우리의 여정에서 중추적인 역할을 할 것입니다." 말레이시아는 새로운 자신감을 가지고 블루오션 시프트를 이어갈 것이다.

주석

제1장

1. NYOI 2009—Kickoff Year video, at 10:34, www.youtube.com/watch?v= 5DCaqw0dasU (accessed March 30, 2017).

2. 6년이라는 세월이 지난 2014년, ISIS가 이라크를 침공했다. 이라크는 ISIS의 침공으로 위험에 빠져들었고, NYOI는 더 이상 공연할 수가 없었다. 그러나 앞서 말했듯이, 전 세계의 위대한 음악가들이 그들이 창출한 블루오션을 계속해서 기념하면서, 그들이 전하는 희망의 메시지는 지금도 여전히 들을 수 있다.

3. 오프라 윈프리가 트위터에 액티프라이에 관하여 포스팅한 것은 정확하게 2013년 2월 15일 오후 1시 46분이었다. 그 내용을 그대로 옮겨 적으면 다음과 같다. "이 티팔(T-Fal) 액티프라이라는 기계는 내 인생을 바꾸어놓았어요. 제가 돈을 받고 이런 말을 하는 게 아니에요." 티팔은 미국에서 판매되는 그룹 세브의 액티프라이 브랜드를 말한다. 그룹 세브는 국가에 따라 티팔, 테팔(Tefal), 세브(SEB) 같은 서로 다른 브랜드로 액티프라이를 시장에 내놓는다. 이러한 이유 때문에 우리는 이 책에서 단순하게 액티프라이를 그룹 세브의 액티프라이로 표현했다.

4. 이것은 환경결정론 혹은 구조주의적 견해라고 일컬어진다. 이것의 이론적인 뿌리는 산업조직론 경제학자들에게서 나왔다. 그들이 주장하는 핵심은 구조-행위-성과 패러다임(structure-conduct-performance paradigm)으로 요약될 수 있다. 이러한 패러다임에서는 산업 구조가 조직의 행위 또는 전략을 결정하고, 이것이 성과에 영향을 미친다고 말한다. 베인(Bain, 1959)과 쉐러(Scherer, 1970)를 참조하라.

5. 전략에 관한 이러한 견해는 마이클 포터(Michael Porter)의 저서 《경쟁 전략》 (Competitive Strategy, 1980)에 잘 설명되어 있다.

6. 조직이 가치와 비용의 상충관계를 깨뜨림으로서 의식적으로 산업의 경계를 만들어가고 새로운 시장 공간을 창출할 수 있다는 것이 바로 우리가 시장 창출 전략에 관한 연구에서 주장하는 핵심이다. 우리의 다른 저작 중에서 김, 마보안(Kim and

Mauborgne, 1997a, 1999a, 2005, 2009, 2015a)을 참조하라.

7. 포터는 자신의 대표 논문 〈전략이란 무엇인가〉(What Is Strategy?, 1996)에서 운영상의 효율성과 전략을 구분하기 위하여 생산성 경계라는 개념을 소개하여 사용했다.

8. 포터(1980)를 참조하라.

9. 모방과 경쟁이 최고조에 달할 때는 이러한 점선이 결국 새로운 생산성 경계를 형성할 것이다.

10. 김, 마보안(1993, 1995, 1996, 1997a, 1998, 1999a, 2002b, 2004, 2005, 2009, 2015a)을 보라.

11. 이 추진 과제를 이끌었던 크리스티안 그룹은 안타깝게도 그룹 세브의 액티브라이가 출시되어 크게 성공하고 나서 세상을 떠났다.

12. Global Footprint Network, "World Footprint: Do We Fit on the Planet?" (accessed April 3, 2017)를 참조하라.

제2장

1. 창조적 파괴에 관한 최초의 논의에 대해서는 슘페터(Schumpeter, 1942)를 참조하라.

2. 같은 책.

3. 파괴의 개념에 관한 지적인 기원이 분명하지는 않지만, 리처드 포스터(Richard Foster)는 자신의 저서 《혁신: 공격자의 우위》(Innovation: The Attacker's Advantage, 1986)에서 그가 말하는 "기술적 불연속성(technological dis-continuities)"에 관하여 논의하고는, 이러한 현상은 혁신의 조류와 함께 가속화될 것으로 예상했다. 그는 이 책에 파괴라는 용어 자체를 사용하지는 않았지만, 그가 말하는 '기술적 불연속성'이라는 현상은 불연속적인 기술을 가지고 새로 등장한 경쟁자가 시장 선도자를 갑자기 추월하는 것에서 나타나는 파괴에 관한 것이다. 그의 연구 결과는 창조적 파괴에 관한 슘페터의 직관과 맥을 같이 한다.

4. 클레이튼 크리스텐슨(Clayton M. Christensen)은 파괴적 기술과 혁신에 관한 자신의 대표 저서에서 파괴라는 용어에 대한 관심을 더욱 증폭시켰다. 그의 저서를 참조하라. 《혁신기업의 딜레마》(The Innovator's Dilemma: When New Technologies Cause Great Firms to Fail, 1997)

5. 같은 책.

6. 새로운 시장 창출이라는 맥락에서 보면, 파괴적 창출이라는 용어는 대체라는 개념을 잘 포착한다. 우월한 기술로써 갑자기 파괴적으로 시작되든, 열등한 기술로써 천천히 시간을 두고 점진적으로 진행되든 관계없이 말이다. 따라서 우리는 대체를 통하여 새로운 시장을 창출하는 과정이 부분적으로가 아니라 완전히 설명될 수 있도록, 대체에 관한 이 두 가지 형태를 모두 포괄하는 것으로서 파괴적 창출이라는 용어를 사용한다.

7. 우리의 저서 《블루오션 전략》(2005, 2015a 확장판)에서는 새로운 시장공간인 블루오션은 기존 산업의 경계 내에서 그리고 이러한 경계 밖에서 모두 창출된다는 것을 보여주었다. 우리는 기존 산업의 경계 내에서 새로운 시장 공간이라는 블루오션이 창출되는 경우에 비해서 기존 산업의 경계를 넘어서 창출되는 경우에서는 기존의 참여자와 시장을 파괴하지 않고도 완전히 새로운 수요와 성장이 만들어지는 것을 보았다.

8. 바이데(Bhidé, 2004, 2008)와 허바드(Hubbard, 2007)는 같은 맥락에서 슘페터의 경제 성장에 관한 창조적 파괴의 개념은 혁신의 중요한 형태를 놓치고 있음을 지적하고, 그들이 '비파괴적 창조'(nondestructive creation)라고 부르는 것의 중요성을 역설했다. 그들은 비파괴적 창조와 기업가정신은 경제 성장에 중요하다고 설명했다. 그들이 제시한 비파괴적 창조라는 개념은 파괴적 혁신을 명시적으로 고려하지 않는 상태에서 창조적 파괴 개념과 대비하여 논한 것이고 혁신과 성장의 과정에서 기업가와 기술의 역할에 중점을 둔 것이지만, 혁신의 중요한 한 가지 형태로서 그들의 비파괴적 창조라는 개념은 통찰력이 있고, 시장 창출 전략에 관한 우리의 연구 결과와도 부합된다.

9. 기업가정신에 대한 일반적인 연구물에서와는 달리 여기서 정의하는 비파괴적 창출 행위는 기업가적 재능과는 무관하게 체계적인 과정을 통하여 누구든 실행할 수 있는 성질의 것이다. 이러한 차이와는 상관없이 바이데(2008)는 미국 경제에서 성장과 혁신을 설명하는 데 비파괴적 창조의 중요성에 관해 예리한 통찰을 제공했다.

10. 프라할라드(C. K. Prahalad, 2006)는 '소득 피라미드의 최하층'(Bottom of the Pyramid) 개념을 제시했다. 여기서 당신은 소득 피라미드의 최하층이 왜 조직에 해결해야 할 새로운 문제뿐만 아니라 방대하고도 새로운 기회를 제공하는지를 더 잘 이해할 수 있을 것이다.

11. 가치 혁신이 왜 가치 창출과 구분되는 개념인지, 가치 혁신과 기술 혁신의 차이는 무엇인지에 대해서 더 알고 싶다면 김, 마보안(1999b, 2005, 2015a)을 참조하라.

12. 예를 들어 텔리스와 골더(Tellis and Golder, 2002)를 보라.

13. 김, 마보안(1999b, 2005, 2015a, 2015b)을 보라.

14. 하일만(Heilemann, 2001)을 보라.

15. 우리의 퀴즈, '당신은 진정한 블루오션에 있는가, 피로 얼룩진 레드오션에 있는 가?'는 www.blueoceanshift.com/truebluequiz.에서 무료로 다운로드받을 수 있다.

16. 예로 들어 김, 마보안(2005)과 리스(Ries, 2011)를 보라.

제3장

1. 산업조직론에서는 구조-행위-성과 패러다임을 제시한다. 이에 따르면 시장 구조에서 행위(전략)와 성과에는 인과관계의 흐름이 있다는 것이다. 이러한 예로는 베인(1959)과 쉐러(1970)를 참조하라. 이 구조주의자들의 전략관에 따르면, 경영자들은 산업과 경쟁에 대한 분석으로 시작하여 기존 산업 공간에서 특유의 전략적 포지셔닝을 취한다. 이렇게 함으로써 경쟁우위를 확보하여 경쟁자를 능가할 수 있다. 여기에 내재된 논리는 기업의 전략 선택이 시장 환경에 따라 제한된다는 것이다. 다시 말해, 구조가 전략을 형성한다. 이에 관해서는 포터(1980)를 참조하라.

2. 산업의 경계가 고정되어 있지 않고, 개별 기업이 의식적으로 노력함으로써 산업을 창출하고 재창출할 수 있다는 것이 우리의 오랜 주장에 담긴 핵심이다. 예를 들어 김, 마보안(1997a, 1999a, 2005, 2009, 2015a)을 참조하라.

3. Steve Jobs at NeXT Computer, Redwood City, California, 1995, https://www.youtube.com/watch?v=kYfNvmF0Bqw (accessed April 3, 2017).

4. 우리는 《하버드 비즈니스리뷰》에 기고한 논문, 〈가치 혁신: 고성장의 전략 논리〉(Value Innovation: The Strategic Logic of High Growth, 1997a)에서 경쟁의 덫 trap of competing이라는 개념을 처음으로 소개했다. 그 후로 우리의 연구는 경쟁에서 승리하고 경쟁 우위를 확보하는 데 집중하면 많은 경우 혁신적이지 못하고 모방적으로 시장에 접근하게 된다고 일관적으로 주장해왔다. 김, 마보안(1997b, 2003b)에서는 이러한 주장의 핵심을 잘 요약해놓았다.

5. 김, 마보안(1997a, 1997b, 2005, 2015a)을 참고하라.

6. 시장을 창출하고 재창출하는 방법에 관하여 예리한 통찰을 제공할 뿐만 아니라 새로운 성장을 창출하기 위한 수단으로서 비고객의 중요성은 우리의 연구가 일관적으로 찾아낸 결과였다. 이에 대해서는 김, 마보안(1997a, 2005, 2015a, 2015b)을 참조하라.

7. 김, 마보안(2015b)을 보라.

8. 김, 마보안(1997a, 2004, 2005, 2015a, 2015b)과 힐(Hill, 1988)을 보라.

제4장

1. 우리는 세분화의 개념을 우리의 논문 〈Tipping Point Leadership〉(2003a)에서 처음 소개했다. 우리는 후속 연구에서 세분화가 블루오션 시프트 추진처럼 중대한 과제를 사람들이 실현 가능한 단위로 나누어 사람들에게 행동하도록 동기를 부여하는 데 대단히 긍정적인 효과가 있음을 보여주었다. 이는 김, 마보안(2005, 2015a)을 참조하라.

2. 우리의 연구는 직접적인 발견, 즉 직접 눈으로 확인하는 생생한 시장조사가 중요함을 일관되게 주장한다. 이는 김, 마보안(2002a, 2002b, 2005, 2015a)을 참조하라.

3. 공정한 절차에 관한 우리의 연구는 공정한 절차의 이행이 전략경영에서 중요한 역할을 하는 것을 보여주었다. 공정한 절차 모델은 어떻게 인간의 신뢰, 헌신, 자발적인 협력을 형성하는가를 보여준다. 이는 김, 마보안(1991, 1993, 1995, 1996, 1997c, 1998)을 참조하라.

4. 경영자를 위한 공정한 절차 요약본으로는 김, 마보안(1997c)이 있다.

5. 김, 마보안(1988)에서 우리는 지적, 정서적 인정에 관한 이론을 개발했다. 우리는 이 연구에서 참여, 설명, 명확한 기대를 통한 공정한 절차가 창출하는 인간의 지적, 정서적 가치에 대한 존중이, 신뢰, 헌신, 자발적 협력을 유발하는 인간 정신의 핵심적인 부분에 위치한 무언가를 촉발시킨다는 것을 알게 되었다. 이것은 우리가 한층 더 노력하게 만든다. 이 이론은 공정한 절차를 통하여 사람들은 지적으로나 정서적으로 가치를 인정받고 있다는 느낌을 갖고, 이에 반응하여 이러한 인정을 조직과 동료에게 되돌려주는 것으로 본다.

감사의 글

우리는 이 책을 저술하는 과정에서 많은 도움을 받았다. 우리가 몸담고 있는 인시아드INSEAD는 더 없이 훌륭한 연구 여건을 제공해주었다. 우리는 인시아드 특유의 이론과 실천의 만남뿐만 아니라 세계 각지에서 온 교수진과 학생 그리고 경영자 교육 과정 이수자로부터 정말 많은 혜택을 입었다. 일리언 미호프Ilian Mihov 학장과 피터 젬스키Peter Zemsky 부학장은 지속적인 격려와 제도적인 지원을 해주었다. 또 우리는 인시아드 블루오션 전략 연구원 설립에 애써준 프랑크 브라운Frank Brown 전 학장에게도 감사의 말을 전하고자 한다.

우리는 인시아드 경영자 교육처장을 역임하고 현재 코넬 SC존슨 경영대학 학장으로 재직 중인 수미트라 두타Sumitra Dutta를 포함한 처장들의 지원에 힘입어 세계 전역에서 온 인시아드 경영자 교육과정생들과 MBA 학생들을 위한 다양한 블루오션 프로그램을 개설할 수 있었다. 이 자리를 빌려 블루오션 스터디 그룹에 참여하고 블루오션 시뮬레이션 코스, 블루오션 이론 코스를 수강한 모든 인시아드 MBA 학생들과 블루오션 전략 자율수강 프로그램, 기업 대상 블루오션 전략 프로그램에 참여했던 전 세계의 모든 경영자에게도 특별한 감사의 말을 전한다. 그들이 던진 흥미로운 질문과 사려 깊은 피드백 덕에 우리 아이디어는 명료해졌고 강화되었다. 우리는 우리 연구에 재정적인 지원을 제공하고 지금까지 20년 넘도록 훌륭하고도 오랜 파트너로 남아 있는 보스턴컨설팅그룹BCG에도 감사의 말을 전한다.

우리는 인시아드 MBA, EMBA, 경영자 교육 프로그램에서 블루오션 코스를 가르쳤던 인시아드 교수들에게도 감사의 말을 전하고자 한다. 그중에서도 특히 앤드루 시필로프Andrew Shipilov, 파레스 불로스Fares Boulos, 피터 젬스키, 구올리 첸Guoli Chen, 젠스 마이어Jens Meyer, 하비에르 지메노Javier Gimeno, 닐 존스Neil Jones, 미 지Mi Ji, 제임스 코스탄티니James Costantini, 벤 벤사오우Ben Bensaou, 마이클 실Michael Shiel, 나라얀 판트Narayan Pant, 로익 새덜릿Loic Sadoulet, 매슈 리Matthew Lee, 로런 매시스Lauren Mathys, 조지 이펜George Eapen 교수에게 감사의 말을 전한다. 이들은 우리의 생각을 자극하는 가치 있는 피드백과 다양한 의견을 제시했을 뿐만 아니라, 더욱 중요하게는 우리의 소중한 친구가 되었다. 이 모든 것이 감사할 따름이다.

우리의 연구를 위한 여정 중에 많은 사람이 여러 순간에 지원을 해주었고, 우리는 이들 모두에게 감사의 뜻을 표한다. 그러나 특히 우리가 감사의 말을 전해야 할 두 사람이 있다. 바로 개빈 프레이저Gavin Fraser와 마크 보부아-콜라돈Marc Beauvois-Coladon이다. 프레이저와 보부아-콜라돈은 오랫동안 피드백을 제공하여 때로는 우리 아이디어가 저작으로 발간되기도 전에 실행되도록 해주었다. 우리가 이 책에서 논의한 블루오션 시프트 중 두 가지가 그들이 우리의 아이디어를 효과적으로 적용하여 실행에 옮긴 데서 나온 직접적인 결과물이라는 사실을 무척 기쁘고도 자랑스럽게 생각한다. 우리는 그들의 지원과 통찰, 그들의 연구가 가진 진실성, 중요하게는 그들의 우정에 감사의 말을 전한다. 또 말레이시아 블루오션 전략 연구원MBOSI 박재원 원장, 블루오션 전략 이니셔티브센터Blue Ocean Strategy Initiative Center를 잘 이끌었던 존 라이커John Riker, 블루오션 전문가 제이슨 헌터Jason Hunter와 랠프 트롬베타Ralph Trombetta에게도 감사의 뜻을 표한다. 이들이 우리의 아이디어를 실행에 옮겼던 경험은 이 책을 구성하는 데 크게 기여했다. 조장래, 고우리시안카르 순다라라잔Gowrishankar Sundararajan, 리사 카르세Lisa Carse, 팀 폴코스키Tim Polkowski, 패멀라 레옹Pamela Leong, 크레이그 윌키Craig Wilkie, 줄리 리Julie Lee, 팔라브 자Pallav Jha를 포함한 MBOSI의 국장, 위원, 팀원들의 헌신적인 노력은 우리가 이 책 에필로그에서 다룬 국가 블루오션 시프트의 근간이 되었다.

MBOSI 블루오션 오피서offier 카시아 두다Kasia Duda와 그녀와 함께 일하는 팀원들에게도 열렬한 지원과 헌신에 특별한 감사의 말을 전한다. 특히 팀장 두다에게는 결코 가라앉지 않는 배의 위대한 선장 역할을 충실히 한 것에 진지한 감사의 뜻을 표한다.

또 블루오션 글로벌네트워크의 CEO이자 MBOSI의 수석 고문이기도 한 로버트 봉Robert Bong과 그와 함께 일하는 친 친 림Chin Chin Lim, 세레나 조지Serena George, 간 카 리앙Gan Kah Liang에게도 특히 감사의 뜻을 전한다. 블루오션 글로벌네트워크 직원들과 블루오션 전략을 몸소 실행에 옮기고 있는 (특히 이 자리에서 언급하기 어려운) 세계 각국의 멤버들에게도 감사의 뜻을 표한다.

　인시아드 블루오션 전략 연구원IBOSI의 뛰어난 전·현직 연구원들에게도 따뜻한 감사의 말을 전한다. 특히 미 지, 구오영, 마이클 올레닉Michael Olenick, 멜러니 피피노Melanie Pipino, 카트리나 링Katrina Ling, 이지은에게 감사한다. 현재 블루오션 개념은 생각을 자극하는 사례와 직접적이고도 독창적인 이론에 근거한 비디오로 전 세계 100여 개 국가에서 활용되고 있다. 우리는 IBOSI의 간사 킴 윌킨슨Kim Wilkinson에게도 감사의 뜻을 전한다. 지금까지 특별히 언급한 연구원들 외에도 주나이라 무니르Zunaira Munir, 앨리슨 라이트Allison Light, 아마라 바이스Amara Buyse에게도 특별히 감사의 마음을 전한다.

　우리의 첫 번째 저작《블루오션 전략》발간 후 10년이 넘는 세월 동안 기업 경영자, 공직자, 창업가, 자영업자, 심지어 고등학교 학생들과 종교기관 관계자들이 블루오션 시프트를 추진하기 위하여 우리의 아이디어와 시장 창출을 위한 도구와 프레임워크를 실행에 옮겼다. 이 모든 이들(이들 중 일부는 이 책에서 소개했다)에게 마음으로부터 감사의 뜻을 표한다. 이들은 우리에게 영감을 주었고, 우리의 사고를 명료하게 했고, 이 책에서 우리의 아이디어를 구체화했다.

　말레이시아 정부는 국가블루오션전략NBOS 과제로써 블루오션 시프트의 개념과 도구를 적용하여 국가 개혁에 적용해왔다. 국가를 위하여 블루오션을 창출하려는 비전과 감동적인 리더십을 발휘한 말레이시아 나집 라작 수상, 압둘라 바다위Abdullah Badawi 전 수상에게 깊은 감사의 마음을 전한다. 자힛 하미디Zahid Hamidi 부수상, 히사무딘 후세인Hishammuddin Hussein국방 및 특임장관을 비롯하여 NBOS에서 부처 간

협력을 진두지휘하는 모든 장관에게도 깊은 감사의 마음을 전한다.

또 알리 함사_{Ali Hamsa} 말레이시아 정부 수석 사무총장, 시덱 하산_{Sidek Hassan} 전임 정부 수석 사무총장 겸 말레이시아 국영 석유회사 페트로나스_{Petronas} 회장에게도 말레이시아 정부의 NBOS 설립과 발전에 기여한 혁혁한 공헌에 감사의 마음을 전한다. 이르완 세리가르_{Irwan Serigar} 재무부 사무총장, 와힛 오마르_{Wahid Omar} 말레이시아 정부 국가펀드_{PNB} 회장, 무하마드 이브라힘_{Muhammad Ibrahim} 말레이시아 중앙은행 총재, 자이날 라힘_{Zainal Rahim} 행정처장, 자비디 자이날_{Zabidi Zainal} 아그로 은행 은행장(전 행정처장), 카리드 아부 바카르_{Khalid Abu Bakar} 경찰청장, 라자 모하멧 아판디_{Raja Mohamed Affandi} 삼군총사령관, 줄키펠리 진_{Zulkifeli Zin} 전 삼군총사령관, 줄키플리 아리핀_{Zulkiflee Ariffin} 페트로나스 CEO, 줄키플리 오마르_{Zulkifli Omar} 교도소 치안총감, 아미누딘 하심_{Aminuddin Hassim} 국가전략국 국장을 포함하여 말레이시아 정부 기관의 모든 사무총장과 기관장, 군경 지도부도 NBOS에 중요한 역할을 했던 사람들이다.

다양한 NBOS 과제를 통하여 직간접적으로 말레이시아에서 블루오션 창출에 기여한 수많은 말레이시아 국민에게 고마움을 표시하지 못하는 것을 안타깝게 생각한다. 우리는 수많은 공직자, 교사, 학생, 군인, 경찰관, 전문가, 사업가, 창업가, 젊은이, 퇴직자, 가정주부, 심지어 교도소 수감자, 그밖에도 자신의 시간, 에너지, 열정을 쏟아 부은 많은 참여자와 자원봉사자에게도 깊은 감사의 마음을 전한다. 여기서 이름을 언급해야 할 사람들이 너무나도 많지만, 사회 각계각층에서 NBOS 과제를 통하여 말레이시아의 국가 혁신을 지원하고 중요한 역할을 해온 시민들의 노력을 직접 목격한 것은 정말 감동적인 일이었다.

또한 우리는 오바마 대통령의 흑인계 대학HBCUs 백악관 자문위원회 위원들에게도 감사의 마음을 전한다. 그들과 함께 일한 것은 우리의 블루오션 이론을 비영리 부문에도 적용하고 확장하는 새로운 자극이 되었다.

우리는 이 책을 쓰면서 많은 사람에게서 도움이 될 만한 의견을 들었다. 특히 통찰력 깊은 제안을 해준 낸 스톤Nan Stone에게 감사의 뜻을 표한다. 20년 넘는 세월 동안 우리의 소중한 친구이기도 한 스톤은 《하버드 비즈니스 리뷰》편집장으로 일하면서 우리 연구의 단초가 된 우리의 HBR 논문들을 살펴보았다. 또 소중한 의견과 피드백을 아끼지 않은 앤드리아 오반스Andrea Ovans에게도 감사의 뜻을 표한다.

마지막으로 아셰트북스 출판사 관계자들에게도 감사의 마음을 전한다. 특히 마우로 디프레타Mauro DiPreta, 미셸 아이엘리Michelle Aielli, 벳시 헐시보시Betsy Hulsebosch는 처음부터 이번 아이디어에 믿음을 가지고 열렬한 지지자가 되어서 격려와 고무적인 아이디어를 전해주었고, 우리가 탈고할 때까지의 지난한 과정을 잘 참아주었다. 조애나 핀스커Joanna Pinsker와 데이비드 램David Lamb의 헌신적인 노력에도 감사의 뜻을 표한다. 또 이 책이 발간되기까지 지원과 헌신을 아끼지 않은 아셰트북스 마이클 피치Michael Pietsch 사장에게도 감사의 뜻을 전한다. 모든 분들께 감사 드린다.

참고문헌

Bain, Joe S., ed. 1959. *Industrial Organization*. New York: Wiley.

Bhidé, Amar. 2004. "Entrepreneurs in the 21st Century—Non-destructive Creation: How Entrepreneurship Sustains Development." Lecture at the Royal Society of Arts, London, November 17.

———. 2008. *The Venturesome Economy: How Innovation Sustains Prosperity in a More Connected World*. Princeton, NJ: Princeton University Press.

Christensen, Clayton M. 1997. *The Innovator's Dilemma: When New Technologies Cause Great Firms to Fail*. Boston: Harvard Business School Press.

Foster, Richard, 1986. *Innovation: The Attacker's Advantage*. New York: Summit Books.

Global Footprint Network. "World Footprint: Do We Fit on the Planet?" http://old. footprintnetwork.org/en/index.php/GFN/page/world_footprint/(Accessed April 3, 2017).

Heilemann, John. 2001. "Reinventing the Wheel." *Time*, December 2, 76.

Hill, Charles W. L. 1988. "Differentiation versus Low Cost or Differentiation and Low Cost." *Academy of Management Review* 13, July, 401 – 412.

Hubbard, Glenn. 2007. "Nondestructive Creation." *Strategy + Business* 27, Summer, 30 – 35.

Kim, W. Chan, and Renée Mauborgne. 1991. "Implementing Global Strategies: The Role of Procedural Justice." *Strategic Management Journal* 12, 125 – 143.

———. 1993. "Procedural Justice, Attitudes, and Subsidiary Top Management Compliance with Multinationals' Corporate Strategic Decisions." *Academy of Management Journal* 36, no. 3, 502 – 526.

———. 1995. "A Procedural Justice Model of Strategic Decision Making." *Organization Science* 6, February, 44 – 61.

———. 1996. "Procedural Justice and Managers' In-role and Extra-role Behavior."

Management Science 42, April, 499−515.

————. 1997a. "Value Innovation: The Strategic Logic of High Growth." *Harvard Business Review* 75, January−February, 102−112.

————. 1997b. "When 'Competitive Advantage' Is Neither." *Wall Street Journal*, April 21.

————. 1997c. "Fair Process: Managing in the Knowledge Economy." *Harvard Business Review* 75, July−August, 65−76.

————. 1998. "Procedural Justice, Strategic Decision Making, and the Knowledge Economy." *Strategic Management Journal*, Editor's Choice, 323−338.

————. 1999a. "Creating New Market Space." *Harvard Business Review* 77, January−February, 83−93.

————. 1999b. "Strategy, Value Innovation, and the Knowledge Economy." *Sloan Management Review* 40, no. 3, Spring, 41−54.

————. 2002a "Why Seeing Is Succeeding," Inside Track, Viewpoint, *Financial Times*, April 15.

————. 2002b. "Charting Your Company's Future." *Harvard Business Review* 80, June 2002, 76−85.

————. 2003a. "Tipping Point Leadership." *Harvard Business Review* 81, April, 60−69.

————. 2003b. "Think for Yourself—Stop Copying a Rival." FT Summer School, *Financial Times*, August 11.

————. 2004. "Blue Ocean Strategy." Harvard Business Review 82, October, 75−84.

————. 2005. Blue Ocean Strategy: How to Create Uncontested Market Space and Make the Competition Irrelevant. Boston: Harvard Business School Publishing.

————. 2009. "How Strategy Shapes Structure." *Harvard Business Review* 87, September, 72−80.

————. 2015a. *Blue Ocean Strategy, Expanded Edition: How to Create Uncontested Market Space and Make the Competition Irrelevant*. Boston: Harvard Business Review Press.

————. 2015b. "Red Ocean Traps: Mental Models That Undermine MarketCreating

Strategies." *Harvard Business Review* 93, March, 68 – 73.

North American Industry Classification System: United States 1997. 2002, 2017. Lanham, VA: Bernan Press.

NYOI 2009—Kickoff Year video, at 10:34. www.youtube.com/watch?v=5D Caqw0dasU (Accessed March 30, 2017).

Porter, Michael. E. 1980. *Competitive Strategy*. New York: Free Press.

———. 1996. "What Is Strategy?" *Harvard Business Review* 74, November – December, 61 – 78.

Prahalad, C. K. 2006. *The Fortune at the Bottom of the Pyramid*. Upper Saddle River, NJ: Wharton School Publishing.

Ries, Eric. 2011. The Lean Startup. New York: Crown Business.

Scherer, F. M. 1970. *Industrial Market Structure and Economic Performance*. Chicago: Rand McNally.

Schumpeter, Joseph A. 1942. *Capitalism, Socialism and Democracy*. New York: Harper & Brothers.

Tellis, G., and P. Golder. 2002. *Will and Vision*. New York: McGraw – Hill.

ㅇ

저자 소개

김위찬 교수와 르네 마보안 교수는 세계 최고의 경영대학원 위치를 굳건히 지키고 있는 인사이드에서 전략을 가르치고 있으며, 프랑스 퐁텐블로에 위치한 인시아드 블루오션 전략 연구원의 공동 원장으로 재직하고 있다. 그들은 세계경제포럼WEF의 특별회원이자 MBA 랭킹스가 발표하는 2013년 세계 최고의 경영대학원 교수 5인에 포함되었다. 유럽연합EU 자문위원이기도 한 김위찬 교수는 여러 국가에 자문을 제공하고 있다. 마보안 교수는 버락 오바마 대통령의 재임 기간 동안 흑인계 대학HBCUs 자문위원회 위원으로도 일했다. 그들은 전 세계의 정부와 기업을 상대로 자문과 조언을 제공해왔고, 《하버드 비즈니스 리뷰》, 《경영 아카데미 저널》Academy of Management Journal, 《경영 과학》Management Science, 《조직 과학》Organization Science, 《전략 경영 저널》Strategic Management Journal, 《계간 관리 과학》 Administrative Science Quarterly, 《국제비즈니스 연구 저널》Journal of International Business Studies, 《MIT 슬로안 경영 리뷰》MIT Sloan Management Review, 〈월스트리트저널〉, 〈뉴욕타임스〉, 〈파이낸셜 타임스〉 등에 수많은 논문과 기사를 발표했다.

그들은 《블루오션 전략: 경쟁 없는 시장 공간을 창조해 경쟁을 무의미하게 만드는 법》의 저자이기도 하다. 《블루오션 전략》은, 전 세계적으로 400만 부 이상 판매되었으며, 이 책은 지금까지 발간된 가장 대표적이고도 영향력이 있는 전략 도서 중의 하나로 알려져 있다. 이 책은 5개 대륙에서 베스트셀러에 올랐으며 44개 국가 언어로 발간되었다. 《블루오션 전략》은 프랑크푸르트 도서전

'2005년 최고의 경제경영서 상'을 비롯해 여러 상을 수상했으며, 아마존닷컴에서 '2005년 최고의 경제경영서 10권'에 선정되었다. 또 이 책은 애덤 스미스의 《국부론》, 밀턴 프리드먼.로즈 프리드먼의 《선택할 자유》와 더불어 중국 역사에서(1949~2009) 가장 영향력이 있는 책 40권 중 하나로도 선정되었다.

김위찬 교수와 르네 마보안 교수는 세계 50대 사상가 중에서 세계 3대 경영 구루로 손꼽히며, 마보안 교수는 지금까지 여성으로서는 가장 높은 순위에 올라 있다. 또 이들은 세계 컨설팅 산업에 미친 영향력을 인정받아 경영컨설팅기업협회로부터 '칼 S. 슬로언 상'을 수상했고, 2011년 《패스트컴퍼니》의 리더십 명예의 전당에 올랐다. '노벨스 컬로퀴아 상'Nobels Colloquia Prize의 경영·경제사상 리더십 부문 상과 국제경영학회가 국제경영학 분야 최우수 논문을 발표한 연구자에게 수여하는 '엘드리지 헤인즈 상'Eldridge Haynes Prize을 포함하여 학문과 경영에 관한 업적으로 세계 전역에서 수많은 상을 받았다. 2009년 '프릭스 DCF 상'Prix des Dirigeants Commerciaux de France 기업전략론 부문을 수상했다. 프랑스의 《렉스팡시옹》L'Expansion은 김위찬 교수와 르네 마보안 교수를 '미래를 이끌어갈 최고의 경영 구루'라고 칭했다. 영국 〈선데이타임스〉는 그들을 '유럽에서 가장 뛰어난 경영사상가 2인'이라고 불렀다. 〈옵저버〉는 두 사람을 '비즈니스 세계에 큰 영향을 미칠 위대한 경영 구루'라고 표현했다. 이들은 '2015-2016 세계 10대 베스트셀링 케이스 작가', 2014년 '최고의 베스트셀링 케이스 40', 2009년 '최고 종합적 케이스', 2008년 '전략 분야 베스트 케이스' 등 여러 개의 케이스센터Case Centre 상을 받았다.

이들은 함께 개발한 블루오션 개념의 실행을 위한 글로벌 커뮤니티인 블루오션 글로벌네트워크BOGN를 공동 설립했다. BOGN에는 학자, 컨설턴트, 기업 임원, 정부 관리자 등 다양한 구성원들이 참여하고 있다. 저자들과 BOGN에 관하여 더 많이 알고 싶다면, www.blueoceanshift.com를 방문하기 바란다.

특별부록

한국의 블루오션 시프트 사례

한국블루오션연구회 집필

한국어판에는 블루오션 시프트에 대한 한국 독자들의 이해를 돕기 위해 한국 조직의 사례를 특별부록으로 별첨한다. 다섯 사례가 소개되는데, 본 사례들은 한국블루오션연구회 연구원들이 작성한 것으로 김위찬·르네마보안 교수와는 무관하게 각 사례의 저자들에 의해 작성된 것임을 미리 밝혀둔다.

삼성전자를 제외하고는 실제로 블루오션 시프트를 사전적인 의미에서 체계적으로 계획하여 적용한 것은 아니지만, 이러한 사례들에서 확인할 수 있는 것은 한국에도 이미 블루오션 시프트적인 사고방식을 통해 적지 않은 성공 사례들이 등장했다는 점이다. 본 책에서 일관되게 주장하는 바와 같이 블루오션 시프트는 특정 개인이나 조직의 전유물이 아니다. 경쟁의 좁은 관점에서 벗어나 본질적인 가치 창출의 관점을 가지고 체계적인 접근 방법과 과정상의 인간다움을 추구한다면 앞으로 훨씬 더 많은 한국 조직의 성공 사례가 탄생할 것으로 확신한다.

_ 김동재 교수

특별부록 집필진_ 한국블루오션연구회(가나다순)
www. blueoceankorea.co.kr

구오영(인시아드 블루오션 전략 연구원 선임연구원)
김동재(연세대학교 국제학대학원 교수)
김동준(innoCatalyst 대표)
김봉진(이화여자대학교 경영학부 교수)
김한얼(가천대학교 경영대학 교수)
박경민(연세대학교 경영대학 교수)
배종훈(서울대학교 경영대학 교수)
이상명(한양대학교 경영대학 교수)

▌삼성전자, TV를 재정의하다

삼성전자 보르도 TV는 블루오션 전략을 실제로 활용하여 성공한 사례로서, 전략의 수립부터 실행에 이르기까지 어떻게 블루오션적으로 생각하고 풀어갈 수 있는지 잘 보여준다. 블루오션 시프트를 제대로 실천하고 싶은 조직에게 영감을 줄 수 있다.

삼성전자 TV는 2006년 3/4분기를 시작으로 10년이 넘은 2017년 말까지 단 한 분기도 글로벌 1위 자리를 내준 적이 없다. 실제로 삼성전자 보르도 TV는 블루오션 전략을 활용해 상품을 기획했다.[1] 삼성전자 TV 사업부가 어떻게 10년 연속 글로벌 넘버원의 역사를 열었는지 블루오션 시프트의 관점을 가지고 풀어서 설명해보기로 한다.

제1단계: 시작한다

2005년, 프로젝션 TV 시장의 성장세가 꺾이면서 삼성전자도 위기에 봉착했다. 반면 소니는 가전의 명성을 되찾겠다며 브라비아Bravia라는 새 브랜드의 디지털 TV를 연말에 출시한다고 선언했다. 당시 TV 시장은 디지털 TV가 곧 대세가 되겠지만, 그것이 언제부터인지는 누구도 장담할 수 없었다. 2004년 기준으로 전체 TV 중 CRT TV 비중은 여전히 88.8퍼센트에 달했다. 디지털 TV 기술인 LCD와 PDP 중 어느 쪽이 우세한지 판단이 어려워 전략적 방향성조차 결정하지 못하는 상태였다. 아직 규모의 경제에 이르지 못한 디지털 TV 업체들은 원가도 비싸고 판매가도 비싸다는 문제도 해결하지 못했다.

이러한 상황에서 삼성전자 TV사업부는 밀리언셀러를 목표로 하는 대담한 프로젝트를 기획한다. 보르도 TV를 기획한 시점은 2005년, 본격적인 전략 수립을 위해 팀이 출범한 것은 2005년 6월 말이었다. 이것이 얼마나 대담해 보이는 목표인지는 당시의 여러 지표를 보면 알 수 있다. 당시 가장 많이 판매된 삼성전자 LCD TV('로마 프로젝트')의 판매량이 60만 대 정도였다. 삼성전자 평판 TV 판매량을 다 합쳐도 100만 대에 못 미쳤다. 100만 대면 2004년 전 세계 디지털 TV 총 판매량의 6.7퍼센트[2]에 이르는 수치였다. 그해 삼성전자 TV의 시장점유율은 매출 기준 4.6퍼센트[3], 디지털 TV 전체 중 6.5퍼센트[4]였다. 판매 대수 100만 대라는 목표에 더해 6개월 이내에 손익분기점을 달성하겠다는 목표도 함께였다.

그러나 개척자적인 자세로 프리미엄 LCD TV에 도전한 보르도 TV는 2006년 4월 출시 후 9개월 동안 약 250만 대를 판매한 빅히트 제품이 된다. 2006년 전 세계 디지털 TV 판매량의 3.9퍼센트, 전 세계 LCD TV 판매량의 4.6퍼센트에 해당한다.[5] LG전자를 비롯해 소니, 파나소닉, 샤프 등 일본의 가전 명가와 필립스 같은 서양 강자의 틈바구니에서 보르도 TV 단일 모델로 기적 같은 결과를 이끌어냈다. 결과적으로 삼성전자 TV사업부는 블루오션 추진 과제에 적합한 전략적 공간을 선택한 것이다.

적절한 팀 구축하기[6]

보르도 TV 프로젝트는 당시 삼성전자가 전사적으로 추진한 10여 개
의 혁신 과제 중 하나로 선정되어 전사 조직인 글로벌마케팅 팀Global
Marketing Operation(이하 'GMO') 및 가치혁신 프로그램 센터Value Innovation
Program Center(이하 'VIP센터')와 협업하게 된다. GMO는 마케팅 관련 업
무를 총괄하는 부서로 'MDC 전략상품'[7]이라는 시범 과제를 각 사업
부별로 한 개씩 운영하도록 주관하는 부서였고, VIP센터는 상품전략,
상품기획, 마케팅, 디자인, 기구, 회로, 소프트웨어 등 각 부문 전문가
가 모여 CFTCross-Functional Team 기반의 혁신을 주관하는 부서였다.

이들이 VIP센터에 상주하면서 밀리언셀러 TV상품 전략을 구상해
나갔다. 당시 블루오션 전략적 사고의 첫 번째 단계는 목표에 대한 질
문이었다. 팀원들은 여러 난상토론 끝에 1년간 100만 대의 TV를 파는
것이 '밀리언셀러 프로젝트'의 목표임을 서로 합의했고, 후에 이러한
합의의 힘이 얼마나 강력한지를 실감하게 된다.

제2단계: 지금 당신이 어디에 있는지를 이해한다

현재의 전략 캔버스

블루오션 시프트의 두 번째 단계는 현재의 전략 캔버스를 통해서 현
재의 위상을 이해하고 앞으로 어떻게 변화해갈 것인지를 모든 팀원이
함께 그려나가는 것이다. 당시 보르도 TV 프로젝트의 팀원 역시 현재
의 위상을 이해하기 위해 전략 캔버스를 그렸다. 당시까지만 해도 전
세계적으로 CRT TV가 전체 TV 시장의 88.8퍼센트에 점유한 주력 모

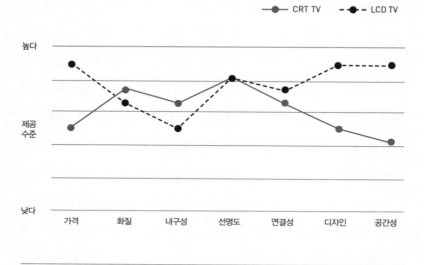

〈그림 1〉 CRT TV와 LCD TV의 전략 캔버스

※ 2005년 프로젝트 당시의 전략 캔버스가 아닌 재구성한 전략 캔버스임.

델이었기 때문에 CRT TV와 LCD TV와의 관계를 이해하기 위해 이들의 전략 캔버스를 먼저 그렸다. 이외에도 일본의 샤프가 LCD의 명가였기 때문에 이를 상대로 전략 캔버스를 그리는 등 다양한 대상과 비교한 전략 캔버스를 그려 현 위치를 이해하려고 애썼다.

전략 캔버스에 대한 이해와 전략적 시프트에 대한 합의

〈그림 1〉에서 볼 수 있듯 당시 화질과 내구성은 CRT TV가 우세한 반면, 연결성과 디자인, 공간성은 LCD TV가 우세했다. 장단점이 교차하기 때문에 LCD 시장을 새롭게 열 수 있을 것처럼 보이지만, 문제는 가격이었다. 소비자 입장에서는 각각의 장단점에 비해 LCD TV의 가격

은 터무니없이 비싸다고 느껴졌을 것이다. 생산자 입장에서는 아직 프리미엄 혹은 럭셔리 시장에서만 판매되고 있는 디지털 TV에 규모의 경제를 통한 원가 절감을 시도하기에는 무리라고 판단되었다. 혁신 팀은 샤프와 비교한 전략 캔버스에서 화질, 음질, 디자인, 가격 모두 차이가 없거나 유사한 수준이라고 판단했다. 다만 브랜드에서는 샤프가 삼성보다 현저히 우위에 있다고 진단했다. 그리고 다른 모든 경쟁 요소에서 삼성이 샤프를 훨씬 능가한다 해도 브랜드파워에서 밀리기 때문에 샤프를 누르고 물량적 우세를 보이기는 어려울 것이라는 암울한 결론에 도달했다. 한마디로 샤프도 할 수 없는 밀리언셀러를 삼성전자가, 그것도 1년이라는 기간 내에 달성하기란 어불성설이라는 것이었다.

바로 이 시점에 VIP센터 가치혁신 매니저(블루오션 프로젝트의 '팀장' 같은 역할 담당)가 샤프, 소니 같은 강력한 경쟁자와의 경쟁을 무력화하는 방법에 도전해보자고 제안했다. 다른 방법이 없었던 프로젝트 팀원들은 이를 수락한다. 보르도 TV 프로젝트는 이런 상황에서 본격적인 여정을 시작한다.

제3단계: 어디에 도달할 수 있는지를 상상해본다

구매자 효용성 지도

이 팀은 고객의 현존하는 요구와 욕구, 문제점과 희망사항 등을 찾아내 이를 이해하고 공감하기 위해 다양한 활동을 했다. 예를 들면 2차 조사인 문헌조사와 인터넷 검색, 마케팅 회사를 동원한 포커스그룹 토론, VIP센터 인턴 대학생들과의 인터뷰와 토론, 용산 등지의 TV 판매

※ 2005년 프로젝트 당시 구매자 효용성 지도가 아닌 개념적으로 구성한 지도임.

여섯 단계의 구매자 경험 주기

여섯 가지의 구매자 효용 수단		구매	배달	사용	보완	유지	처분
	고객 생산성			○ HD 컨텐츠 ○ HD 화질 ○ 음질 ○ 부가 기능: 연결성 ○ TV 디자인 × 전기요금	○ 홈시어터		
	단순성						
	편의성						
	위험 감소						
	재미와 이미지	× 이사하거나 가구 바꿀 때 교체		× 벽에 걸린 얇은 TV × 고급스러움 × 부러움 × 집과의 어울림 × 꺼졌을 땐 수족관			
	환경 친화성						

○ = 현재 산업이 집중하고 있는 효용성 공간
× = 구매자 효용을 가로막는 문제점pain point 또는 구매자 효용을 강화하는 이점gain point

처 관찰 등이었다. 이 팀은 조사와 관찰 활동의 결과로 고객이 생각하는 TV와 기업이 전달하고자 하는 TV에는 상당한 차이가 있다는 것을 느끼고 공감하고 이해했다. 그 내용을 정리하면 〈그림 2〉의 구매자 효용성 지도와 같다.

〈그림 2〉에서 알 수 있듯 대부분의 기업은 TV 시청을 위한 고객의

생산성에 집중했다. 예를 들어 방송이 디지털화되면 모든 TV 방송 콘텐츠를 HD급으로 볼 수 있게 되니 이를 위해서는 먼저 TV의 HD급 화질이 중요하다고 강조했다. 각 기업은 DNIe, WEGA 등 각자의 기술을 대대적으로 광고·홍보했다. 디지털 기술이 도입되면 연결성 또한 중요해진다. 각 기업은 하드디스크, HDMI, 메모리카드 등과의 연결성에서 자사의 강점을 내세우느라 여념이 없었다. 음장감이 좋은 돌비, SRS, 우퍼 기능을 부각시키려는 노력 또한 빠지지 않았다.

그러나 고객들의 문제점과 희망사항은 따로 있었다. 고객들은 TV가 디지털화되면서 안 그래도 복잡한 리모컨이 더 복잡해졌다고 불평했다. 어르신들은 TV를 켜기도 더 어려워졌다고 했다. 리모컨 버튼을 잘못 눌러 TV 화면에 메뉴가 뜨면 어떻게 다시 꺼야 하는지 모르는 사람도 많았고, 메뉴를 오작동해 화질이 이상해졌지만 다시 변경할 수 없어서 그대로 보는 고객도 있었다.

희망사항도 많았다. 벽에 걸린 얇고 고급스러운 TV를 사서 친구들을 초대해 자랑하고 싶다, 이사하거나 가구를 교체할 때 인테리어와 잘 어울렸으면 좋겠다, 디지털 TV를 보지 않을 때는 당시 유행하던 컴퓨터 화면보호기인 수족관을 TV에서도 보여줬으면 좋겠다, 드물게는 TV를 음성이나 제스처로 제어할 수 있으면 좋겠다는 의견도 있었다.

이러한 소비자의 문제점, 희망사항에 대해 TV 제조업체의 입장은 아주 단호했다. 일례로 리모컨은 지난 수십 년 동안 많은 기업이 도전했지만, 성공한 기업이나 프로젝트가 단 하나도 없을 정도로 개인의 취향을 타는 기기였다. 수도꼭지를 올려서 물이 나오는 게 좋은지, 내려서 물이 나오는 게 좋은지와 마찬가지로, 볼륨 버튼과 채널 버튼에 대한 취향도 아주 주관적인 선호에 따라 갈렸다. 더군다나 리모컨은 무료로 주지 않으면 많은 고객이 분노할 아주 까다로운 옵션이었다.

이에 더해 벽걸이_{wall mount}는 불가능에 가까웠다. 당시 기술로 만들 수 있는 TV를 벽걸이 형태로 걸려면 10센티미터 정도의 볼품사나운 철제 프레임이 필요했다. 그 철제 프레임만 보거나, TV가 매달려 있는 옆모습을 본다면 TV를 벽에 걸고 싶은 사람이 많지 않을 정도였다. 희망사항 중 하나만 더 설명하고 넘어가자. TV에서 수족관 화면보호기를 작동시키려면 당시 기준으로 수십만 원에 달하는 CPU가 필요하다. 수족관을 보겠다고 TV 가격이 수십만 원 더 비싸지는 것을 원하는 고객은 거의 없을 것이다. 디지털 TV에 CPU가 장착되면 이것이 TV인지 컴퓨터인지 당시로서는 정체성에 혼란까지 발생할 터였다.

많은 조사와 토론 끝에, 혁신 팀은 기업이 팔려는 TV와 고객이 사려는 TV 사이에는 상당한 차이가 존재한다는 것만은 분명히 확인할 수 있었다.

비고객의 세 계층

당시에 디지털 TV는 고가에 판매되고 있었다. 더욱이 PDP는 전력 소모가 커 전기요금 부담이 있었고, LCD는 스포츠 중계 같은 빠른 화면에 잔상이 남는 화질 문제가 있었다. 혁신 팀은 이 밖에 또 어떤 문제가 있는지 CRT TV 입장에서의 비고객을 고민했다.

CRT TV의 첫 번째 비고객은 디지털 TV를 사고 싶어 하는 사람들이다. 당시까지는 대부분 디지털 방송이 송출되기 전이라 DVD 같은 별도의 미디어로만 HD 화질의 콘텐츠를 볼 수 있었다. 따라서 디지털

첫 번째 계층
디지털 방송을 보길
원하며 디지털 기기를
선호하는 소비자

두 번째 계층
• 현재 CRT TV를 사용 중이며
디지털 TV를 구매하기에는
가격적으로나 전기료 등 유지
비용의 문제로 구매에 대해
경제적 부담을 느끼는 고객
• 핸드폰 등 소형 디지털 기기
를 활용해서 TV를 시청해도
별 불편함이 없는 고객

세 번째 계층
TV 시청에 관심이 없어
그 공간을 서재나 인테리
어로 꾸미는 고객

방송만 시작되면 바로 디지털 TV를 구매할 의향이 있는 고객을 1차 비고객으로 상정했다. 이들은 특별한 기능이나 감성 없이도 새로운 디지털 방송을 새로운 디지털 기기로 보겠다는 의지가 있는 얼리 어답터early adopter였다. 이 시장은 규모는 크지 않지만 뒤따라오는 고객층early majority에게 지대한 영향을 미치기 때문에 1차 비고객의 마음을 잡는 것은 중요한 과제였다. 두 번째 비고객은 가격과 비용의 경제적 문제를 고려하는 고객이다. 가격은 수요가 증가하면 규모의 경제로 원가를 낮춰 해결할 수 있을 터였으나, 전기요금 등의 비용은 기술적 이슈 때문에 시간이 지나야 해결될 수 있었다. 상대적으로 브랜드 파워가 열세인 삼성전자 입장에서는 더욱 얼리 어답터(첫 번째 비고객)를 어떻게 선점할 것인가가 고민되는 부분이었다. 또 다른 2차 비고객은 젊은 디지털 네이티브 계층, DMB만으로도 TV 시청에 불편함이 없다는 부류였다. 당시 노트북으로 TV를 시청하는 트렌드를 두고 의견이 엇갈렸는데, 하물며 핸드폰만으로도 충분하다는 의견도 있었다. 그럼에도 10대, 20대가 대부분인 이 비고객층은 10년 후 신혼살림 장만, 20~30년 후 가족용 TV 구매로 미래 디지털 TV의 주요 고객이 될 것이기에 이들의 의견을 무시할 수는 없었다. 세 번째 비고객층은 TV를 볼 생각이 아예 없거나 앞으로 TV를 치우고 그 자리에 서재를 만들거나 미술품, 인테리어 소품을 놓기를 원하는 계층이었다. 더욱 놀라운 일은 '지금 TV가 있는 자리에 TV를 놓지 않는다면 무엇을 놓으시겠습니까?'라는 질문에 어느 비고객층이건 모두 다른 제품, 물건 무엇인가를 답했다는 사실이었다. 다시 말해 모든 사람의 마음에 TV의 대체품이 자리하고 있다는 의미로 해석되었다.

이상의 시각적 자각visual awakening을 마친 혁신 팀은 프로젝트를 포기해야 하는 것 아닌가 하는 느낌을 지울 수 없었다. 그러나 어딘가에 길이 있을 것이라는 혁신프로그램 매니저의 독려를 믿고 다음 단계인 시각적 탐험visual exploration의 여정을 이어간다.

제4단계: 그곳에 도달하는 방법을 찾는다

여섯 가지 경로 프레임워크

시각적 탐색의 프레임워크는 서로 다른 여섯 갈래 길로 목적지에 도달하는 방법을 상상하고 그 내용을 고객의 입장에서 시각적으로 전략 캔버스에 표현하는 것이다. 고객의 관점에서 이 여섯 가지 길을 미리 여행해보기 위해서 혁신 팀은 전자상가, 대리점, 가정은 물론 청담동 가구거리 등을 헤맨다. 각 경로의 여정을 살펴보자.

첫 번째 경로는 산업의 경계를 넘는 것이었다. 혁신 팀은 TV가 가구 및 영화관의 대안재라는 결론을 도출했다. 그리고 재미나 현장감은 영화관에 못 미치지만 가족과의 유대감이나 접근성이 뛰어나고, 개인 공간과 애착이라는 면에서 가구에 준하는 TV를 만들면 어떨까 싶었다. 즉 TV라는 디지털 매체를 파는 것이 아니라 생활의 공간 일부를 팔면 좋겠다고 상상해본 것이다.

두 번째 경로는 전략 그룹의 경계를 넘는 것이었다. 이 여정은 브랜드 파워가 밀린다는 선입견을 가지고 출발하였기에 이를 떨쳐내기가 너무도 어려운 여정이었다. 이를 완전히 배제한 전략은 아니었지만 TV가 당시의 미니멀리즘 트렌드를 지향하는 고급 공간을 창출하는 데 기여한다면 고객이 받아줄 것 같았다.

세 번째 경로는 구매자 체인을 넘는 것이다. 글로벌 유통에서 파워가 별로 없었던 삼성전자 입장에서는 이번 단계에서도 특별한 방법이 없었다. 삼성전자가 어떻게 타깃Target이나 베스트바이BestBuy 같은 유통의 구조를 변화시키겠는가. 당시에 TV를 살 의사가 있어도 어떤 TV를 사야겠다는 마음을 굳히고 매장에 오는 경우는 드물었다. 매장에 와서 판매사원에게 여러 모델의 설명을 듣고 구매를 결정하거나, 다시 집으로 돌아가 자료를 검색하거나 주변 의견을 묻고 매장을 재방문해 구매하는 행태였다. 따라서 매장 직원의 영향력이 상당히 클 수밖에 없었지만, 매장 직원이 생각하는 삼성전자 TV는 우선순위에 있지 않은 것은 분명했다. 그래서 당시 유행하던 아이팟처럼, 매장에 와서 판매사원의 말을 듣지 않고 바로 애플 제품을 구매하듯 보르도 TV를 살 마음을 굳히고 매장에 가게 해야 한다는 결론을 내렸다. 그렇게 만들 방법이 무엇인지는 깨닫지 못했지만, 고객 만족을 위해 유통도 만족시켜야 밀리언셀러가 될 수 있다는 방향성은 혁신 팀 전원이 인지하고 합의하게 되었다.

네 번째, 제품·서비스의 경계를 넘어 상상하는 것이었다. 디지털 트랜스포메이션과 플랫폼 비즈니스가 화두인 2017년 같으면 이번 경로에서 수확물이 많았을 테지만, 당시는 아이폰도 아닌 아이팟이 세계를 석권하던, 즉 영상이 아니라 음성이 세계를 석권하던 시절이었기 때문에 충분한 상상을 하기에 제한적이었다.

다섯 번째, 기능과 감성의 영역을 넘는 영역에서 그동안의 에너지가 폭발해 드디어 블루오션의 임계점을 넘었다. 생산자가 전달하고자 하는 TV 디자인과 소비자가 추구하는 TV의 이미지는 현격하게 다른 것이었다는 사실을 깨달았다. 당시는 아날로그에서 디지털로 전환하던 때였기 때문에 모두 IT, 디지털 이미지를 강조한 TV를 판매하기에 여념이 없었다. 그러나 소비자는 앞의 구매자 효용성 지도에서 표현되었듯이 집 안이나 인테리어, 주변 가구와 어울리는 TV를 원했다. 고객들은 아이러니하게도 차가운 디지털 TV에서 따뜻한 감성이 뿜어 나오기를 원했다. 이제 너무도 당연한 현상이 되었지만 2005년만 해도 아이팟 외에 이러한 감성의 디지털 제품을 판매하는 기업은 전무했다고 해도 과언이 아니다. 즉 디지털 TV 제품으로는 보르도 TV의 삼성전자가 가구 이미지의 디지털 감성을 창조하고 판매한 최초의 회사가 된 것이다. 그 전략 캔버스는 〈그림 4〉와 같이 표현할 수 있다.

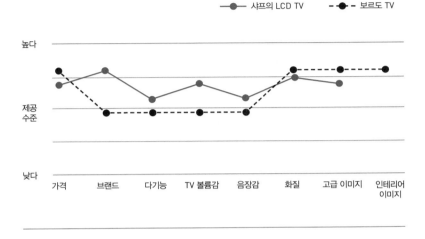

※ 2005년 프로젝트 당시의 전략 캔버스가 아닌 추론에 입각하여 작성한 것임.

● 샤프의 LCD TV   - ● - 보르도 TV

높다

제공
수준

낮다

가격 브랜드 다기능 TV 볼륨감 음장감 화질 고급 이미지 인테리어
이미지

여섯 번째는 시간의 경계를 넘는 경로다. 여기서는 최고 기술로 최고 품질의 제품을 만들어 고가의 프리미엄으로 판매하는 전략보다는 고객의 가치를 우선시하면서도 비싸지 않아서, 즉, 차별화 및 저가를 동시에 달성한다는 블루오션적 프레임워크에 맞는 '트렌드' 창조 전략을 고민했다.

네 가지 액션 프레임워크(ERRC 그리드)

보르도 TV의 미래의 전략 캔버스를 살펴보면 샤프의 LCD TV보다 화질 기능을 증가시키고 인테리어 이미지라는 요소를 창출하면서 프리미엄 이미지를 함께 높였음을 알 수 있다. 아울러 다기능, 볼륨감과 음장감에는 투자를 제한했다. 이는 경쟁 요소를 감소시켜 프로젝트의 목

표 비용을 달성하기 위함이었다.

샤프를 상대로 브랜드 우위를 점하기에 역부족이라 판단되었지만, '평면에서 공간으로'라는 강력한 태그라인을 활용하면 샤프를 추월해 최초로 디지털 TV를 100만 대 이상 팔 수 있겠다는 자신감에 넘쳤다. 그리고 보다 새로운 전략으로 업그레이드하기 위해 네 가지 액션 프레임워크를 활용해 다음과 같은 ERRC 그리드를 완성해 가면서 보르도 TV의 미래의 전략 캔버스를 지속적으로 업그레이드했다.

〈그림 5〉 보르도 TV의 ERRC 그리드

※ 2005년 프로젝트 당시의 ERRC 그리드가 아닌 추론에 입각하여 작성한 것임.

제거	증가
• 첨단 이미지 • 복잡성	• 디지털 화질 • 리모콘
감소	창출
• 연결성(HDMI) • 음장감 • 전자제품으로서의 디자인	• (디지털) 감성 이미지 • 오브제

보르도 TV에 담긴 디지털 감성을 디자이너의 표현을 빌려 한마디로 표현하면 '오브제'$_{object}$다. 보르도 TV는 방송의 종속물인 평면의 TV에서 탈피해 그 자체로도 충분히 가치가 있는 '디지털 오브제'로 재정의한 최초의 TV로 탄생되었다.

※2005년 프로젝트 당시 구매자 효용성 지도가 아닌 개념적으로 구성한 지도임.

여섯 단계의 구매자 경험 주기

		구매	배달	사용	보완	유지	처분
여섯 가지의 구매자 효용 수단	고객 생산성			○ HD 컨텐츠 ○ HD 화질 ○ 음질 ○ 부가 기능: 연결성 ○ TV 디자인			
	단순성						
	편의성						
	위험 감소						
	재미와 이미지			✓ 오브제 ✓ (디지털) 감성			
	환경 친화성						

제5단계: 실행한다

두 번째 시각적 탐험 단계를 마친 혁신 팀은 세 번째 단계인 블루오션 품평회를 연다. 혁신 팀은 동의하지 않았던 사람들을 설득하여 최종 오케이 사인을 받아내고, 드디어 2006년 4월 판매를 시작한다.

보르도 TV의 판매 성과는 앞서 본 대로다. 이 성과에 힘입어 삼성 전자는 TV 사업을 시작한 지 34년 만에 비로소 세계 1위 메이커가 된

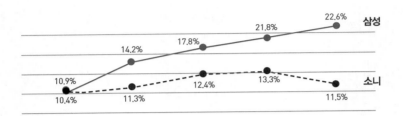

* 출처: 디스플레이서치

〈그림 7〉 삼성전자 TV의 진화 및 블루오션 시프트

10.9%
14.2%
17.8%
21.8%
22.6% 삼성

10.4%
11.3%
12.4%
13.3%
11.5% 소니

2005	2006	2007	2008	2009
스타일	오브제	오브제의 발전	TV의 미학	진정한 평면TV
• V字 Design	• Steam Mol	• Super Clear • nfo Link	• 이중사출(ToC) • SoC(화질)	• Ultra Slim(LED) • ECO • Internet

다. 그것도 소니 브라비아가 선풍적인 인기를 끌면서 샤프를 제치고 1위를 탈환한 바로 그 시기에, 뒤늦게 출시한 약점을 극복하고 등극한 1위 자리였다. 여기서 끝이 아니었다. 보르도TV는 디지털TV로의 진화, 그 서곡에 불과했다. 이후로도 삼성은 '터치 오브 컬러'Touch of Color, '1인치의 미학' 등의 콘셉트로 야심차게 꿈꾸어온 TV 일류화 전략을 현실에서 실현했다. '영원한 위기'[8]라는 기치 아래 삼성전자 TV사업부는 지속적인 전략적 목표에 도전하고 이를 달성하면서 10년 연속 글로벌 넘버원이라는 영예를 누리고 있다. 물론, 이제까지의 성공이 앞으로의 성공을 보장할 수는 없다. 삼성전자 TV사업부가 지속적으로 성공하기 위해서는 또 다른 블루오션 시프트가 필요할 것이다.

▌마이리얼트립, 현지인이 만드는 진짜 여행

마이리얼트립은 기존 여행상품의 통념적인 접근 방법을 벗어난 신선한 방식으로 인상적인 초기적 성공을 거두고 있다. 블루오션 시프트의 관점에서 이제까지의 성공을 풀어본 본 사례는 많은 창업자들에게 커다란 시사점을 준다.

토요일 아침 파리 레퓌블리크Répulique 역, 네 명의 한국인이 프랑스에서 가장 오래된 벼룩시장인 생투앙 플리마켓으로 향한다. 아기자기한 골목마다 즐비한 상점은 루이 14세가 앉았을 법한 호화로운 소파부터 나폴레옹 시대의 시계, 20세기에 생산된 빈티지 카메라까지 프랑스의 과거 생활상을 전시한 야외 박물관 같다. 플리마켓을 구경한 후엔 몽마르트 언덕에 오르며 근처 원단 시장을 구경하고, 파리에서 맛있기로 손꼽히는 카페에 들러 카푸치노를 마신다.

파리지앵이 즐길 법한 주말 같은 여행. 사실 이것은 파리에서 미술을 공부하고 예술가로 활동하고 있는 유지수 씨가 마이리얼트립을 통해 제공하는 여행 상품이다. 최대 여덟 명이 참여할 수 있는 유지수 씨의 '반나절 투어'에서는 현지에 살고 있는 친구가 소개하듯 파리의 소소한 일상을 나누며 그곳의 숨겨진 모습과 역사, 문화가 얽힌 사회상을 더 가까이 느낄 수 있다. 숙박업의 새로운 시장을 연 에어비앤비와

- 미술사를 전공한 파리 공인 가이드와 루브르 · 오르세 미술관 집중 투어 (8시간, 10만 8,500원)
- 괜찮아 맥주니까, 뒤셀도르프 (3시간, 5만 원)
- 뉴욕 미술가와 함께하는 미술 다큐1 '뉴욕의 미술관' (3시간, 6만 1,600원)
- 와인 전문가와 함께하는 나파밸리 탐방 (10시간, 28만 원)
- 홍콩 여행의 필수! 홍콩 현지 스냅사진 촬영 (2시간, 12만 9,235원)

누구나 운전기사가 될 수 있는 우버가 즐비한 파리에 기존의 패키지여행이나 자유여행과 다른 형태의 여행을 즐기는 이들이 나타나고 있다. 퐁데자르Pont des Arts 다리에서 웨딩 스냅촬영을 하고, 파리지앵처럼 무인 대여 자전거 '벨리브'Vélib를 타며 센 강변을 활주하는, 가이드북에 없는 여행을 즐기는 여행자들이다.

2012년 두 명의 대학 졸업반 학생들이 창업한 마이리얼트립은 천편일률적인 패키지여행 산업에 새로운 대안을 제시해 새로운 시장을 개척했다. 현지 한인 거주자가 투어 프로그램의 콘셉트, 일정, 인원, 가격 등을 모두 결정해 여행 상품을 만들고, 이를 마이리얼트립 홈페이지에 소개하면 여행자는 세부 일정, 리뷰 등을 바탕으로 자신에게 맞는 여행 상품을 선택한다. 거래가 성사되면 가이드와 마이리얼트립이 8:2 비율로 수익을 배분한다. 2017년 말 기준 73개국, 500여 개 도시에서 1만 1,600여 개 여행 상품을 판매하고 있는 마이리얼트립은 지난 5년간 꾸준히 성장해 2017년 거래액이 지난해의 두 배가 넘는 500

억 원을 돌파할 예정이고, 누적 여행자 수는 34만 명에 이른다. 그리고 네이버, 미래에셋 등의 기업, 알토스벤처스 같은 유명 벤처캐피탈로부터 70억 원의 투자를 유치했다.[1]

현 위치 이해하기

한국의 해외여행 산업은 지속적으로 성장해왔지만 여행의 틀은 전혀 변화하지 않았다. 해외여행을 계획하는 이들에게는 크게 두 가지 옵션이 있다. 여행사가 항공, 숙박, 현지 여행을 제공하는 패키지여행과 여행자 스스로 계획하고 준비해 가이드 없이 자유롭게 관광하는 개별 자유여행이다. 이 둘의 장단점은 확연하다. 패키지여행은 사전 준비의 번거로움이 전혀 없고 공항에서부터 가이드의 말만 따르면 되니 매우 편리하고 효율적이며 안전하다. 하지만 자유시간이 부족하고 개인의 취향에 맞는 여행을 할 수 없다. 반면 개별 자유여행은 여행자가 사전에 모든 정보를 입수하고 동선을 스스로 짜는 등 매우 많은 시간을 투자해야 한다. 또 여행 중에 현지에서 도움을 받을 수 있는 기회가 부족하고 스스로 안전도 책임져야 한다. 그럼에도 불구하고 자유여행 시장은 패키지여행 시장보다 더 많이 성장했다. 해외여행자들은 자유여행이 주는 자율성과 개인의 취향을 더 중요하게 여기기 때문이다.

한편 패키지여행 시장은 전형적인 레드오션 경쟁 구도를 갖추고 있다. 하나투어나 모두투어 같은 여행 업체가 여행 상품을 제공해 고객을 모집하고, 현지 여행사와 가이드가 실제 여행 서비스를 제공하는 것이 일반적인 형태다. 그리고 모든 여행 업체는 가격에 따라 세분화된 여행 상품을 제공하는, 가치와 비용의 상충관계를 따르는 전략을 추구한다. 예를 들어 서유럽 3개국 여행 상품은 항공, 숙박시설, 식사의 질 등에 따라 가격이 다른 세 카테고리(실속, 정통, 럭셔리)로 제공된다. 그러므로 하나투어 실속 여행을 가든 모두투어 실속 여행을 가든 여행 코스와 프로그램에 차이가 없다. 상품에 차별화가 없으니 업체는 가격으로 경쟁해야 하고, 그 결과 제주도 여행보다 싼 동남아 3박 4일 패키지처럼 저가로 박리다매를 취하는 여행 상품을 개발하는 데 집중한다. 그런데 이용자 입장에서 따지고 보면 이런 상품의 가격이 싸다고 보기 어렵다. 실제 서비스를 제공하는 현지 여행사 및 가이드 비용을 배제한 채 패키지여행 가격이 책정되기 때문이다. 현지에서 추가되는 옵션이나 쇼핑의 커미션, 팁으로 모자란 비용을 충당하는 경우가 많다. 실제로 여행에서 원하지도 않은 라텍스 베개를 자의 반 타의 반으로 사 왔다는 이야기는 많이 들어봤을 것이다.

사실 소비자는 패키지여행으로 최소한의 준비와 최고의 가성비로 해외여행이 가능하다. 그러나 가격에만 몰두한 여행사들의 경쟁 전략 탓에 시장 구조와 가격이 왜곡되었고 차별성 없고 단조로운 여행 프로그램이 고착화되었다. 정작 근본적인 '여행의 목적'에 맞는 소비자 효용을 제공하지 않으니 소비자들이 의식적·무의식적으로 감내해야 하는 문제점이 발생했고, 불만이 쌓인 소비자들은 점차 기존 시장을 외면했다. 수박 겉핥기식 패키지여행을 거부한 여행자들은 대안으로 개별 자유여행을 하거나 직접 현지 여행 업체를 섭외해 관광을 할 수밖에 없었다.

	준비	구매	사용	보완	유지	처분
고객 생산성	○	○	○			
단순성						
편의성	○	○	○			
위험 감소		×	○			
재미와 이미지			×	×	×	
환경 친화성						

　패키지 상품의 고객들은 여행 상품을 검색해 구매함으로써 여행의 준비를 간단히 끝낼 수 있다. 패키지 상품 하나의 구매에 항공권, 숙박, 교통, 현지 관광 티켓 등이 모두 포함되니 매우 편리하고 효율적이다. 여행을 가서도 정해진 스케줄에 맞게 인솔 가이드를 따라 준비된 차량을 타고 다니게 되므로 생산성 있는 여행을 편하게, 안전하게 할 수 있다. 하지만 단체행동을 하면서 원하지 않는 스케줄을 따라야 하고 원하는 관광을 못 할 수도 있으며 식당 선택이나 쇼핑도 자유롭지 못하다. 옵션 투어나 쇼핑이 의무일 경우 이를 원치 않는 여행자들은 관광버스에서 기다려야 하는 등의 불편함을 겪어야 한다. 구매 시 현지 여행사나 가이드에 대한 정보 부족으로 잘못된 선택을 할 위험요소가 있고, 이로 인해 기대 이하의 여행을 하게 되고 좋은 경험을 유지하는 데 제약이 있다.

그곳에 도달할 방법 찾기

마이리얼트립의 공동창업자 이동건 씨는 패키지여행의 비고객이었다. 주로 자유여행을 해오던 그는 우연히 패키지여행을 갔다가 불편하고 불쾌한 경험을 하게 되었다. 이 여행 후 그는 이 불편함을 해소하고 전례 없는 새로운 가치를 제공해 패키지여행 사업의 판도를 바꾸는 여행사를 만들겠다는 목표가 생겼다고 한다. 그 바탕에 블루오션 시프트의 사고가 존재한다. 즉 산업 구조와 환경을 받아들이고 시장 내 경쟁자와 우위를 다투거나 틈새를 공략하는 것이 아니라, 기존 시장공간을 벗어나 비고객을 고객으로 전환하는 새로운 형태의 여행 상품을 제공하겠다는 것이다.

그는 패키지여행의 문제점을 해결하기 위해 패키지여행의 대안인 개별 자유여행을 관찰했다. 자유여행은 여행자의 관심사에 최적화된 여행이 가능하지만 패키지여행에서 제공하는 현지 가이드의 서비스가 결여되어 있다. 마이리얼트립은 이 두 가지 형태를 결합하기로 했다. 패키지 여행에서는 항공, 숙박, 전일 관광이 하나의 단위로 제공되는 포맷은 제거하고, '가이드 투어' 요소에 집중해 편리하고 전문적인 현지 가이드와의 투어를 상품을 제공하는 것이다. 그리고 하루 단위가 아닌 경험_event 단위로 소요 시간을 줄여 여행자가 관심 있는 투어를 단품_à la carte으로 선택, 구매할 수 있도록 했다.

또 가이드가 자신과 투어 상품을 영상으로 소개하도록 하고, 이용자 리뷰 시스템을 정착시켜 투어 상품과 가이드에 대한 신뢰도를 증가시켰다. 투명한 리뷰 시스템은 가이드가 상품을 보완하고 서비스

첫 번째 계층
패키지여행 상품을 사용하고
있지만 개성 없는 프로그램
과 자율성 부족 때문에 머지
않아 비고객이 될 가능성이
있는 여행자들

두 번째 계층
첫 번째 계층과 마찬가지로 천
편일률적인 관광 코스와 개인
의 취향을 반영하지 못한 패키
지여행 상품을 거부하는 비고
객으로서, 해외여행 때 자유여
행을 하거나 현지 여행사나 가
이드를 직접 섭외함

세 번째 계층
패키지여행 상품을 사용할 생
각이 없는 미개척 고객으로서,
현지 여행 가이드 서비스 수요
가 없는 관광지 외 지역의 여행
자들(예: 독일의 환경도시 프라
이부르크[3])

질을 향상시키는 도구도 되어준다. 잠재 고객은 가이드에게 메시지를
보내 상품을 문의하고, 투어 내용이나 시간 등을 조율할 수 있다.

무엇보다 대형 여행 업체에서 하청을 받아 정해진 비용에 따라 투
어를 진행하는 방식과는 반대로, 투명한 수익 배분 정책(8:2)에 따라
현지 가이드가 가격을 결정하자 옵션, 팁, 쇼핑 강요가 사라졌고 가이
드는 오로지 전문적인 투어 서비스에 몰두하게 되었다. 그 결과 마이
리얼트립에서 제공되는 투어 상품은 소비자보호원 분쟁 건수 0, 내부
불만 접수 비율 0.8퍼센트, 투어의 평점 4.7점(5점 만점)이다.[4]

마이리얼트립은 전례 없는 새로운 가치를 창출하기도 했다. 창업
자 이동건 씨는 자유여행을 할 때마다 현지 사정에 밝은 친구가 있으
면 좋겠다고 생각했다고 한다. 마이리얼트립 가이드가 되려면 4단계

제거	증가
• 패키지 포맷(항공, 숙박, 현지 관광) • 옵션 투어(쇼핑 포함)	• 가이드 전문성, 신뢰도 • 여행 상품과 지역의 다양성 • 맞춤성, 유연성 • 자율성 • 현지 경험
감소	창출
• 여행 기간 • 획일화standardization	• 새로운 여행 상품(스냅사진 촬영, 쿠킹 클래스 등) • 여행 상품과 가이드에 대한 리뷰

※ 참고: 가격은 비교군 선정이 힘들고 참가 인원에 따라 가격이 달라지는 여행 가격을 일반화하기 어려워 일단 여기에 포함하지 않음. 여행 전체 비용을 고려할 때 항공, 숙박, 현지 관광, 식사가 포함되는 단체 패키지여행의 가격이 마이리얼트립을 이용하는 자유여행자의 총비용보다 낮다고 판단한다.

의 철저한 등록 절차를 통과해야 하지만, 그 문은 누구에게나 열려 있다. 자신의 능력을 바탕으로 직접 투어 상품을 설계하기 때문에 상품이 매우 다양하고 가이드의 전문성과 자부심이 높다. 지역적으로도 다양해져서 독일에서만 24개 도시에서 투어가 진행되고 있다. 저가 항공이 출현하고 라이프스타일이 해외여행에 익숙해지면서 여행자들은 틀에 박힌 패키지여행을 외면해왔다. 기존 시장에서는 제공하지 않았던 숨은 효용을 발견하고 탁월한 가치를 만들어냄으로써, 마이리얼트립은 '나만의 진짜 여행'을 원하는 여행자들의 억눌렸던 새로운 수요의 문을 열었다.

대안 산업: 자유여행의 요소를 유입	패키지여행과 자유여행의 장점은 살리고, 다른 요소들은 제거하거나 줄임으로써 현지 가이드의 전문적인 투어를 여행자 본인이 원하는 시간, 테마에 맞춰 선택한다.
구매자 집단: 국내 여행사(구매자)가 아닌 여행자(사용자)에게 초점	패키지여행 시장에서 실제 여행 서비스를 제공하는 현지 여행사와 가이드는 국내 여행사의 하청업체나 마찬가지다. 현지 여행사는 그들의 구매자인 국내 여행사의 요구에 맞는 서비스를 제공할 수밖에 없었다. 포커스를 구매자에서 실제 사용자인 여행객으로 전환해 사용자가 추구하는 가치에 맞는 서비스를 제공한다.
제품 · 서비스 제공 범위: 여행 전후의 문제점을 제거 하는 보완적 서비스 제공	소비자들은 구매 전에 그들의 투어 상품에 대한 정보를 충분히 숙지할 수 있다. 가이드와 1:1 의사소통 채널을 제공하고 리뷰 시스템을 투명하게 관리한다.
기능적, 감성적 지향: 기능성 중심의 투어에서 탈 피, 감성적 요소로 어필	획일화된 투어를 제공하는 현지 여행사로부터 현지에 거주하는 생활인으로 포커스를 옮겨 현지인 친구가 구경을 시켜주는 것 같은 친근감을 어필한다.
시간(외부 트렌드): 잦아진 해외여행으로 변화된 여행의 가치를 재정립	'장소'가 아닌 '경험'에 초점을 맞춰 기존에 제공되지 않았던 현지 경험, 기억에 남는 경험을 위한 여행을 제공한다.

패키지여행 시장은 매력적인 시장으로 여겨지지 않았다. 대형 여행사의 독과점 구조로 진입 장벽이 높았고 지나친 경쟁으로 차별화를 잃고 물량 공세와 저가 정책, 과도한 마케팅으로 수익성이 높지 않았다. 가격 경쟁에만 몰두해 현지 서비스의 질을 외면한 나머지, 소비자들은 마음먹고 떠난 해외여행에서 기대에 못 미치는 경험을 하게 되고 하청업체인 현지 여행사는 대형 여행사의 저가 정책에 끌려다닐 수

밖에 없는 취약성을 고치지 못했다. 한편 개별 자유여행이 확대됨에도 불구하고 대형 여행사들은 여전히 패키지여행에 중점을 두었다. 항공, 숙박 시장에 비해 사이즈가 작은 현지 투어 가이드 시장이 매력이 떨어졌다. 그리고 이는 자신의 패키지여행 상품의 수요를 감소시켜 제 살 깎아 먹는 사업이라고 생각했기 때문이다.

마이리얼트립의 관점은 이와는 달랐다. 관습적으로 수용되어온 시장 경쟁의 룰을 따르기를 거부하고 전략의 초점을 대형 여행사(구매자)로부터 여행객(사용자)으로, 기존 고객으로부터 비고객으로 돌렸다. 이러한 관점에서 시장의 문제점을 재정의해 제거하고, 전례 없는 가치를 창출해 경쟁의 핏빛 바다로부터 혁신적인 여행 시장을 개척했다.

마이리얼트립은 패키지여행 시장과 자유여행 시장의 경계를 허물고 새로운 전략을 개척함으로써 소비자들에게 제공하는 가치의 종류와 정도에 큰 변화를 주었다. 그 결과 기존의 가치와 비용의 상충관계를 깨뜨리고 새로운 가치-비용의 경계로 도약할 수 있게 되었다. 구체적으로는 사용자가 단품의 현지 투어 서비스를 직접 선택하고 전문적인 투어 상품을 합리적 가격으로 이용할 수 있도록 하여 차별화를 꾀했다. 동시에 가이드-현지 여행사-국내 여행사의 유통 구조를 끊고 가이드와 여행자를 직접 연결함으로써 원가 구조의 하락을 가져왔다.

2016년 마이리얼트립에서 가장 많이 팔린 상위 10위 투어 상품의 평균 여행 시간은 8.5시간, 시간당 가격은 7,574원이었는데, 기존 여행 상품의 1인당 하루 가이드 투어 비용이 약 64,400원인 것을 감안하면 엄청난 저비용을 달성한 것이었다.

"현지인이 만드는 진짜 여행"

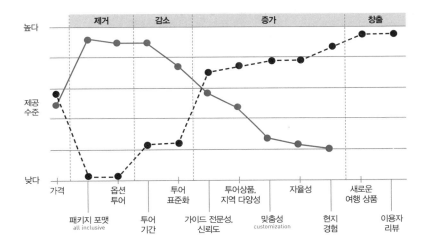

블루오션 시프트 시사점

마이리얼트립이 시작된 2012년 무렵에는 성장가도를 달리는 국내외 여행 시장에서 수익성 있는 사업 기회를 찾으려는 많은 시도가 있었다. 시장점유율을 늘리려는 기존 온·오프라인 여행 업체들은 물론, 소셜커머스 업체들도 초저가 상품을 앞세워 여행 중개업에 진출했으며, 수많은 스타트업이 생겨났다. 어떤 회사는 틈새시장을 공략했고, 또 어떤 회사는 IT기술 혁신에 중점을 둔 새로운 서비스를 제공했

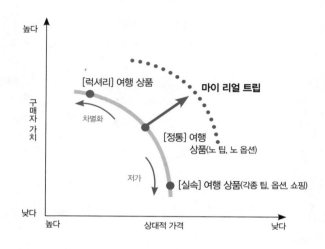

다. 이들 중 마이리얼트립의 성장은 단연 돋보인다. 기존 시장의 문제점들을 제거했을 뿐 아니라, 새로운 가치를 창출해 새로운 시장을 개척했기 때문이다. 패키지여행 시장을 무너뜨리거나 대체한 것이 아니라, 새로운 수요를 창출하고 여행의 질과 폭을 넓힌 비파괴적 창출에 가깝다. 비파괴적 창출로 만들어진 이 새로운 시장은 새로운 고용도 만들어냈다. 마이리얼트립의 가이드 대다수는 가이드 활동을 해본 적이 없는 현지인이며 학생, 예술가 등 생업이 다른 경우가 많다. 이용자 수가 급증하자 월평균 350만 원 이상의 매출을 올리는 가이드 수가 2014년 대비 2016년에 25배가 되었다.

성장이 가속화되자 마이리얼트립은 현지 여행사와도 제휴를 시작했고 투어 상품 외에 현지에서 필요한 다른 서비스들(입장권, 교통 패스,

픽업 등)도 서비스에 추가했다. 부킹닷컴과 제휴해 호텔 예약 서비스도 시작했다. 앞으로는 인바운드 투어, 즉 한국으로 여행 오는 외국인을 대상으로 하는 가이드 투어 분야에 진출할 계획도 있다. 앞으로 한국의 스타트업들도 이러한 블루오션 시프트에 성공해 세계적인 블루오션 성공 사례로 인구에 회자되기를 기대한다.

▌아모레퍼시픽 쿠션, 메이크업의 공식을 바꾸다

쿠션은 세심하고도 지속적인 고객 관찰을 통해 구매자 가치를 획기적으로 높임으로써 블루오션을 창출해낸 사례이다. 블루오션 시프트가 일회성 혁신이 아니라 지속적인 진화의 과정임을 보여준다.

쿠션의 등장과 성장

아모레퍼시픽의 브랜드 중 하나인 아이오페에서는 2008년 3월, 시장 최초로 쿠션형 화장품 '에어쿠션 선블록'(이하 '에어쿠션')을 출시했다. 3년 뒤인 2011년에는 에어쿠션을 보완한 쿠션 파운데이션으로 제품 영역을 확장했다. 이후 쿠션 타입 화장품은 파운데이션 베이스, BB크림, CC크림과 함께 메이크업 화장품의 필수 아이템으로 자리 잡았다.

기존에 존재하지 않은 형태였던 쿠션형 파운데이션은 손쉽게 사용할 수 있고 자연스러운 피부톤과 결, 광택을 연출해주며 휴대하기 간편하다는 장점과 기존 베이스 메이크업 제품의 장단점을 보완해 소비자들의 큰 사랑을 받고 있다.

쿠션 파운데이션은 액상의 화장품 내용물을 콤팩트 케이스에 담는다는 혁신적인 아이디어를 적용한 제품이다. 아모레퍼시픽은 이를 독립적인 카테고리로 차별화하기 위해 단계별로 전략을 실행하며 초기 시장의 형성과 성장에 전략적인 노력을 기울였다. 출시 후 4년간은 아이오페 단일 브랜드에서만 쿠션 제품을 판매하면서 신제품 출시에 따르는 생산 공정의 안정화에 공을 들였고, 이후로는 이미 구축된 생산 공정 인프라를 바탕으로 헤라, 라네즈, 설화수 등 아모레퍼시픽의 다른 브랜드에서도 판매하는 다브랜드 전략으로 전환했다.

또 기존에는 쿠션 제품이 주로 자외선 차단제(에어쿠션)에 한정되었으나, 메이크업 제품(쿠션 파운데이션)까지 확대해 쿠션 제품을 재포지셔닝했다. 그 결과 여러 가지 문제점 때문에 기존 메이크업 제품을 사용하지 않던 비고객까지 흡수해 쿠션 시장의 규모를 확대할 수 있었다. 확대된 시장에서 아모레퍼시픽은 상품명에 별다른 부연 설명 없이 간단하게 '쿠션'이라는 이름만을 일관되게 사용함으로써, 소비자들이 쿠션을 하나의 화장품 카테고리로 인식하도록 만드는 데 성공했다. 그 결과 아모레퍼시픽은 연매출 1조 원대(소비자가 기준)에 달하는 신규 수요를 창출했다.

쿠션의 성공을 블루오션 시프트의 관점에서 설명해보자. 체계적인 분석을 위해 우선 첫 번째 쿠션 제품인 에어쿠션이 기존 자외선 차단제 시장에서 어떤 변화된 가치를 제공했는지, 튜브형 자외선 차단제와 비교한 전략 캔버스를 비교하며 살펴보자. 그리고 이 제품의 성공을 바탕으로 메이크업 제품까지 아모레퍼시픽이 어떻게 전략적 움직임을 시도했는지 그 결과가 가져온 변화가 무엇인지 들여다보자.

자외선 차단제 시장에서의 이단아, 쿠션

출시 당시 에어쿠션은 자외선 차단 기능에 메이크업 베이스 기능도 일부 담은 올인원 제품이었다. 다만 기존의 자외선 차단제 시장에 변화를 가져왔기에, 여기서는 자외선 차단제 시장을 비교 대상으로 살펴보자.

기존 자외선 차단 제품 시장에서 전통적으로 경쟁하는 요소로는 용량 대비 가격, 제품의 본질적 기능인 자외선 차단 기능성, 피부톤 보정, 피부 밀착력을 꼽을 수 있다. 기존 자외선 차단제 제품은 자외선 차단에 가장 큰 목적을 둔 제품으로 피부톤 보정과는 무관한 제품이다. 자외선 차단제는 대개 튜브 용기를 사용하기 때문에 용량 대비 가격이라는 측면에서는 비교적 높은 가치를 제공했다. 하지만 필요할 때마다 손에 짜서 사용하기 때문에 피부에 바른 후에는 손을 씻어야 하는 불편함이 있었다. 또 늘 가지고 다녀야 하는 용도에 비해 튜브 용기의 부피가 커 휴대성에서는 높은 가치를 제공하지 못했다. 이러한 불편함을 없애기 위해 등장한 제품이 바로 에어쿠션이다.

에어쿠션은 퍼프를 이용하기 때문에 손에 제품을 묻히지 않고 바를 수 있다. 덧바를 때도 불편함이 없어 소위 '발림성'이 개선되었을 뿐 아니라 바르는 시간도 줄일 수 있었다. 즉 편리성 측면에서 구매자 가치를 상당히 높였다. 또 콤팩트 케이스는 튜브에 비해 휴대성이라는 기능적인 가치도 크게 증가시켰다. 에어쿠션은 이 두 가지 혁신적인 구매자 가치를 제공했다.

그러나 기존 제품 시장에서 전통적인 경쟁 요소 중 하나인 가성비, 즉 '용량 대비 가격'은 다소 양보해야 했다. 튜브 용기 대신 이중 밀폐 구조의 콤팩트 용기를 사용해 부자재 비용이 증가했기 때문이다. 이러한 이유로 가격이 기존 제품에 비해 고가로 책정되긴 했지만, 리필이 가능한 쿠션 제품의 특성을 살려 가격 경쟁력 자체가 낮아지는 것을 방지했다. 특히 '빨리 쓸 것 같다'는 소비자들의 걱정을 없애기 위해 본품에 리필을 내장한 형태로 만들었고, 용기와 에어쿠션이 포함된 본품에 비해 60퍼센트 낮은 가격으로 리필 구성품을 제공해 가격 경쟁력을 확보할 수 있었다.

기능적인 측면에서 살펴보면, 액상 제형을 이용하면서도 기존 자외선 차단제와 비슷한 수준으로 기능적인 요소를 제공했다. 더욱이 자외선 차단제에 메이크업 베이스 기능을 더한 제품이었기에 기존 제품의 자외선 차단 기능에 비해 피부톤을 보정하는 에어쿠션만의 기능적인 요소를 추가로 제공했다.

에어쿠션은 전통적인 경쟁 요소들은 상당한 수준으로 유지하면서 편리성과 휴대성이라는 혁신적인 요소를 아주 높은 수준으로 제공해 성공적인 결과를 얻을 수 있었다. 특히 액상의 내용물을 흐르지 않게 휴대할 수 있고 손에 묻지 않으며 언제 어디서나 사용할 수 있다는 점에서 소비자가 실외에서도 제품을 손쉽게 사용할 수 있는 새로운 소비 패턴을 창출했다. 〈그림 1〉은 튜브형 자외선 차단제와 아이오페 에어쿠션 선블록의 전략 캔버스를 비교하여 보여준다.

성공의 안정화와 확장

아모레퍼시픽은 에어쿠션의 성공적인 출시 후 안정적인 대량생산이 가능한 생산 공정과 인프라를 구축하는 데 공을 들였다. 2011년 자동화 생산 시스템이 도입되고 쿠션 단일 품목 매출액이 300억 원을 상회하자, 쿠션 제품을 아모레퍼시픽의 다른 브랜드로도 확장하는 전

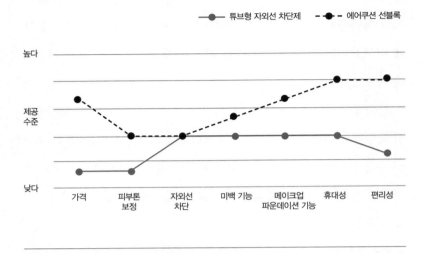

<그림 1> 튜브형 자외선차단제와 아이오페 에어쿠션 선블록의 전략 캔버스

튜브형 자외선 차단제　　에어쿠션 선블록

높다

제공
수준

낮다

가격　피부톤
　　보정　자외선
　　　　차단　미백 기능　메이크업
　　　　　　　　파운데이션 기능　휴대성　편리성

략을 실행했다. 그 결과 2015년 아모레퍼시픽의 쿠션 매출 규모는 8,000억 원을 넘어 4년 만에 25배로 성장하는 위업을 달성했다. 아모레퍼시픽은 쿠션 하나의 카테고리만으로 국내 전체 화장품 시장의 9.3퍼센트, 아모레퍼시픽 전체 매출의 14.9퍼센트를 차지하는 대성공을 거두었다.[1]

　아모레퍼시픽은 쿠션 제품 개발과 판매에 박차를 가하고자 프리미엄 브랜드인 헤라에서 새 제품을 출시하기로 한다. 헤라는 주로 방문판매와 백화점에서 유통되기 때문에 기존 아이오페 에어쿠션과 판매경로에서 마찰이 발생하지 않는다. 헤라에서는 에어쿠션과 차별화된 콘셉트를 전달하기 위해 기존 소비자들의 에어쿠션 사용 행태를 조사했다.

그런데 그 결과, 에어쿠션이 자외선 차단제임에도 상당수 소비자들이 별도의 자외선 차단제를 바른 후 그 위에 에어쿠션을 바른다는 사실을 파악했다. 이는 소비자들이 메이크업 기능이 들어간 선블록 제품을 자외선 차단용이 아닌 메이크업 용도로 받아들이고 있다고 해석할 수 있는 대목이었다. 즉, 에어쿠션이 자외선 차단제와 메이크업 베이스 기능을 모두 높게 제공하고 있으며 주 타깃을 자외선 차단제라고 이해하고 있었지만, 실제 소비자는 자외선 차단 기능은 부수적으로, 메이크업 기능을 주 기능으로 받아들이고 있었다.

이러한 관찰과 조사를 통해서 아모레퍼시픽은 헤라를 시작으로 이후 쿠션 제품들을 자외선 차단제가 아닌 베이스 메이크업 카테고리에 속하는 제품으로 출시하기 시작했다. 2011년 이후 출시된 쿠션 파운데이션은 자외선 차단 기능, 메이크업 베이스 기능과 파운데이션 기능을 함께 가진 올인원 제품이다. 이들은 촉촉함과 간편함을 내세우며 베이스 메이크업 카테고리에서 쿠션 파운데이션만의 정체성을 확립하려고 노력했다. 그 결과 기존의 베이스 메이크업 시장에서 새로운 블루오션을 창출하게 된다. 이를 일반 파운데이션과 비교한 쿠션 파운데이션의 전략 캔버스로 살펴보자(〈그림 2〉).

전략 캔버스를 살펴보면 쿠션 파운데이션이 자외선 차단 기능을 분명 갖고 있는 제품이었지만 다른 파운데이션 제품과 비교해 이 기능이 경쟁 요소에서 강조되지 않았음을 알 수 있다. 구매자를 관찰하고 조사한 결과, 주된 사용 목적이 베이스 메이크업으로 드러났기 때문에 다른 요소들을 더 중요하게 부각하기 위해서였다. 더불어 베이스 메이크업을 할 때 소비자들이 중요하게 생각하는 지속성이나 모공, 피부

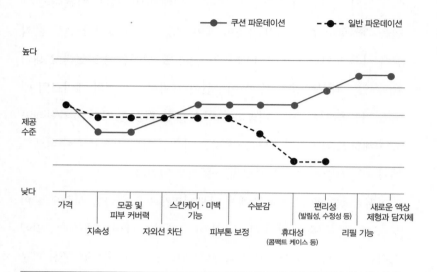

〈그림 2〉 일반 파운데이션과 쿠션 파운데이션의 전략 캔버스

쿠션 파운데이션 　　　일반 파운데이션

높다

제공
수준

낮다

가격	모공 및 피부 커버력	스킨케어·미백 기능	수분감	편리성 (발림성, 수정성 등)	새로운 액상 제형과 담지체
지속성	자외선 차단	피부톤 보정		휴대성 (콤팩트 케이스 등)	리필 기능

커버력은 다소 감소시킨 대신 미백, 피부톤 보정, 수분감 등을 증가시
켜서 서로 상쇄하도록 했다. 이 역시 소비자의 행동 패턴을 분석한 결
과에 따른 것이었고, 결과적으로 제품 가치는 상승했다.

기존 파운데이션의 경우 매끈한 피부를 표현하는 데 사용되는 제
품으로 피부결의 부각과 피부 결점 커버에 중점을 둔 제품이었다. 그
리하여 모공 커버력과 피부 커버력 그리고 이를 유지하는 지속성에는
높은 경쟁력을 가졌지만 피부톤 보정, 미백, 수분감 등에는 큰 가치를
두고 있지 않았다. 또한 조금 무거운 제형이라 피부 밀착력이 상대적
으로 떨어지는 편이었다.

이에 반해 쿠션 파운데이션은 우선 휴대성과 편리성 측면에서 가치
를 새롭게 창출하며 베이스 메이크업 제품으로서의 기능성이 부각된

제품이었다. 대개 구매자들은 아침에 한 화장을 오후에 자주 다시 수정했다. 아침에 한 번 한 화장을 내내 유지하는 것이 아니기 때문에 지속성이나 커버력보다는 미백 기능과 피부톤 및 수분감이 더 중요한 기능적 요소였다. 그동안 이런 요소를 크게 부각시키기 어려웠던 이유는, 휴대하며 빠르게 바를 수 있는 편리성이 큰 베이스 메이크업 제품이 없었기 때문이었다. 그런데 쿠션은 휴대성과 편리성 관점에서 이러한 장점을 아주 강력하게 소비자들에게 소구하며, 베이스 메이크업 제품 본연의 가치를 강조했다. 쿠션의 액상 제형, 이를 담는 담지체(스펀지), 이를 바르는 퍼프의 조화는 그 동안 존재하지 않았던 가치를 창출했다. 이에 더하여 담지체만 별도로 리필할 수 있는 옵션을 창출하기에 이른다.

게다가 쿠션은 메이크업을 잘하지 않던 비고객들까지 새롭게 유입시켰다. 실외에서도 손쉽게 사용 가능하고, 베이스 메이크업에 소요되는 평균 시간도 획기적으로 줄이는 제품이었기 때문이다. 또한 수분감을 높여 일반 파운데이션보다 피부 밀착력이 좋았고 화장이 유지되는 시간도 상대적으로 길었다. 결과적으로, 쿠션 파운데이션은 촉촉하면서 한 가지 제품으로 간편하게 베이스 메이크업을 할 수 있고 수정메이크업까지 가능한 제품으로 인식된 것이다.

쿠션 제품이 이룬 혁신의 의미는 기초 화장품류인 자외선 차단제에서 메이크업 제품인 파운데이션 분야 양쪽을 섭렵하는 공간을 점유했다는 것이다. 이런 경우 일반적으로는 자기잠식이 일어나 양쪽 제품 매출이 모두 줄어드는 부작용이 발생한다. 아모레퍼시픽은 양쪽 분야에서 해외 시장에 진출하고 확장하면서 오히려 양쪽 시장의 매출 규모를 키우는 블루오션 시프트를 시도해 성공한 사례가 되었다.

쿠션의 기능과 가치에 대한 이해를 돕기 위해 부연 설명하면 다음과 같다. 기존의 파운데이션은 매끈한 피부를 표현하는 데 사용되는 제품으로 피부결을 부각하고 피부 결점을 커버하는 데 중점을 둔 제품이다. 모공 커버력, 피부 커버력 그리고 이를 유지하는 지속성에 높은 가치를 두고 만들어져 왔다. 그러나 피부톤 보정에는 큰 가치를 두지 않았다. 또 메이크업 베이스 제품보다는 제형이 무거운 탓에 피부 밀착력이 상대적으로 떨어지는 편이다. 반면 메이크업 베이스는 색조 메이크업을 하기 전에 피부톤을 보정하기 위한 제품으로, 모공 커버력과 피부 커버력, 지속성에는 큰 가치를 두지 않는 편이었다.

쿠션 파운데이션은 휴대성과 편리성 측면에서 높은 가치를 추구한다. 2차 전략 캔버스에서의 '편리성'에는 수정 화장의 개념이 포함되어 있다. 이를 통해 실외에서도 사용이 손쉽고, 베이스 메이크업에 소요되는 평균 시간도 획기적으로 줄일 수 있다. 그 결과 메이크업을 잘 하지 않았던 비고객들을 고객으로 새로이 유입할 수 있었다. 또 수분감이라는 측면에서도 새로운 가치를 제공했다. 이는 많은 메이크업 아티스트가 '물광' 피부결을 표현하려고 베이스 메이크업을 하기 전에 미스트를 뿌리는 데서 착안했다.

그리고 헤라 UV 미스트 쿠션처럼 새로운 라인의 제품들은 '수분 빛', '미스트를 뿌린 듯', '촉광 피부' 같은 광고 메시지를 사용해 '수분감'이라는 가치가 상당히 높다는 점을 강조했다. 이 제품들은 일반 파운데이션보다 피부 밀착력이 높고, 화장이 유지되는 시간도 상대적으로 더 길었다. 다만 수분감이 더 있어 파운데이션 제품보다는 모공 및 피부 커버력은 다소 떨어지는 양상을 보였다. 결과적으로 쿠션 파운데이션은 촉촉하면서 한 가지 제품으로 간편하게 베이스 메이크업을 할 수 있고 수정메이크업까지 가능한 제품으로 인식되었다.

이후 아모레퍼시픽은 고객의 다양한 요구를 쿠션 제품에 반영하려고 노력했다. 2012년 아이오페는 에어쿠션 선블록을 자연스러운 메이크업(내추럴), 커버력(커버), 반짝이는 피부 표현(쉬머)에 초점을 둔 세 가지 하위 라인으로 세분화했다. 2013년에는 제품명에서 선블록을 삭제해 에어쿠션으로 단순화하고 자외선 차단, 미백 기능에 주름 개선 기능을 추가해 세 하위 라인 모두 3중 기능을 가진 제품으로 배치했다. 2016년에는 제품을 전면 리뉴얼해 3차원 벌집 모양으로 표면을 성형한 스펀지를 쿠션에 도입해 제품의 성능을 높였다. 그리고 기존 세 가지 제품 라인을 네 가지(내추럴 글로우, 인텐스 커버, 모이스처 래스팅, 매트 롱웨어)로 개편했다.

쿠션 파운데이션은 다양한 제품들로 각 구매자 가치를 충족하면서도 촉촉하고 간편한 제품이라는 인식을 넘어 메이크업 베이스 카테고리 중 핵심 카테고리로 자리매김했다. 최근 아모레퍼시픽은 쿠션 기술을 메이크업 베이스뿐 아니라 아이라이너, 컨실러, 블러셔, 하이라이터 등 포인트 메이크업에까지 적용하면서 쿠션 제품의 영역을 점점 더 넓게 확장하고 있다.

블루오션 시프트 시사점

아이오페 에어쿠션이 처음 출시되었을 때는 '선블록'이라는 이름을 넣음으로써 '쿠션 형태의 선크림'이라는 개념이 더 컸다. 쿠션 기술은 분명 혁신적인 것이긴 했지만 소비자들이 이를 하나의 카테고리로는 인식하지 못하는 상태였다. 그러나 이후 아모레퍼시픽은 리포지셔닝과 브랜드 확장 등의 전략적 움직임에 성공했고, 아이오페의 에어쿠션은 기존에 파운데이션을 사용하던 소비자와 더불어 화장을 하지 않던 비고객까지 흡수했다. 쿠션이 그 자체로 하나의 화장품 카테고리로 인식될 만큼 커다란 블루오션 공간을 마련한 아모레퍼시픽은 화장품에서 블루오션 시프트를 달성한 대표적인 사례다.

그러나 이러한 성공이 순탄하게만 이루어지지 않았다는 점 또한 염두에 두어야 한다. 결과는 쉬워 보이지만 수많은 난관이 기다리고 있었기 때문이다. 액상 제형, 담지체, 퍼프를 개발하는 일 등에 많은 시간이 걸렸고, 수많은 시행착오가 있었다. 액상 제형의 담지체 충전 공정 개발, 장비 개발, 생산 과정의 효율화 등 양산 시스템을 작동하고 최적화하기까지의 과정 또한 무수한 노력이 뒷받침되었기에 가능한 일이었다.

고도로 기술적인 생산 혁신과 더불어 선블록에서 파운데이션으로 개념 전환shifting을 시도한 블루오션적 관점도 큰 역할을 했다. 일반적으로 화장품 업계는 럭셔리 제품에서 대중 제품으로 혁신을 이행하는 브랜드 전략cascading을 따른다. 이와 달리 아모레퍼시픽은 아이오페라는 기능 혁신의 브랜드에서 시작해 프리미엄 브랜드인 헤라로 쿠션 제품을 확장했다. 이는 이익률 저하 때문에 업계에서 금기시하는 전략이었음에도 불구하고, 업계의 관행을 받아들이는 대신 시장 창출적 움직임을 시도하여 쾌거를 이루었다.

이뿐 아니다. 에어쿠션은 출시 초기에 소비자 클레임과 반품이 너무 많아 재고를 전량 폐기할 뻔했다. 그러나 제품과 기술을 믿은 리더십 덕분에 폐기 직전 단계에서 홈쇼핑 시장에 도전해 에어쿠션의 성공의 출발점을 만들어냈다. 그리고 이는 마케팅, 연구개발, 생산, 영업 등 서로 다른 기능 조직이 긴밀하게 협력하는 계기를 조성했고, 이 리더십과 협업이 오늘날 에어쿠션 신화를 만든 초석이 되었다. 끝까지 포기하지 않고 불가능에 도전하는 블루오션적 관점과 자신감이 혁신의 현장에서 무엇보다도 중요하다는 사실을 다시금 깨닫게 해주는 사례가 바로 아모레퍼시픽의 쿠션이다.

본 사례는 블루오션 시프트적인 관점을 가지고 어떻게 새로운 시장을 상상하고 개척해나갈 수 있는지를 보여준다. 세상에 없던 새로운 장르를 개척하겠다는 블루오션적인 비전 설정과 실행 과정을 들여다보자.

SM엔터테인먼트의 성장

SM엔터테인먼트(이하 'SM')는 이수만 총괄프로듀서가 1995년 자본금 5,000만 원으로 설립하여, 'K-pop'이라는 새로운 장르를 만들어낸 종합 엔터테인먼트 회사이다. 음반 제작·기획·판매, 이와 관련한 매니지먼트 활동이 이 회사의 주요 사업이다. 2016년 기준으로 연매출 3,499억 원을 기록했다.[1]

SM은 설립 때부터 해외 시장을 목표로 음반을 기획했다. 1996년 남성 5인조 그룹 H.O.T.를 시작으로 여성 3인조 그룹으로 기획·프로듀싱한 S.E.S., 체계적인 시장조사를 바탕으로 기획해 1998년 데뷔시킨 남성 그룹 신화, 아시아 시장만을 목표로 기획해 일본에서 큰 인기를 끈 보아 등이 연이어 성공하면서 세계 시장에 K-pop의 돌풍을 일으켰다. 2004년 이후로도 동방신기, 소녀시대, f(x) 등이 성공적으로 데뷔해 한류라는 국제적인 문화 현상의 중심에 자리 잡았다. 예를 들

- 1995. 설립
- 1996. H.O.T 데뷔　　　　　◨ 2000. H.O.T 중국 데뷔
- 1997. S.E.S 데뷔　　　　　◨ 2000. S.E.S 일본 데뷔

　　　　　　　　　　　　　◨ 2000. BoA 일본 데뷔

- 2004. 동방신기 데뷔　　　◨ 2006. 동방신기 1st Asia Tour Concert
- 2005. 슈퍼주니어 데뷔　　◨ 2008. Super Show (Asia Tour Concert)
- 2007. 소녀시대 데뷔　　　◨ 2009. 소녀시대 일본 데뷔
- 2009. f(x) 데뷔　　　　　◨ 2016 DIMENSION4(1st Tour Concert)
　　　　　　　　　　　　　　　◨ 2010. SMTOWN Live World Tour
- 2012 EXO 데뷔　　　　　◨ 2014. EXOPLANET 1(1st Tour Concert)

- 2016 NCT 데뷔

어 2008년 뉴욕에서 열린 유튜브 뮤직어워드에서 소녀시대는 올해의 뮤직비디오 상을 수상했고, 2011년 6월 SM타운 월드투어 프랑스 공연을 성공리에 마쳤으며, 2011년 10월에는 SM타운 가수들이 뉴욕 매디슨스퀘어가든에서 공연하는 등 다양한 지역에서 K-pop 시장을 성공적으로 개척했다.[2]

SM은 국내 최초로 음악 창작 과정에 체계적인 경영 시스템을 도입하고 해외 시장을 목표로 음반을 기획해 성공한 회사다. 힙합 중심의 음악과 10대 중심의 팬클럽 문화를 결합해 새로운 음악 장르를 만들어낸 혁신 기업이기도 하다. 그 중심에는 총괄프로듀서 이수만이 있다. 그는 음악 산업의 경계를 새롭게 정의했다. 새로운 카테고리의 음악을 기획하고, 이를 새로운 방식으로 구현했다. SM 자체가 '음악을

한다는 것'을 새롭게 정의한 이수만의 상품이다. 이와 같은 블루오션 비전이 어떻게 이루어졌는지 지금부터 풀어보자.

프로듀서 이수만, 세상의 흐름을 읽다

음악계의 오랜 전통은 라이브 공연으로 시작해 오랜 기간 명성을 쌓은 가수나 작곡가가 그 경력을 발판으로 방송에 진출한 후, 방송 경력을 쌓아 대스타로 성장하는 것이었다. 이수만 역시 라이브 가수로 데뷔했다. 그는 방송에서 가수와 진행자로 이력을 쌓던 중 돌연 미국으로 유학을 떠난다. 1984년 미국에서 컴퓨터공학 석사를 받고 엔지니어의 사고방식을 갖게 된 이수만은 그만의 독자적인 길을 걷기로 한다. 음악 시장에서 다른 흐름을 읽었고, 음악 산업의 문제를 다르게 정의했기 때문이다. 다시 말해 그는 뛰어난 노래 한 곡을 흥행시키는 것보다 그러한 노래를 지속적으로 만들 수 있는 시스템을 구현하는 데 관심을 두었다.

당시의 새로운 흐름이란 음악 시장의 새로운 주체로 10대가 떠오른 것이었다. 그는 '힙합이라는 음악 카테고리는 지역과 상관없이 10대를 묶을 수 있는 가능성의 시장'이라고 정의했다. 이에 1989년 SM 엔터테인먼트의 전신 'SM기획'을 설립했다. 이수만의 첫 번째 기획은 1990년 데뷔한 힙합 가수 현진영이었다. 1992년 서태지와 아이들이 데뷔하기 전까지 아이돌 음악을 시도한 최초의 사례다. 그러나 오늘의 SM을 만든 첫 번째 성공은 H.O.T.였다. 철저한 사전 기획에 따라 프로듀싱한 남성 5인조 그룹 H.O.T.는 1996년 데뷔 이후 본격적인 아이돌 문화를 만들어냈다. 특히 2000년 베이징에서 개최된 H.O.T.의 라이브 공연은 중국에 한류 열풍을 몰고 온 계기가 되었다.

　SM의 기획력은 보아의 일본 시장 진출에서 완성되었다. 국내에서 성공한 가수를 일본에 데뷔시키는 통상적인 경우와 달리, 보아는 철저하게 현지화 전략을 채택했다. 기획 단계부터 일본 현지의 신인 가수를 목표로 보아를 캐스팅해 프로듀싱했다. 보아는 1집과 2집, 정규 앨범 모두 일본 최고 권위의 음반 판매 차트인 오리콘 차트 정상에 올랐다.

'SM공화국'이라는 국경을 초월한 새로운 음악의 블루오션 영역을 창출하다

이수만이 새롭게 정의한 음악 산업의 문제는 이것이었다. '우연과 일회성에서 벗어나 음악을 만들 수 있는가?'[3] 통상 예술 창작과 기술 혁신은 예술가와 기술자의 창의성에 달려 있다고 생각한다. 그러나 천재의 영감은 우연한 사건이고 일회적이다. 천재급 인재가 매순간 혁신을 할 수도 없고, 그런 인재를 늘 구할 수도 없기 때문이다. 마찬가지로 해외 시장에서 통하는 음악을 누군가가 작곡할 수는 있겠지만, 그가 그러한 음악을 반복해서 생산하기란 불가능에 가깝다.

　이수만은 천재의 영감과 창작에 의존하기보다는 우연과 일회성에서 벗어나 음악을 창작하는 방식이 중요하다고 보았다. 그러기 위해서는 개별 창작자로부터 독립적인 음악 활동이 필요하다고 봤다. 즉 성공하는 음악을 반복적으로 생산하는 시스템을 구현하고자 했다. 이수만이 즐겨 언급하는 도자기공 사례는 프로듀서로서 그의 문제의식을 잘 보여준다.

　"어느 뛰어난 도자기공이 독보적인 도자기 제조 기술을 갖고 있습니다. 그의 기술은 그의 감각과 손끝에 있습니다. 그것을 배우려면 그 사람 밑에 들어가 배우는 수밖에 없습니다. 하지만 만일 그런 기술을 잘 성문화成文化하고 제자들에게 가르쳤다면 그리고 이것을 잘 전수해서 저작권료를 받았다면 하나의 산업이 될 수도 있었을 겁니다."[4]

SM이 구현한 새로운 '음악하는 방식'과 기존의 창작 방식(작가주의 방식)을 네 가지 액션 프레임워크로 풀어서 비교하면 다음과 같다.

우선 가사의 전달력보다는 가수의 이미지와 춤 같은 시각적 요소를 극단적으로 강조했다(증가). 작가주의 방식에서는 이런 식으로 프로듀싱된 경우를 비주얼 가수라고 폄하했지만, 이는 영향력이 없다고 판단되던 비고객층인 10대의 음악 소비 방식과 적합성이 높았다. 즉 춤이 결합된 음악을 따라하는 모방의 재미를 통해 적극적인 활동에 참여시키는 새롭고도 젊은 트렌드를 추구한 것이다. 그리고 개인 창작 중심인 음악 작업을 집단 창작 과정으로 전환했다(증가). 철저한 시장조사와 사전 기획으로 음반 작업을 하는 시스템을 도입했다. 그 결과 힙합이라는 새로운 음악 장르를 국내에 도입했을 뿐만 아니라(증가), 음반 유통 과정에서 전통적인 채널인 지상파 방송의 비중을 줄이고(감소), 유튜브 같은 새로운 소셜미디어 채널의 접근성을 높였다(창출). 그 결과 팬클럽이 공식적으로 활동할 수 있는 장이 마련되었고 결과적으로 세계 어디에 있건 SM의 팬이라면 같은 소속감을 느낄 수 있는 SM 시민의식이 형성되었다(창출).

SM의 새로운 접근법에 담긴 세 가지 특징을 자세히 살펴보자.

첫째, 기회를 발견discovery**하지 않고 창출**creation**한다**
당대의 관행은 앞서 말했듯이 현장(라이브) 공연에서 인정받은 가수를 발탁해 신곡을 창작하는 것이었다. 이는 경쟁 시장에서 승자와 패자를 선택하는 경제학의 오랜 논리와 닮아 있다. 반면 SM은 사전에 기획된 콘셉트를 잘 구현할 잠재력이 있는 지망생을 장기 육성한다. 이는 개별 생산자와 장기 고용계약을 맺고 기업 고유의 역량을 개발하도록 유도하는 지식경영의 논리와 닮아 있다.[5]

위에서 언급한 경제학의 논리를 '산출의 표준화'라고 부른다. 반면에 경영학의 논리를 '과정의 표준화'라고 부른다. SM은 창의성 기반의 음악 산업에서 과정의 표준화를 시도한 선도자다. 창작자의 명성에 의존하는 구조에서 팬클럽 같은 소비자가 참여하는 구조로 시장 메카니즘을 전환_shift했다.

물론 창작자 고유의 영감을 중요시하는 작가주의 입장에서 비판이 없는 것은 아니다.[6] 그러나 전근대적인 도제 관계를 탈피해 집단 창작을 반복적으로 구현할 수 있는 시스템을 구축했다는 점에서 기업가정신의 본질을 드러낸다.[7] 방송사 같은 유통 기관에 협상력이 집중되던 시장에서 창작자의 위험을 내부화하고 있기 때문이다.

SM의 시스템은 크게 캐스팅(신인 발굴), 장기간 훈련, 프로듀싱(음악 콘셉트 결정), A&R(음악 작업 총괄), 매니지먼트(마케팅), 에이전시(섭외 및 일상적 계약 활동)까지 여섯 영역으로 분화되어 있다.[8]

SM의 육성 시스템은 종종 일본의 요시모토 흥업의 종합예능학원, 미국의 모타운레코드_Motown Records와 비교된다. 그러나 SM 방식은 이들과 근본적인 차이가 있다. 요시모토 종합예능학원에서는 매해 1,000명의 신인 연기자가 배출된다. 졸업 후에 다양한 라이브 공연에서 명성을 얻어야 방송에 나갈 수 있다. 반면 SM의 시스템은 소수의 유망

주를 장기 육성해 사전 기획에 따라 방송, 라이브 공연에 들어간다. 일본 시스템에서는 성공한 배우라도 월급제로 보상을 받지만, SM에서는 수익 배분권을 가진다. 경제적 위험의 배분 방식이 서로 다른 셈이다. 장기 육성 측면에서 보자면 SM은 미국의 모타운레코드와 비슷하다. 그러나 SM의 육성 시스템은 몇몇 프로듀서의 개인적 영감에 좌우되는 것이 아니라, 시스템의 축적된 지식으로 운용된다는 점에서도 모타운레코드와 차별점이 있다.[9] 이수만이 도자기공의 사례를 언급하며 의도한 바도 바로 여기에 있다.

둘째, 지상파 방송사 중심의 규율과 규제에서 벗어나
SM 고유의 사전 기획에 따른 장기 투자를 강조한다

규제는 역설적으로 레드오션에 있는 사업자가 블루오션으로 진입하는 것을 방해할 뿐이다. 지상파 방송사의 선별 기능selection mechanism에 최적화된 기성의 음악 창작자는 SM 같은 새로운 시도를 꿈꿀 수도, 모방할 수도 없다. SM은 방송사가 원하는 음악이 아니라 방송사가 귀담아듣지 않았던 10대를 위한 음악, 즉 비고객을 위한 음악을 기획했다.

팝송에 익숙하고 세련된 외국 음악으로 언제든 떠날 준비가 되어 있는 20~30대 소비자는 첫 번째 비고객층이다. 가요의 소비 주체로 인정받지 못한 10대 소비자는 두 번째 비고객층이다. 그리고 설혹 한국 음악에 관심이 있더라도 언어적 장벽 때문에 쉽게 접근하지 못하는 해외 소비자는 세 번째 비고객층이다. SM은 두 번째 비고객층이 음악 소비의 새로운 주체로 떠오르는 트렌드를 읽었고 애초부터 세 번째 비고객층을 겨냥해 기획했다.

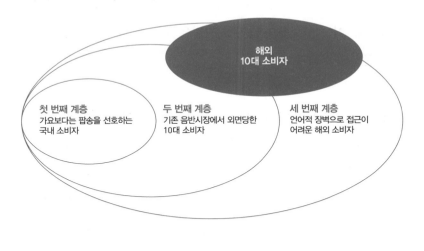

해외
10대 소비자

첫 번째 계층
가요보다는 팝송을 선호하는
국내 소비자

두 번째 계층
기존 음반시장에서 외면당한
10대 소비자

세 번째 계층
언어적 장벽으로 접근이
어려운 해외 소비자

사전 기획에 따른 장기 투자는 개별 창작자의 경험을 거부한다. 철저히 분석한 시장 동향에 따라 음악 콘셉트와 마케팅 방식을 조율한다. 그리고 일관되게 장기 투자를 집행한다. 최종적으로 신곡을 발표할 때까지 대규모 투자가 필요하기 때문이다. 그 결과 창작자의 다양한 경험이 회사 내부에 축적된다. 이는 다시 기획력과 선행 투자로 리스크를 흡수하고 수익을 창출하는 선순환 구조를 구축한다.

"동방신기 곡 하나 쓰는 데 50명이 모여서 썼고, 맨 처음 데뷔하는 데 40억 원이 들었습니다. 게다가 음반을 내는 프로모션비가 또 40억 원씩 들어갑니다."[10]

사전 기획은 이야기로 공유된다. 회사의 장기 비전을 숫자와 텍스트로 전달하는 것이 아니라, 도자기공 사례처럼 하나의 이야기narrative

로 압축해 공유하는 것이 SM 고유의 경영 방식이다.[11] 회사의 세계화 지향 역시 '가장 큰 시장에서 가장 큰 스타가 나온다' 같은 이야기로 공유된다. 이는 구성원의 다양한 관점을 한 가지 방향으로 종합하는 조직 문화의 토대가 된다.

셋째, 문화를 엔지니어링의 대상으로 보고 새로운 카테고리의 음악을 만든다

문화는 지역성이 강하다. 한 지역 공동체의 특성이 고스란히 반영되는 만큼 다른 지역에서는 대중적으로 그만큼 환영받기 어렵다. 애초에 해외 시장을 지향한 SM에게도 지역적 한계를 극복하는 것이 가장 중요한 과제였다. 그리고 이 문제에 대한 답으로 SM은 힙합과 군무의 결합이라는 새로운 음악 장르를 개척해 내놓았다. 음악적 표현을 춤과 긴밀하게 연결하는 작업, 바로 브리콜라주bricolage 방식이다.[12]

춤의 가장 큰 장점은 언어적 소통 없이도 음악의 해석을 가능하게 한다는 점이다. 동시에 같은 춤을 출 수 있다는 것은 소비의 공동체, 즉 팬클럽의 동류의식을 형성하는 데 매우 중요한 기반을 제공한다. 같은 지역에 있지 않더라도 같은 춤을 모방하고 공유하는 새로운 소비자의 출현이 SM의 선택을 뒷받침했다. 무엇보다도, 시장을 세분화해 목표 고객을 찾는 전통적인 마케팅 방식과 달리 '춤'에 대한 10대와 20대의 공통점을 겨냥해 시장을 정의했다. 세분화가 아니라 탈세분화desegmentation 방식으로 시장의 경계를 새롭게 정의한 것이다. 그 결과 가요에 내포된 지역적 한계를 넘어 서로 다른 문화권을 관통하는 K-pop을 개척했다. SM의 이러한 접근법은 '버추얼네이션'Virtual Nation(가상 국가)이라는 모토에 축약되어 있다.[13] 즉, 국경이라는 지리적 제약을 넘어 SM 음악을 공통분모로 하는 글로벌 소비자를 마케팅 대상으로 삼는다는 뜻이다.

유튜브 같은 새로운 소통 매체의 성장 역시, 지역성을 초월한 소비자 집단의 출현을 가능하게 했다. 2009년 소녀시대가 일본에 진출하면서 지상파 방송국의 도움 없이 오로지 유튜브 채널만으로 홍보해 성공한 것이 대표적인 사례다.

블루오션 시프트 시사점

SM엔터테인먼트는 음악을 하는 새로운 방식을 구현함으로써 K-pop이라는 새로운 장르를 개척했다. 아직도 회장이라는 명칭보다 총괄 프로듀서로 불리길 원하는 이수만은 블루오션적인 상상력으로 새로운 시장을 열었을 뿐만 아니라 사업을 추진하는 방식을 시스템적으로 만들어서 오늘날의 SM을 이루어냈다.

블루오션 시프트의 핵심적인 내용 중 하나가 통상적인 경계를 뛰어넘는 융·복합적인 사고방식이다. SM은 국가의 경계를 기반으로 한 다양한 이문화간의 차이에 구애받기보다는 국경을 뛰어넘어 그야말로 글로벌 시민들 사이에 공통적인 정서와 욕구에 근거한 문화권의 창출을 생각했다. 노래와 춤을 복합한 것이나, 공학과 예술의 복합을 통해 문화를 창출한다는 CT_{Culture Technology}의 개념, 음반이라는 제품에 머무르지 않고 서비스의 복합을 통한 종합엔터테인먼트의 구현 등의 사고방식은 전형적인 블루오션 시프트적인 발상이다. 세상에 없던 새로운 것은 이제까지의 생각, 우리의 고정관념이 설정해놓은 다양한 인위적인 경계를 넘어설 때 비로소 만들어지는 것임을 새삼 깨닫게 한다.

이제 이수만은 다시 새로운 꿈을 말한다. 기계학습과 고객 개인화 customer personalization의 결합을 회사의 미래로 보고 다음과 같이 그의 비전을 우리에게 공유한다.

"셀러브리티 아바타가 나만을 위한 정보를 전하고 내가 좋아하는 음악만을 골라 들려주는 날이 곧 온다."[14]

▌신세계 별마당 도서관, 세상에 없는 도서관 만들기

별마당 도서관은 코엑스몰의 죽은 공간을 블루오션적으로 살려내서 유통업의 근본적 성공 요인인 집객과 체류를 유발한 동시에 건강한 사회문화적 가치를 창출하고 있다. 기업의 이윤 추구와 사회적 공헌의 통념적인 이분법적 사고를 벗어나서 양자의 경계를 넘어서는 흥미로운 사례이다.

책의 바다, 독서와 휴식, 도서 나눔의 장, 무료 개방, 명사 강연의 명소, 책 읽는 쇼핑몰, 문화 공간으로서의 서점, 리딩테인먼트, 24시간 양심

도서관, 인스타그램 핫플레이스….

이는 모두 2017년 5월 31일 서울 삼성동 코엑스몰에 오픈한 별마당 도서관의 특징을 표현하는 말들이다. 도서관을 지칭하는 표현들도 눈에 띄지만 어딘지 평소 도서관 하면 떠오르는 이미지와는 다른 단어들도 많이 보인다. 이곳은 2,800제곱미터의 광장에 13미터 높이의 서가 세 개, 6만여 권의 장서와 600여 종의 최신 잡지, 아이패드 전자책 시스템을 갖추고 있으면서도, 회원증이 필요 없고 출입구도 따로 없는 열린 도서관이기 때문이다.

별마당 도서관은 개장한 지 5개월 만에 인스타그램에 4만 여 건의 포스팅이 올라왔고, 전 세계 배낭 여행자들의 바이블이라 불리는 《론리플래닛》에 한국에서 꼭 가봐야 하는 곳 중 하나로 언급되었으며, 디자인과 쇼핑몰 전문 웹사이트에서도 서울을 대표하는 명소로 자리 잡았다.

이곳이 처음부터 명소는 아니었다. 이 장소는 리모델링 후 공실률이 5~10퍼센트에 이를 만큼 집객이 어려워 침체가 가속화되던 공간이었다. 그러나 별마당 도서관이 들어서자 주변 상권의 매출이 30퍼센트 정도 상승했으며, 공실률은 0퍼센트로 떨어졌다. 뿐만 아니라 보안장치 하나도 갖추지 않은 열린 공간에서 회원증은 물론 별다른 신분증명도 없이 자유롭게 책을 빌려 보는 시스템인데도 자료 분실이 거의 없다는 후문은 아직 우리 마음속에 살아 있는 공동체 의식과 시민의식에 대한 자부심마저 느끼게 한다. 유명 인문학자, 예술가는 물론이고 일반 시민들의 적극적이고 자발적인 참여로 채워진 서가는 회색빛 도시 속 대규모 상업 시설과 어울리지 않아 보이지만 묘한 화학작용을 일으키면서 많은 이의 입에 오르내리고 있다.

죽은 공간의 부활

현재 별마당 도서관이 위치한 코엑스몰은 대대적인 리뉴얼을 거쳐 2014년 재개장했다. 그러나 기대와 달리 고객의 반응은 싸늘했고 매출액은 기대한 수준에 근접조차 하지 못했다. 복잡한 동선, 병원 같은 느낌마저 드는 흰색 위주의 인테리어, 통로에 무질서하게 노출된 기둥 등이 문제점으로 지적되었다. 이러한 상황에서 신세계는 2016년 코엑스몰 운영권을 인수한다. 당시 신세계는 기존 임차인들과 계약 기간이 남아 있어 대대적인 매장 개편은 힘들다고 판단했다. 그리고 매장 개편보다 쇼핑몰 중앙에 자리 잡은 센트럴플라자 공간이 문제의 가장 큰 원인이라고 생각했다.

센트럴플라자는 무역센터 1층 광장에서 에스컬레이터를 타고 내려오면 다다르는 쇼핑몰 한복판의 핵심적인 위치였지만, 층고가 15미터에 달하고 안내데스크만 덩그러니 놓인 휑한 공간에 불과했기 때문이다. 더욱이 이 공간에서 종종 이벤트가 열리는 탓에 복층 공간에 입점한 상점들의 매출에는 부정적으로 작용했고, 입점 업체를 구하기도 어려운 상황에 이르렀다. 신세계는 이 '죽은 공간'을 살리지 못하면 코엑스몰의 운명을 바꿀 수 없다는 결론을 내리고, 블루오션으로의 전환을 위한 사내 TF팀을 구성한다.

그런데 코엑스몰은 내부만 문제가 아니었다. 이를 둘러싼 제반 경쟁 환경 또한 녹록치 않았다. 코엑스몰 지근거리에 있는 롯데월드몰은 지상 123층, 높이 555미터 롯데월드타워를 앞세워 총면적 42만여 제곱미터의 공간으로 서울 동남권 고객을 흡수했다. 한편 온라인 쇼핑산업이 급격히 발전하면서 가성비와 시공간적 편의성이라는 측면에서 오프라인 쇼핑몰을 위축시켜왔다. 게다가 오프라인 매장으로 향하던 고객의 발걸음은 여러 트렌드의 영향으로 각종 야외 활동이나 레저 시설로 향했다. 신세계 TF팀은 이중고, 삼중고를 떠안은 상황이었다. 즉 과거의 유통업은 상품, 가격, 서비스 같은 차원에서 경쟁력이 있으면 그만이었지만, 이제 오프라인 쇼핑몰의 경쟁자보다 조금 더 좋은 가치를 제공하는 정도로는 반전을 꾀하기 어려웠다.

엄청난 스트레스와 고민 속에서 제안된 다양한 아이디어 가운데 TF팀을 사로잡은 한 단어가 있었다. 바로 '책'이었다. 21세기, 디지털 세상, 강남의 쇼핑몰 한복판, 드넓은 광장, 어느 것도 도무지 책과 어울리지 않아 보였다. '그럼에도 불구하고 아날로그 감성을 대표하는 책을 중심으로 문화, 예술, 휴식, 공감, 소통을 엮어낼 수 있다면 어떨까?', '그것이 가능하다면 책을 중심으로 새로 창출된 가치는 어떤 모습을 띄어야 할까?' TF팀은 질문을 멈추지 않았다. 그리고 이러한 질문에 대한 답을 우리는 이미 알고 있고, 현재 경험하고 있다. 이제 그 답을 찾는 과정 속으로 조금 더 깊이 들어가보자.

어디에 도달할 수 있는지 상상하기

진정으로 새로운 가치를 제공하려면 기존 경쟁의 틀을 벗어나야 한다. 다케오武雄 시립도서관이 출발점이 되었다. 츠타야 서점으로 유명한 마스다 무네아키가 디자인한 이 도서관은 딱딱하고 무미건조한 전통적인 도서관의 모습을 탈피해 편안하고 오랫동안 머무를 수 있는, 그래서 주민들의 삶 속으로 책이 녹아드는 공간으로서 도서관을 구현했다. 자연 채광을 이용해 밝은 느낌을 주었고, 보유 장서 대부분을 개가식^開 _{架式}으로 진열해 접근성이 용이했으며 시각적으로도 아름다운 느낌을 주었다. 또 도서관 안에는 서점과 스타벅스도 입점해 있어 단순한 도서관이 아니라 '라이프스타일 라이브러리'라는 공간을 제시했다.

신세계 TF팀은 다케오 시립도서관을 단순히 모방하는 데서 그치지 않았다. 환경적 조건이 달랐을 뿐 아니라 도서관 이상의 그 무엇, 즉 신세계만이 줄 수 있는 새로운 가치를 추구했기 때문이다.

별마당 도서관이 위치한 곳은 거대한 쇼핑몰 내의 탁 트인 공간이기 때문에 경계가 명확해야 하는 도서관이 자리하기에는 적합한 공간이 아니다. 게다가 화재 발생에 대비한 안전한 대피 경로를 확보해야 하는 등 각종 법규를 준수해야 했기 때문에 여느 도서관처럼 닫힌 공간으로 꾸미기가 불가능한 상황이기도 했다. 더욱이 열린 공간으로 만든다면 전통적인 도서관에서 기대할 수 있는 정숙성은 포기해야 하는 상황이었다. 여러 불리한 조건하에서 책 자체가 아니라 책을 매개로 한 열린 문화 공간을 지향한다면, 도서관이라는 틀에서 벗어나야만 했고 도서관만이 아니라 다양한 형태의 문화 공간들이 가진 특성을 도입해야 했다.

도서관이 충족시켜주는 정보에 대한 기능적인 관점에서 벗어난 공간 배치도 중요했다. 사람이 흐르는 광장이라는 공간과 정적인 활동인 독서를 결합하는 묘한 긴장감을 유지해야 했기 때문이다. 이를 위해 책상과 의자 형태의 선택과 배치, 전시 자료의 선택과 배열, 카페·편의점 같은 상업 시설과 전시·문화 공간이 가진 특징들의 조화를 고려했다. 동시에 하드웨어 측면뿐 아니라 소프트웨어 측면도 반영했다. 강연과 공연을 지속적으로 개최함으로써 책을 넘어 다양한 문화행사가 진행되는 소통과 휴식의 장을 추구했다. 그 결과 한쪽에서는 강연이 진행되고, 그 옆에서는 책을 읽고 있고, 또 다른 사람들은 차를 마시며 담소를 나누는 어디서도 찾기 어려운 독특한 문화 공간이 만들어졌다.

그곳에 도달할 방법 찾기

결론적으로 별마당 도서관의 성공을 블루오션 시프트 도구인 전략 캔버스로 표현하면 〈그림 1〉과 같다.

이 요소들을 각각 어떻게 제거-감소-증가-창출했는지 하나씩 살펴보자.

제거

별마당 도서관에서는 일반적으로 도서관 하면 떠오르는 많은 기능은 제공되지 않는다. 이렇게 중요한 요소를 제거하거나 감소시킴으로써 전체 운영비용을 낮췄다. 회원제를 운영하지 않기 때문에 여기 필요한 운용 비용이나 시스템 비용을 절감할 수 있었다. 책 도난과 분실에 대비한 보안 관련 운영 시스템도 없기 때문에 이와 관련된 비용도 절감했다.

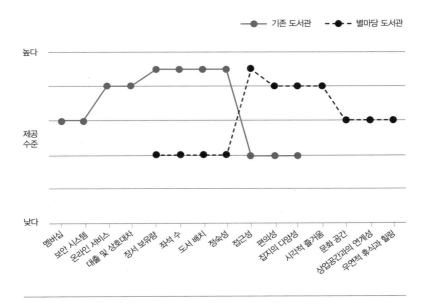

기존 도서관 · · ● · · 별마당 도서관

높다

제공
수준

낮다

멤버십 / 보안 시스템 / 온라인 서비스 / 대출 및 상호대차 / 장서 보유량 / 좌석 수 / 도서 배치 / 정숙성 / 접근성 / 편의성 / 잡지의 다양성 / 시각적 즐거움 / 문화 공간 / 상업공간과의 연계성 / 우연적 휴식과 힐링

여기에 더해 일반적인 도서관에서는 홈페이지 등 온라인 서비스를 활용해 책이나 다양한 디지털 자료를 검색하고 활용할 수 있지만, 별마당 도서관은 이러한 요소를 제공하지 않는다. 그리고 별마당 도서관은 많은 도서관에서 제공하는 요소인 책 대출 서비스, 타 도서관 소장 도서에 대한 상호 대차 서비스도 제공하지 않는다.

감소

일반 도서관보다 수준을 낮춰 제공하는 요소들은 다음과 같다. 첫 번째 감소시킨 요소는 장서 보유량이다. 기존 도서관 기준으로는 보유 장서량이 도서관의 질을 결정하는 매우 중요한 경쟁 지표다. 예를 들어 국립중앙도서관은 약 1,000만 권, 서울대학교 중앙도서관은 약 500만 권의 장서를 보유하고 있다고 알려져 있다. 별마당 도서관과 면적이 비슷한 대학 도서관에서 보유한 장서도 약 100만 권이다. 별마당 도서관이 보유한 장서는 약 6만 권이다. 더욱 놀라운 것은 이 책들조차도 일반 시민들의 기부와 유명학자, 예술가의 참여로 이루어졌다는 것이다. 이는 책 구매에 드는 원가를 절감했다는 의미도 있지만 내 책을 보러, 유명인이 기증한 책을 보러, 예술가의 책에는 어떤 낙서가 있을까 궁금해 보러 오게 만드는 효과도 있을 것이다.

두 번째 요소는 좌석 수다. 국립중앙도서관은 1,050석, 대형 대학교는 7,000~9,000석의 좌석이 있지만 별마당 도서관의 좌석은 200석 정도에 불과하다.

세 번째는 도서 배치다. 장서가 수만 권에 이르면 체계적인 분류 체계 없이는 원하는 책을 찾을 수 없다. 별마당 도서관의 분류 방식은 전통적이지 않다. 그래서 때로는 혼란을 주기도 한다. 그러나 특정한 책을 찾고자 하는 목적에서 방문하는 공간이 아니기 때문에 이는 크게 문제가 되지 않는다. 오히려 개가식 서가에서 우연히 집거나 훑어본 책에서 추억이나 소소한 기쁨 같은 새로운 가치를 발견할 수 있다.

마지막은 정숙성이다. 도서관 하면 사각사각 책장 넘기는 소리만 들리는 조용한 공간으로 생각하는 것이 상식이다. 그러나 사람들이 지나다니는 열린 광장인 별마당 도서관은 굳이 정숙함을 강요하지 않는다. 오히려 가벼운 소곤거림과 옆에서 들리는 강연·공연 소리가 편안함을 불러일으키는 묘한 공간이다.

증가

블루오션 사고는 단지 중요한 요소를 제거하거나 감소시켜 비용을 줄이는 데 그치지 않는다. 즉 그동안 충분히 제공되지 않아 도서관을 이용하는 데 문제점으로 작용되어온 요소들과 그 가치는 증가시켜야만 한다.

별마당 도서관은 서울에서 가장 번화한 쇼핑몰 한가운데 자리 잡고 있어 많은 사람이 쉽게 접근할 수 있는 공간이다. 동시에 회원증도 필요 없기 때문에 접근성 측면에서 누구나 이용할 수 있는 최고의 도서관이라고 할 수 있다. 더불어 모든 자료를 개가식으로 배치했기에 누구든 자료를 탐색하고 활용할 수 있다는 편의성을 더했다. 그리고 열린 공간의 특성상 장시간 집중하기가 힘들다는 단점을 보완해 다양한 이슈와 아이디어를 손쉽게 접하도록 600여 종의 국내외 최신 잡지를 구비해놓았다.

창출

별마당 도서관은 기존 도서관에서는 찾을 수 없는 요소들을 가미함으로써 완전히 새로운 가치를 제공한다. 가장 먼저 생각해볼 것은 시각적 즐거움이다. 도서관 자체로부터 아름다움을 기대하는 사람이 얼마나 될까? 별마당 도서관은 넓고 높은 광장을 차지하고 있는 높이 13미터의 서가와 그 위 유리천장으로 보이는 하늘이 낮과 밤 서로 다른 분위기를 연출해 독특한 공간 분위기를 자아낸다. 이 때문에 디자인 전문가들로부터도 높은 평가를 받고 있을 뿐만 아니라, 일반 시민들이 지방에서도 일부러 찾아와 사진을 찍고 SNS에 포스팅하는 트렌드가 생겨나기도 했다. 다시 말해 코엑스몰에 쇼핑하러 왔다가 책을 잠시 구경하는 것이 아니라, 별마당 도서관에 사진 찍으러 왔다가 코엑스몰에서 밥도 먹고 쇼핑도 하는 새로운 행동 유형을 창출한 것이다. 별마당 도서관을 구경하려고 약속 장소로 이곳을 정하는 사람이 적지 않을 것이다.

최근에는 도서관에서 여러 문화 행사가 개최되고 있기는 하지만 별마당 도서관처럼 다양한 행사를 지속적으로 빈번하게 제공하는 도서관은 없다. 2017년 5월 개장 이후 10월 말까지 일주일에 2~3회씩 총 53회의 강연·공연을 개최함으로써, 별마당 도서관은 책을 넘어선 문화 공간으로서 의미가 크게 부각되고 있다.

전통적인 도서관은 폐쇄적인 공간이며 그 안에 매점 같은 상업 시설은 제한되는 편이다. 그러나 별마당 도서관 안에는 커피숍과 매점이 자리 잡고 있고 음료 반입에 대한 제한 규정 등도 전혀 없다. 사고 싶은 책을 바로 살 수는 없지만, 이동성이라는 측면에서 쇼핑몰과 도서관을 함께 경험하는 별마당 도서관은 우리가 꿈꿔온 디지털 노마드의 스마트 모빌리티의 시작이라고 할 수 있지 않을까.

마지막으로 별마당 도서관은 지적인 활동을 목적으로 의도적으로 찾아가는 공간이라는 기존 도서관의 의미를 완전히 파괴하고, 아무 목적 없이 빈둥거리다가 아주 우연히 새로운 정보 혹은 맛있는 디저트나 예쁜 옷, 오랫동안 만나지 못했던 동창을 만날 수 있는 최초의 공간이 되었다.

'구경 가는 도서관'이라는 별마당 도서관의 가치 요소를 ERRC 그리드에 담으면 〈그림 2〉와 같다.

제거	증가
• 회원증/멤버십 • 보안 시스템 • 웹사이트/온라인 서비스 • 대출 및 상호 대차	• 접근성 • 편의성 • 잡지의 다양성
감소	창출
• 장서 보유량 • 좌석 수 • 도서 정렬 및 배치 • 정숙성	• 시각적 즐거움 • 문화공간 • 상업공간과의 연계성 • 우연적 휴식과 힐링

블루오션 시프트 시사점

별마당 도서관을 마련하는 데 투입된 자금은 총 60억 원, 예상되는 운영비는 연 5억 원으로 만만치 않다. 면적당 매출액과 이익으로 평가받는 유통업에서 신세계는 왜 쇼핑몰 한복판 광장에 매출이 발생하지 않는 시설을 설치했을까?

경제적인 측면에서 긍정적인 효과가 없지 않다. 많은 사람이 별마당 도서관을 찾으니 주변 상점의 매출이 늘었고 코엑스몰이 침체 분위기에서 벗어났다. 그리고 이러한 긍정적인 효과는 단기간에 그칠 것으로 보이지 않는다. 별마당 도서관이 기존의 도서관과 완전히 구별되는 블루오션을 만들었기 때문이다. 기존 도서관에서는 전혀 제공하지 못한 새로운 가치를 제공함으로써 도서관과의 경쟁을 무관하게 했을 뿐만 아니라, 상업시설과 결합된 열린 문화 공간이라는 도서관의 새로운 영역을 창출했다. 유통 경쟁사들이 이와 유사한 노력을 기울인다 해도 별마당 도서관만큼의 효과를 단기간에 거두기는 매우 어려워 보인다. 별마당 도서관 같은 곳은 상업 시설에 위치한 도서관이라는 새로운 하드웨어가 아니라, 이를 운영하는 소프트웨어 측면에서의 역량과 경험이 축적되어야만 하기 때문이다.

별마당 도서관은 신세계의 기존 활동과 동떨어진 활동 혹은 우연한 산물이 아니다. 유통을 경제적인 관점에서만 바라보지 않고 삶의 질을 향상하는 활동으로 정의하고 그동안 꾸준히 투자해온 연장선상에서 이 프로젝트를 이해해야 한다. 신세계는 2014년부터 '인문학 중흥'이라는 기치 아래 '지식향연' 같은 인문학 기반의 청년 인재 양성 프로그램에 연간 20억 원을 투자해왔다. 뿐만 아니라 계열사인 신세계프라퍼티는 전 직원에게 매년 한 차례씩 업무와 직접적인 관련이 없어도 해외에 나가 견문을 넓히도록 하는 등의 투자도 지속해왔다. 결과적으로 이러한 요소들이 조직 전체의 DNA로 자리 잡은 덕분에 그동안 조직 내에 축적된 문화적 역량이 신세계가 추진하는 다양한 사업에서 결과물로 나타나고 있는 것이다. 별마당 도서관이라는 블루오션 시프트 역시 신세계라는 조직의 역량과 아주 밀접한 관계가 있다는 점을 기억하길 바란다.

삼성전자, TV를 재정의하다

1. 삼성전자가 어떻게 블루오션 전략을 채택했는가에 대한 보다 자세한 내용은 '가 치 혁신·목표 지향이 만든 '글로벌 1등' 삼성 TV',《한경비즈니스》(2011년 12 월 21일)를 참조하라. 또한 블루오션 전략에 기반을 둔 삼성전자의 '가치혁신 센 터'Value Innovation Program, VIP의 활동에 대해서는 'The Perpetual Crisis Machine', 《FORTUNE》(2005년 9월 5일)과 김남국·김동재, '제품혁신의 체계화와 지속화: 삼성전자 VIP 센터의 사례',《경영교육연구》제11권 제2호(2008년)를 참조하라.

2. Displaysearch 및 대신증권 리서치센터 자료를 참조해 합산.

3. http://danmee.chosun.com/site/data/html_dir/2011/05/18/2011051801213_4.html

4. http://m.segye.com/view/20121122024892

5. Displaysearch, 대신증권 리서치센터 등의 자료를 참조해 계산.

6. Camp Samsung, BusienssWeek(2006. 7): www.bloomberg.com/news/articles/ 2006-07-02/camp-samsung.

7. MDC는 일반적으로 Market Driven Change의 약자로 당시 삼성전자가 시장 지 향적 기업Market Driven Company이 되기 위해 시작한 활동의 명칭이기도하다.

8. http://archive.fortune.com/magazines/fortune/fortune_archive/2005/09/19/ 8272909/index.htm

마이리얼트립, 현지인이 만드는 진짜 여행

1. http://news.mk.co.kr/newsRead.php?year=2017&no=715220

2. 구매자 경험 주기는 해당 산업의 특성에 따라 변용할 수 있다.

3. 마이리얼트립의 첫 번째 고객은 시청 환경과에 재직 중인 공무원들로 프라이부르 크 투어를 신청했다.

4. http://economyplus.chosun.com/special/special_view.php?t_num=9776

아모레퍼시픽 쿠션, 메이크업의 공식을 바꾸다

1. '스마트화장품 '쿠션파운데이션' 혁신적 카테고리 창출로 1조 원 신화 창조',《동아 비즈니스 리뷰》, Issue 2, No. 209, 2016년 9월.

SM엔터테인먼트, 'K-pop' 장르를 개척하다

1. SM엔터테인먼트, 분기보고서, 2017년 5월 15일.

2. SM엔터테인먼트, 분기보고서, 2017년 5월 15일.

3. '[Weekly BIZ] 이수만 SM엔터테인먼트 회장 문화산업 비법은?',《조선일보》, 2011년 10월 15일.

4.《조선일보》, 2011년 10월 15일.

5. Rhee, M., Kim, S.-H, & Barnett, W.(2015), SM Entertainment. Stanford Graduate School of Business, Case Number: IB108

6. 'SM, 한류의 최전방 보급기지?',《한겨레21》530호, 2004년 10월 13일.

7. Ries, E(2011), The Lean Startup, Crown Business.

8. 이장우(2015),《창발경영: 한국경제의 새로운 성공 DNA》, 21세기북스.

9. https://www.cnbc.com/2016/10/24/jyp-wants-multinational-groups-to-be-the-future-of-k-pop.html

10.《조선일보》, 2011년 10월 15일.

11. 2017년 경북대 이장우 교수와의 인터뷰 요약.

12. Rao, H, Monin, P., & Duran, P.(2005), 'Border crossing: bricolage and the erosion of culinary categories in French gastronomy', American Sociological Review, 70(6): pp. 968-991.

13. SM엔터테인먼트, 분기보고서, 2017년 5월 15일.

14. '대한민국 인공지능, 내일은 없지만 모레는 있다',《중앙Sunday》, 2016년 12월 4일.